· 毛泽东谈文论史全编 ·

顾 问：龙新民 郑欣淼 陈 晋 阎晓宏

评说影响他的中国古代人物

MAOZEDONG PINGSHUO YINGXIANG TADE
ZHONGGUO GUDAI RENWU

毕桂发 主 编
陈锡祥 副主编

中国文史出版社

图书在版编目（CIP）数据

毛泽东评说影响他的中国古代人物 / 毕桂发主编 . —— 北京：中国文史出版社，
2023.12

（毛泽东谈文论史全编）

ISBN 978-7-5205-4557-0

Ⅰ . ①毛… Ⅱ . ①毕… Ⅲ . ①毛泽东著作研究 ②历史人物 – 人物研究 – 中国 –
古代 Ⅳ . ① A841.692 ② K820.2

中国国家版本馆 CIP 数据核字 (2023) 第 244879 号

责任编辑：窦忠如
特约编辑：王德俊　窦广利　赵增越　张幼平　邓文华　张永俊

出版发行：中国文史出版社
社　　址：北京市海淀区西八里庄路 69 号院　邮编：100142
电　　话：010-81136606　81136602　81136603（发行部）
传　　真：010-81136655
印　　装：廊坊市海涛印刷有限公司
经　　销：全国新华书店
开　　本：787 毫米 × 1092 毫米　1/16
印　　张：22.5
字　　数：334 千字
版　　次：2024 年 1 月北京第 1 版
印　　次：2024 年 8 月第 3 次印刷
定　　价：78.00 元

总　序

2023 年 12 月 26 日，是中国人民的伟大领袖毛泽东同志诞辰 130 周年。经过多年酝酿策划和组织编撰，我们于今年正式出版发行《毛泽东谈文论史全编》（以下简称《全编》）以示隆重纪念。

十年前，习近平总书记在纪念毛泽东同志诞辰 120 周年座谈会上的重要讲话中指出："毛泽东同志是伟大的马克思主义者，是伟大的无产阶级革命家、战略家、理论家，是马克思主义中国化的伟大开拓者，是近代以来中国伟大的爱国者和民族英雄，是党的第一代领导核心，是领导中国人民彻底改变自己命运和国家面貌的一代伟人。"同时，毛泽东同志又是世所公认的伟大的文学家、史学家、诗人和作家。在深入学习贯彻党的二十大精神、纪念毛泽东同志诞辰 130 周年的重要时间节点上，组织编撰出版这一大型项目图书，为人们缅怀毛泽东同志的丰功伟绩，学习毛泽东同志的伟人品格、政治智慧和文化思想，提供了一套非常重要的文化历史资料；对于弘扬中华优秀传统文化，学习贯彻党的二十大报告中关于"推进文化自信自强，铸就社会主义文化新辉煌"的重要精神，具有十分宝贵的启示和积极的意义。

在组织编撰这部大型项目图书的过程中，我们坚持以习近平新时代中国特色社会主义思想为指导，认真学习党中央关于历史问题的三个决议精神，特别是十九届六中全会通过的《中共中央关于党的百年奋斗重大成就和历史经验的决议》精神，对全部书稿的政治观点和思想内容进行了认真把关，使其符合三个决议精神，也符合习近平总书记十年来有关论述毛泽东同志历史功绩和毛泽东思想指导地位的重要讲话精神，以及关于学习党史国史和弘扬中华传统文化的重要讲话精神。

《全编》计27种40册1500万字。编撰者耗费数十年心血收集、整理、阐析、赏评，把毛泽东在各个时期的文章、诗词、书信、讲话、谈话中引用、化用、批注、圈阅、点评、编选的古今人物和文史作品，把毛泽东传记、年谱、回忆录中提及或引用和评点的古今人物和文史作品，即使片言只语、寸缣尺楮也收集入册，希望能够集散为专、分门别类，尽量避免遗珠之憾，力求内容全面系统、表述科学客观。

这部《全编》有以下几个特点：

资料齐全。毛泽东同志一生酷爱读书，可以说是博览群书、通古贯今。他曾说："饭可以一日不吃，觉可以一日不睡，书不可以一日不读。"他熟读《二十四史》《资治通鉴》等中国历代著名历史著作，熟读中国历代优秀的诗词文学作品，且不动笔墨不读书，读书时做了大量批注和圈画，还常常在自己的文章、诗词、讲话、谈话中引经据典、巧妙运用，真可谓博学约取、学以致用。这就给我们留下了浩如烟海的珍贵史料。在编著这部《全编》时，我们想最大限度地收集、整理、汇编其所涵盖的各个方面的文献史料，力争做到文献可靠、史料精准，可读性、知识性和趣味性兼具，使其成为研究毛泽东思想特别是毛泽东文化思想的重要资料。

分类精细。毛泽东同志喜欢中国古代文学，阅读、圈评了大量各类体式的文学作品，他的诗词创作尤为脍炙人口。因此，收录《全编》中关于毛泽东同志的文史资料，浩瀚如海，编撰者都进行了认真严格的划分整理，将其分三辑，文学类就有两辑，所占分量最大。比如，编撰者将其细分为评点名诗、名词、散曲、辞赋、小说、散文、戏曲的"毛泽东同志评点中国传统文化赏析"7种19册，以及《跟着毛泽东学诗词》《毛泽东诗话》《周世钊论毛泽东诗词》《毛泽东致周世钊书信手迹》与毛泽东读唐诗、宋词、元曲、古文等的"毛泽东与中国诗词曲赋"8种9册。

评述允当。在这部《全编》中，编撰者将每篇作品分为毛泽东评点、人物、事件评述或毛泽东评点、原文和赏析，力求评述或赏析允妥、适当，即深刻理解毛泽东原文含义，紧扣毛泽东的评点，不作过多发挥，文字力求简明生动。同时，编撰者注重史料收集整理的文献性，兼顾知识性和趣味性，这就使得这部大型项目图书兼具很强的可读性。

这部《全编》还有一个最突出的重要特点，那就是比较集中地梳理和呈现了毛泽东同志的历史自信和文化自信。习近平总书记在纪念毛泽东同志诞辰 120 周年座谈会上的讲话中明确指出，毛泽东同志"是马克思主义中国化的伟大开拓者，是近代以来中国的爱国者和民族英雄"。这个评价反映在毛泽东同志学习和运用、继承和发展中华优秀传统文化方面，鲜明地体现为他的历史自信和文化自信。因此，我们认为这部《全编》的编撰出版，有益于读者更深入体会党的二十大报告论述的"坚持和发展马克思主义，必须同中华优秀传统文化相结合"的重大论断。在这部《全编》中，有关毛泽东圈阅、评点历史人物和文史作品的材料，就很具体地体现了他作为"马克思主义中国化的伟大开拓者"，是如何运用马克思主义的世界观和方法论，去激活中华优秀传统文化的；又是如何通过继承、运用和发挥中华优秀传统文化，为坚持和发展马克思主义提供深厚滋养的。

《全编》除了引用毛泽东同志的相关评点外，主要篇幅是介绍、叙述和评论毛泽东同志评点的对象即历史人物和文史作品，所引毛泽东的评点内容都出自公开的出版物并注明出处。从目前已出版的各类关于毛泽东同志的书籍来看，这是目前更加全面系统反映伟人毛泽东同志的一部大型丛书，但每册又可独立成书，以满足不同读者的阅读喜好与多样需求。当然，限于编撰者的水平和时间，这部《全编》的体例编排和文字表述等方面还有改进和完善空间，恳请专家学者和广大读者朋友不吝批评指正。

《毛泽东谈文论史全编》编委会

2023 年 12 月 18 日

目　录

屈 原

——"我们是这位天才诗人的后代"

"屈原是中国一位伟大的诗人"

1954年10月26日，毛泽东会见访华即将回国的印度总理尼赫鲁时，向这位外国政治家介绍说："屈原是中国一位伟大的诗人，在一千多年前就写了许多爱国的诗，政府对他不满，把他放逐了。后来中国人民把他死的一天作为节日，这一天就是旧历五月初五日端午节。人们吃粽子，并把它投到河里喂鱼，使鱼吃饱了不伤害屈原。"[①]

其实，毛泽东这样评价屈原不是偶然的。早在1949年12月，毛泽东在赴莫斯科访问的火车上，与苏联陪同的汉学家费德林有过一次关于中国诗歌的谈话。他从《诗经》谈起，其中突出地谈到屈原。

对于屈原，毛泽东深情地向费德林介绍说："屈原生活过的地方我相当熟悉，也是我的家乡么。所以我们对屈原，对他的遭遇和悲剧特别有感受。我们就生活在他流放过的那片土地上，我们是这位天才诗人的后代，我们对他的感情特别深切。不过现在的人就未必了，他们不一定理解屈原的伟大功绩。"

毛泽东分析屈原所处的历史时代说："连年战乱使国家凋敝，民不聊生，楚国灭亡了，这是事情的一个方面。接着开始了另一个历史过程，就是把那些分散的、互相争权夺利、争战不休的诸侯王国统一起来的过程，

---

① 陈晋：《骚怀楚屈平》，《瞭望》1991年第35期。

这个过程是不以人的意志为转移的。最后,它以秦始皇统一中国而告终,从而形成第一个集中统一的帝国。这对中国后来的命运产生了重要作用。这是事情的另一个方面。"

抚今追昔,毛泽东一往情深地说:"是的,这些都发生在我的故乡湖南,发生在屈原殉难的地方——长沙。因为这缘故,屈原的名字对我们更为神圣。他不仅是古代的天才歌手,而且是一名伟大的爱国者:无私无畏,勇敢高尚。他的形象保留在每个中国人的脑海里。无论在国内国外,屈原都是一个不朽的形象。我们就是他生命长存的见证人。"

毛泽东还说:"是啊,屈原的功勋并不是马上就得到人们的承认。那是后来过了不少日子,诗人的品格才充分显示出来,他的形象才真正高大起来。屈原喝的是一杯苦酒,也是为真理服务的甜酒,诗歌像其他创作一样,是一种精神创造。"

毛泽东最后说:"是啊,这种崇拜不是屈原自己制造的,而是爱戴他的老百姓自发产生的。这种崇拜一直延续到现在,难道能怪他吗?我们不能为别人负责,老百姓树立他们所需要的权威和偶像,这是他们的事,我们不能对此负责。我不认为这是他的错……"①

毛泽东的这些谈话,是迄今为止所发现的他有关屈原的最完整论述,简直可以说是一篇屈原论:一、屈原是一个伟大的爱国者;二、他是个天才诗人;三、在国内外影响巨大。

人们不禁会问:屈原到底是怎样一个人,毛泽东为什么对他评价这么高呢?

屈原(约前340—约前278),名平,字原;又自云名正则,字灵均。我国最早的伟大诗人。战国楚(今湖北秭归)人。初辅佐楚怀王,做过左徒、三闾大夫。主张彰明法度,举贤授能,改革政治,东联齐国,西抗强秦。在同保守派贵族令尹子兰、靳尚等人的斗争中,遭谗去职。顷襄王时被放逐,流浪沅湘流域,比较接近人民生活,对黑暗现实更加不满。但始

---

① [俄]费德林:《我所接触的中苏领导人》,新华出版社1995年版,第15—29页。

终把振兴楚国的愿望寄托在楚王身上。后因楚国的政治更加腐败，顷襄王二十一年（前278）首都郢被秦军攻破，他既无力挽救楚国危亡，又深感政治理想无法实现，遂于是年五月五日投汨罗江而死。著有《离骚》《九歌》《天问》《九章》等。《汉书·艺文志》著录《屈原赋》25篇，其书久佚，后代所见屈原作品，皆出自汉刘向辑集的《楚辞》。

从屈原的生平和创作情况来看，毛泽东的论断是完全正确的。在政治生活中，屈原从内政和外交两方面努力，企图挽救楚国的危亡，然而由分散的诸侯小国走向统一的大趋势不可阻挡，他无力回天。在他死后55年（前223）楚被秦所灭，这是时代所致，无损于屈原伟大爱国者的形象。在文学上，屈原不仅借助诗歌表达了他的爱国情怀和理想抱负，而且创造了一个奇迹：在《诗经》之后，他创造的骚体诗（也称骚体赋），一般篇幅较长，句式灵活参差，多六七言，以"兮"字作语助词，取得了高度成就。从此，风、骚并称，成为我国文学史上现实主义和浪漫主义的源头，对后代文学影响巨大。

终生喜爱屈原的作品

毛泽东从青年时代起就十分崇敬屈原，喜读屈原的作品。毛泽东在长沙求学期间的笔记，现在保存下来的，只有47页，94面。笔记用的是直书九行纸本，前11页用工整的楷书抄录了屈原的《离骚》和《九歌》全诗，后36页冠名《讲堂录》，是他自己的课堂笔记。在《离骚》正文第1页的天头上，写有各节提要。这本课堂笔记，留下了毛泽东早年下苦功学习屈原作品的珍贵史料。据考证，这本课堂笔记是1913年10月至12月毛泽东在湖南省立第四师范学校读预科时所录。

1915年初秋，毛泽东"以二十八画生"（"毛澤東"三字繁体共28

画）写《征友启事》结识了罗章龙①。他们第一次在位于定王台的湖南省立图书馆会见，两人在僻静处的一块长石凳上，比肩而坐，促膝相谈了两三个小时之久。内容广泛：忆屈原贾谊，谈诗韵曲谱，穷究宇宙源起，探讨人生曲折，而对于治学方针和方法、新旧文学与史学的评价，谈论得更多。谈到音韵改革问题，主张以曲韵代诗韵，以新的文学艺术代替"高文典册"与宫廷文学。在旧文学中，他们对《离骚》很感兴趣，主张对《离骚》赋予新评价。归后，罗章龙写诗以记二人交谈之事，题为《定王台初晤二十八画生》。诗曰：

> 白日城东路，娜嬛丽且清。
> 风尘交北海，空谷见庄生。
> 策喜长沙傅，骚怀楚屈平。
> 风流期共赏，同证此时情。

　　"策喜"一句，指西汉政治家贾谊的《治安策》。"骚怀"一句，便是说的屈原的《离骚》。

　　1918年4月，罗章龙去日本，临行前，新民学会在长沙北门外的平浪宫聚餐，为他饯行。毛泽东以"二十八画生"的笔名，写了《七古·送纵宇一郎东行》一诗。诗中自豪地说"年少峥嵘屈贾才，山川奇气曾钟此"，表现了对以屈原、贾谊为代表的人杰地灵的湘楚浪漫主义文化精神的认同和仰慕。

　　1951年7月7日，毛泽东在中南海同老同学周世钊、蒋竹如划船，江青也在。话题转到《左传》和《楚辞》，谈起屈原与屈瑕（楚武王封子瑕于屈，即屈瑕，其后人以"屈"为姓，屈原便是其后裔）的世系关联，毛泽东说：《左传》和《楚辞》虽是古董，但都是历史，有一读的价值。"

---

　　① 罗章龙（1896—1995），湖南浏阳人。1921年加入中国共产党，1931年被开除党籍。后历任河南大学、西北联合大学、湖南大学、北京师范大学等校教授。曾任中国人民政治协商会议全国委员会委员。

新中国成立后，毛泽东作为国家最高领导人，日理万机，但每次离京外出携带的大批书籍中，总有《楚辞》。"1957年12月，曾要我们把各种版本的《楚辞》以及有关《楚辞》和屈原的著作尽量收集给他。我们专门请何其芳（当时任中国科学院文学研究所所长）列了一个目录，经过两个多月的努力，把古今有价值的各种《楚辞》版本和有关著作收集了50余种。在那一段时间里，毛泽东比较集中地阅读了这些书。"①

1958年1月南宁会议期间，毛泽东批示印发《离骚》给与会者。在1月16日的讲话中说："学楚词（辞），先学《离骚》，再学《庄子》。"

1958年9月10日，从北京上飞机时，张治中（原国民党高级将领、民主人士）就留心看到毛泽东的两箱书被搬上了飞机。到了合肥，毛泽东向省上借来《安徽省志》和朱熹注的《楚辞》。毛泽东问张治中："你读过《楚辞》吗？"张治中回答："未读过。"毛泽东说："这是好书，我介绍你有空看看。"②

1959年10月23日，毛泽东外出前指明要带走的一大批书籍中就有宋人朱熹著《楚辞集注》和明人陈第著《屈宋古音义》。

毛泽东又在1959年、1961年两次索要《楚辞》。1959年庐山会议前夕，毛泽东要了一批有关《楚辞》的著作进行研读。他又让林克抓紧时间编出一本含几十种评介、研究《楚辞》的书刊目录。经他审改后，印发给参加庐山会议的代表。1961年6月16日还特别指名要人民文学出版社影印的宋版《楚辞集注》。

毛泽东还十分关注《楚辞》研究。1959年，我国著名书法家、诗词专家沈尹默先生将工笔正楷手书的自作100首词面呈毛泽东，作为国庆十周年的献礼。

毛泽东阅后，大加赞赏。

晚上，毛泽东在中南海家中设便宴招待沈尹默。席间，毛泽东问道：

---

① 逄先知：《古籍新解，古为今用》，《毛泽东的读书生活》，生活·读书·新知三联书店1986年版，第215页。

② 《文怀沙序跋集》，中国文联出版社2001年版，第335页。

"你这十年来怎么这样凑巧，正好写了100首呢？"

沈尹默答道："是啊，奇怪，我一数，不多不少，正好100首。"

毛泽东听后，摆了摆手，纠正道："不对，我看你至少写了101首。""你给文怀沙《屈原〈离骚〉今绎》题过一首词，叫'减字木兰花'，而且不是铅字排的，是你手写制版的，这不会假吧？"说得沈尹默大笑起来。

接着，毛泽东便把话题转到《屈原〈离骚〉今绎》上来，指出郭沫若的《〈离骚〉今译》是翻译，而文怀沙却是"抽绎"（按：绎，本义为抽丝。寻绎，理出事物的头绪。引申为解析），只把训诂作为手段，撇开了烦琐的考证，简洁明了，文采斐然，别开新面，就学术质量而言，文"绎"尤胜于郭译。

毛泽东与沈尹默先生的谈话，不仅表现出他对沈尹默先生诗词写作的关心，而且也表明他熟知《离骚》研究的状况，他对郭沫若、文怀沙的《离骚》研究的中肯评价，说明他对《离骚》研究也是颇有见地的。

文怀沙著《屈原〈离骚〉今绎》，由上海古典文学出版社1956年12月出版，插页首幅印着沈尹默的题辞墨迹：

> 美人芳草，此语寻常都解道；争比灵均，文彩昭然历劫新。　蛟龙不起，汨水至今清且涨；故事难忘，五月南风糉籁香。
>
> 怀沙兄属为离骚今绎题词，辄成减字木兰花一阕应教。

一千九百五十三年五月　尹默

毛泽东显然看到了上海古典文学出版社出版的文怀沙《屈原〈离骚〉今绎》这个本子，所以情况十分熟悉。

1961年秋，毛泽东又写了七绝《屈原》：

> 屈子当年赋楚骚，手中握有杀人刀。
> 艾萧太盛椒兰少，一跃冲上万里涛。

这是一首怀古诗。诗中的"屈子",指屈原。"杀人刀",喻指屈原的《离骚》所发挥的战斗作用。"艾萧",即艾蒿,臭草。这里比喻奸佞小人。"椒兰",申椒和兰草,皆为芳香植物。这里比喻贤德之士。这首诗热情地赞扬了屈原以诗歌为武器,和楚国的腐朽反动势力作不屈不挠的斗争,为真理而献身的伟大爱国主义精神和大无畏的气概。毛泽东怀念屈原,当然不是发思古之幽情,而是现实政治斗争触发起借古喻今的思考。1961年,正是我国内外交困的多事之秋。由于自然灾害和工作失误,国民经济出现严重困难;国外的反动势力也向我国施加巨大压力;毛泽东本人也因为"大跃进"和"反右倾"的失误,在党内外受到严厉批评。遭际相似,诗心相通,神气相投,使毛泽东想起屈原,赋诗为之立传,也为自己立言。

以史为鉴,"古为今用"

　　以史为鉴,"古为今用",是毛泽东提倡的读古书的方法,他自己也是这样做的。毛泽东在文章和讲话、谈话中,多次引用屈原的作品、事迹,说明某种道理,解决工作中的某个问题。

　　1950年3月10日,毛泽东在中南海勤政殿接受罗马尼亚首任驻华大使递交国书。按周恩来的布置,让中国第一代驻外大使来勤政殿,在八扇红木屏风后静观递交国书仪式。此前,毛泽东和周恩来曾接见过这些新中国的第一代大使,并与他们亲切交谈。当毛泽东走到黄镇面前时,好像想起了什么,问道:"黄镇,你原来那个名字黄士元不是很好吗,改它做什么?"黄镇答道:"我的脾气不好,需要提醒自己镇静。"毛泽东说:"黄镇这个名字也不错,《楚辞》中说,白玉兮为镇。玉可碎而不改其白,竹可黄而不毁其节。派你出去,是要完璧归赵喽。你就做个蔺相如吧。"

　　"白玉兮为镇"出自屈原的《九歌·湘夫人》。《九歌》原是传说的一种远古歌曲的名称。《楚辞》中的《九歌》是屈原根据民间祭神乐曲加工改编而成的。"白玉兮为镇"出自屈原的《九歌·湘夫人》。《湘夫人》

是一位湘水女神，旧说指尧的二女、舜的二妃娥皇、女英。她们与湘君是配偶神。《湘夫人》通篇写湘君思念湘夫人望之不见、遇之无因的哀伤。

"镇"，一作"瑱"，压物用器。"白玉兮为镇"，是说湘夫人用玉器压坐席，表示身份尊贵。

蔺相如是战国时赵国的大臣。赵惠文王得楚和氏璧，秦昭王知之，遗书赵王，诈称愿以十五城换璧。蔺相如自告奋勇，奉璧出使秦国，并表示："城入赵而璧留秦；城不入，臣请完璧归赵。"相如入秦献璧后，见秦王无意偿赵城，乃设法复取璧，派从者送回赵国。见《史记·廉颇蔺相如列传》。后遂用"完璧归赵"比喻将原物完好无损地归还原主。毛泽东将"白玉兮为镇"的诗句信手拈来，从黄镇的名字说到宁为玉碎、不为瓦全的品质，再讲到蔺相如完璧归赵的故事，表达了对我国第一代驻外大使的厚望。黄镇（1909—1990），安徽桐城人。先后出任我国驻印度尼西亚、法国大使、驻美国联络处主任、外交部部长，为我国的外交事业作出了杰出的贡献。

1953 年，世界和平理事会在莫斯科举行世界和平大会，纪念世界文化名人，屈原列为纪念的文化名人之一。这是世界人民对第二次世界大战的反思，也是对美帝国主义侵略朝鲜的抗议。为此，在毛泽东的提议下，中国保卫世界和平委员会向大会赠送了一幅屈原的画像。

1954 年 10 月 26 日，在华访问的印度总理尼赫鲁离京前夕，到中南海勤政殿向毛泽东主席等中国领导人辞行。来辞行的尼赫鲁总理感慨良多。他说，在这里我结识了许多朋友，也得到了很大的友情。他深情地表示，虽然要走了，但是可以说，已经把自己的一部分留在了中国。

充满激情而又知识渊博的毛泽东，此时引用中国古代著名诗人屈原的诗句，赠与尼赫鲁。他吟诵道："悲莫悲兮生别离，乐莫乐兮新相知。"之后，他说："离别固然令人感伤，但有了新的知己，不又是一件高兴的事吗？"并向这位异国的政治家介绍了屈原的生平。

尼赫鲁非常欣赏毛泽东所吟诵的诗句，认为太适合他们两个人的友谊了。不仅如此，他又进行了升华，说："主席刚才引用的两句诗，不仅适用于个人，而且也适用于国与国之间。第二句诗特别适用。"

毛泽东吟诵的诗句出自屈原《九歌·少司命》。《少司命》为祭祀少司命之歌。司命，旧说是星名，分大小二星：大司命主宰人的生死寿夭，少司命主人类子嗣。通篇以巫者口吻祭祀少司命。唯歌中所述，似有神灵情爱离别之事。全诗共六节，毛泽东吟诵二句出自第三节，意思是说，人生最可悲的莫过于活生生的别离，最快乐的要数结交新的知音。毛泽东表达了对结交尼赫鲁这位国际友人的喜悦之情。

1958年3月22日，毛泽东在中共中央成都会议上的讲话中，提倡干部要讲真话时，说屈原是敢讲真话的，"是好的"。

1958年8月，毛泽东在审阅和修改陆定一的《教育必须与生产劳动相结合》一文时，加写了这样一段话："中国教育史有人民性的一面。孔子的有教无类，孟子的民贵君轻，荀子的人定胜天，屈原的批判君恶，司马迁的颂扬反抗，王充、范缜、柳宗元、张载、王夫之的古代唯物论，关汉卿、施耐庵、吴承恩、曹雪芹的民主文学，孙中山的民主革命，诸人情况不同，许多人并无教育专著，然而上举那些，不能不影响对人民的教育，谈中国教育史，应当提到他们。"①

1964年8月18日，在北戴河，毛泽东找几位哲学工作者谈话，其中有吴江、邵铁真、龚育之等人，康生也在座。毛泽东先谈了要把《红楼梦》"当历史读"和《庄子·天下》篇所说"一尺之棰，日取其半，万世不竭"的问题，然后说："到现在，《天问》究竟讲什么，没有解释清楚。《天问》讲什么，读不懂，只知其大意。《天问》了不起，几千年以前，提出各种问题，关于宇宙，关于自然，关于历史。"②

1965年6月20日，毛泽东在上海和复旦大学中文系刘大杰教授谈及在宋代王安石之前，已经有人提出反对天命、反对封建宗法的思想，比如屈原、王充。他说："屈原写过《天问》，过了一千多年，才有柳宗元写《天对》，胆子很大。"③

---

① 《红旗》1958年9月第7期。
② 《党的文献》1994年第5期。
③ 《毛泽东在上海》，中共党史出版社1993年版，第143页。

《天问》是屈原的又一重要诗作。"天问"即问天，是对"天"提出的质问。古人认为天是有意志的神，是宇宙万物的主宰。"天"无所不管，《天问》也就无所不问了。

《天问》全诗由 170 多个问题组成，包括自然现象、神话传说、历史事件和历史人物等方面的内容，表现了诗人对旧的传统观念的怀疑和大胆探索的精神，并保存了许多神话传说的资料，具有重要的科学价值、历史价值和文学价值，因此，毛泽东给予很高的评价。

1972 年 9 月 27 日晚上，毛泽东在中南海会见来华访问的日本首相田中角荣、外相大平正芳和内阁官房长官二阶堂进。会见结束时，毛泽东把一部装帧精美的线装本《楚辞集注》作为礼物，赠给田中角荣首相。

"批判君恶"

1958 年 1 月召开的南宁会议上，毛泽东给与会干部印发了《楚辞》中的几篇作品。一天深夜，他又给江青写信说："我今晚又读了一遍《离骚》，有所领会，心中喜悦。"[1]南宁会议，是中共中央在广西南宁召开的有部分中央负责人和部分省、市委书记参加的工作会议。与会人员共 26（27）人。会议于 1958 年 1 月 11 日至 23 日举行。毛泽东在会上讲了两次话，都讲到了《离骚》。在 1 月 16 日的《在南宁会议上的讲话提纲》中，他说："学楚词（辞），先学《离骚》，后学《庄子》。"[2] 21 日的《在南宁会议上的结论提纲》第一部分共有 20 个问题，其中第 17 个问题讲文件的准确性、鲜明性、生动性，举的例子是《离骚》中的诗句。他说：

---

① 逄先知：《古籍新解，古为今用——毛泽东读中国文史书》，《毛泽东的读书生活》，生活·读书·新知三联书店 1986 年版，第 218 页。

② 《建国以来毛泽东文稿》第七册，中央文献出版社 1992 年版，第 16 页。

古代考据学，要解决的问题，是概念和判断的问题，公式是什么。

例如：皇考是远祖，还是祖父，还是父亲？三后是楚国的三后，还是禹、汤、文，还是颛顼、帝喾、轩辕？兰是现在这样的兰，还是另外一种？

以上是概念问题。

例如：昔三后之纯粹兮，固众（芳）之所在。（彼）尧舜之耿介兮，固（既）遵道而得路；何桀纣之（猖）披兮，夫唯截（捷）径以准（窘）步？

以上，是判断问题。

古代的义理学，要解决（的）问题，是推理的问题。

以上二学，都属理性认识。①

在南宁会议短短的 10 天中，毛泽东先是把包括《离骚》在内的几篇《楚辞》印发与会人员，接着在两次讲话中宣讲，还写信给没有与会的江青，谈自己读《离骚》的体会，说是"有所领会，心中喜悦"。

毛泽东这次重读《离骚》，又有什么新的"领会"，使他心中十分"喜悦"呢？

从南宁会议的主要议题、毛泽东讲话的核心内容，以及以后的工作安排，便不难看出。在毛泽东的讲话中，讲了"反冒进"的教训、"砍掉十万个合作（社）"的教训、响应反斯大林的教训，完全跟着赫鲁晓夫的指挥棒跑、响应高饶的教训等。毛泽东认为，从思想方法上看，是由于一些同志用了"登徒子好色赋的方法"，即"攻其一点（或几点），尽量夸大，不及其余的方法"。并且说："我们同志中采用这种方法的人，很不少。革命吃亏很大。"在讲话中他批评 1956 年"反冒进"，反掉了"多、快、好、省"、"农业发展纲要四十条"和"促进委员会"。也就是说，毛泽东认为，当时是"右"了。所以，应该从工作方法入手，总结经验教训，提

① 《建国以来毛泽东文稿》第七册，中央文献出版社 1992 年版，第 26 页。

高认识，振作革命精神，"发展真理，破除迷信"。

如果从 1958 年的工作安排上，看得很清楚。1958 年，是中央工作会议开得最多的一年，简直可以说是一个"会议年"。1958 年新年伊始，1 月上旬是杭州会议，1 月中旬是南宁会议，1 月底是最高国务会议，3 月是成都会议，4 月初是汉口会议，4 月底是广州会议，5 月是八大二次会议，8 月是北戴河会议，11 月是郑州会议，11 月下旬至 12 月上旬是在武昌举行的政治局扩大会议和八届六中全会。正是在这一个接一个的会议推动下，总路线、大跃进、人民公社等三面红旗树立起来了。

上述这一切，与毛泽东读《离骚》新的"领会"，不无关系。

那么，《离骚》到底是一篇什么作品呢？

《离骚》，《楚辞》篇名。战国楚人屈原作。"离骚"，旧解为离愁，也有解作遭忧的；近人或解为牢骚。大约写于诗人晚年再次流放江南时。

《离骚》长达 375 句，近 2500 字，是我国古代诗歌史上最长的一首政治抒情诗。基本内容是表现诗人对以"举贤授能""修明法度"为内容的"美政"理想的热烈追求。全书分为前后两部分。前半部分是对以往历史的回叙，叙述自己的世系、品质、修养，诉说自己在政治斗争中所受的迫害，批判楚王的昏聩，揭露现实的黑暗，表明决不同流合污的政治态度和"九死未悔"的坚定信念。后半部分是对未来道路的探索，借幻想的境界，进行上天下地的描绘，结果是欲见天帝而不得，欲求美女而无获，决定听从灵氛劝告，去国远游，但在乘龙西游之中看见楚国故土，终不忍离去，决心以死来殉自己的理想，表达对理想的积极追求和对祖国的无比热爱。在艺术表现上，作品运用香草美人的比喻、大量的神话传说和丰富的想象，形成绚烂的文采和宏伟的结构，表现出积极的浪漫主义精神，对后世文学有深远的影响。

在一本明人陈第撰写的《屈宋古音义》中，毛泽东用红蓝铅笔，圈画的《离骚》中的一些段落：

> 汩余若将不及兮，恐年岁之不吾与。朝搴阰之木兰兮，夕揽洲之宿莽。日月忽其不淹兮，春与秋其代序。惟草木之零落兮，恐美人之

迟暮。……忽驰骛以追逐兮，非余心之所急。老冉冉其将至兮，恐修
名之不立。……长太息以掩涕兮，哀民生之多艰。余虽好修姱以鞿羁
兮，謇朝谇而夕替。……怨灵修之浩荡兮，终不察夫民心。众女嫉余之
蛾眉兮，谣诼余以善淫。……朝发轫于苍梧兮，夕余至乎县圃。……
吾令羲和弭节兮，望崦嵫而勿迫。路漫漫其修远兮，吾将上下而求
索。……陟升皇之赫戏兮，忽临睨夫旧乡。仆夫悲余马怀兮，蜷局顾
而不行。

以上原文每句末，毛泽东都作了圈断。一些脍炙人口的警句，例如"长
太息以掩涕兮，哀民生之多艰""路漫漫其修远兮，吾将上下而求索"等
等，都在圈读之列，颇能给人教益。

"屈原高据上游"

《离骚》打动毛泽东的一个方面，是艺术表现上的浪漫主义手法。因
为浪漫主义离不开幻想，太实了就不能写诗了。这从毛泽东在南宁会议上
的第二次讲话中，可以得到证实。他说，要学点文学，古文、今文都可。
一次读十几篇，放起来，然后再读。光搞现实主义一面也不好，杜甫、白
居易，哭哭啼啼，我不愿看；李白、李贺、李商隐，搞点幻想。我们党建
党以来，几十年没正式研究过这个问题。"学点文学"，当然不只是为了更
好地管理文艺工作，更重要的是提高干部的文学素养，而文学想象，是敢
于打破陈规陋习、敢于展开超越现实局限的翅膀……

1959 年 8 月 16 日，毛泽东在《关于枚乘〈七发〉》一文中说："骚体是
有民主色彩的，属浪漫主义流派，对腐败的统治者投以批判的匕首。屈原高
据上游。宋玉、景差、贾谊、枚乘略逊一筹，然亦甚有可喜之处。"① "骚

---

① 《建国以来毛泽东文稿》，第八册，中央文献出版社 1993 年版，第 496 页。

体是有民主色彩的”，是“批判的匕首”，“屈原高据上游”，是毛泽东对屈原及其开创浪漫主义文学流派的高度评价。

宋玉，字子渊，鄢（今湖北江陵）人。战国时期楚国辞赋家。有《风赋》《大言赋》《高唐赋》《神女赋》《登徒子好色赋》《对楚王问》等，毛泽东都很爱读。景差，也是战国时期楚国辞赋家。后于屈原而与宋玉同时。《史记·屈原贾生列传》：“屈原既死之后，楚有宋玉、唐勒、景差之徒者，皆好辞而以赋见称，然皆祖屈原之从容辞令，终莫敢直谏。”《楚辞》收有《大招》，或题景差作。贾谊的《治安策》、《过秦论》和《吊屈原赋》、《鵩鸟赋》，毛泽东评价很高。枚乘（前？—前40），淮阴（今江苏淮阴）人，西汉辞赋家。有赋九篇，今存三篇，《七发》为其中一篇。毛泽东曾写了《关于枚乘〈七发〉》，连同《七发》原文，在1959年8月2日至16日召开的中共八届八中全会上印发。

“骚体”，亦称“楚辞体”。起源于战国时代的楚国，以伟大诗人屈原的《离骚》为代表。因为屈原的作品，“皆书楚语，作楚声，纪楚地，名楚物”，故称为“楚辞”。“楚辞”的名称，西汉初期已有，至刘向编为专集。原收战国楚人屈原、宋玉及汉代淮南小山、东方朔、王褒、刘向等人辞赋共16篇。后王逸作章句时增入己作《九思》，成17篇。全书以屈原作品为主，其余作品也是承袭屈赋的形式，以其运用楚地的文学样式、方言音韵和风土物产，具有浓厚的地方色彩，故名《楚辞》。后世因称此种文体为“楚辞体”，又名“骚体”。屈原开创的浪漫主义文学流派和《诗经》开创的现实主义文学流派，是我国文学史上现实主义与浪漫主义的滥觞。因此后代常以“风骚”并称，影响极为深远。

1957年3月8日，毛泽东在《同文艺界代表的谈话》中，谈到当时贯彻“双百”方针，开展整风运动中出现的一些问题时，说：“出一些《草木篇》，就那样惊慌？你说《诗经》、《楚辞》是不是也有草木篇？”[1]《草木篇》是当代诗人流沙河（余勋坦）写的一组散文诗，发表在《星星》1957

---

[1] 《同文艺界代表的谈话》，《毛泽东文艺论集》，中央文献出版社2002年版，第176页。

年1月创刊号上。这组寓言诗通过对白杨、藤、仙人掌、梅和毒菌等五种植物的褒贬，对现实生活中的某些现象表明看法。当时受到严厉的批评，毛泽东并不认为是毒草，认为它不过是托物言志之作。这种写作手法，《诗经》《楚辞》中常用。据统计，《诗经》中出现的植物名，谷类有24种，蔬菜有38种，药物有17种，草有37种，木有43种（顾栋高《毛诗类释》）。"《离骚》之文，依《诗》（按：即《诗经》）取义，引类譬喻。故善鸟香草，以配忠贞；恶兽臭物，以比谗佞；灵修美人，以媲于君；宓妃佚女，以比贤臣；虬龙鸾凤，以托君子；飘风云霓，以为小人。"（王逸《离骚经序》）这就是说，这种表现手法，古已有之，不必大惊小怪。但可悲的是，后来流沙河还是在劫难逃，在反右运动中被划为右派。平反后又写出了不少好诗，对新诗的发展作出了自己的贡献。

大家知道，在古代作家中，毛泽东不仅喜爱屈原，也喜爱与屈原一脉相承的李白、李贺、李商隐、苏轼、辛弃疾等浪漫主义诗人。就是说，在现实主义和浪漫主义两个文学流派中，他更喜爱浪漫主义。虽然在创作方法上，毛泽东主张现实主义与浪漫主义相结合，但在个人的诗词创作中，他受古代浪漫主义流派影响更大，作品中的浪漫主义因素更为突出。他的诗词创作，受屈原的影响就非常大。他的《七律·答友人》的前四句："九嶷山上白云飞，帝子乘风下翠微。斑竹一枝千滴泪，红霞万朵百重衣。"即化用了《九歌·湘夫人》中的故事。"帝子乘风下翠微"，显然是由《湘夫人》首句"帝子降兮北渚"变化而来。"斑竹一枝千滴泪"也是化用湘夫人闻帝舜死于苍梧，十分悲痛，眼泪滴在青竹上，留下点点斑痕，而成斑竹的故事。

据毛泽东晚年曾陪他读书的北京大学中文系讲师芦荻回忆说：

"一次，毛主席让芦荻读王粲的《登楼赋》。主席说，这篇赋好，作者抒发了他拥护统一和愿为统一事业作贡献的思想，但也含有故国之思。在分析这后一方面的思想感情的时候，主席说，人对自己的童年、自己的故乡、过去的朋侣，感情总是很深的，很难忘记的，到老年就更容易回忆、怀念这些。随后又说，他写《七律·到韶山》的时候，就深切地想起三十二年前许多往事，对故乡是十分怀念的。并说他的《七律·答友人》，

'斑竹一枝千滴泪，红霞万朵百重衣'，就是怀念杨开慧的，杨开慧就是霞姑嘛！可是现在有的解释却不是这样，不符合我的思想。"[1]

按毛泽东的说法，《七律·答友人》诗中的"帝子"，表面上是指尧之二女、舜之二妃娥皇、女英，实际上是指"霞姑"，即杨开慧。诗人的这个直白，更清楚地说明了其诗词创作受屈原作品的影响。

---

[1] 杨建业：《在毛主席身边读书——访北京大学中文系讲师芦荻》，《人民日报》1978 年 12 月 29 日。

秦始皇

——"秦始皇是好皇帝"

"秦始皇是好皇帝"

秦始皇（前259—前210），即嬴政。战国时秦国国君、秦王朝的建立者。公元前246—前210年在位。

秦王嬴政在短短十年间，剪灭割据称雄的六国，结束了征战几百年的分裂状态，建立了中国历史上第一个统一的中央集权的封建国家。这是秦始皇伟大的历史功勋。

对于秦始皇统一中国的历史功业，毛泽东非常肯定。他在不同时期多次讲过这个问题。

1964年8月30日，毛泽东同各中央局书记谈话时指出："秦始皇是好皇帝。"

毛泽东在《中国革命和中国共产党》一文中说："如果说，以前的一个时代是诸侯割据称雄的封建国家，那么，自秦始皇统一中国以后，就建立了专制主义的中央集权的封建国家；同时，在某种程度上仍保留着封建割据的状态。在封建国家中，皇帝有至高无上的权力，在各地方分设官职以掌兵、刑、钱、谷等事，并依靠地主绅士作为全部封建统治的基础。"[①]

1964年6月24日，毛泽东在与新西兰共产党总书记威尔科克思谈话时说："孔夫子有些好处，但也不是很好的。我们应该讲句公道话，秦始

---

① 《毛泽东选集》第二卷，人民出版社1991年版，第624页。

皇比孔夫子伟大得多。孔夫子是讲空话的，秦始皇是第一个把中国统一起来的人物。不但政治上统一中国，而且统一了中国的文字、中国的各种制度如度量衡，有些制度后来一直沿用下来。中国过去的封建君主还没有第二个超过他的。"①

1974 年 9 月 23 日，毛泽东在与埃及副总统侯赛因·沙菲谈话时说："秦始皇是中国封建社会第一个有名的皇帝，我也是秦始皇，林彪骂我是秦始皇。中国历来分为两派，一派讲秦始皇好，一派讲秦始皇坏。我赞成秦始皇，不赞成孔夫子。因为秦始皇是第一个统一中国、统一文字，修筑宽广的道路，不搞国中有国，而用集权制，由中央政府派人到各地方，几年一换，不用世袭制度。"

秦始皇扫灭六国、统一中国以后，秦朝成为一个幅员辽阔的大帝国。此后历代又有扩大，但基础是统一的秦朝奠定的。所以，完成中国统一大业，是秦始皇的首功一件，值得大书特书。"秦始皇是第一个把中国统一起来的人物"，"秦始皇是中国封建社会第一个有名的皇帝"，"秦始皇在历史发展进程中的作用要肯定"，因此说"秦始皇是好皇帝"。毛泽东在不同时期多次肯定秦始皇的这一功绩。②

毛泽东领导全党和全国人民，经过几十年艰苦卓绝的斗争，创建了新中国，除了台湾尚待解放，香港、澳门尚待收回外，包括了其他所有领土。关于香港、澳门，毛泽东明确指出："我们不动它并不是永远不动它"，只是迟几年再收回。现在这个问题已经圆满解决，香港、澳门都已回到祖国的怀抱。

关于台湾，毛泽东坚持世界上只有一个中国，决不允许搞两个中国。早在 1956 年 10 月 4 日，他和居住在台湾的作家曹聚仁谈话时就指出："我们进联合国的条件是：只能一个中国，不仅要进联合国大会，而且要进入安全理事会和其他各种组织，否则就不干。"又说："台湾只要同美国断绝关系归还祖国，其他一切都好办。现在台湾的连理枝是接在美国的，只要

① 甄不贾：《毛泽东读书笔记》，《展望》1992 年新总第 1 期。
② 陈晋：《毛泽东之魂》（修订本），中央文献出版社 1997 年版，第 296 页。

改接到大陆来，可派代表参加人民代表大会和政协全国委员会，台湾一切可照旧。"①

　　1958年12月21日，毛泽东在为《〈毛主席诗词十九首〉上的批语》写的小序中，鉴于当时"港台一带，饕蚊尚多，西方世界，饕蚊成阵"的国内国际的现实，有感而发，仿南宋爱国诗人陆游临终绝笔《示儿》诗曰："人类今闲上太空，但悲不见五洲同。愚公尽扫饕蚊日，公祭无忘告马翁。"②表现了他实现祖国统一和解放全人类的伟大胸怀。到了晚年，特别是"文化大革命"后期那多事之秋，党和国家危机四伏，毛泽东年老、多病、体衰，常常用慷慨悲歌的南宋词来表达自己的忧患意识。张元干、张孝祥、陈亮、岳飞、文天祥等南宋爱国词人词作，有一个共同的背景和主题：山河分裂——河山统一。毛泽东咀嚼这些词章所产生的共鸣心态，虽然不必解释为对他自己奋斗一生的祖国未能统一的悲患，但至少折射出他内心世界陷入一种永恒的无法解脱的遗憾。

"百代都行秦政法"

　　秦王二十六年（前221），吞并天下以后，认为天下从此太平，如果不改国王的名号，就同他的伟大功绩不相称。于是就下令臣下商量一个帝号。《史记》记载：丞相王绾、御史大夫冯劫、廷尉李斯等人都说："从前五帝只有方圆千里的土地，在此范围以外的诸侯有的来臣服朝贡，有的根本不来，天子也无法控制。如今您统帅义军，讨伐残贼，平定了天下，在全国设置了郡县，统一了法令，这是从上古以来都没有过的功业，连五帝也赶不上。我们同博士们仔细地议论过：'古代有天皇，有地皇，有泰皇，

　　① 《同曹聚仁的谈话》，《毛泽东著作专题摘编》（上），中央文献出版社2003年版，第1055、1064页。

　　② 《建国以来毛泽东文稿》第七册，中央文献出版社1992年版，第6486页。

以泰皇为最尊贵。我们冒死建议，大王称作"泰王"，下指示叫作'制'，发号令叫作'诏'，天子称自己叫'朕'。'"秦王说："去掉'泰'字，留下'皇'字，采用上古'帝'的称号，号称'皇帝'。其他的同意你们的建议。"于是秦王改称"始皇帝"。这个称号，表示至高无上、万世一系的权力。他要后世，自始皇帝以下，二世、三世至千万世，传至无穷。

同年，秦始皇根据土、木、金、火、水五行循环之法，以为周朝是火德，秦代周，应为水德之始。按照水德的特征，他改年始，以十月初一为元旦，接受百官朝贺。衣服、旄、旌节都以黑色为贵。用6作为计数的单位，符节、法冠高6寸，车子宽6尺，6尺为一步，6匹马拉一辆车。又改黄河为德水，用这些来说明水德的开始。秦始皇的这些规定，是为了显示秦在这一历史阶段出现是必然的，是符合天意的。

秦新破六国，丞相王绾建议设置诸侯王，让皇子们担当，到各地镇守，"始皇下其议于群臣"。廷尉李斯说："周文王、周武王分封的儿子兄弟同姓王很多，但到了他们的后代关系就疏远了，相互攻打好像仇敌一样，各诸侯国不断攻来打去，周天子根本无法制止。如今全国靠陛下的英明得以统一，各地都设置了由中央直接控制的郡、县，皇子、功臣用国家的赋税赏赐他们，这样就很容易控制。天下没有二心，是安邦定国的最好办法。我以为设置诸侯有弊无利。"

秦始皇说："全国百姓都因为诸侯间战乱不息而痛苦不堪，现在全靠祖宗有灵，天下刚刚安定。如果又重新分封诸侯国，这是种下战乱的祸根，这样想要百姓得到休养生息，岂不是太难了吗？还是廷尉说得对。"

于是秦始皇分全国为36郡，每郡设置郡守、郡尉和监御史。改称老百姓为"黔首"。又将全国各地的兵器全部收集起来，运到咸阳，镕化浇铸成钟鐻和12个铜人，铜人每个都有1000石重，摆放在皇宫里。并且统一了全国的度量衡，规定了车子、道路的大小宽窄，全国文字也统一了写法。

秦统一是划时代的大事。面对一切从头开始的新事业，秦始皇再次显示了他的雄才大略和高超的政治才干。他在原来政权机构的基础上，建立了一整套从中央到地方的政治机构和封建专制主义制度。他所创立的各种典章制度，在此后两千多年的封建社会都被历代王朝沿袭发展下来。秦始皇的政治制度主要是：

开创皇帝和三公九卿制。秦王自以为"德高三皇，功高五帝"，因而取两者之尊称"皇帝"。他是中国第一个皇帝，称"始皇帝"，并安排好"后世以计数"，称为"二世、三世，传之无穷"。皇帝自称"朕"，其命令为"制"，下达的文书称"诏"，皇帝的印鉴称"玺"。从此，他头戴外黑内红的平天冠，身着玄衣绛裳，独揽全国军、政、财、文一切大权。

1. 皇帝以下设三公：丞相、太尉、御史大夫，佐助皇帝处理政务。丞相有左右两相，为百官之首，总理政务；太尉管军队；御史大夫掌图书秘籍，监察中官。三公之下设廷尉、奉常、郎中令、卫尉、太仆、典客、少客、宗正、治粟内史等九位上卿，分管各行政务，他们与三公组成中央政府。三公九卿之官，全由皇帝任免调动，不世袭。

地方实行郡县制。全国分为36郡，后来又增至40多郡。郡下设县，县下设里、亭。郡设郡守，县设县令，乡有三老，里有里正，亭有亭长。从中央到地方，形成了严密的统治体系。郡县长官定期向中央述职，中央则通过"上计"考核地方官。

2. 颁布封建法典《秦律》。秦朝早在商鞅变法时，就曾根据李悝的《法经》，"改法为律"，着手制定成文的律令。秦始皇根据维护统治的需要，从以水德主运，"事皆决于法"的思想出发，又将商鞅以来的律令加以补充、修订，形成了统一的内容更缜密的《秦律》，颁行全国。《秦律》保护封建土地所有制，严禁对封建国有土地和地主私有土地的侵犯。严禁贫苦农民和奴隶逃亡，尤其重视对"盗""贼"的制裁。实行土地私有化。颁布"使黔首自实田"的法令，根据自报占田数量，按亩纳税，使封建土地所有制在全国范围内合法化。

3. 统一文字、货币和度量衡。秦始皇统一文字，以秦字为基础，简化字形，整理为小篆，作为全国规模化的文字；除法定的小篆外，在社会上还流行着一种更为简易的隶书。

秦始皇下令统一全国货币，其措施有三个：第一，由国家统一铸钱，严禁地方和私人铸造。第二，规定全国通行两种货币：一为黄金，属上币，以镒为名，每镒24两；一为铜钱，属下币，圆形，方孔，有郭，径寸

2分，铸文"半两"，即每钱重12铢。第三，废除原六国布币、刀币、郢爰、铜贝等各种货币，改铸秦以前的"重1两14铢""重12铢""两甾"等旧币。

秦始皇下令以秦制为基础，统一全国度量衡。据考证，在秦代，长度一寸为2.31厘米，一尺为23.1厘米；容量一升为201毫升，一斗为2010毫升；重量一斤为256.25克，一石为30.75公斤。

4. 修驰道，车同轨。秦始皇为了加强对全国各地有效的行政管理，下令修驰道和直道。驰道是一种便于车马驰骋的大道，道宽50步，3丈植树，中央供天子车马行驶，两边任人行走。以咸阳为中心，修筑了两条驰道：一条"北穷幽燕"，一条"南极吴楚"。后来还令蒙恬等人修筑了从咸阳附近直通北边的"直道"。车同轨，两个车轮间的距离相同，规定为六尺。

秦始皇的这些政治法律制度的实施，大大巩固和加强了中央集权的统治，而且对后代有深远影响。毛泽东用"百代都行秦政法"来加以肯定。

1973年7月3日，毛泽东同王洪文、张春桥谈话时说："我赞成郭老的历史分期。奴隶制以春秋战国之间为界。但是不能大骂秦始皇。他乱得很。""早几十年中国的国文教科书，就说秦始皇不错了，车同轨，书同文，统一度量衡。就是李白讲秦始皇，开头一大段也是讲他了不起。"[1]

所谓李白讲秦始皇，指李白写的《古风五十九首》之三：

> 秦王扫六合，虎视何雄哉！
> 挥剑决浮云，诸侯尽西来。
> 明断自天启，大略驾群才。
> 收兵铸金人，函谷正东开。
> 铭功会稽岭，骋望琅琊台。
> 刑徒七十万，起土骊山隈。
> 尚采不死药，茫茫使心哀。
> 连弩射海鱼，长鲸正崔嵬。

---

① 贾思楠：《毛泽东人际交往实录》，江苏文艺出版社1989年版，第306、308页。

额鼻像五岳，扬波喷云雷。

鬐鬣蔽青天，何由睹蓬莱。

徐市载秦女，楼船几时回？

但见三泉下，金棺葬寒灰！

这首咏史诗，既赞扬了秦始皇的雄才大略和统一中国的历史功绩，也讽刺了他迷信神仙妄求长生的愚蠢行为。

毛泽东认为，这首诗大段是讲秦始皇了不起，"秦王扫六合，虎视何雄哉！挥剑决浮云，诸侯尽西来"。只是屁股后头搞了两句："但见三泉下，金棺葬寒灰。"就是说，他还是死了。你李白呢？尽想做官！结果充军贵州。白帝城遇赦，于是乎"朝辞白帝彩云间"。《梁父吟》说现在不行，将来有希望，"君不见高阳酒徒起草中"，"指挥楚汉如旋蓬"。那时是神气十足，我加上几句，比较完全："不料韩信不听话，十万大军下历城。齐王火冒三千丈，抓了酒徒付鼎烹。"把他下油锅了。

应该说，李白给予秦始皇如此高的评价，是很难能可贵的。因为在封建社会知识分子的眼中，秦始皇"焚书坑儒"，是一个封建暴君。而毛泽东却认为李白对秦始皇肯定得还不够，所以才续诗加以揶揄。

1973 年 8 月 5 日，毛泽东写了《七律·读〈封建论〉呈郭老》：

劝君少骂秦始皇，焚坑事业要商量。

祖龙魂死业犹在，孔学名高实秕糠。

百代都行秦政法，十批不是好文章。

熟读唐人封建论，莫从子厚返文王。①

这首诗写于当时正在开展的"批儒评法"运动之中，现在看来偏颇不少。"焚坑事业"，指秦始皇的"焚书坑儒"。祖龙，指秦始皇。孔学，指由春秋时期鲁国人孔丘创立的儒学。

---

① 《建国以来毛泽东文稿》第十三册，中央文献出版社 1998 年版，第 361 页。

在诗中，毛泽东对柳宗元在《封建论》中阐明的设置郡县，废除分封，加强中央集权，反对诸侯割据的主张，给予了高度评价。劝推崇儒家学派的著名历史学家郭沫若，要"熟读唐人封建论"，告诫他"莫从子厚返文王"。子厚，即柳宗元，字子厚，唐代文学家。著有《封建论》一文。"封建"，指殷周"封国土，建诸侯"的世袭分封制度。《封建论》首先提出"封建非圣人意也，势也"的中心论点，然后用周朝以来历史发展的事实，论证了秦始皇创建的中央集权的郡县制，比分封制优越，说明郡县制取代分封制是历史的必然。文王，指周文王，姓姬名昌，周王朝的创立者。他是中国历史上开始推行较完备的封建制（即分封制）的国君。"莫从子厚返文王"，意即从秦始皇的郡县制倒退到文王的分封制。从而批评郭沫若在《十批判书》中的尊儒反法倾向，肯定了秦始皇推行郡县制的历史进步作用。

"百代都行秦政法"，是说秦代以后的各个朝代，实行的都是秦代的政治法律制度。当今我国的政治法律制度也不例外，当然二者性质不同，在继承的基础上有很多发展。我国实行"大权独揽，小权分散"的原则，大权在中央政府，小权在各级地方政府。也就是中央集权下各地分工负责。秦代是中央—郡—县三级管理；而现在是中央—省—市—县四级政权架构。秦代的"郡"，大抵相当于现在的"市"，而现今"市"上设"省"，管辖一个相当大的地域，避免了郡县制的过于分散的缺陷。这个意思毛泽东在不同场合曾多次讲过。

早在20世纪30年代初，毛泽东就对老师徐特立说："治理中国，要中西结合，洋为中用——要马克思加秦始皇。"

1958年8月，毛泽东在北戴河召开的各大协作区主任会上，谈及第一书记要亲自抓工业时说："只搞分散不搞独裁不行。要图快，武钢可以搞快些。但各县社都要发挥钢铁积极性，那不得了，必须有控制，不能专讲民主。马克思与秦始皇要结合起来。马克思加秦始皇，指的是要有正确的理论基础和严肃的纪律守则。"

1964年11月底，毛泽东在中共中央政治局全国工作会议总结和研究社教运动中的问题前听取工作汇报时说："还是少奇挂帅，四清、五反、经济工作，统统由你管。我是主席，你是第一副主席，天有不测风云，不然一旦我死了你接不上，现在就交班，你就做主席，做秦始皇。"

1964年6月13日，毛泽东在会见越南胡志明主席时说："孔孟是唯心主义，荀子是唯物主义，是儒家左派。孔子代表奴隶主、贵族。荀子代表地主阶级。"又说："在中国历史上，真正做了点事的是秦始皇，孔子只说空话。几千年来，形式上是孔夫子，实际上是按秦始皇办事。秦始皇用李斯，李斯是法家，是荀子的学生。"①

1959年4月，毛泽东在上海会议上，针对当时工作中存在的分散主义、本位主义、有令不行、有禁不止的情况，提出："学习和借鉴秦始皇善于集中力量于主攻方向，同时要学会走群众路线，也就是把集中统一的领导和群众路线统一起来。"毛泽东还说，不利于群众的事情就是不利于国家，没有什么有利于群众而不利于国家的事。秦始皇并不是没有过错，给秦始皇翻案，要看到他还有重大的过错。历史上的秦始皇是搞专制独裁，同群众路线是根本对立的。现在我们需要的是走群众路线的秦始皇。一方面领导人不要给人乱戴帽子，允许保留意见，言者无罪，闻者足戒；一方面领导人以身作则，提倡作自我批评。这样两方面结合起来，经过不同意见的争论，在这个基础上集中起来，这是革命的秦始皇，集中统一就有了群众基础。

"秦始皇只坑了四百六十个儒"

秦始皇三十四年（前213），秦始皇在咸阳宫举行盛大宴会，70名博士向秦始皇祝寿。仆射周青臣上前颂扬说："从前秦国的土地方圆不过千里，全靠陛下神圣英明，平定了全国，驱逐了蛮夷，使日月所照之处，无不称臣降服。以前分裂割据的诸侯国现在成了郡县，人人安居乐业，不再有战争的痛苦，这样的太平日子可以永远代代相传。自古以来，没有任何

---

① 陈晋：《毛泽东之魂》（修订本），中央文献出版社1997年版，第285页。

帝王能及得上陛下的威望功德了。"

秦始皇听了十分高兴。

齐地的博士淳于越出来说:"小臣听说商、周立国称王有一千多年,都分封同姓子弟和异姓功臣为诸侯,作为朝廷的辅佐。现在陛下拥有全国领土,而陛下的子弟都是平民百姓,如果突然有像齐国的田常、晋国的六卿那样的大臣起来闹事,国家没有辅佐,依靠谁相救呢?办事情不遵照古人的规矩而能长久的,从来还没有听说过。今天周青臣又当面阿谀奉承,更加大了陛下的过错,这种人不是忠臣。"

于是秦始皇又让大家讨论淳于越的意见。

丞相李斯说:"五帝的事业不相重复,三代的制度不代代因袭,他们各以自己的方法治理,使国家太平安定,这并不是他们故意与前代相反,而是因为时代不同了。如今陛下开创统一天下的大业,建立了千古不朽的功勋,这本来就不是那些愚蠢的儒生所能够理解的。而且淳于越所说的夏、商、周三代的事,有什么值得效法的呢?以前各诸侯国互相争斗,大家都不惜代价延揽游士人才。如今全国已经平定,法令由中央统一颁布,百姓持家就应该努力从事农业、手工业生产,读书人应该学习法令,防止犯禁。这批儒生不遵守现在的法律,而去学习古人的一套,用来诽谤当今,迷惑百姓。我李斯冒死建议:过去天下分裂混乱,不能统一,所以诸侯纷纷割据称王,那些游士说客一开口就是借古讽今,用花言巧语来拨弄是非,搞坏事情,人人都把自己所学的看作是最正确的,反对君主规定的措施办法。这样再不严加禁止,那么就会降低君主的威望,下面就有结党营私的可能。我请求史官把不是记载秦国历史的史书都烧掉。除了博士官因职务有关以外,天下有谁敢私藏《诗》《书》和诸子百家著作的,一概由各地的守、尉集中烧毁。有谁敢谈论《诗》《书》的处以死刑。只有医药、占卜、种树的书仍可保存。如果有人想学法令,可以让官吏作老师。"

秦始皇下诏说:"可以。"于是,一次全国范围内的焚书事件发生了。

次年,又发生了一起坑儒事件。这件事是由几个方士畏罪逃亡引起的。原来秦始皇十分迷信方术和方士,认为他们可以为自己找到神仙真人,求得长生不老之药。这些方士长期没有效验,害怕骗局被揭穿而被治罪，只好逃走，特别是秦始皇最敬重的两位方士侯生、卢生的逃走。秦始皇大怒，下令御史审讯在咸阳的全部方士与儒生，诸生互相牵连告发，结果查出犯禁者 460 多人，全部坑杀于咸阳。

秦始皇的焚书坑儒，意在维护统一的中央集权制度，反对是古非今，打击方士荒诞不经的怪谈异说，但并未收到预期的效果；千百年来几乎为史学界和其他知识界所否定，落了个"暴君"的骂名。但毛泽东却以新的视角，对秦始皇加以肯定，并提出必须为秦始皇彻底翻案。

早在 1958 年 2 月 3 日中央政治局扩大会议上，毛泽东谈到对秦始皇的评价时说："一股风一来，本来是基本上好的一件事，可以说成不好的；本来是基本上一个好的人，可以说他是坏人。比如我们对于秦始皇，他的名誉也是又好又不好。搞了两千多年，封建社会没有人讲他好的，自从资本主义兴起来，秦始皇又有名誉了。但是，共产主义者不是每个人都说秦始皇有点什么好处，不是每个人都估计得那么恰当。这个人大概缺点甚多，有三个指头。主要骂他的一条是焚书坑儒。一个古人，几千年评价不下来，当作教训谈谈这个问题，同志们可以想一想。"[1]

同年 5 月，毛泽东在中共八届二次会议上所作的长篇发言里谈了秦始皇，特别是秦始皇的"焚书坑儒"。他说，范文澜同志（历史学家）最近写了一篇文章（指《历史研究必须厚今薄古》），我看了很高兴。这篇文章引用了很多事实证明厚今薄古是我国的传统。敢于站起来说话了，这才像个样子。文章引用了司马迁、司马光……可惜没引秦始皇。秦始皇主张"以古非今者族"。秦始皇是个厚今薄古的专家。（林彪插话："秦始皇焚书坑儒。"）屁话！秦始皇算什么？他只坑了 460 个儒。我们坑了 46000 个儒。我们镇反，还不是杀掉一些反革命的知识分子吗？我与民主人士辩论过，你骂我们是秦始皇，不对，我们超过秦始皇一百倍。骂我们是独裁者，是秦始皇，我们一概承认。可惜的是，你们说得不够，往往要我们加以补充。在这次会议上，毛泽东还对林彪说，在中国历史上，在中华民族

① 中央文献研究室编：《毛泽东著作专题摘编》，中央文献出版社 2003 年版，第 2281—2282 页。

的历史上，有几个能跟秦始皇相比？他对国家和民族的贡献你知道吗？

同年 11 月 10 日，毛泽东在第一次郑州会议上又系统地评论了秦始皇："把商纣王、秦始皇、曹操看作坏人是错误的。人们从书中得知，秦始皇有焚书坑儒的恶行，因此把他看作是大暴君、大坏人。焚书坑儒当然是坏事，它把蓬蓬勃勃发展起来的百家争鸣的生动局面给挫折了。但我们对什么事都应该有分析，秦始皇并不是不问什么书都焚，也不是不问什么儒都坑。他焚的是'以古非今'的书，坑的是孟子一派的儒，其实只有 460 人，孟子主张'法先王'，所以孟子一派的书是'以古非今'的。而荀子一派则相反，主张'法后王'，推行法家一派的学说。秦始皇是主张'法后王'。所以他并不坑荀子一派的儒，也不焚荀子一派的书。秦始皇'以古非今者族'的主张值得赞赏，当然我们并不赞成秦始皇的滥杀人。当时要由奴隶制国家转为封建制国家，不实行专政是不行的。但对孟子一派采取焚书坑儒的办法，太过火了。政治上要实行专政，文化上要提倡百家争鸣、百花齐放，我们现在就是这样。这一条秦始皇是办不到的。说秦始皇没有做过一件好事，太武断了。秦始皇第一个统一了中国，统一了原来各国的度量衡，车同轨，书同文，变分封制为郡县制。这些事关中华民族兴盛的大事，能说不是好事吗？秦始皇还在陕西关中开凿了有名的郑国渠，长 300 余里，可灌溉农田 40000 余顷，直接于生产有益，于人民有益。秦国也因此富强起来，终于把六国吞并了。能说这不是好事吗？"[①]

1970 年 8 月，毛泽东就黄河水利建设同各中央局书记谈话时，又提到秦始皇说："秦始皇是好皇帝。焚书坑儒，实际上坑了 460 人，是孟夫子一派的。其实也没有坑光，叔孙通就没杀么。"[②]

1975 年，病中的毛泽东与护士孟锦云谈司马光《资治通鉴》时又谈到了"焚书坑儒"。他说："古人说，秀才造反，三年不成。我看古人是说少了，光靠秀才，30 年，300 年也不行噢。"孟锦云问："古代这么说，现代

①　陶鲁笳：《一个省委书记回忆毛主席》，山西人民出版社 1993 年版，第 148—149、146—148 页。

②　陈晋：《毛泽东之魂》（修订本），中央文献出版社 1997 年版，第 287 页。

也这么说，为什么秀才就不行呢？"毛泽东接着说："因为这些秀才有个通病：一是说得多，做得少，向来是君子动口不动手；二是秀才谁也看不起谁，文人相轻嘛。秦始皇怕秀才造反，就'焚书坑儒'，以为烧了书，杀了秀才，就可以天下太平，一劳永逸了，可以二世、三世传下去，天下永远姓秦，结果是'坑灰未冷山东乱，刘项原来不读书'。是陈胜、吴广、刘邦、项羽这些文化不高的人，带头造反了。可是没有秀才也不行，秀才读书多，见识广，可以出谋划策，帮助治天下，治国家，历代的名君都有一些贤臣辅佐，他们都不能离开秀才啊。"①

综上所述，毛泽东对"焚书坑儒"的评价，可以归纳为两点：

第一，坑的"是孟夫子那一派"，即使孟夫子一派的儒，秦始皇也没有坑完，他举出了叔孙通。叔孙通又是何许人呢？叔孙通，秦末汉初薛县（今山东枣庄薛城）人。曾为秦博士，在焚书坑儒中未被坑杀。秦末农民战争中，先为项羽部属，后归刘邦，任博士。汉朝建立，他改造奴隶主阶级的礼仪，与儒生共议朝仪，以适应封建统治的需要。后任太子太傅。

第二，"焚书坑儒"的作用有限，后来推翻秦王朝的人不是读书人。毛泽东所引的两句诗，见于晚唐诗人章碣《焚书坑》。章为桐庐（今浙江桐庐）人。诗人章孝标之子。在唐末咸道、乾简年间，屡试不第，后不知所终。《全唐诗》存其诗 26 首。其诗语多愤激，例如"尘土十分归举子，乾坤大半属偷儿"（《癸卯岁登高会中贻同志》），是很泼辣的诗句。他的《焚书坑》一诗，毛泽东十分喜欢，除这次谈话外，还曾数次运用。

1959 年 12 月 11 日，为查找《焚书坑》一诗的作者，毛泽东给他的办公室秘书林克写了一封信：

林克：
　　请查找《焚书坑》一诗，是否是浙人章碣（晚唐人）写的？诗云：
　　竹帛烟销帝业虚，

---

① 郭金荣：《晚年时期的毛泽东》，1992 年 5 月 8 日《南方周末》。

关河空锁祖龙居。

坑灰未烬（冷）山东乱，

刘项原来不读书。

毛泽东

十二月十一日

阅后退毛。①

　　1966 年 4 月 14 日，毛泽东在《对〈在京艺术院校试行半工（农）半读〉一文的批语》中又引用了《焚书坑》一诗。他说："唐人诗云：'竹帛烟销帝业虚，关河空锁祖龙居。坑灰未烬山东乱，刘项原来不读书。'"②

　　早在 1945 年 7 月 1—5 日，褚福成、黄炎培、冷遹、傅斯年、左舜生、章伯钧（王云吾因病未成行）六位国民参政员，从国民党政府陪都重庆飞往延安访问期间，毛泽东和他们进行了多次会见和会谈，参加宴会和迎送，并书写晚唐诗人章碣的《焚书坑》一诗赠给傅斯年。

　　章碣的《焚书坑》一诗所写的"焚书坑"，据传是当年秦始皇焚书的一个洞穴，旧址在今陕西临潼东南的骊山上。章碣或许到过这里，目之所见，感慨系之，便写了这首诗。诗中的"竹帛"是古代写书的材料，这里指书。关河，函谷关和黄河。祖龙，指秦始皇。刘项，刘邦、项羽，均为秦末农民起义领袖。刘邦曾任泗水亭亭长，本是下层小吏。项羽为楚国贵族，两人都识字不多。项羽消灭了秦王朝的军事主力，刘邦先攻占咸阳，后击败项羽，建立汉朝，是为汉高祖。

　　这首诗就秦末的动乱局面，对秦始皇的"焚书坑儒"的暴行，进行了辛辣的嘲讽和无情的遣责。在毛泽东看来，秦始皇"焚书坑儒"的失误，在于他以为杀掉儒生就万事大吉了。正是在这个意义上，他非常赞同章碣《焚书坑》的观点。

　　不仅如此，毛泽东为了强调革命实践的重要性，甚至认为"书读多了

---

① 《建国以来毛泽东文稿》第十二册，中央文献出版社 1998 年版，第 613 页。

② 《建国以来毛泽东文稿》第八册，中央文献出版社 1993 年版，第 35 页。

是害死人的"（《对〈在京艺术院校半工（农）半读〉一文的批语》），并引章碣的《焚书坑》一诗为证，赞成有人说的"学问少的打倒学问多的，年纪小的打倒年纪大的"，说"这是古今一条规律"，就未免太偏颇了。

秦始皇统一中国初年，"法先王"与"法后王"的争论，是思想领域里一场严重斗争，关系到知识分子政策问题。秦始皇采纳"焚书坑儒"，企图用镇压的方法来解决思想问题，当然不能奏效，落下了千古骂名。我们的知识分子政策，比秦始皇高明不知多少倍。我们实行"百花齐放、百家争鸣"的政策，在意识形态领域里，凡属思想问题、认识问题，采取说服的方法、批评与自我批评的方法，既要弄清思想，又要团结同志，而不采取压服的方法，是正确的。但在新中国成立后的某些时期，比如1957年反右派和"文化大革命"时期，知识分子政策都执行得不够好，但一经发现，就纠正了。

"秦始皇作为一个历史人物，评论要一分为二"

秦始皇灭六国后，先后五次大规模出巡。

二十七年（前220），西巡陇西（今甘肃临洮南）、北地（今宁夏和甘肃东部），出鸡头关（今陕西汉中西北），自回中（今陕西陇县西北）归咸阳。

二十八年（前219），巡视东方各郡县，登览了邹峄山（今山东邹县东南），在山上立了一块石碑，召集鲁地的儒生们商议，刻石碑来颂扬秦国的功德，准备封禅和祭山川的事。

秦始皇登上泰山，树立了石碑，然后堆土筑坛，在坛上祭天。

秦始皇沿着海边向北走，到了渤海，登成山（今山东荣成东北）、之罘山（今山东福山东北），然后折向沿海南走，登临了琅邪山（在今山东胶南南境），非常喜爱那一带的风景，竟停留了三个月。下令迁3万家百姓到琅邪台下居住，免除他们12年的赋税和劳役。又调集民工在山顶修建了琅邪台，刻石立碑云：

> 维廿八年，皇帝作始。端平法度，万物之纪。以明人事，合同父子。圣智仁义，显白道理。东抚东土，以省卒士。事已大毕，乃临于海。
>
> 皇帝之功，勤劳本事。上农除末，黔首是富。普天之下，搏心揖志。器械一量，同书文字。日月所照，舟舆所载，皆终其命，莫不得意。应时动事，是维皇帝，臣饬异俗，陵水经地。忧恤黔首，朝夕不懈。除疑定法，咸知所辟。方伯分职，诸治经易。举错必当，莫不如画。
>
> 皇帝之明，监察四方。尊卑贵贱，不逾次行。奸邪不容，皆务贞良。细大尽力，莫敢怠荒。远迩辟隐，专务肃庄。端直敦忠，事业有常。
>
> 皇帝之德，存定四极。诛乱除害，兴利致福。节事以时，诸产繁殖。黔首安宁，不用兵革。六亲相保，终无寇贼。欢欣奉教，尽知法式。六合之内，皇帝之土。西涉流沙，南尽北户。东有东海，北过大夏。人迹所至，无不臣者。功盖五帝，泽及牛马，莫不受德，各安其宁。

这篇刻石颂扬秦始皇的统一之功、政治清明及泽及牛马之德，表述了他在创建帝业上的主要成就，在众多刻石中最有代表性。

刻碑以后，齐人徐市（fú）等向秦始皇上书，说大海中有三座神山，名叫蓬莱、方丈、瀛洲，是神仙住的地方，请让他斋戒沐浴以后率领童男童女去寻访。秦始皇派徐市等领了几千名童男童女到东海中寻访神仙。

秦始皇在回咸阳途中，经过彭城（今江苏徐州），亲自斋戒向神祈祷，想把沉在泗水里的周鼎打捞出来。他派上千人潜到水底，也没有找到。于是向西南渡过淮河，经过衡山，南渡长江到湘山祠时，忽然起了大风，几乎渡不过去。秦始皇召来博士问道："湘君是什么神？"博士回答："听说是唐尧的女儿、虞舜的妻子，死后葬在这里。"秦始皇大怒，命令三千名罪犯把湘山上的树全砍光，使它成了一个光秃秃的红土山。然后，秦始皇从南郡经过武关回到咸阳。

二十九年（前218），秦始皇又一次去东方巡游，走到阳武县博浪沙（今河南原阳有古博浪沙城），遭到刺客的袭击，搜查了一阵子没有抓到凶手，就下令在全国大搜捕十天。

三十二年（前215），秦始皇第三次东巡，到碣石（今河北昌黎北），派燕人卢生去访求羡门、高誓两位仙人，并在碣石的山崖上凿字，毁坏城郭，挖通堤防。

秦始皇又派韩终、侯公、石生去寻访仙人服用的长生不老药。然后继续巡游北方，经由上郡回到咸阳。燕人卢生从海上乘船回来，向秦始皇报告遇见鬼神的事，献上录自仙人的图籍和文书，上面写有"亡秦者胡也"等字。秦始皇就派蒙恬率领30万大军到北方攻打胡人，夺取了河南（今内蒙古河套以南）一带地方。

秦始皇三十五年（前212），开始修筑大道，一路挖山填谷，从九原（今内蒙古包头西北）一直通到云阳（今陕西淳化西北），以加强关中与河套地区的联系，并移民5万家于此。

同时在渭水以南的上林苑里建造了上朝议事的宫殿。随后又开始建造阿房（páng）宫。先造前殿，东西宽500步，南北纵深50丈，殿内可容纳1万人，殿前竖5丈高的旗子。宫殿周围上下都有天桥相连，从殿下直通到终南山，山顶建有双阙。又从阿房宫经过渭河连接咸阳造了一条夹道，像阁道星从北斗星横渡银河通到营室星的样子。阿房宫还没有完全建成，建成之后打算起一个更好的名字来命名它。因为这座宫殿建在咸阳附近，所以当时大家就称它为阿房宫。先后在关中建宫殿三百处，关外四百多处。于是，秦始皇下令在东海边的朐县（今江苏连云港西南锦屏山侧）海滨造了一对石阙，作为秦国的东门。并迁3万户人家定居在丽县（今山东诸城西南30里），免除他们十年的赋税。

卢生游说秦始皇说："小臣等入海去寻找灵芝、仙药和神仙，常常找不到，好像有什么东西会伤害它（他）。我们想，如果皇帝能时常改装出来走走的话，就可以驱除恶鬼，恶鬼避开了，神仙就会来了。……"秦始皇说："我很仰慕仙人，今后就自称'真人'，不称'朕'。"随即下令把咸阳周围二百里范围内的宫殿楼观一共270处，都用天桥夹道连接起来，里面都布置了帷幕钟鼓等器物，安排了美人宫女等侍从。皇帝所到之处，如果有人说出去的话，一概处死。

三十六年（前211），有一颗流星落在东郡（今河南濮阳西南），到地面成为陨石。老百姓在陨石上刻了"始皇帝死而地分"的字样。秦始皇听到后，派御史去追查审问，但是无人招认服罪。最后把陨石旁边的居民统统杀光，把陨石也烧毁。秦始皇为此闷闷不乐，就命博士做了一篇《仙真人诗》，写上他巡游天下经过的山川事迹，教乐队配上乐曲弹唱解闷。

当年秋天，有一个使者从关东回来，夜里经过华阴县平舒镇的大路，忽然碰到一个人拿了一块玉璧拦住使者，说："这块璧请你替我送给滴池君。"接着又说："明年祖龙死。"使者正想问其原因，那人忽然不见了，地上留下一块玉璧。

使者回到咸阳，呈上玉璧并详细地报告了这件事情的经过。秦始皇听罢，沉默了好久，说："山鬼充其量也不过预知一年以内的事情罢了。"退朝以后，又说："祖龙是人的祖先啊。"于是叫掌管库房的官员来看这块璧，发现它竟是二十八年渡长江时祭水神沉到江中的那块璧。秦始皇于是去占卜，占出的卦象说，出外巡游和迁移民众是吉利的，因而搬迁了3万户人家到北河（今河北定兴南河阳镇）和榆中（今内蒙古河套东北岸）定居，又加封百官爵位一级。

三十七年（前210）正月，秦始皇最后一次东巡。左丞相李斯随驾同行，右丞相冯去疾在咸阳留守。小儿子胡亥要求跟着去，秦始皇同意了。十一月，到了云梦（今湖北监利北），遥望九嶷山（今湖南宁远南）祭祀了虞舜。然后乘船东下，观看了籍柯，渡江到了江渚，经丹阳（今江苏丹阳），抵达钱唐（今浙江杭州）。来到浙江，看到江上风浪险恶，向西走120里，从江面较窄的地方渡了过去。然后登上会稽山（在浙江中部绍兴、嵊县、诸暨、东阳间），并祭祀大禹，遥祭了南海，在那里刻石立碑歌颂秦国的功德。

归途经过吴（今江苏苏州）地，从江乘（今江苏句容北）渡江北上，沿海到了琅邪（今山东胶南南境）。这时方士徐市等人入海求仙药已经好几年了，仍一无所得，而费用很多，害怕遭到惩处，便欺骗秦始皇说："蓬莱岛上的仙药，是可以得到的，但是我们乘的船太小，常被大鱼阻拦，所以不能登上蓬莱岛。请求派一些擅射的弓箭手和我们一起去，见到大鱼就用连弩射杀它。"恰巧秦始皇有一夜做梦和海神作战，那海神的样子就和人差不多。于是让博士来圆梦，博士说："水神是看不见的，见到有大鱼、蛟、龙出现就知道水神来了。现在皇上祭祀祈祷，是那样的小心周到，而竟还有这种恶神来作祟，应该将它除掉，那么善神就可以显灵了。"

于是秦始皇命令乘船下海求仙药的人，带上捕大鱼的工具，他自己则准备好连弩，等候大鱼出来就发射。从琅邪往北到了荣成山，也没见到大鱼。一直到了芝罘，才看见大鱼，发箭射死了一条。然后沿着海岸向西返回。

到了平原津（今山东平原西南古黄河上），秦始皇得了病。因为他一向忌讳讲死，所以跟随的群臣，没有一个敢提皇帝死后怎么料理后事的。后来秦始皇觉得自己的病越来越严重，才写下遗诏给长子扶苏，说："速来咸阳料理丧事将我安葬。"遗诏已经封好，搁在中车府令兼管符节印玺的大臣赵高那里，没有交付给使者。七月丙寅日，秦始皇终于在沙丘的平台（在今河北广宗西北大平台）病逝。

丞相李斯以为皇帝死在外地，恐怕留在咸阳的王子们及全国各地知道死讯的人起来造反，因此对秦始皇的死讯严格保密，不予发布。秦始皇的棺材装在辒凉车中，由一向受皇帝宠爱的太监驾车，每到一地，照常把食物献进车里。百官们依旧上书言事，太监就在辒凉车中冒用皇帝的名义批示同意。只有秦始皇的儿子胡亥、赵高、李斯和皇帝最宠爱的太监，一共五六个人知道秦始皇死了。

赵高以前曾经教胡亥读书及法令刑律等知识，所以胡亥和他很亲近。赵高同胡亥、李斯密谋毁掉秦始皇给公子扶苏的那封遗诏，另外伪造了一份丞相李斯在沙丘接受的秦始皇遗诏，说是立儿子胡亥为太子。又伪造了一封秦始皇给公子扶苏、将军蒙恬的遗诏，一一列举他们的罪状，命令他们自杀。详细情况记载在《李斯列传》里。

办完这些事情以后，继续西行，从井陉关（今河北井陉县井陉山上）抵达九原（今内蒙古包头西）。正碰上大热天，秦始皇的尸体开始腐烂发臭，令随从官员在辒凉车中装了一担臭咸鱼，这样让人闻不出尸体的臭气。

他们一行人从直道回到咸阳，才正式为秦始皇办理丧事。太子胡亥继位，为二世皇帝。九月，把秦始皇安葬在郦（骊）山（在今陕西临潼西南，东北麓有秦始皇陵）。

从前秦始皇刚登上王位，就开始在郦山挖掘洞穴，建造陵墓；统一全国后，又调集70多万刑徒继续修建，挖得很深，再用铜汁把洞穴的缝隙灌满，然后放下外棺，在墓穴中藏满了陶制的宫殿、百官等明器，以及形形色色的珍奇宝物；又令工匠在陵墓里安装了有机关的弓箭，如果有人打洞盗墓，一靠近就会被弓箭射中；在墓穴中用水银做成百川江河大海，用机械的力量使水银在这些河海里周而复始地流动；墓顶饰有日月星辰等天象，地上有山水郡县等景物；又用鱼油点了灯，估计可以点很长时间也不会熄灭。

秦二世说："先帝后宫那些没有子女的嫔妃宫女等，不宜放她们出去。"命令她们都为秦始皇殉葬，一下子死了很多人。殡葬等事快要结束时，有人说墓里的机弩，都是工匠们制造的，墓里藏的大量珍宝，工匠们也都知道，他们有可能把这些秘密泄露出去。于是在安葬完毕封墓门时，突然关闭了墓中隧道的中门和外门，把那些工匠全部关在里面，没有一个能活着出来的。然后，在陵墓上种满草木，使陵墓像一座山一样。

1975年，"'批儒评法'时，有人大捧秦始皇，不准人们对秦始皇作历史的分析。芦荻也向主席请教过这个问题：对秦始皇到底怎么看？主席指出，秦始皇作为一个历史人物评论，要一分为二。秦始皇在历史发展过程中的进步作用要肯定，但他在统一六国以后，丧失了进取的方面，志得意满，耽于佚乐，求神仙，修宫室，残酷地压迫人民，到处游走，消磨岁月，无聊得很。陈涉、吴广揭竿而起，反抗秦的暴政，完全是正义的。这次战争掀开了我国封建社会中波澜壮阔的农民战争的序幕，在历史上有很大意义。"[1]

毛泽东认为："世界上无论什么事物，总是一分为二。"[2] 又说："我

---

[1] 杨建业：《在毛主席身边读书——访北京大学中文系讲师芦荻》，1978年12月29日《光明日报》。

[2] 《对周扬〈哲学社会科学工作者的战斗任务〉讲话稿的批语和修改》，《建国以来毛泽东文稿》第十册，中央文献出版社1996年版，第401页。

们分析一个事物，首先要分解，分成两个方面，找出哪些是正确的，哪些是不正确的，哪些是应该发扬的，哪些是应该丢掉的，这就是批评。"①

"一分为二"，原是我国古代哲学术语，指太极生成对立面。后亦指事物的发展过程。隋杨上善解释《老子》"道生一，一生二，二生三，三生万物"时首用此语。他说："从道生一，谓之朴也。一分为三，谓天地也。从二生三，谓阴阳和气也。从三以生万物，分为九野四时日月乃至万物。"见《黄帝内经太素·设方·知针石》注。后转为马克思主义哲学术语。谓所有统一物都分为两个互相排斥的部分，都是对立的统一，也就是都包含内在矛盾。毛泽东在《党内团结的辩证方法》中也指出："一分为二，这是个普遍现象，这就是辩证法。"

用"一分为二"评价人，就是要区分正确与错误、成绩与缺点，简言之，就是分析功过是非。1956年，在评价斯大林的功过时，毛泽东又提出了"三七开"。所谓"三七开"，是指用十分之三与十分之七的比例加以分配。有时他还用一个指头与九个指头、三个指头与七个指头来形容。鉴于当时赫鲁晓夫大反斯大林，骂斯大林是暴君、白痴，一无是处。毛泽东在《论十大关系》中说："苏联过去把斯大林捧得一万丈高的人，现在一下子把他贬到地下九千丈。我们国内也有人跟着转。中央认为斯大林是三分错误，七分成绩，总起来还是一个伟大的马克思主义者，按照这个分寸，……三七开的评价比较合适。"②

毛泽东也是用"一分为二"的观点评价秦始皇的。他说："这个人（秦始皇）缺点甚多，有三个指头。"也就是，像他评价斯大林一样，对秦始皇的功过也是"三七开"。这个评价是很高的。

---

① 《时局问题及其他》，《毛泽东文集》第三卷，人民出版社1996年版，第254页。
② 《论十大关系》，《毛泽东文集》第七卷，人民出版社1999年版，第42页。

诸葛亮

——"我也要'鞠躬尽瘁，死而后已'呢"

"他为什么姓诸葛"

　　毛泽东非常敬佩诸葛亮，对诸葛亮的生平也很熟悉。1951年底，毛泽东沿津浦铁路南下视察，车到济南，在火车上召见济南市委书记、市长谷牧。他对济南市的工作给予肯定，接着就话题一转，天南海北、上下古今地谈了起来。

　　毛泽东问："诸葛亮是哪里人？"

　　谷牧答："祖上是山东临沂人，后来移居湖北襄阳。"

　　"他为什么姓诸葛？"

　　谷牧被问住了。

　　毛泽东说："你读过陈寿的《三国志》吗？《诸葛亮传》里头有个注，说明孔明的先世本姓葛，原籍诸城，后来移居阳都（即临沂，治所在今沂南县）。当地葛氏是大族，排外性强。后代相沿，就姓了诸葛。"①

　　毛泽东所述大意不错，但不见于陈寿《三国志·诸葛亮传》裴松之注，而出自清张澍编《诸葛武侯文集》，该书所附《故事》卷一《诸葛篇》载："韦曜《吴书》：诸葛氏，其先葛氏，本琅邪诸县人，后徙阳都，阳都先有姓葛者，时人谓之诸葛，因以为氏。"

　　诸葛亮（181—234），字孔明，琅邪郡阳都（今山东沂南）人，汉司隶

---

　　① 《党史信息报》2002年10月16日。

校尉诸葛丰之后。其父诸葛珪，字君贡，东汉末年曾任泰山郡郡丞，在诸葛亮年幼时就去世了。叔父诸葛玄被袁术任命为豫章（今江西南昌）郡太守，带着诸葛亮和诸葛均兄弟去上任，恰巧碰到朝廷派朱皓代替诸葛玄。诸葛玄一向与荆州牧刘表有交情，于是就去投靠了刘表。诸葛玄死后，诸葛亮自己耕种田地，喜欢吟咏《梁父吟》："步出齐城门，遥望荡阴里。里中有三坟，累累正相似。问是谁家墓，田疆、古冶子。力能排南山，文能绝地纪。一朝被谗言，二桃杀三士。谁能为此谋？国相齐晏子。"梁父，一作梁甫，山名，在泰山脚下，为死人聚葬之处。所以，这是一首流传于民间的葬歌，并非诸葛亮所作，但旧题为诸葛亮作，见于《乐府诗集·相和歌》，属楚调曲。此诗写齐相晏婴让公孙接、田开疆、古冶子三个大力士争食两个桃子而互相残杀，为忠臣遭害鸣不平，对晏婴的计谋也予以赞扬，流露出诸葛亮对晏婴的仰慕。

诸葛亮身高八尺，常常把自己比作管仲和乐毅，当时没有人承认。为什么呢？因为二人皆非常人。管仲（？—前645），名夷吾，字仲，颍上（颍水之滨，在河南中部）人，春秋初期政治家。由鲍叔牙推荐，被齐桓公拜为卿，进行改革，使齐国强大起来；帮助齐桓公以"尊王攘夷"相号召，使之成为春秋时第一个霸主。

乐毅，中山国灵寿（今河北灵寿）人。战国时燕将。燕昭王时任亚卿。燕昭王二十八年（前284），率军击破齐国，先后攻下70多城。

所以，当时的人认为诸葛亮把自己和管仲、乐毅相提并论，自视太高。只有博陵（今河北蠡县一带）的崔州平、颍川郡的徐庶和诸葛亮是好朋友，认为的确是这样。

崔州平，安平（今山东益都西北）人，太尉崔烈之子。徐庶，字元直，颍川（今河南禹州）人。初与诸葛亮等为友。后归刘备，乃推荐诸葛亮。曹操取荆州，从刘备南行，以其母为曹军所执，他归曹操，官至右中郎将。魏明帝时死。

"其始误于隆中对"

当时刘备依附荆州刘表，率部驻扎在新野县（今河南新野）。徐庶去拜见刘备，刘备很器重他，徐庶对刘备说："诸葛孔明是个卧龙，将军愿意见见他吗？"刘备回答："您陪他一起来吧。"徐庶郑重地说："这个人只能去他那里拜见他，不能屈其志节把他招来。将军应该放下架子去拜望他。"

因此，刘备就去拜访诸葛亮，一共去了三次才见到。刘备让旁边的人都退去，对诸葛亮说："汉朝的统治崩溃，奸臣盗用皇帝的政令，皇帝遭难出奔。我没有估计和衡量自己的德行和力量，要在天下伸张大义；但是，我智谋短浅，能力有限，因此屡屡失败，成了今天这种局面。但是我的志向还在，您说应该怎么办？"

诸葛亮回答刘备说："自从董卓搅乱朝政以来，各地豪杰纷纷起兵，占据几个州郡的数也数不过来。曹操和袁绍相比，名望低，兵力少，曹操之所以能打败袁绍，不但是时机好，而且也是人的筹划得当。如今曹操已拥有百万大军，挟制皇帝来号召诸侯，确实是不能和他争高下的。

"孙权占据江东地区已历三代，地势险要，百姓归附，有才干的人都愿意为他效力，只可以把他为外援，而不可以兴兵吞灭他。

"荆州北与汉水（沔水）中下游一带相接，一直到南海的物资，都能得到，东面与吴郡和会稽郡相连，西部和巴郡、蜀郡相通，这是大家争夺的重要地方，而荆州牧刘表不能守，这大概是上天用来资助将军的，将军有这个打算吗？

"益州形势险要、易守难攻，有上千里的肥田沃土，是个物产丰富的天然宝库，汉高祖凭借这个地方建立了基业。益州牧刘璋昏庸无能，北面又有占据汉中的张鲁威胁他，虽然人口众多，百姓富裕，却不懂得爱抚他们，有智慧和才干的人都盼望有一个贤明的君主。

"将军是皇帝的后代，信用和道义名闻天下，广泛地罗致英雄豪杰，思慕贤才如饥似渴。如能占据荆、益二州，守住两州的险要，西面和各少数民族和好，西南安抚好各少数民族，对外与孙权结盟，对内改革政治，天下形势一有变化，就派一员大将率领荆州的部队向宛（今河南南阳）县和洛阳（今河南洛阳）一带进军，将军您亲率益州大军直出秦川（今陕西、甘肃一带），老百姓能不用竹篮子（箪）盛着饭，用壶盛着水来迎接将军吗？如果真是这样的话，您称霸的大业就成功，汉朝就复兴了。"

刘备说："好!"于是和诸葛亮的友情一天比一天亲密。

关羽、张飞等人很不高兴，刘备便向他们解释说："我有了孔明，就像鱼儿得到了水一样，希望你们不要再说什么了。"关羽、张飞于是停止议论。

东汉末年，诸葛亮隐居隆中。献帝建安十二年（207），刘备三次往访，询问治世大计。这就是所谓"三顾茅庐"。在回答刘备的谈话中，诸葛亮分析天下形势，提出占据荆、益两州，安抚西北、西南各少数民族，联合孙权，整顿内政，俟机从荆、益两路北伐曹操的策略，以图统一中国，恢复刘家帝业，史称"隆中对"。

对于诸葛亮的《隆中对》应该怎么评价呢？

诸葛亮是一个青年知识分子，而革命事业是不能缺少知识分子的。毛泽东说过："一个阶级革命要胜利，没有知识分子是不可能的。你们看过《三国演义》、《水浒传》魏、蜀、吴三个国家，每个国家都有自己的知识分子，有高级的知识分子，有普通的知识分子，那个穿八卦衣拿鹅毛扇的就是知识分子；梁山泊没有公孙胜、吴用、萧让这些人就不行，当然没有别人也不行。"① 毛泽东说的"那个穿八卦衣拿鹅毛扇"的，是旧戏剧中诸葛亮的装扮。《三国演义》中说："玄德见孔明身长八尺，面如冠玉，头戴纶巾（用丝制成的一种冠巾），身披鹤氅（鸟羽制成的裘，用作外套），飘飘然有神仙之概。"

当然，知识分子如果光死啃书本，只会纸上谈兵是没有什么用的。所以，毛泽东1921年5月至9月，在广州第六届农民运动讲习所讲授中国农民问题时，说："历史上有名的知识阶级诸葛亮当其未出茅庐时，一点

---

① 《在中国共产党第七次全国代表大会上的口头政治报告》，《毛泽东文集》第三卷，人民出版社1996年版，第342页。

用也没有，及一出山握有兵权，则神出鬼没了。所以知识阶级没有民众的拥护一点力量也没有。"又说："古诗有：'天子重英豪，文章教尔曹。万般皆下品，唯有读书高。'这首诗影响非常大的，因为后人看待读书人那么样敬重，就是因为受了这位诗人的同化了。《幼学》云：'儒为国家宝，鱼乃席上珍。'这也是同上边那首诗一同的意思。总之以上的现象，是贵族式教育的影响。"①

"天子重英豪"诗，见宋汪洙《神童诗》。"儒为国家宝"二句，见《幼学琼林》："贤乃国家之宝，鱼乃席上之珍。"

毛泽东说诸葛亮一出山握有兵权，就神出鬼没了，是指诸葛亮出山后，协助刘备在博望坡、新野火烧曹军，连连取胜，阻遏了曹军的进攻势头。他对诸葛亮在《隆中对》中提出的占据荆、益，联吴抗曹的策略，是一分为二的。

首先，它的成功之处在于抓住了当时的主要矛盾，区分了主要矛盾和次要矛盾，东联孙权，共抗曹操，在赤壁之战中大败曹军，初步形成了三足鼎立的局面，后又助刘备夺得益州，使弱小的刘备终成一番帝业。

1941年1月4日，新四军军部及其直属部队9000余人奉命北移。6日，部队到达泾县茂林地区时，突然遭到国民党第三十三集团军总司令上官云相指挥的7个师8万余人严密包围和猛烈攻击。新四军在浴血奋战七天七夜之后，终因弹尽粮绝而失败。奉命同国民党军队谈判的军长叶挺被扣，项英、袁国平、周子昆等其他主要领导同志遇难，史称"皖南事变"。

"皖南事变"之后，在如何对待蒋介石和国民党的问题上，共产党内产生了不同意见。有的同志主张从政治上、军事上立即全面反击。毛泽东认为，在"皖南事变"之后，"在中国两大矛盾中间，中日民族间的矛盾依然是基本的。国内阶级间的矛盾依然处在从属的地位。"我们是必须制裁反动派，反击顽固派的，但我们要站在严格的自卫立场上，任何党员都不许超过自卫原则。蒋介石既有抗战的一面，又有反共的一面，在反共方

---

① 王子今：《毛泽东与中国史学》，中共中央党校出版社1993年版，第292—293页。

面也有两面性，即既有对中共实行高压政策和军事进攻的一面，又有不愿在根本上破裂国共合作的一面。"我党的方针便是'即以其人之道，还治其人之身'，以打对打，以拉对拉，这就是革命的两面政策。"对其不愿在根本上破裂国共合作的一面，采取联合政策；对他动摇和反共的一面，采取斗争和孤立的政策。"但是斗争必须是有理、有利、有节，三者缺一，就要吃亏。"①

如何制裁反动派呢？毛泽东说：

"皖南新四军军部被歼——这是蒋介石杀我们的一刀，这一刀杀得很深。许多人看了这种情形，都非常气愤，就以为抗日没有希望了，国民党都是坏人，都应该反对。我们必须指出，气愤是完全正当的，哪有看到这种严重情形而不气愤的呢？但是抗日仍然是有希望的，国民党里也不都是坏人。对于各部分的国民党人，应该采取不同的政策。对于那些丧尽天良的坏蛋，对于那些敢于攻打进步军队、进步团体、进步人员的人，我们是决不能容忍的，是必定要还击的，是决不能让步的，因为这类坏蛋，已经丧尽天良，当一个民族敌人深入国土的时候，他们还闹摩擦、闹惨剧、闹分裂。不管他们心里怎样想，他们是在实际上帮助了日本和汪精卫，或者有些人本来就是暗藏的汉奸。对于这些人，如果不加以惩罚，我们就是犯错误，就是纵容汉奸卖国贼，就是不忠实于民族抗战，就是不忠实于祖国，就是纵容坏蛋破坏统一战线，就是违背了党的政策。"

说到这里，毛泽东慢慢地掏出火柴，点燃手里的那支烟，深深地吸了一口，又徐徐将烟喷出，烟雾缥缈，变化无穷。

在场的所有眼光都集中在毛泽东的身上，所有人的注意力都被毛泽东吸引了。毛泽东又接着说：

"但是这种给投降派和顽固派以打击的政策，全是为了坚持抗日，全是为了保护抗日统一战线。因此，我们对于那些忠心抗日的人，对于一切非投降派、非反共顽固派的人们，对于这样的国民党员，是表示好意的，

---

① 《关于打退第二次反共高潮的总结》，《毛泽东选集》第二卷，人民出版社1991年版，第781—783页。

是团结他们的，是尊重他们的，是愿意和他们长期合作以便把国家弄好的。谁如果不这样做，他也就违背了党的政策。"

"为什么呢？"

在场的李卓然听得入了神。

毛泽东一手撑腰，一手拿烟。

"事理纷繁，重在主要矛盾。你读过《三国演义》没有？"

"读过。"

"三国时期，荆州失守，蜀军进攻东吴，被东吴将领陆逊火烧连营七百里，打得大败，其原因就在于刘备没有处理好主要矛盾和次要矛盾的关系，在谋略中没有抓住主要矛盾。诸葛亮在《隆中对》中所确定的战略方针是'东联孙吴，北拒曹操'。曹刘是主要矛盾，孙刘是次要矛盾。所以当孙权数次讨荆州时，诸葛亮总是一再推诿软磨，而不硬抗，直到最后才让出荆州的部分地方。刘备不了解这一点，派了根本不执行联吴为根本、争夺荆州要有理有节方针的关羽去驻守荆州。关羽这个人，虽然斩华雄，诛颜良、文丑，过五关斩六将，擒庞德，威震华夏，但孤傲自大，刘备封'关、张、赵、马、黄'五虎大将时，关羽怒曰：'翼德吾弟也；孟起世代名家；子龙久随吾兄，即吾弟也；位与吾相并，可也。黄忠何等人，敢与吾同列？大丈夫终不与老卒为伍！'当孙权派诸葛瑾为儿子向关羽女儿求婚，以结秦晋之好，共伐曹操时，关羽却勃然大怒，说：'吾虎女安肯嫁犬子乎！不看汝弟（诸葛亮）之面，应斩汝首！再休多言。'诸葛瑾抱头鼠窜而去。孙权便攻占了荆州，孙刘联盟瓦解。刘备见关羽被杀，荆州丢失，遂起兵攻打东吴，众臣苦谏都不听，实在是因小失大。正如诸葛亮所说：'臣亮等窃以吴贼逞奸诡之计，致荆州有覆亡之祸；陨将星于斗牛，折天柱于楚地；此情哀痛，诚不可忘，但念迁汉鼎者，罪由曹操；移刘祚者，过非孙权。窃谓魏贼若除，则吴自宾服。愿陛下纳秦宓金石之言，以养士卒之力，别作良图。则社稷幸甚！天下幸甚！'可是刘备看完后，把表掷于地上，说：'朕意已决，无得再谏！'决意起大军东征，最终导致兵败身亡。"①

　　毛泽东通过分析《三国演义》中刘备兵败身亡的历史故事启示大家：当时刘备只有"抓住主要矛盾，分清主次与轻重缓急，先曹后孙才是以大局为重的上策"。他用这个历史教训，很快地统一了全党同志对皖南事变的认识，牢牢抓住与日本侵略者的这个主要矛盾，恰当地处理了与国民党反动派的次要矛盾，维护了抗日民族统一战线，不断夺取抗日战争的新胜利。

　　其次，《隆中对》中提出占据荆、益二州，分散了兵力，是导致后来蜀汉失败的原因。毛泽东在读清姚鼐编纂的《古文辞类纂·苏明允（洵）〈权书〉十项藉》中云："诸葛孔明弃荆州而就西蜀，吾知其无能为也。且彼未尝见大险也，彼以为剑门者，可以不亡也。吾尝观蜀之险，其守不可出，其出不可继，兢兢而自安，犹且不给，而何足以制中原哉？"苏洵认为诸葛亮抛弃荆州这个战略要地，而到西蜀去，表明他没有多大作为。原因是西蜀只能凭险自守，而想由此出秦川北伐中原是不可能的。毛泽东看到这里，批注说：

　　"其始误于隆中对，千里之遥而二分兵中，其终则关羽、刘备、诸葛亮三分兵力，安得不败。"②

　　《隆中对》中提出占据荆、益二州，后来得以实现，留关羽镇守荆州，这就把蜀汉有限的兵力一分为二，而且两地相距千里之遥；后来刘备在成都，又派诸葛亮去夺汉中，这就把兵力一分为三。在魏、蜀、吴三国之中，蜀国最弱，而又三分兵力，怎么能不失败呢？毛泽东的这个分析，是符合实际的，言之成理，一反历代史家皆誉颂诸葛亮《隆中对》的战略思想，别树一帜，堪称卓见。

　　① 徐中远：《毛泽东读评五部古典小说》，华文出版社1997年版，第177—178页。
　　② 《毛泽东读文史古籍批语集》，中央文献出版社1993年版，第106页。

诸葛亮——『我也要「鞠躬尽瘁，死而后已」呢』

"孔明二十七岁当军师"

刘备率残部退到夏口（今湖北武汉），诸葛亮对刘备说："事情紧急，请让我去向孙权将军求援吧！"

当时孙权的部队驻扎在柴桑（今江西九江西南），诸葛亮便前去游说孙权，联合抗曹。诸葛亮对孙权说："自从天下大乱以来，将军起兵占据江东，刘豫州（备）也在汉水以南招募军队，与曹操一起争夺天下。现在曹操已削平了群雄，平定了北方，又南下攻占了荆州，威震四海。英雄已无用武之地，因此刘豫州才逃到这里。将军应根据自己的力量来考虑对策吧。如果您能依靠吴、越的兵力与曹操对抗，不如趁早和他断绝关系；如果不能，那为什么不放下武器、捆起盔甲，向曹操投降呢？现在，将军表面上假装服从曹操，而内心却又犹豫不决。事到紧急关头，还不能决断，大祸就要临头了。"

孙权反问道："如果像先生说的那样，刘豫州为什么不向曹操投降称臣呢？"

诸葛亮义正词严地说："田横只不过是齐国的一个壮士罢了，尚且能坚守节操，不肯屈膝投降，何况刘豫州是皇室后裔，他的才能盖世无双，许多贤能之士都投奔他。如果事业不能成功，那是天意，怎么能做曹操的臣下呢？"

孙权听了大怒道："我不能拿整个东吴的土地和十万大军去受别人的控制。我的主意已定，除了刘豫州，再没有人能和我共抗曹操了。但是，刘豫州刚打了败仗，怎么能抵挡曹操这样强大的敌人呢？"

诸葛亮分析说："刘豫州的军队虽然在长坂坡（今湖北当阳东北）被打败，可现在回来的士兵，再加上关羽的水兵，也还有上万精兵，刘琦会合江夏的将士也有 1 万人。曹军远道而来，疲惫不堪，听说为了追赶刘豫州骑马一天一夜走了 300 多里，这就与俗话所说的'强弓发射的箭到射程的末了，连鲁地出产的薄绢也穿不透'是同样情况。因此兵法上忌讳这种做法，说它'一定会使先头部队的主师遭到挫败'。况且北方人不习惯在水上作战；再加上荆州百姓归附曹操，不过是被兵力所逼迫，并不是心甘情愿的。现在将军如果派出勇将统领几万军队，和刘豫州联手，就一定能打败曹操。曹操兵败后，一定会退回北方，这样荆州和东吴的势力就会加强，三分天下的局面就形成了。成败关键在此一举。"

孙权听了，非常高兴，便派周瑜、程普、鲁肃等率领 3 万水军，跟随诸葛亮赶到刘备那里，合力抵抗曹操。

曹操在赤壁（今湖北蒲圻西北 60 里长江南岸）之战中失利，带领残部回邺城（今河北临漳西南三台镇）去了。

于是刘备收复了江南各郡，任命诸葛亮为军师中郎将，督率零陵、桂阳、长沙三郡，征调三郡赋税来充实军用。

赤壁之战是我国历史上以弱胜强的著名战例。东汉末年，曹操初步统一北方之后，建安十三年（208），率兵 20 余万南下，孙权和刘备联军 5 万，共同抵抗。曹兵进到赤壁，小战失利，退驻江北，与孙刘联军隔江对峙。孙刘联军利用曹军远来疲惫，疾疫流行，不习水战，后方又不稳定等弱点，用火攻击败曹操水师，孙权大将周瑜和刘备水陆并进，大破曹军。战后，孙权的地位更加巩固，刘备据有荆州大部分地区，旋又取得益州，形成曹、孙、刘三方鼎立的局面。

毛泽东对赤壁之战有不少精辟评论。关于双方胜负的原因，他说："有真必有假，虚夸古亦有之。赤壁之战，曹营号称八十三万人马，其实只有二三十万，又不熟水性，败在孙权手下，不单是孔明借东风。"[1] 关于双方参战人数和借东风，均据《三国演义》，不是根据《三国志》。

关于诸葛亮在赤壁之战中的作用，毛泽东指出诸葛亮当时很年轻，他到东吴游说孙权、促成孙刘联合、共抗曹操回来后，才被封为军师中郎将，是个年轻干部。他说："赤壁之战，程普四十多岁，周瑜二十多岁，程普是老将，不如周瑜能干，大敌当前，谁挂帅？还是后起之秀周瑜挂了大都督的帅印。孔明二十七岁成名，也未当过支部书记、区委书记嘛，也

---

① 吴冷西：《忆毛主席》，新华出版社 1995 年版，第 109 页。

是个新干部嘛！赤壁之战以前无名义，之后才当军师中郎将。古时候可以破格用人，我们为什么不可以大胆提拔？"①

1958年5月8日，毛泽东在中共八大二次会议上的第一次讲话中，主要讲"破除迷信"的问题。他说："青年人打倒老年人，学问少的人打倒学问多的人，这种例子多得很，周瑜、孔明都是年轻人，孔明二十七岁当军师。程普是老将，他不行，孙权打曹操不用他，而用周瑜做都督，程普不服，但是周瑜打了胜仗。"②

1958年6月7日下午3时，陈毅率黄镇和另外几位回国的大使，一同来到中南海游泳池。……在说到外交上也要破除迷信时，毛泽东便开始了他擅长的"古为今用"："人太稳了不好，野一点好。……他对多少有点吃惊的外交官们继续发挥自己的思想：'三国时关、张，开始因为孔明年轻不服气，刘备劝说也不行，没封他官，因为封大封小都不好，后来派孔明到东吴办了一件大事，回来后才封为军师。……自古以来多是年轻的代替老的'。"毛泽东说了一句总结性的话③。

毛泽东还曾经两次在自己的军事理论著作中援引赤壁之战这个战例，阐明军事理论问题。在《中国革命的战略问题》中，毛泽东指出：

"当时的情况是弱国抵抗强国。……虽然是一个不大的战役（按：指齐鲁长勺之战），却同时是说的战略防御的原则。中国战史中合此原则而取胜的实例是非常之多的。楚汉成皋之战、新汉昆阳之战、袁曹官渡之战、吴魏赤壁之战、吴蜀彝陵之战、秦晋淝水之战等等有名的大战，都是双方强弱不同，弱者先让一步，后发制人，因而战胜的。"

毛泽东用赤壁之战等大战实例，有力地说明作战双方强弱不同，弱者先让一步，后发制人，因而制胜的道理，阐明了战略防御原则的重要意义。

在《论持久战》中，毛泽东指出：

① 《社会科学论坛》1995年第1期。
② 王子今：《毛泽东与中国史学》，中共中央党校出版社1993年版，第199页。
③ 尹家民：《将军不辱使命》，解放军文艺出版社1992年版，第153页。

"主观指导的正确与否，影响到优势劣势和主动被动的变化，观之强大之军打败仗、弱小之军打胜仗的历史事实而益信。中外历史上这类事情是多得很的。中国如晋楚城濮之战，楚汉成皋之战，韩信破赵之战，新汉昆阳之战，袁曹官渡之战，吴魏赤壁之战，吴蜀彝陵之战，秦晋淝水之战等等，外国如拿破仑的多数战役，十月革命后的苏联内战，都是以少击众，以劣势对优势而获胜。都是先以自己的局部优势和主动，向着敌人局部的劣势和被动，一战而胜，再及其余，各个击破，全局因而转成了优势，转成了主动。在原占优势和主动之敌则反之；由于其主观错误和内部矛盾，可能将其很好的或较好的优势和主动地位，完全丧失，化为败军之将，亡国之君。"

在这里，毛泽东用包括赤壁之战在内的许多中外战例，说明在战争中指挥员主观指导的正确与否，影响到敌我双方优势劣势和主动被动的转化，从而导致战争的不同结局。

"共产党就是以诸葛孔明的办法办事"

汉献帝建安十六年（211），益州牧刘璋派法正迎接刘备入蜀，让他攻打占据汉中的张鲁，诸葛亮和关羽镇守荆州。后来刘备从葭萌关返回，攻打刘璋。诸葛亮和张飞、赵云等人率军溯江而上，分别平定了沿江各郡县，然后与刘备一起包围成都。攻下成都后，刘备任命诸葛亮为军师将军并代理左将军府事。刘备外出时，诸葛亮留守成都，粮食和军备物资供应充足。

221年，部下劝刘备称帝，刘备不答应，诸葛亮反复劝说，刘备才称帝。诸葛亮被任命为丞相，总管尚书台事务并持符节，张飞死后，他又兼任司隶校尉。

章武元年（221）春，刘备在永安病危，将诸葛亮从成都召来并以后事相托。刘备对诸葛亮说："您的才能比曹丕强十倍，一定能安定国家，最后完成全国统一大业。如果太子刘禅可以辅佐，您就辅佐他；如果他没有什么才能，您可以取而代之。"诸葛亮流着泪说："我愿意竭尽全身辅佐，献出忠贞的节操，一直到死。"刘备又下诏书告诫太子刘禅说："你与丞相一起治理国家，对他要像事奉父亲一样。"

后主建兴元年（223），刘禅封诸葛亮为武乡侯，成立丞相府署处理政事。不久，诸葛亮又兼任益州牧，朝中政事，无论大小，都由诸葛亮来决定。南中地区的几个郡发生叛乱，因为刚遇国丧，诸葛亮不便派兵镇压；同时派使者访问东吴，与之缔结友好，成为盟国。

诸葛亮在封建社会被奉为名相，毛泽东很敬仰他。早在湖南省立第四师范读书期间，他在读书笔记《讲堂录》中说："有办事之人，有传教之人。前如诸葛武侯范希文，后如孔孟朱陆王阳明等是也。"诸葛武侯，即诸葛亮，曾被封为武乡侯。毛泽东认为诸葛亮是"办事之人"，后又借用杜甫"出师未捷身先死，长使英雄泪满襟"（《蜀相》）来悼念革命烈士陈子博。

毛泽东在《讲堂录》记载读清方苞《与翁止园书》："才不胜今人，不足以为才；学不胜古人，不足以为学。天下无所谓才，有能雄时者，无对手也。以言对手，则孟德、仲谋、诸葛尚已。"他把三国时的曹操（字孟德）、孙权（字仲谋）和诸葛亮都看作是有才干的人，而且互为对手。

诸葛亮在传统文化里是智慧的象征。毛泽东肯定诸葛亮的聪明才智。早在红军时代，他就多次说过："'三个臭皮匠，顶一个诸葛亮。'只要我们有诚心，有耐心，就能把湘粤赣边千个万个'诸葛亮'动员起来，参加我们的斗争，那我们干出来的事业就一定比当年的诸葛亮不知要伟大多少倍。"

1943年11月29日，毛泽东在中共中央招待陕甘宁边区劳动模范大会上讲话说："'三个臭皮匠，合成一个诸葛亮'这就是说，群众有伟大的创造力。中国人民中间，实在有成千成万的'诸葛亮'，每个乡村，每个市镇，都有那里的'诸葛亮'。"（《组织起来》）

1957年11月18日，毛泽东在莫斯科共产党和工人党代表会议上讲话说："任何一个人都要人支持。一个好汉也要三个帮，一个篱笆也要三个桩。这是中国的成语。中国还有一句成语，荷花虽好，也要绿叶扶持。……中国还有一句成语，三个臭皮匠，合成一个诸葛亮。……单独的一个诸亮是不完全的，总是有缺陷的。"①

　　1957年7月9日，毛泽东在上海干部会议上讲话说："刘备得了孔明，说是'如鱼得水'，确有其事，不仅小说上那么写，历史上也那么写，也像鱼跟水的关系一样。群众就是孔明，领导者就是刘备。一个领导，一个被领导。智慧都是从群众那里来的。"

　　1958年秋，毛泽东在河南郑州接见南阳县委的一位书记，问道："你们南阳，旧称宛城，是个古老的市镇，藏龙卧虎的地方哩！南阳有个卧龙冈，据说诸葛亮曾在那儿隐居过。诸葛亮，能人呵！俗话说，三个臭皮匠，合成一个诸葛亮。诸葛亮是哪里人呀？"他等了片刻，不见回答，便自己说："诸葛亮是山东琅琊郡阳都县人。阳都，就是现在的沂水县。"毛泽东接着又问了南阳农民的生活，在分手时说："我给你们留下两句临别赠言：第一，学一点历史知识；第二，要关心人民生活。"

　　诸葛亮足智多谋，智商很高，所以封建社会把他神化了，在旧戏曲、小说中甚至把他写成"眉头一皱，计上心来"的神奇人物，是一个没有缺点、不犯错误的完人。毛泽东认为这是可以理解的。据林默涵回忆，第二次文代会是在1953年夏秋之交召开的。这是一次重要会议。主要精神是克服"左"的倾向。1000多人参加了这次大会。原来准备由胡乔木同志向大会作报告。他起草了一个报告，交中央审查。中央政治局讨论了这个报告。林默涵和周扬同志列席了这次政治局会议。毛主席在这次会议上讲了重要意义。在谈及关于文艺作品里的英雄人物问题时，毛泽东说，每个阶级都要塑造自己的英雄人物。封建社会塑造了孔子、诸葛亮那样的英雄人物；资产阶级也有他们的英雄人物；无产阶级当然也应该有自己的英雄人物。写英雄人物是否一定要写缺点？这也不一定。不写缺点不是真实的人吗？封建时代写诸葛亮就没有写缺点，《列宁在一九一八》也没有写缺点。②毛泽东讲各个阶级都要塑造自己的英雄人物，写英雄人物不一定写

　　───────────────

　　① 《在莫斯科共产党和工人党代表会议上的讲话》，《毛泽东文集》第七卷，人民出版社1999年版，第330页。

　　② 朱元和主编：《共和国要事口述史》，湖南人民出版社1999年版，第77页。

缺点，原则上没有什么不妥；但他强调写像诸葛亮那样的完人，客观上助长了后来文艺作品写"高、大、全"的不良风气。

但是诸葛亮毕竟是封建社会的"办事之人"，治理国家确有一套好的办法，毛泽东也颇为赞赏。1950年4月，他在北京中南海对在绥远起义的国民党将领董其武说：有人害怕共产党，那有什么可怕呢？共产党心口如一，表里一致，没有私利可图，要团结一切可以团结的人，把我们国家搞好。你看过《三国演义》吧？共产党就是以诸葛孔明的办法办事。那就是"言忠信，行笃敬"，"开诚心，布公道"，"集众思，广忠益"。蒋（介石）搞码头，搞宗派，他是必然要失败的嘛，希望你们团结起来，努力把国家的事情办好。①

毛泽东认为诸葛亮的治国方法有三条，那就是他引的六句话，每两句是一个办法。

"言忠信，行笃敬"，语出《论语·卫灵公》："言忠信，行笃敬，虽蛮貊之邦，行矣。"这是孔子对其弟子子张问怎样才能使自己的主张行得通的答话。意思是说，说话讲究忠信，行为讲究笃敬，即使到了蛮貊地区，也可以行得通。笃敬，笃厚严肃。这和《论语·子路》篇中说的"言必信，行必果"意思相近，是说诸葛亮言行一致，要求自己很严格。这是第一条。

"开诚心，布公道"，语出《三国志·蜀志·诸葛亮传论》："诸葛亮之为相国也，抚百姓，示仪轨，约官职，从权制，开诚心，布公道；尽忠益时者虽仇必赏，犯法怠慢者虽亲必罚，服罪输情者虽重必释，游辞巧饰者虽轻必戮。"后约定俗成"开诚布公"这个成语，指推诚相待，坦白无私。是说诸葛亮大公无私，办事公道。这是第二条。

"集众思，广忠益"，语本诸葛亮《与群下教》："夫参署者，集众思，广忠益也。"意思是说，参与讨论、决定国家大事，就要集中大家的智慧，广泛汲取有益的意见。后来约定俗成"开诚布公"这个成语，指集

---

① 中共呼和浩特市委党史资料征集办公室编：《呼和浩特史料》第五辑，内蒙古人民出版社1984年版，第82页。

中众人智慧，博采有益的意见。这是第三条。

诸葛亮的三条治国方法，我们共产党人提倡严于律己、公开民主和群众路线，都得到了很好的继承和发扬光大。

"这是诸葛亮的高明处"

毛泽东读史时，对一些能处理好民族关系的政治家，是十分推崇的。他说："诸葛亮会处理民族关系，他的民族政策比较好，获得了少数民族的拥护。"在《诸葛亮传》中，毛泽东在裴松之注引《汉晋春秋》的一段注文旁边，画了很多圈。这条注文记载了诸葛亮七擒七纵少数民族首领孟获和平定云南后用当地官员管理南中的事迹。毛泽东说："这是诸葛亮的高明处。"[1]

《诸葛亮传》载，建兴三年（225）春天，诸葛亮率军征讨南方，当年秋天平定了叛乱。这次征战的军需物资都出自这些新平定的各郡县，没有动用国家仓库的东西，因而国家富饶起来了。于是整顿兵器，操练军队，准备伐魏。裴松之注引《汉晋春秋》曰：

"亮至南中，所在战捷。闻孟获者，为夷、汉所服，募生致之。既得，使观于营陈（阵）之间，问曰：'此军何如？'获对曰：'向者不知虚实，故败。今蒙赐观看营陈（阵），若只如此，即定易胜耳。'亮笑，纵使更战，七纵七禽（擒），而亮犹遣获。获止不去，曰：'公，天威也，南人不复反矣。'遂至滇池。南中平，皆即其渠率而用之。或以谏亮，亮曰：'若留外人，则当留兵，兵留则无所食，一不易也；加夷新伤破，父兄死丧，留外人而无兵者，必成祸患，二不易也；又夷累有废杀之罪，自嫌衅重，若留外人，终不相信，三不易也；今吾欲使不留兵，不运粮，而纲纪粗定，夷汉粗安故耳。'"

---

① 芦荻：《毛泽东谈二十四史》，《光明日报》1993 年 12 月 12 日。

　　这次出征的地域是南中，相当于今四川省大渡河以南和云南、贵州二省。蜀汉以巴、蜀为根据地，其地在巴、蜀之南，故名。目的是平定南中地区少数民族中上层贵族发动的叛乱，根据参军马谡的建议，诸葛亮向部下颁布了《南征教》："用兵之道，攻心为上，攻城为下；心战为上，兵战为下。"也体现了诸葛亮在这次战争中非常注重从心理上瓦解对方。他七擒七纵孟获是个典型，平定后又大胆使用少数民族头领管理其地，确实是很高明的做法。因而受到毛泽东的称赞。

　　毛泽东非常注重"七擒七纵"孟获的历史经验，把它视为处理民族关系的一个好方法。

　　1935 年 5 月初，毛泽东率领中央红军到达安顺场，往前需要经过彝族聚居区，当他得知总参谋长刘伯承已妥善地处理了和彝族首领小叶丹结盟的事，很高兴地询问："诸葛亮七擒七纵才使孟获心服，你怎么一下子说服了小叶丹呢？"

　　1949 年，当习仲勋妥善争取青海省昂拉部落第 27 代千户项谦归顺成功时，毛泽东对习仲勋说："仲勋，你真厉害。诸葛亮七擒孟获，你比诸葛亮还厉害。"

　　1953 年 8 月，当西南军区李达参谋长汇报贵州擒获布依族女匪首程莲珍案事时说："这个女匪首，下面要求杀。"毛泽东却说："不能杀。好不容易出了一个女匪首，又是少数民族，杀了岂不可惜？"又说："人家诸葛亮擒孟获，就敢七擒七纵，我们擒了个程莲珍，为什么就不敢来个八擒八纵？连两擒两纵也不行？总之，不能一擒就杀。"

　　1956 年 4 月，毛泽东又与天宝（桑吉悦希）、瓦扎木基谈及有些民族地区出现有被俘的叛乱分子，放回后又叛乱的问题时，他告诫说："诸葛亮就是七擒七纵，我们共产党为什么不可以八擒八纵呢？"据当时是凉山彝族代表的瓦扎木基回忆，当他向毛泽东汇报凉山人民要求废除奴隶制度，实行民主改革时，"毛泽东从三国时诸葛亮说起，引经据典，教育我们要有气魄、有胆略，搞好彝族地区的民主改革。"

　　新中国成立后，在毛泽东领导下，我国在少数民族聚居的地区，实行民族区域自治，先后建立了广西壮族自治区、宁夏回族自治区、新疆维吾尔自治区、西藏自治区、内蒙古自治区和一些自治州、县，在中国共产党领导下走社会主义道路，并且在1959年西藏上层奴隶主叛乱以前，在西藏保留奴隶制，实际上也是"一国两制"，可以看作在香港、澳门回归后实行"一国两制"的先例。我们的民族区域自治制度，无疑借鉴了历史上，包括诸葛亮的民族政策，但历史上都是从汉族地主阶级的统治利益出发的，不可能实行真正的民族平等；我国五十六个民族五十六朵花，全国人民是一家，各个民族是完全平等的。

"挥泪斩马谡，这是万不得已的事情"

后主建兴五年（227）春天，诸葛亮率各路大军第一次北伐曹魏，进驻汉中，临出发时给后主刘禅上奏疏说：

"先帝开创统一大业还没有完成就中途逝世了，现在天下分成三个国家，我们益州弱小贫乏，这真是生死存亡的关头。然而，侍卫陛下的群臣在内毫不松懈，忠心耿耿的将士在外舍身奋战，都是为了追念先帝的特别厚待，而想报答陛下。陛下应该扩大圣明的听闻，以光大先帝的美德，发扬志士的英雄气概，不要看轻自己，说话不恰当，以致堵塞忠诚建议的道路。

"皇宫中和丞相府内，都是一个整体，赏罚褒贬，不应厚此薄彼。如果有违法乱纪和尽忠立功的人，应交有关官吏评断赏罚，以表示陛下公正严明的法治，不应当有偏向和私心，使宫中和朝廷中执法不一。

"侍中郭攸之、费祎，侍郎董允等人，都是善良、诚实的人，其志向和心思忠贞不二，所以先帝选拔出来留给陛下。我认为，宫中的事，无论大小，都拿来问问他们，然后施行，一定能够弥补缺点和疏漏之处，获得更多的好处。

"将军向宠，贤良公正，精通军事，过去试用他时，先帝称赞他很有才能，因此，大家商议推举他为都督。我认为，军中的事，都要和他商议，一定能使军队团结，优劣人才安排得当。

"亲近贤臣，疏远小人，是前汉兴旺的原因；亲近小人，疏远贤臣，是后汉衰败的根源。先帝在世时，经常与我谈论此事，总是叹惜痛恨桓、灵二帝。侍中（郭攸之、费祎）、尚书（陈震）、长史（张裔）、参军（蒋琬），都是坚贞可靠、能以死报国的忠臣，希望陛下亲近信任他们，这样，蜀汉的兴隆，就为期不远了。

"我本是个平民，在南阳（今河南南阳）种地，在动乱的年代里苟且保全性命，不求做官扬名。先帝不嫌我微贱，宁肯降低身份，三次亲临草庐看我，征求我对国家大事的看法，因此，我很感激，就答应为先帝奔走效劳。后来遇到兵败，在战败、危难的关头我奉命出使东吴，至今已21年了。

"先帝知道我谨慎，所以，把完成统一大业的事托付给我。自从接受先帝的托付以来，我早晚忧愁叹息，恐怕先帝的托付不见成效，损伤先帝知人之明，所以，我五月渡过泸水（金沙江），深入不生草木的地方。现在南方已经平定，兵甲已经充足，应当奖励和统率三军，北定中原，竭尽我平庸之才，铲除奸凶，复兴汉室，重返旧都（洛阳），这就是我报答先帝和尽忠陛下的职责。至于斟情酌理，掌握分寸，进尽忠言，那是郭攸之、费祎、董允等人的职责了。

"请求陛下把讨伐曹魏复兴汉室的重任交给我；不成功，就治我的罪，以告慰先帝之灵。假如没有革新朝政的忠言，那就责罚郭攸之、费祎、董允等人的怠慢，显示他们的过失。陛下自己也应该深谋远虑，询问治国的好道理，采纳正确的意见，深切地回想先帝的遗诏，我受恩深重，不胜感激。现在我就出征远离陛下，当写表时，禁不住流下泪来，真不知道说了些什么。"

这个奏疏就是《前出师表》。在表中，诸葛亮劝后主刘禅修明政治，推荐人才，自述己志，表示北伐中原，完成统战大业的决心。然后率大军出发，驻扎在沔阳（今陕西勉县东）。

建兴六年（228）春天，诸葛亮扬言要从斜谷（在今陕西眉县西南三十里）夺取郿县，派赵云、邓芝作为疑兵，占据箕谷（在今陕西褒城北）来迷惑敌人，魏国派大将军曹真率军抵抗。诸葛亮亲率蜀军主力进攻祁山

（在今甘肃西南和西北），队伍整齐，号令严明，南安、天水、永安三郡起来响应，整个关中地区都为之震动。

魏明帝亲自到长安镇守，命令张郃率军抵抗。诸葛亮派马谡统率各军作为先锋，与张郃战于街亭（今甘肃秦安东北）。马谡违背诸葛亮的战略部署，指挥不当，被张郃打得大败。

诸葛亮回到汉中（今陕西汉中东），杀了马谡以安慰众人。诸葛亮向后主上书说："我以弱小的才干，担任了不能胜任的职务，亲自率军出征以激励三军将士，不能训导法规，严明法纪，遇事谨慎戒惧，以至于发生了街亭违背命令的错误，箕谷戒备不严的过失、责任都在我用人不当。我既没有知人之明，考虑问题又不能明白，按照《春秋》战争失败惩罚主帅的先例，我的职务应受这种处罚。请允许我自降三级，来惩罚我所犯的错误。"于是诸葛亮降为右将军，做丞相应做的事，总管事务和从前一样。

诸葛亮曾先后六次出祁山攻魏，史称"六出祁山"。这是第一次。因马谡指挥错误而失败，诸葛亮挥泪斩马谡。这是为什么呢？马谡（190—228），字幼常，襄阳宜城（今湖北宜城南）人。初从刘备克蜀，任越嶲太守。以好论军事，诸葛亮十分器重，可以说是作为接班人培养的。诸葛亮南征时，为随军参军，曾提出"用兵之道，攻心为上，攻城为下；心战为上，兵战为下"的好建议，为诸葛亮所采纳，并向部下颁布了这个教令。这次北伐，诸葛亮任马谡为前部先锋，但他违背诸葛亮的战略部署，致使街亭大败，遂使这次北伐也归于失败，诸葛亮依法斩了马谡。参军蒋琬认为"天下未定"，杀了马谡实在可惜。诸葛亮说："孙武所以无敌于天下，是因为他执法严明。所以杨干违犯军法，魏绛杀了他的仆人。国内正处于分裂状态，蜀魏战争刚刚开始，如再废弛军法，靠什么讨伐敌人呢？"这里，诸葛亮吸取了先秦著名军事家孙武以法治军的经验，指出了在战争中严明军法的重要性。

1951年11月底，河北省委在省会保定召开第三次代表大会。在会上，李克才同志把刘青山、张子善的问题公开揭露了出来。天津地区的代表纷纷上台发言，表示支持李克才，进而又揭发出刘、张的许多其他问题。省委组织部部长代表省委当即在会上表态，要严肃处理。通过调查证明，刘青山、张子善严重触犯了党纪国法。12月4日，省委通过决议，开除刘青山、张子善的党籍，依法对其拘留审查。

刘青山、张子善何许人也？他们有哪些劣迹呢？

刘青山是天津地委书记，张子善是天津专署专员。天津地委和专署当时设在天津西郊的杨柳青镇。

据揭发，刘、张二人的问题早在1949年底就有所暴露。刘青山住在原来一个大汉奸的别墅里，生活奢侈、腐化。一天，副专员李克才同志去找他谈工作，发现他竟在抽大烟。李克才非常吃惊，当即向他提出，这是党纪国法所不允许的。他却满不在乎地说："老子从小革命，现在革命成功了，也应该享受享受了。"他不仅私下吸毒，而且毒瘾发作时，在公开场合也吸。张子善则投其所好，把专署公安处缴来的毒品送给他享用。

当时，天津地区连降暴雨，洪涝成灾。河北省政府为此下拨救灾款、救灾粮。刘、张合谋把救灾物资和运输任务交给机关生产处，并指使生产处从中牟利，侵吞了灾民40多万斤粮食。他们还贪污、挪用救灾款、治河款和地方财政款项，进行非法活动。刘、张的行为，严重地损害了党和政府的声誉，激起了极大的民愤。群众纷纷向李克才反映他们的问题。李克才于1950年二三月间向省委反映了刘青山吸毒和他挪用公款等问题，但未引起重视。

1950年下半年，刘青山为贪图享受，又用公款从香港购进两辆小汽车，一辆留作他自己使用，一辆送给别人。刘、张还与不法资本家串通一气，盗用公款倒卖钢材，以饱私囊，使国家蒙受了很大的经济损失。

1951年六七月间，《人民日报》又披露了天津地委倒卖木材的事件。刘青山却公然地说："这是老子和张子善商量搞的，谁敢处理！"经刘、张四处活动，这件事竟不了了之。

"刘、张事件"上报华北局。华北局又上报中央。那天，毛泽东和刘少奇、周恩来、彭真、薄一波等书记处领导在颐年堂开会，专门研究杀不杀的问题。毛泽东说："非杀不可。挥泪斩马谡，这是万不得已的事情。"1952年2月10日，河北特别法庭判处刘青山、张子善死刑。

那次参加会议的还有公安部部长罗瑞卿，一起讨论了公安部行政处处长宋德贵利用盖办公楼大量受贿和生活腐化问题，会上决定枪决宋德贵。[①]

"刘、张事件"是新中国成立后的第一个反腐败大案，毛泽东没有因为刘、张二人都是老革命，过去对革命有功而心慈手软，亲自批准处决了腐化变质分子刘青山、张子善，大大推动了"三反"（反贪污、反浪费、反对官僚主义）和"五反"（反行贿、反偷税漏税、反盗骗国家财产、反偷工减料、反盗窃国家经济情报）运动的顺利开展，打退了资产阶级的猖狂进攻。

毛泽东在读宋司马光《资治通鉴》卷七十一、七十二《汉纪》三、四时分别批注道："初战亮宜自临阵""自街亭败后，每出，亮必在军"。"初战"指街亭之战，诸葛亮没有亲临战阵，致使马谡指挥失当，导致首战失利，全盘皆输，诸葛亮是负有领导责任的。但他知错就改，以后，每次出兵，他都在军中，这也是难能可贵的。毛泽东加以肯定。

"鞠躬尽瘁，死而后已"

建兴六年冬，"诸葛亮闻孙权破曹休，魏兵东下，关中虚弱，十一月上言曰：……夫难平者，事也。昔先帝败军于楚，当此时，曹操拊手，谓天下已定。然后先帝东连吴、越，西取巴、蜀，举兵北征，夏侯授首，此操之失计而汉事将成也。然后吴更违盟，关羽毁败，秭归蹉跌，曹丕称帝。凡事如是，难可逆见。臣鞠躬尽力，死而后已，至于成败利钝，非臣之明所能逆睹也。"此即《后出师表》。

于是诸葛亮又出兵散关（今陕西宝鸡西南），围攻陈仓（今宝鸡东），魏将曹真迎击他，诸葛亮又因粮草已尽而退兵。魏将王双率骑兵追击，诸葛亮打败了魏军并将王双杀死。

建兴七年（229），诸葛亮派陈式攻打武都（今甘肃成县西）、阴平（今甘肃文西西北）二郡。魏国的雍州刺史郭淮率军反击陈式，诸葛亮亲

① 李银桥：《在毛泽东身边十五年》，河北人民出版社1991年版，第170—172页。

自赶到建威（今甘肃成县西北），郭淮军退回雍州，于是平定了武都、阴平二郡。后主刘禅下诏说，街亭那次战役，错误是由马谡造成的，而您引咎自责，深深地贬低并压抑自己，我也不好违背您的心愿，就听从了您的意见，让您降到目前的位置。前年您出兵斩了王双；今天再次征讨，郭淮被迫逃走，又纳降安抚了氐、羌等民族，收复了武都、阴平二郡，震慑了奸凶暴虐之徒，功勋显赫。如今还不安宁，首恶还没有除掉，您身负重任主持国家事务，但却长期受到贬抑，就不能发扬光大先帝的功业了。恢复了诸葛亮的丞相职务。

建兴九年（231），诸葛亮再次出兵祁山，用木牛运输军用物资，又因为粮草已尽而退兵。这次北伐作战射杀了魏名将张郃。

建兴十二年（234）春天，诸葛亮率领全军从斜谷出击，用流马运输军用物资，占据了武功县的五丈原（在今陕西眉县西南斜谷口西侧），在渭水之南与魏国名将司马懿对阵。诸葛亮常常担心军粮供应不上，使自己统一全国的抱负不能实现，因此派出一部分士兵在驻地垦荒种地，想建立一个长期驻军的基地。开荒种地的士兵混杂在渭水边上的居民中间，百姓安居乐业，不受骚扰，屯田的军队也不求私利。因此，诸葛亮与司马懿的军队相持了100多天。这年八月，诸葛亮在军中病故，时年54岁。蜀军退走后，司马懿巡视蜀军的营房和工事，感慨地说："诸葛亮真是天下的奇才啊！"

《后出师表》不见于诸葛亮传，仅见于本传裴松之注引张俨《默记》引《汉晋春秋》。所以学术界认为不是诸葛亮的著作，毛泽东认为《后出师表》不是诸葛亮手笔，但不失为一篇好文章。其中的"鞠躬尽瘁，死而后已"成了献身国家和正义事业的代名词。诸葛亮被誉为古代贤相的典范，自从归刘备之后，便竭忠尽智，事必躬亲，最后病逝于前线军中，实践了他在《后出师表》中所说的"鞠躬尽瘁，死而后已"的诺言，成为后人的楷模。

毛泽东高度评价诸葛亮"鞠躬尽瘁，死而后已"的献身精神，在自己的文章中多次提倡人们学习诸葛亮的"鞠躬尽瘁，死而后已"，自己也表示："我也要鞠躬尽瘁，死而后已呢！"

1942年5月，毛泽东在《在延安文艺座谈会上的讲话》中号召："一切共产党员，一切革命家，一切革命的文艺工作者，都应该学习鲁迅的榜样，做无产阶级和人民大众的'牛'，鞠躬尽瘁，死而后已。"①

1944年11月15日，毛泽东为延安《解放日报·邹韬奋先生逝世纪念特刊》题词："热爱人民，真诚地为人民服务，鞠躬尽瘁，死而后已，这就是邹韬奋先生的精神，这就是他之所以感人之处。"

1956年11月12日，毛泽东为纪念孙中山先生诞辰九十周年写的文章《纪念孙中山先生》称赞说："他全心全意地为了改造中国而耗费了毕生精力，真是鞠躬尽瘁，死而后已。"②孙中山（1866—1925），名文，字逸仙，广东香山（今广东中山）人，伟大的革命先行者。毛泽东曾为孙中山诞辰九十周年纪念大会题词："孙中山先生诞辰九十周年纪念大会。"同年，还为孙中山诞辰九十周年展览会题词"孙中山先生生平事迹展览会"。此外，早在1938年3月的一天，延安各界准备纪念孙中山先生逝世十三周年和追悼抗日阵亡将士大会时，毛泽东在凌晨一时或二时写的诸多挽联中的一副云："国共合作的基础如何？孙先生云：共产主义是三民主义的好朋友；抗日的胜利原因何在？国人皆曰：侵略阵线是和平阵线的死对头。"此联将纪念孙中山先生逝世十三周年和追悼抗日阵亡将士两件事融为一体，几如天衣无缝。

1939年1月2日，毛泽东写的《〈八路军军政杂志〉发刊词》说："从前人说：读诸葛《出师表》而不流泪者，其人必不忠；读李密《陈情表》而不流泪者，其人必不孝。今天我们应该说：凡看见或听见中国军队不记旧怨而互相援助、亲密团结而不感动者，其人必不爱国。"③毛泽东所引前人的两句话，见于宋代赵与时《宾退录》中所记青城山隐士安子顺所说。诸葛亮上表后主刘禅，出师北伐曹魏，攻战累年，后以疾卒于军中，确实做到了"鞠躬尽瘁，死而后已"，对国家无限忠诚，所以，读了他的《出师表》不感动得流泪，这个人对国家一定不忠诚。

---

① 《毛泽东选集》第三卷，人民出版社1991年版，第877页。
② 《人民日报》1956年11月12日。
③ 《毛泽东文集》第二卷，人民出版社1993年版，第140页。

李密（224—287），字令伯，晋朝犍为武阳（今四川彭山）人。其父早死，母亲何氏改嫁。那时李密年仅4岁，又多病。赖祖母刘氏抚养成人。李密侍奉祖母十分孝顺。泰始三年（267），晋武帝下诏征他为太子洗马。他因为祖母年高，无人奉养，不肯应命，上表陈说自己的情况。晋武帝看了他的表彰，很受感动，说他在当时的名望不是虚传的，就不再勉强他。祖母死后才到晋朝做官，最后做汉中太守，因为怀怨被免官，卒于家。所以，如果有人读了李密的《陈情表》不流泪，那这个人肯定不孝。

在封建社会，所谓"忠孝"，就是忠于君国，孝敬父母。《孝经·开宗明义》"终于立身"，汉郑玄注："忠孝道著，乃能扬名荣亲，故曰终于立身也。"我们共产党人也要忠于国家、忠于党、忠于革命事业；也要孝敬父母。毛泽东也是如此。他领导中国人民奋斗一生，为革命献出了六位亲人，可以说对他为之奋斗的共产主义事业"鞠躬尽瘁，死而后已"；同时，他也是一个孝子，对自己的父母十分孝顺。母亲有病，他送母亲到长沙看病。1919年10月5日，母亲因患瘰疬去世，他从长沙星夜回去奔丧，悲痛中写下了400余字的《祭母文》，赞颂母亲勤俭持家、爱抚子女、和睦邻里等美德；还作泣母灵联两副：

疾革尚呼儿，无限关怀，万端遗恨皆须补，
长生新学佛，不能住世，一掬慈容何处寻？

春风南岸留晖远，
秋雨韶山洒泪多。

1920年1月23日，父亲毛贻昌在家乡病逝，与母亲文氏合葬于韶山土地冲。毛泽东在北京忙于驱张（张敬尧，湖南军阀）活动，未能回湘奔丧。这也是忠孝不能两全吧！

1959年，毛泽东回到阔别32年的故乡韶山时，曾去父母墓前凭吊，寄托哀思。回到住所后，他对随行的公安部部长罗瑞卿说："我们共产党人是彻底的唯物主义者，不信什么鬼神。但生我者父母，教我者党、同志、老师、朋友也，还得承认。我下次再回来，还要去看他们两位。"

毛泽东还多次用"诸葛一生唯谨慎，吕端大事不糊涂"两句话来赞扬叶剑英元帅，其中前句就是对诸葛亮的作风的赞扬。

王羲之

——王羲之的书法"看了使人舒服"

"虽圣人亦如此，况无圣人耶！"

"书圣"王羲之，是毛泽东最喜爱的书法家，其书法对毛泽东影响较大。读《晋书》时，毛泽东读了《王羲之传》，并作了批注："虽圣人亦如此，况无圣人耶！"①

王羲之是怎样一个人呢？毛泽东的批注又是什么意思呢？

王羲之（321—379），东晋书法家。字逸少，琅琊临沂（今山东临沂）人。出身贵族，是司徒王导、大将军王敦的侄子。祖父王正，官至尚书郎。父亲王旷，做过淮南太守。晋元帝渡江，就是王旷首先建议的。

王羲之幼年时语言迟钝，不爱说话，人们并不认为他是什么奇才。13岁时，曾拜见尚书左仆射周颛，周颛端详后十分诧异。当时请客吃饭很看重烤牛心，周颛宴请宾客，别人还未开始吃，便先切给王羲之吃，从此王羲之为世人所知。

王羲之长大后，很有才辩，以刚直著称。尤善隶书，为古今之冠，有人称赞他的笔势飘若浮云，矫若惊龙，曲折变化而又劲健，深受其堂伯王敦（大将军）、王导（丞相）的器重。当时陈留（今河南开封陈留镇）人阮裕名气很大，担任王导的主簿。王敦曾对王羲之说："你是我们王家的好后代，应当不比阮主簿差。"阮裕也把王羲之与王承、王悦看作"王氏

---

① 《毛泽东读文史古籍批语集》，中央文献出版社 1993 年版，第 170 页。

三少"。不久，太尉郗鉴派门生到王家求婿，王导让来人到东厢房遍观王氏子弟。那人回来后对郗鉴说："王氏每个后生都很好，他们听到来人是来选女婿的，都很矜持。只有一个在东床上露着肚子吃东西，好像没有听到一样。"郗鉴说："这正是我要选的好女婿啊！"一打听，就是王羲之，于是就把女儿嫁给了他。

王羲之最初任秘书郎，征西将军庾亮聘他为参军，连续升迁为长史。庾亮临终前，还上书称赞王羲之清高可贵而又有鉴别和处事能力，升任宁远将军、江州（今江西九江）刺史。王羲之年轻时就有美好的名誉，朝廷公卿都很喜爱他的才干和度量，屡次征召为侍中、吏部尚书，都未就职。又任命他为护军将军，他又拖延时间不接受。

扬州刺史殷浩一向很器重他，劝他接受任命，并写信给他说："众人都认为您的出任和隐退，就可以看出政事的兴衰，我们也认为是这样。至于说足下的出仕与隐退，恰如兴衰相对应，那么怎能让一世存亡，来服从您的出仕与隐退的选择呢？希望您慢慢体会众人的心情。您如果不立即出任官职，还可以寻求善政吗？如果豁然想通，就能理解众人的心情了。"

王羲之于是回信说："我素来就没有担负朝廷重任的志向，在王丞相当政时就坚决要我入朝做官，我誓不答应，书信手迹尚在，由来已久了，不是足下参政才退让的。自从儿子娶妻，女儿出嫁，我便怀有同尚子平一样的志趣，多次与亲近的说定，不是一天了。如果受您的派遣，关陇、巴蜀都在所不辞。我虽然没有担任使者时独自随机应答的才能，但我谨守我的使命，显示国家威德，必会不同于一般的使臣，一定能使远近人民都知道朝廷所关心的是天下为一家，这与任护军将军显然不同。汉代末年派太傅马日禅慰抚关东，如果不认为我身份轻微，无所怀疑，应该到初冬成行，我唯有恭敬待命。"

王羲之担任护军将军后，又苦苦要求做宣城郡太守，朝廷不答应，就任命他为右军将军、会稽内史。当时殷浩与桓温不和睦，王羲之认为国家的安定有赖于内外和睦，因此写信给殷浩进行劝告，殷浩不听。到殷浩将要北伐，王羲之认为一定会失败，便写信制止他，言辞非常恳切。殷浩出征了，果然被姚襄打败。殷浩又计划再次北伐，王羲之又给他写信说：

"得知安西将军战败丧师，国家和我个人都感到惋惜和悲痛，时刻都无法忘怀。以小小江左地区，经营到这种地步，天下人寒心已经很久了，再加上这次失败，这是应该引起深思的。往事岂能追回，只是希望多想想将来，使天下百姓都有托身之处，自己成就中兴之业。政事以道义取胜，宽和是根本，企图用武力获得成功，做法并不恰当，发挥自己的长处，以巩固大业，想必您知道其中的道理。

"自战乱以来，在朝廷内外任职做官的人，没有深谋远虑、锦囊妙计，而是使根基空虚，各自按照自己的意志办事，竟然没有一功可谈、一事可记，忠言良谋弃置不用，致使天下有土崩瓦解的趋势，怎不令人痛心悲叹呢！当事人怎么能推卸天下混乱的责任！追究往事，有什么可挽回的，应该转而虚心求贤，与有识之士共同执政，不可再使忠诚公允之言总是屈从于当政者。现在军队在外面打了败仗，内部资源也用尽了，保卫淮河地区已经力所不及，不如撤兵还保长江，都督们各归往日所镇守的地方，长江以北地区，控制罢了。掌握国家大权的人，引咎自责，诚恳地自贬其职，向老百姓认错，重新与朝廷中的贤臣考虑施行安定的政治，废除繁杂苛细的法令，减轻赋税和徭役，和百姓重新开始，这样才可以满足人们的愿望，解救极其危急的处境。

"您平民出身，担当国家重任，崇尚德化的举动，没有做到事事允妥，担当统帅而又战败丧师如此，恐怕朝中诸位贤人没有人分担这个指责的。如今赶快修养道德，弥补缺失，广泛招揽群贤，让他们分担责任，还不知道是否能达到期望。如果还认为以前只是兵不精，所以还向自身以外找原因，宇宙虽然广大，又有什么地方可以容身呢！我知道我说的话肯定不会被采纳，也许还被当政者所怨恨，然而我心中的感慨，正是自己不能不尽情极言。如果一定要亲征，不明白这个意思，果真妄自行动，愚蠢的人和聪明的人都不能理解。希望您与众人再共同商议。

"又接到州里下达的命令，增运1000石粮食，赋税和徭役同时进行，都限定军事需要的时间。我对命令十分颓丧，不知所指。自近年来，剥削幸存于世的百姓，刑徒满路，几乎与秦朝的政治相同，只不过还没有实行夷灭三族的刑罚罢了。我担心陈胜、吴广起义那样的忧患，过不了几天就要发生了。"

王羲之又给会稽王上书陈述殷浩不宜北伐，并讨论军事说：

"古人以其君王不能像尧、舜那样而感到羞耻，面北称臣的，哪有不愿意尊重所侍奉的君主，使国势与前一代一样隆盛，何况遇到了千载难逢的机遇呢？看起来现在的智慧和力量都比不上当年，怎么能不权衡轻重而加以处理呢！现在虽然有令人高兴的机会，但是反躬自问，所忧虑的却超过了所高兴的。《传》说：'若不是圣人，外部安宁了，内部必然有忧患。'如今外部不安宁，内部的忧患已经很深。古代开创大业的人，有的也不与众人谋划，倾尽一国之力成就一时功业的，也往往是有的。这确实需要独立决策的才智足以超过众人，暂时劳苦的弊端最终能获得永久的安逸，当然是可以的。但求之于今世，有可以与这样的人、这样的事比拟的吗？

"要想朝廷决策必胜，一定审度衡量敌我，万无一失再行动。功成之日，便应利用它的民众而求其实际。现在功业不可期待成功，而遗存的百姓死亡殆尽，一万人剩不下一个。并且千里运粮，自古都是难事，何况现在转运供给，向西输送到许昌、洛阳，向北进入黄河。虽秦朝政治的弊端，也没有达到这种程度，天下动乱，家家户户流离失所，便都接踵而至。现在正转运的人没有归期，征收索要赋税日益加重，以小小吴越之地图谋天下十分之九的地盘，不灭亡还能等待什么！而不估计自己的德行和能力，不到失败时仍不停止，这就是国内人痛心叹息，而又不敢说实话的现实。

"已经过去的事是不可能挽回了，但未来的事还来得及弥补，希望殿下能再三考虑，改弦更张，命令殷浩、荀羡回师据守合肥、广陵，许昌、谯郡、梁、彭城的各部队都回去保卫淮河，这是不可战胜的根基，等到根基建立，势力形成，再作谋划也不迟，这实在是当今的上策。如果不实行这种策略，国家的忧患就指日可待。安危的契机，易如反掌，考察形势的虚实，明显地摆在眼前，希望您运用独断的英明，迅速地决定下来。

"地位低下而言论过多，难道不知这样不容易？然而古人处在里巷军阵之间，尚且有人为国家出谋划策，而评论的人不对此讥议，何况我置身于大臣行列之末，怎么能默不作声呢！关系到国家生死存亡，要作出决断，不能再迟疑不决，错过了机会，这时不决断，后悔也来不及了。

"殿下道德在海内第一，以皇室身份辅佐朝政，最适宜正道直行，达到像当年一样兴隆，但您的作为并不符合众望，这是我这个受特别的知遇的人，日夜长叹的原因，实在为殿下感到可惜。国家的忧患深重极了，常常担心伍员来攻的忧患不只发生在过去，恐怀麋鹿的踪迹将不限于林薮之中而已，希望殿下暂且抛弃清虚玄远的胸怀，来解救危急，可以说存续亡国，转祸为福，如果能这样则是祖宗的福庆，天下也有了依赖。"

当时江东地区发生饥荒，王羲之常常开仓赈济。但是朝廷赋税和徭役繁重，吴兴、会稽两郡尤其严重，王羲之每每上书谏诤，许多意见被采纳。王羲之又写给尚书仆射谢安说：

"近来陈述的意见，常常被采纳，所以使下层的人民稍微得到休养生息，各安其业。如果不是这样，这一郡的人早已跳东海了。

"现在大事中没有安排的，是漕运了。我的想法是让朝廷下达限定的日期，委托给主管官员，不要再催逼下级，但到了年底要考核其成绩优劣。主管官员战绩在最后的，派囚车把他送到尚书省治罪。如果三个县不推荐，郡守就一定免职，有的也可以降级，让他到边境地区任职。

"从我来到此地后，助手常常有四五个，加上御史台职司和都水御史行台的文件之多，像雨点般下发，颠倒错误和互相抵触的，不知道有多少。我又闭起眼来按往常的办法，把重要的交给主簿，一般的交给尚书省下分职治事的官署。主管人办事，没有到过十天，官吏和百姓来回奔走，耗费数以万计。您正担当重任，可以慢慢地发现我所说的这种情况。平时江左地区，有一个好的扬州刺史便足以治理，况且使用一群很有才干的人反而没有治理好，这正是由于制定法令不一致，牵扯人太多，抓住主要问题下面就容易遵守，便足以守住已完成的事业了。

"仓库监管人员盗窃官仓的米，动不动就以万计，我认为诛杀一人，这种情况以后就可以断绝，而当时没有同意这种主张。近来检查了各县，无不如此。余姚县将近10万斛，苛税被用来帮助奸官贪污，使国家财政空虚，真是可叹啊。

"自从兴兵打仗以来，服兵役和担当运输的人中，死亡、叛变、逃散而不返回的很多，浪费到这种地步，而补充仍按常规，到处凋敝困苦，拿不出解决办法。上面差遣的人，上路后多数都叛逃了，带队的官员与叛逃的人席卷而去。按照常规，则令叛逃者家属和邻里负责寻找。叛逃者还没有抓获，家属和邻里也逃走了。老百姓流亡，户口一天天减少，其原因就在于此。又有各种工匠、医生、僧人，死亡绝没，家中空无一人，无从替代差役，上面不断下达指令，这种事情已经发生10年、15年，尽管弹劾获罪的永无休止，而对实际情况毫无益处，百姓怎么承受得了呢！我认为从今以后各种死罪减轻的犯人和五年徒刑的犯人，可以补充逃亡人户，死罪减刑的犯人可以长期服兵役，判五年徒刑的犯人可以充当各种杂工、医生、僧人，都让这些人迁移家室充实都邑。都市充实，是政权的根基，又可以杜绝他们逃亡叛乱。不迁移他们的家室，逃亡的忧患又会恢复到原来的状态。现在免除罪刑而充任杂役，全部迁移他们的家室，小人们愚蠢迷惘，还认为比杀头的刑罚还重，可以根绝奸恶。刑罚的名称虽然轻微，实际上惩罚极重，这难道不是适合时宜的吗？"

王羲之年轻时风流倜傥，不拘小节，本传中写郗鉴为女选婿时他的表现可见一斑。

王羲之年轻时还足智多谋。《世说新语·假谲》载："王右军年十岁时，大将军（王敦）甚爱之，恒置帐中眠。大将军尝先出，右军犹未起。须臾钱凤入，屏人论事，都忘右军在帐中，便言逆节之谋。右军觉，既闻所论，知无活理，乃剔吐污头面被褥，诈熟睡。敦论事造半，方意右军未起，相与大惊曰：'不得不除之！'及开帐，乃见吐唾纵横，信其熟眠，于是得全。于时称其智。"

王敦（266—324），字处仲，琅邪临沂（今山东临沂）人，东晋大臣。西晋末，支持琅邪王司马睿移镇建康（今江苏南京），任扬州刺史、都督征讨诸军事。以镇压杜弢起义，升镇东大将军，都督江、扬、荆、湘、交、广六州诸军事，握重兵屯武昌。西晋灭亡，与堂弟王导等拥护司马睿建立东晋政权，升任大将军、荆州牧。后因司马睿抑制王氏势力，他于永昌元年（322）起兵攻入建康，杀刁协、周顗、戴渊等，回屯武昌。太宁二年（324）明帝乘其病危，下诏讨伐。他再次起兵进攻建康，在军中病死。这则故事写王敦与其心腹钱凤密谋造反，被王羲之听到。王羲之假装熟睡躲过杀身之祸，实为机智之举。

王羲之在政治上也很有见解。《世说新语·言语》载："王右军与谢太傅（谢安）共登冶城（今江苏南京朝天宫一带）。谢悠然远想，有高世之志。王谓谢曰：'夏禹勤王，手足胼胝；文王旰食，日不暇给。今四郊多垒，宜人人自效，而虚谈废务，浮文妨要，恐非当今所宜。'谢答曰：'秦任商鞅，二世而亡，岂清言致患也？'"

这则故事记载了王羲之与宰相谢安共登冶城时的一次谈话。谢安身任宰相，却悠然有超尘拔俗之态。王羲之援引夏禹与周文王姬昌勤劳国事为例，认为当时国家还处在动乱之中，人人应当自觉效力，对国家作出贡献，并进而指出，空谈不理国家的事务，虚浮的文辞妨碍国家大事，当时是不适宜的。而谢安反驳说，秦朝任用商鞅，二世就灭亡了，难道是清言导致的祸患吗？这是强词夺理，歪曲历史。

秦孝公（前381—前338）任用商鞅实行变法，秦国开始强盛起来，历经秦孝公、秦惠文王、秦武王、秦昭襄王、秦孝文王、秦庄襄王六代，至秦始皇，"奋六世之余烈，振长策而御宇内"（贾谊：《过秦论》），扫灭六国，完成了统一中国的大业，基础是商鞅变法打下的。秦朝所以二世而亡，其原因在于本身的过失："仁义不施，攻守之势异也。"（同上）在于秦王朝统治者对人民滥施暴政，激化了阶级矛盾，所以空前强大的秦王朝，很快地被轰轰烈烈的农民大起义推翻了。与商鞅变法无关。从这件事来看，王羲之对时政的看法还是很有见地的。

西晋末年，五胡乱华，建兴四年（316），愍帝被俘，西晋灭亡。建武元年（317），晋元帝司马睿在建业继位（先称晋王，建武二年称帝），史称东晋。因黄河流域陷入大混乱，中原地区的士大夫多渡江南迁，偏安江左。《世说新语·言语》记载了这么件事："过江诸人，每至美日，辄相邀新亭，藉卉饮宴。周侯（颛）中坐而叹曰：'风景不殊，正自有山河之异！'皆相视流泪。唯王丞相（导）愀然变色曰：'当共戮力王室，克复神州，何至作楚囚相对！'"这里写了东晋政权中丞相王导、尚书左仆射周颛对收复中原的不同态度。

偏安东南一隅的东晋王朝，一直想收复中原，统一国家，所以屡屡进行北伐。先有祖逖、后有庾亮、庾信兄弟举兵北伐，但由于东晋王朝统治阶级内部矛盾重重，互相倾轧，削弱了东晋的力量，使这些北伐都没有成功。

晋穆帝司马聃永和八年（352），殷浩为中郎将假节督都扬、豫、徐、兖、青五州诸军事，出兵北伐。殷浩率兵从寿春（今安徽寿县）进发，但因安西将军谢尚不能控制属下，降将张迁复叛，与谢尚战于许昌的诫桥，谢尚大败，其部众15000余人战死。谢尚奔回淮南（今安徽当涂南），殷浩退守寿春。

退兵之后，殷浩准备再次北伐。王羲之写信劝殷浩说："今军破于外，资竭于内"，"劳役无时，征求日重，以区区吴越，经纬天下十分之九，不亡何待"。所以他主张"退保长江"。这一主张虽然缺乏收复中原、统一中国的雄心壮志，但也是迫于当时的形势提出来的。因为当时桓温任荆州刺史，握长江上游兵权，朝廷无法调用，加上他和殷浩矛盾很深，所以当时北伐成功的可能性很小。但殷浩不听王羲之的劝告，于永和九年（353）又率军北伐，自寿春出征，欲进驻洛阳，修复陵园。但羌族将领姚襄叛变，在山桑（今安徽蒙城北）袭击殷浩，杀伤万余人，殷浩败退至谯城（今安徽亳州）。

殷浩两次北伐失败后，仍不甘心，希望重整旗鼓，再次北征。这时，王羲之一面给殷浩写信劝阻，一面又向会稽王司马昱递上表章，陈述不可再北伐的理由。毛泽东针对王羲之向会稽王的陈词"'自非圣人，外宁必有内忧，今外不宁，内忧已深"的话，批注道："虽圣人亦如此，况无圣人耶！"意思是说：即使是圣人，也照样免不了有内忧外患之事，况且根本就没有圣人啊！

所谓圣人，是指品德最高尚、智慧最高超的人。语出《易·乾》："圣人作而万物睹。"《孟子·滕文公下》："尧舜既没，圣人之道衰。"认为像上古尧、舜那样的帝王才是圣人。《淮南子·俶真训》："下揆三泉，上寻九天，横廓六合，揲贯万物，此圣人之游也。"认为上天入地，总揽大千世界万事万物，这是圣人的事情。唐韩愈《原道》："古之情，人之害多矣。有圣人者出，然后教之以相生养之道。"认为圣人可以教人养育的方法。所以在中国传统文化中，圣人是无所不知、无所不能的超人，又是完美无缺的完人。俗话说，金无足赤，人无完人。这样的"圣人"实际上是不存在的，所以，毛泽东说："况无圣人耶！"这是马克思主义的看法。

但是，青年时代的毛泽东，是承认"圣人"并崇拜圣人的，他以"大本大原"宇宙观阐释"圣人"，认为"圣人"是"既得大本者也"；"圣人通达天地，明贯过去、现在、未来，洞悉三界现象"。直到1937年，毛泽东在《论鲁迅》中仍说："孔夫子是封建社会的圣人，鲁迅是现代中国的圣人。"[①] 在《党内团结的辩证方法》一文中也说："有些人似乎以为，一进了共产党都是圣人，没有分歧，没有误会，不能分析。"这是毛泽东早年圣贤观的痕迹。但到了1958年11月，他在《武昌工作会议上的讲话》中说："我们共产党人看孔夫子，他当然是有地位的，因为我们是历史主义者。但说是圣人，我们也是不承认的。"[②]

"王羲之的书法""行笔流畅"，"看了使人舒服"

应该说，王羲之的政治思想是比较务实的，似乎毛泽东并不十分看重。但作为书法家，可以说是毛泽东终生服膺的对象。

王羲之工书法，早年从卫夫人学书。卫夫人（272—349），东晋女书法家。姓卫，名铄，字茂漪，河东安邑（今山东夏县）人。汝阴太守李矩妻，人称卫夫人。工书法，师钟繇，正书妙传其法。

后改变初学，草书学张芝，正书学钟繇。张芝（？—约192），东汉书法家，字伯英，敦煌酒泉（今甘肃酒泉）人。善章草，后脱去旧习，省减章草点画波磔，创为"今草"。唐张怀瓘《书断》称他"学崔（瑗）、杜（操）（二人为东汉书法家）之法，因而变之，以成今草，转精其妙。字之

---

① 《毛泽东文集》第二卷，人民出版社1993年版，第43页。

② 《毛泽东著作专题摘编》（下），中央文献出版社2003年版，第2278页。

体势，一笔而成，偶有不连，而血脉不断，及其连者，气脉通于隔行"。三国韦诞称他为"草圣"。

钟繇（151—230），三国魏书法家，字元常，颍川长社（今河南长葛东）人。工书法，师法曹喜、蔡邕、刘德昇（皆东汉书法家），博采众长，兼善各体，尤精隶、楷。点画之间，多有异趣，结体朴茂，出乎自然，形成了由隶入楷的新貌。真迹不传，宋以来法帖中所刻《宣示表》《贺捷表》《荐季直表》等，都出于后人临摹。

王羲之师从名师，博采众长，精研体系，推陈出新，一变汉、魏以来质朴的书风，成为妍美流便的新体。其书备精诸体，尤擅正行，字势雄强多变化，为历代学书者所崇尚，影响极大。书迹刻本甚多，散见宋以来所刻丛帖中。行书保存在唐僧怀仁集书《圣教序》中最多。草书有《十七帖》等。

真迹无存，唯有唐人双钩廓填的行书《姨母》《奉橘》《丧乱》《孔侍中》及草书《初月》等帖。

《圣教序》，指弘福寺僧怀仁集晋王羲之行书。序、记二文后，又刻玄奘所译《心经》及其润色、镌、勒诸人形职官姓名。咸亨三年（672）立。通称《集王书圣教序》，简称《王圣教序》。相传王羲之的行书字迹，大都集摹于此碑。碑在陕西西安碑林，明、清两代翻刻本颇多。

《十七帖》，著名草书法帖。原为唐太宗集藏晋王羲之草书书卷之一。计分书札二十八通，因第一札首有"十七"二字，故名。当时唐太宗于卷末亲书"敕"字，付弘文馆解无畏摹勒成副，并经褚遂良校定，号称《敕字本十七帖》，也称《馆本十七帖》。为传世王羲之草书中的代表作。石已佚，今存有翻摹的宋拓本。

毛泽东从小就临摹王羲之的书法。1910年，他进入湘乡县立东山高等小学堂，开始接触王羲之的草书《十七帖》，从此与王羲之法帖结下了长达60余年的不解之缘。即使在万里长征之中，军情那么紧急，条件那么艰苦，他还随身携带一部唐人临摹的王羲之字帖。在延安时期，他有一套晋唐小楷一直带在身边。

解放后，他有机会阅读法帖。"二王"（王羲之、王献之）帖、孙过庭（唐书法家）的《书谱》、怀素（唐书法家）的草书帖，他置于榻前，时常披阅，爱不释手。对唐代怀素的草书法帖《自叙帖》《论书帖》等更是反复临写、反复品味、反复琢磨。

毛泽东日理万机，还经常到外地视察，但凡他所到之处，必携带很多法帖，其中必有王羲之的法帖。例如，1959年10月23日，毛泽东外出指名要带走的一大批书籍中，就有"字帖和字画"。1953年开始，毛泽东每年都要赴杭州小住，办理国家大事，但仍忙里偷闲读帖写字。1956年前后，毛泽东请秘书把能够找到的历代名人字帖、墨迹都买来，揣摩研究。他常说，这样又学写字，又读诗文，是一举两得。

据统计，毛泽东书房里存的拓本及影印本的碑帖约有600多种，经他看过的就有400多种，王羲之法帖就是他收藏和阅读的一个内容。从此，秘书们就在北京和外地，买来很多字帖，包括一批套帖，如《三希堂法帖》《昭和法帖大系》（日本影印）等。其中《三希堂法帖》，全名《三希堂石渠宝籍法帖》，共32册。清高宗得晋王羲之《快雪时晴帖》、王献之《中秋帖》、王珣《伯远帖》墨迹三种，名其所藏之室为"三希堂"。乾隆十二年（1747），命梁诗正等编次内府所藏魏、晋至明代法书，聚集众工，模勒上石。其中包括上述三种王氏墨迹，故名《三希堂法帖》，是法帖中的巨制。这些书帖放在他卧室的外间的会客室里，摆满了三四个书架。在毛泽东卧室的茶几上、床铺上、办公桌上，到处都放着字帖，以便随时观赏。

1958年10月16日，毛泽东写信给他的秘书田家英：

田家英同志：

　　请将已存各种草书字帖清出给我，包括若干拓本（王羲之等），于右任千字文及草诀歌。此外，请向故宫博物院负责人（是否郑振铎？）一询，可否借阅那里的各种草书手迹若干，如可，应开单据，以便按件清还。

毛泽东
十月十六日 ①

---

① 《毛泽东文集》第二卷，人民出版社1993年版，第43页。

1959年10月，田家英和陈秉忱向故宫借了20件字帖，其中8件是明代大书法家的草书，包括解缙、张弼、董其昌、文徵明、傅山等。这次借阅应是故宫博物院对1958年10月询问的回应。

1964年12月10日，毛泽东要看各家各种字体书写的《千字文》字帖，秘书田家英和逄先知很快为他搜集了30多种，行草隶篆，无所不有，而以草书为主，包括东晋以来历代大书法家如王羲之、智永、怀素、欧阳询、张旭、米芾、宋徽宗、宋高宗、赵孟頫、康熙等，直到近人于右任。

博览群帖，也要有方法，怎么看、怎么摹，都是有讲究的。这方面，毛泽东有自己的体会和见解。毛泽东的保健医生徐涛曾当面请教过这方面的问题。对此，徐涛撰文回忆说：

> 有一次主席在办公室休息时和我闲谈。他问我在学校里上课及学习情形。我告诉他我有时抄笔记不够快，就想学点草字，可是学了一些草字后还是不够快。在一次偶然的机会又学了"速记"。……他要我写给他看。我写了一段给他，他拿在手中仔细看了一会儿然后说："这是天书。"
>
> "主席，你看这像不像另一种草字？"我问他。
>
> 后来我们又谈到中国的文字，真草隶篆等。我说我还是喜欢草字。
>
> "主席，那一次草字我没学成，现在跟你学学草字罢。"
>
> "你想学草字还是草书？"他问我。
>
> "草字、草书不是一样吗？"我很奇怪。那时我对书法几乎一无所知，只以为草字笔画简单，写得快，又好看。
>
> "草字是草字，草书是草书，一字之差，大不一样。"
>
> "它们有什么区别？"我又问。
>
> "书法就不单是字喽，里面有规律、有章法。"
>
> "我要想学书法该怎么入门呢？"
>
> "第一要多看帖，第二要多练习。写多了就熟了。"他背靠床架，慢慢地回答。
>
> "那我看帖时要注意什么？"
>
> "你要反复看，反复记。等到帖的内容能快背下来时就更熟了。"

他拿起一支烟，我帮他点上，他慢慢吸烟。我看他吸起烟来，估计他还有可能往下谈，就借机会再追问。

"看帖时要记些什么？"

"记字的结构、造型、行笔、章法。"

"哟，还这么复杂呀？"我表现有点畏难的样子。

"你要熟悉一个人，不是要记住他的高矮胖瘦吗？你还要记住他的五官特点呀！"他喷出一口烟在微笑。

"这么说记字跟记人一样啊！"

"是啊，人有相貌、筋骨、精神，字也有相貌、筋骨、神韵。"

我还想多问问，可是又怕影响他休息，就说："好，那我就练习练习吧！"这次谈话就暂时结束了。

又过了一段时间，有一天，我到卧室去看他。他坐在大床上正看碑帖。

"主席，你在看什么帖？"我问。

"兰亭序。"

"上次你跟我讲人有胖瘦、五官，学书法也讲究有五官，还得有精神，你能再跟我讲讲吗？"

"噢，看来你还真想学呀！你看，"他指着手中的字帖说，"字的结构有大小、疏密；笔画有长短、粗细、曲直、交叉；笔势上又有虚和实、动和静；布局上有行与行间的关系、黑白之间的关系。你看，这一对对的矛盾，都是对立面的统一啊！既有矛盾又有协调统一。中国的书法里充满了辩证法呀！"他讲得很认真。

"主席，你怎么又讲起哲学来了。"

"你先不要打岔。"他挥了挥手说，"比如王羲之的书法，我就喜欢他的行笔流畅，看了使人舒服。我对草书感兴趣就是看了此人的帖产生的。他的草书有《十七帖》。记住了王羲之的行笔你再看郑板桥的帖。"他的视线离开了手中的帖，面向着我继续说："就又感到苍劲有力。这种美不仅是秀丽，把一串字连起来看有震地之威，就像要奔赴沙场的一名勇猛武将，好一派威武之姿啊！郑板桥的每一个字，都有分量，掉在地上能砸出铿锵的声音。这就叫掷地有声啊！"

"主席，你把字都给说活了！"我向他笑笑，他也笑了，显得那么轻松。

"临帖是要照原样写，以后练多了，要仿其形，取其神。"

"主席，字的精神应该怎么理解？我只看到字形不同，看不懂精神。"

"字就像人，有精神、有个性，有的雄伟豪放，有的潇洒秀丽，你要学的字可不要让人看了感到松散、柔弱呀！当然写字也不要刻板。"

"那我学草书从哪儿下手呢？"

"不要好高骛远，欲速不达，可先学楷书，小楷是基本功，以后再学行书、草书。"

"那我看什么帖好呢？"

"先看千字文，多看多记，还能学到一些常识，比如千字文里讲了天文、地理、农业、气象、矿产、特产、历史、修养。你能背出来，看的也就差不多了。"

"那得看多久呀？"

"不念个十遍八遍，你背不出来，一步步来，不要急。也可学'标准草书'。"

"还有什么'标准草书'？"

"就是于右任编的那一本。""将来要写出自己的风格！"他又补充了一句。

"什么？自己的风格。"我又觉得奇怪。

"就是你的个性呀！你就没有自己的个性？对字帖要学它，又不全学它。学得又像又不像，要发挥你自己的特点。"

我没有讲话，他看我没听懂，又说："如果每个人写的都和字帖或是某人的字一模一样，那书法就停滞不前没有发展了。世界上的东西如果全都一样，那叫什么世界呀？世界本身就是丰富多彩的。"

"主席，我好像开始懂了一点。"[1]

---

① 徐涛：《毛主席热爱书法艺术》，《真实的毛泽东》，中央文献出版社2006年版，第289—291页。

在毛泽东身边的工作人员中，曾经广泛流传着黄炎培向毛泽东"讨债"的故事。据毛泽东的卫士长李银桥回忆，事情是这样的：

毛泽东退居二线（按：指1959年辞去国家主席职务），像是要陶冶性情，休息时候便练习书法。这段时间，与民主人士往来更多。

听说黄炎培先生有一本王羲之的"真迹"，毛泽东借来看，爱不释手。他看着字迹琢磨，有时又抓起笔来对照着练。他不是照着模仿，而是取其所长，领会神韵，消化吸收，变成自己的东西。练到兴头上，吃饭也叫不应。

大约是太珍贵，黄炎培很不放心。借出一星期便频频打电话询问。电话打到值班室，问主席看没看完，什么时候还。

卫士尹荆山借倒茶机会，向主席报告："主席，黄炎培那边又来电话了。"

"嗯？"毛泽东收拢起眉毛。

"他们……又催呢。"

"怎么也学会逼债？不是讲好一个月吗？"

"主席，他们不是催要，是问问，就是问问主席看不看。"

"我看！"毛泽东喝口茶，语气转缓和些，"到一个月不还，我失信。不到一个月催讨，他们失信。谁失信都不好。"

可是，黄炎培又来电话了，电话一直打到毛主席那里。先谈些别的事，末了还是问那本"真迹"。毛泽东问："任之先生，一个月的气你也沉不住吗？"

那边的回答不得而知。

小尹挖苦："真有点小家子气。"

我说："跟主席讨债似的，没深浅。"

毛泽东听了，却愠气全消，换上微笑，说黄炎培"不够朋友够英雄"。

到了一个月，毛泽东将王羲之那本"真迹"用木板小心翼翼夹好，交给卫士小尹："送还吧，零点必须送到。"

尹荆山说："黄老那边已经说过，主席只要还在看，尽管多看几天没关系。"

毛泽东摆摆手："送去吧，讲好一个月就是一个月，朋友交往要重信义。"①

这里需要说明的是，据黄炎培之子撰文说，毛泽东实际上还是归还晚了。不知孰说为是，录以备考。

黄炎培（1878—1965），字任之，上海市川沙县人。1917年在上海创办中华职业教育社。1940年参与发起组织中国民主政团联盟。1945年底发起建立中国民主建国会。长期担任中国民主建国会主任。新中国成立后，曾任政务院副总理兼轻工业部部长，是一位长期真心与中国共产党合作的党外民主人士，和毛泽东的私交也不错。

1945年7月1日，褚福成、黄炎培、冷遹、傅斯年、左舜生、章伯钧六位国民参政员到延安访问，受到毛泽东等中央领导人的欢迎、接见、宴请。其间，有一次毛泽东问黄炎培的感想如何。黄炎培说，我生六十多年，耳闻的不说，所亲眼看到的，真所谓"其兴也浡焉"，"其亡也忽焉"，一人，一家，一团体，一地方，乃至一国，不少单位都没有能跳出这周期率的支配力。一部历史，"政怠宦成"的也有，"人亡政息"的也有，总之没有能跳出这周期率。中共诸君从过去到现在，我略略了解了，就是希望找到一条新路，来跳出这周期率的支配。毛泽东说，我们已经找到新路，我们能跳出这周期率。这条新路，就是民主。只有让人民起来监督政府，政府才不敢松懈。只有人人起来负责，才不会政亡人息。两人的谈话是开诚相见、推心置腹的。

1945年"重庆谈判"期间，除了到机场迎送毛泽东外，8月30日上午，黄炎培到毛泽东下榻的桂园商谈；9月5日晚上，曾访问延安的黄炎培等六位参政员宴请毛泽东。

① 李银桥：《在毛泽东身边十五年》，河北人民出版社1993年版，第254—256页。

王羲之——王羲之的书法『看了使人舒服』

新中国成立后，在毛泽东的领导下，黄炎培工作兢兢业业，卓有成效，深受毛泽东的信任。两人书信来往不断，诗词切磋、赠予频频。毛泽东1956年12月4日致黄炎培信说："去年和今年各填了一首词，录陈审正，以答先生历来赠诗的雅意。"[①]1957年2月11日致黄炎培信又说："惠书盛意可感！那些东西，既已发表，不改也可。游长江两小时漂三十多里才达彼岸，可见水流之急。都是仰游侧游，故用'极目楚天舒'为宜。"[②]从这两封信来看，黄炎培多次赠诗，毛泽东录了自己的新作《浪淘沙·北戴河》和《水调歌头·长江（后改为游泳）》相答，黄炎培看后又对个别词句提出修改意见，毛泽东又申述不改的理由。这种诗艺的切磋，完全是一种诗友关系。所以，毛泽东所说黄炎培"不够朋友够英雄"，应是调侃之语。

"真品已被唐太宗带到昭陵的地方去看喽！"

"毛主席和我谈书法时常提及王羲之和《兰亭序》的话题，印象很深，久而久之心里积下了夙愿，总想一旦有机会一定去看看兰亭。机会终于来了，有一年我因工作经绍兴，于是专门访问了兰亭。它在绍兴市西南约13公里的兰诸山下，据说越王勾践曾在此处种兰花，汉代又曾设过驿亭，故得'兰亭'美名。远在公元353年王羲之于三月初三在此雅集修禊，41人行曲水流觞之饮成诗37首，王羲之为此诗集写了一篇28行324字的序文，即书文双绝的'兰亭序'。这兰亭秀园之内，茂林修竹，溪水蜿蜒，还有鹅池、碑亭诸景，都是毛主席一直向往而未能相见的，我终于见到了。……

"我又从回忆中回到了现实，当我在归途中又自然地联想起了往事。

---

① 《毛泽东读文史古籍批语集》，中央文献出版社1993年版，第515页。
② 《毛泽东读文史古籍批语集》，中央文献出版社1993年版，第522页。

在北京时，主席有一次曾跟我说过：'王羲之当初跟卫夫人学书法，也学张芝的草书，能博采众长，也有他自己的风格。'我似乎在耳边又响起主席朗读《兰亭序》内容的湖南乡音：

"'永和九年，岁在癸丑，暮春之初会，于会稽山阴之兰亭，修禊事也。群贤毕至，少长咸集，此地有崇山峻岭，茂林修竹，又有清流激湍，映带左右，引以为流觞曲水……'

"他还告诉我'兰亭序是王氏的传家宝，唐太宗十分喜爱，除令人临摹外，真品已被唐太宗带到昭陵地下去看喽'！

"毛主席在50年代初，曾到过绍兴，我当时也去了，但像鲁迅故居、沈园，尤其是兰亭，这些他最熟悉的人与事的古迹名胜，他为什么都没去看呢？我真替他遗憾。我那次去看兰亭是在1986年，在主席逝世后的十年，虽然我不能把我看到的内容再向他讲述了，但从我内心说也算是一次有意义的替他游览补偿吧。"①

《兰亭序》，又名《兰亭宴集序》《兰亭集序》《临河序》《禊序》《禊帖》。著名书法法帖，王羲之的代表书帖。东晋永和九年（353）三月初三，王羲之与谢安、孙绰等41人，在山阴（今浙江绍兴）兰亭修禊时所作的诗序。内容反映了封建士大夫的闲情逸致和人生无常的消极思想。相传之本，共28行，324字。唐时为太宗所得，推为王书代表，曾命赵模等钩摹数本，分赐亲贵近臣。太宗死，以真迹殉葬。存世唐摹墨迹以"神龙本"为最著，石刻首推"定武本"。今人郭沫若考证，以相传的《兰亭序》后半文字，兴感无端，与王羲之思想无相同之处；书体亦和近年出土的东晋王氏墓志不类，疑为隋、唐人所伪托。

毛泽东非常重视《兰亭序》的文化价值，认为它"不但有很高的文学价值，在书法艺术上的价值更大"。他曾多次谈论《兰亭集序》以及它的真伪。

1975年春，毛泽东在杭州住了两个多月，直到4月13日离开杭州，

---

① 徐涛：《毛主席热爱书法艺术》，《真实的毛泽东》，中央文献出版社2006年版，第292—293页。

王羲之——王羲之的书法「看了使人舒服」

返回北京。在杭期间，在汪庄他那间朴素的卧室兼书房里，桌上、床上、茶几上，摆满了碑帖。可见，毛泽东不顾病痛折磨，仍在读帖钻研书法。

初夏的一天，毛泽东去丁家山四角亭召开一次重要会议，沿着鹅卵石铺就的小径向位于山顶的"康庄"走去，行至南坡，见这里怪石嶙峋，奇异突兀，在一处险峻的峭石下，一汪泓水清澈见底。毛泽东在这里停步观望。峭石上刻着自誉为南海康先生的康有为所题"潜岩""康山"两词，另一处峭石上刻着杭山章颂扬康的"湖山清清，湖水泠泠，先生之风，山高水清"的诗句。

在石刻"坛叶"旁，毛泽东、陈伯达、田家英、林克在这里盘桓片刻，欣赏着金石大师吴昌硕留下的墨宝，略论短长，并从吴昌硕说开去，议论开了古今中外书法。很快，王羲之的《兰亭集序》真伪成了谈话的中心内容。

很快，谈话变成了一场真伪《兰亭集序》的学术讨论。

田家英说："王羲之书写的《兰亭集序》的真迹已作了唐太宗的殉葬品，现存的都是名家临摹经过刻石的拓本。"

陈伯达坚持说："《兰亭集序》陪葬于武则天，留存于世上的均是宋人伪托。"

"古籍中有萧翼赚兰亭的传说。"林克说。

"何延之的《兰亭记》记载，萧翼奉太宗之命，到永欣寺中，从辨才手里骗到《兰亭集序》的事。宋人桑世昌还录有萧翼赚诗两首为证：'使御史不有此行，乌得是清绝语。'"田家英知识渊博，他接过话，有板有眼地说。

林克显然同意田家英的观点。

毛泽东开始观而不语。稍许，他环视一下陈、田、林，微笑着说出了"入木三分"的故事。

一天，王羲之去看望一个朋友，碰巧这位文人不在家。于是，他进了书房，在人家的茶几上写下几个字，就走了。后来这家人想把他写的字擦掉，可是用力擦也擦不净，用水洗也洗不清。王羲之在木板上写的字，木工拿去雕刻时才发现，这木板到三分深的地方，还渗透有墨汁哩！

毛泽东又讲了"一笔鹅字""墨池"等王羲之刻苦勤练的故事。末了话锋一转，他谈起了天宝《兰亭》、定武《兰亭》、落水《兰亭》、蝉翼本《兰亭》等几种传说中的《兰亭集序》。毛泽东说：

"《兰亭集序》不但有很高的文学价值，在书法艺术上的价值更大。要是真迹能留下来那是国宝啊！可惜葬到唐皇墓里去了。"又说：

"我赞成田家英的说法。"

毛泽东言毕，陈、田、林及其他随行人员不约而同地鼓起掌来。①

从此，我们可以看出毛泽东对《兰亭集序》的评价很高，并对它为唐太宗殉葬十分惋惜。为此，我们把《兰亭集序》的产生经过及其原文译成白话，以飨读者。

据《晋书》王羲之本传载：

王羲之平素喜欢服食丹药，涵养性情，不喜欢住在京师，初次过浙江，便有终老在那里的意愿。会稽有秀丽的山水，很多名士都住在那里，谢安做官前也居住于此。孙绰、李充、许询、支遁等人以文章冠于当时，都在这里安家，与王羲之爱好相同。王羲之曾经与志同道合的人在会稽郡山阴县的兰亭宴饮，他亲自作序，表达自己的志向，他说：

"永和九年，正值癸丑年，夏历暮春三月初，聚会在会稽（kuài jī）山阴（今浙江绍兴）的兰亭。为了做修禊这件事，众多的俊才贤人都来了，老老少少聚集在一起。这个地方有高山峻岭，茂密的森林，修长的竹子，还有清澈的流水，激荡的湍流，萦回如带，辉映点缀于两岸。利用这清流激湍作成流觞的曲水，人们列坐在曲水旁。虽然没有演奏音乐的热闹，然而饮一杯酒，咏一首诗，也足以尽情享受其高雅的情趣。

"这一天，天气晴朗，空气清新，暖风轻吹。仰望宇宙的广大，俯察地上万物的繁盛，这样来纵展目力观察事物，开放胸怀欣赏风景，用来放眼观看，奔驰情忆，尽情地享受看和听的乐趣，实在太快乐了。

"人生在人群之中，俯仰之间就度过一生。有人把自己的胸怀抱负，在室内畅谈；有人就着自己所爱好的事物，寄托自己的情怀，放荡不羁，

---

① 李林达：《情满西湖》，中央文献出版社1993年版，第148—150页。

超越于形体之外。虽然采取的方式千差万别，安静与浮躁，各不相同，但当他们对于所接触的事物感到高兴，暂时自己得到了，愉快地感到满足，乃忘了年老即将来到；等到对于所得到的事物已经厌倦，情趣随着事物的变化而转移，感慨便随之而来了。以前所高兴的事，顷刻之间，已经成为旧迹，还不能因它而引起心中的感触；况且寿命长短，听凭造化，最后归结于消灭。古人说，'死生也是件大事'。难道不令人悲伤吗？

"每看到古人（对死生大事）发生慨叹的原因，像符契那样相合，看着他们的文章，就为此伤感悲叹，可是说不出这是什么原因。这才方知道把死和生等同起来的说法是虚妄荒诞的，把彭祖的长寿与他人的短命等同起来的说法是妄造的。后来的人看现在，也正像现在的人看过去一样，可悲呀！所以一个一个地记下当时与会的人，写下他们所作的诗。虽然时代不同，人事迥异，但使人产生感慨的原因，它的结果是一样的。后世阅读的人，也将有感于这篇文章。"

有人拿潘岳的《金谷诗序》同王羲之的这篇文章相比，把王羲之和石崇相比，王羲之听了非常高兴。

王羲之生性喜欢养鹅，会稽有个孤独的老妇人养了一只鹅，叫得很好听，他想买却没有买到手，于是他携亲友驾车前往观赏。老妇人听说王羲之要来，就把这只鹅烹好，用来招待他，王羲之为此叹息了一整天。

另外北山有一个道士，养有上等好鹅。王羲之前去观赏，心里特别高兴，执意要买他的鹅。道士说："你给我书写《道德经》，我就把这一群都送给你。"王羲之愉快地写完《道德经》，把鹅装在笼子里带回家，以做这种事为快乐。他的随意和坦率就是这样。

王羲之曾经到门生家去串门，看见用榧木做的几案平滑干净，因此就在上面写字，真书和草书各占一半。后来这些字被门生的父亲错误刮掉，门生为此懊丧了好多天。

王羲之又曾在蕺山见一老妇，拿着六角竹扇卖。他就在竹扇上题字，每把竹扇各写五个字。老妇起初面有怒色，羲之于是告诉老妇说："只说是王右军写的字，每把扇可卖一百钱了。"老妇照他说的话做了，人们争相购买。过了一天，老妇又拿着竹扇来卖，羲之笑而不答。他的书法被世人看重，都类似这种情况。他每每自称："我的书法与钟繇相比，应当说可与之抗衡；与张芝的章草（草书的一种，笔画有隶书波磔，每字独立，不连写）相比，就是同等了。"他曾给人写信说："张芝临池练习书法，池水都变黑了，人迷到这种程度，未必就落后于他。"

王羲之的书法起初不如庾翼、郗愔，到了晚年才达到了精妙的程度。他曾用章草给庾亮写回信，而庾翼深为叹服，因而就给他写信说："我过去有十张伯英（张芝字伯英）章草，过江南渡时颠沛狼狈，于是就丢失了，经常感叹精妙的字迹永远没有了。忽然看见足下回复家兄的信，光耀高超之状，顿时恢复了旧日的风貌。"

当时骠骑将军王述年少时就有名气，与王羲之齐名，而王羲之非常看不起他，因此两人关系很不融洽。于是王羲之便辞去官职，到会稽山阴定居。

王羲之辞官后，与吴郡、会稽一带的人士遍游山水，射鸟钓鱼取乐。又与道士许迈一起炼丹服药，不远千里采集药石，遍游东部各郡，尽访名山，泛舟沧海，感叹说："我最终会以取乐死去。"谢安曾对王羲之说："我中年以来，因喜怒哀乐而伤了身体，与亲友离别，就会几天心情不好。"王羲之说："人到了晚年，自然如此。刚要借音乐陶冶性情，又总是担心孩子们发觉，影响他们的欢乐情趣。"朝廷因为王羲之誓言坚决，也就不再征召他。

王羲之59岁去世，朝廷追赠为金紫光禄大夫。儿子们都遵照父亲的遗愿，坚决推辞不接受。

"笔墨官司，有比无好"

毛泽东还促成了郭沫若与高二适关于《兰亭序》的学术争论。

从1964年开始，著名历史学家、考古学家郭沫若的兴趣由书画砚台，逐渐转到了书法和字帖方面，而对出土的墓志铭尤为注意。1965年3月，当他看到不久前在南京出土的《王兴之夫妇墓志》和《谢鲲墓志》以及《颜刘氏墓志》，提出："王羲之和王兴之是兄弟辈，他和谢尚、谢安也是亲密的朋友，而《兰亭序》写作于'永和九年'，后于王兴之妇宋和之之死仅5年，后于颜刘氏之死仅8年，而文字的体段却相隔天渊。《兰亭序》的笔法，和唐以后的楷法是一致的，把两汉以来的隶书笔意丢掉了。"再加上其他论据，经过反复对照研究，他对王羲之的《兰亭序》的书法和文章产生了怀疑，到3月底写成了《由王谢墓志的出土论到〈兰亭序〉的真伪》一篇长文。文章的中心论点是《兰亭序》帖不是王羲之所书。文章还进而考辨《兰亭序》这篇文章的真伪，提出：南朝梁代昭明太子萧统的《文选》未收录《兰亭序》这篇写得很好的文章，就令人怀疑当时是不是有这篇文章。又据清末广东顺德人李文田的考证，说明王羲之也没有写过《兰亭序》一文，目前传世的《兰亭序》是在王羲之作的《临河序》的基础上加以修改、移易、扩大而成的。这样，郭沫若的结论是：世传王羲之《兰亭序》的书帖和文章，都是后人伪托的。

在此文的写作过程中，郭沫若曾不止一次和当时主管意识形态的中共中央政治局候补委员、书画家康生探讨此事，这时他们来往较多，常常在一起欣赏书法砚台和写字。康生是同意郭沫若的论点的，所以他也为此搜集了一些资料，送郭沫若参考，郭在文章中也利用了他的一部分资料。文章写成后，郭沫若一反文章写好后即拿去发表的习惯，放在手中又推敲了将近两个月，1965年5月21日写了一大段《书后》，5月22日又写了一段《再书后》，才拿出去发表。这期间另一个中共中央政治局候补委员、《红旗》杂志主编陈伯达也偶尔参与议论该文。由于康、陈对此事很感兴趣，他们的看法又比较一致，也不知道是哪一位把此事告诉了毛泽东，毛泽东对此事也很感兴趣；所以这样一篇长达两万多字、专业性很强的学术探讨性文章，在《文物》杂志1965年6月号上发表的同时，《光明日报》也于6月11日、12日分两天全文予以转载。

文章发表后，引起了对于这方面有研究、有兴趣的人们的注意，反应各不相同，反对和拥护的都有，但在当时学术氛围不怎么正常的情况下，却没有人公开发表什么意见。

就在这个时候，中央文史馆馆长章士钊的朋友、南京文史馆馆员高二适先生，写了一篇《〈兰亭序〉的真伪驳议》，也举出若干证据的考证，认为郭沫若提出的"《兰亭序》伪托说"是"站不住脚的"。他把文章寄给了中央文史馆馆长章士钊。章士钊支持高二适的观点，对他的文章提出了修改意见，并答应将他的文章推荐给毛泽东，要求公开发表。章士钊把这些意思写信告诉了高二适。高二适接到章士钊的信后十分高兴，马上给章士钊回信说（此信无写信日期，寄到北京的邮戳是 7 月 14 日："拙稿已蒙鉴纳，无任欣喜。"又说："鄙稿倘邀我主席毛公鉴评，得以发表，亦当今至要之图也，个人报国之忱在此。"

章士钊收到高二适的信后，于 7 月 16 日给毛泽东写信推荐高二适的文章，并将高二适给他的信同时附上。他在信中说：

    润公主席座右。兹有读者江南高生二适，巍然一硕书也（按，硕书意谓大书法家）。专攻章草，颇有发明，自作草亦见功力，兴酣时并窥得我公笔意，想公自浏览而喜。此钊三十年前论文小友，入此岁来已白发盈颠，年逾甲子矣。然犹笃志不渝，可望大就。乃者郭沫若同志主帖学革命，该生翼翼著文驳之。钊两度细核览，觉论据都有来历，非同随言涂抹。郭公扎此大旗，想乐得天下劲敌而周旋之。（此论学矣，百花齐放，知者皆应有言，郭公雅怀，定会体会国家政策）文中亦涉及康生同志，惺惺相惜，此于章草内为同道。该生来书，欲得我公评鉴，得以公表，自承报国之志具在此。此其望虽奢，求却非妄。鄙意此人民政权下文治昌明之效，钊乃敢冒严威，遂行推荐。我公弘奖为怀，惟（望）酌量赐予处理，感逾身受。

    尚此藉叩

政绥

                        章士钊

                        七月十六日

    该生致钊书附呈，不须赐还。

毛泽东接到章士钊的信及高二适的文章后，都很仔细地阅读了，于 7 月 18 日给郭沫若、章士钊各写一信。在给章士钊的信中说："又高先生评郭文已读过，他的论点是地下不可能发掘出真、行、草墓石，草书不会书碑，可以断言。至于真行是否曾经书碑，尚待地下发掘证实。但争论是应该的，我当劝说郭老、康生、伯达同志赞成高二适文章公诸于世。"

毛泽东给郭沫若的信全文是：

郭老：

　　章行严先生一信、高二适先生一文均寄上，请研究酌处。我复章先生信亦先寄你一阅。笔墨官司，有比无好。未知尊意如何？

　　敬颂吉安！并问立群同志好。

毛泽东

1965 年 7 月 18 日

章信、高文留你处。我复章信，请阅后退回。①

毛泽东的信很快就由康生、陈伯达送到郭沫若家中。郭沫若接到毛泽东的信后，立即和康生、陈伯达商量，同意毛泽东的意见，发表高二适的文章，同时还找当时《光明日报》负责人穆欣等前去商谈，商量的结果是把高二适的文章照原稿全文在《光明日报》上尽快发表，连一个标点都不给他改动；同样将高二适的文章的原稿照相制版在《文物》7 月号上，附在最后发表（《文物》7 月号当时已排好）。郭沫若还建议《光明日报》本着百家争鸣的方针，在报上组织这场讨论。

高二适的文章 7 月 23 日在《光明日报》上原样发表。毛泽东致章士钊的信，郭沫若看后即由康、陈带回送还毛泽东，并由他们向毛泽东汇报他们三人商量的对高二适文章的处理办法。郭沫若马上动手搜集资料，准备写反驳高二适的文章。

---

① 《毛泽东书信选集》，人民出版社 1983 年版，第的 604 页。

郭沫若于8月7日写出了《〈兰亭序〉与老庄思想》一文；8月12日又写成《〈驳议〉的商讨》一文，对高二适的文章进行了批驳。两篇文章都刊登在当年《文物》杂志9月号。

8月17日，毛泽东和其他中央领导人在人民大会堂接见部队干部时，又向康生问起郭沫若和高二适的讨论情况。康生当天给郭沫若写信说："今天在接见部队干部时，主席问我：'郭老的《兰亭序》官司怎样了？'看来主席对此问题颇有兴趣。我回答说，可以打赢。当然这些头脑顽固的人，要改变他们的宗教迷信是难的。然后我又将您的两篇文章的大意告诉了他，又将找到的孙星衍的材料也告诉了他。他说如果确实，倒是有用的。最后我说等郭老文章改好，可以送给主席看看。看样子，他是愿意看的。"①

郭沫若读这封信后，当天把自己写的《〈驳议〉的商讨》和《〈兰亭序〉与老庄思想》两篇文章的清样送给毛泽东。毛泽东很快看完了清样。8月20日，在退回清样时又给郭沫若写信说："八月十七日信及大作两篇文章清样，均已收读。文章极好。特别是找出赵之谦骂皇帝一段有力。看来，过分崇拜帝王将相者在现代还不乏其人，有所批评，即成为'非圣无法'，是要准备对付的。第一页上有一点文字上的意见，是否如此，请酌定。"

按：郭沫若反驳高二适，摘引的赵之谦批评唐太宗那段话如下："要知当日太宗重二王，群臣戴太宗，摹勒之事，成于迎合。遂令数百年书家尊为鼻祖者，先失却本来面目，而后人千方眼孔，竟受此一片沙所眯，甚足惜也。此论实千载万世莫敢出口者，姑妄言之。"

郭沫若在《〈驳议〉的商讨》一文清样中，讲到"《世说》作者临川王义庆"，后面有一处还出现"王义庆"的字句。毛泽东读至此，在一旁批注道："《世说》的作者是刘宋大贵族刘义庆，他是刘裕的中弟刘道怜的第二个儿子，过继到刘裕的小弟刘道规为嗣。刘道规有武功，死后追封临川王。刘义庆因此袭封为临川王。史称他'爱好文义'，有著述，招引一批文士，以为篆属，其中有鲍照那样有名的人。以上均见刘宋《宋书》宗室传（《刘

① 穆欣：《办〈光明日报〉十年自述》，中共党史出版社1994年版，第148页。

王羲之——王羲之的书法「看了使人舒服」

道怜》《刘道规》两传）。但《宋书》未说到刘著《世说》。一九六二年重印《世说新语序》载明'南朝宋刘义庆撰'，老本子《辞海》亦如是说。请查核。"毛泽东说的"第一页上有一点文字上的意见"，就是指这段批注。

8月21日，郭沫若的《〈驳议〉的商讨》在《光明日报》上发表。一场关于《兰亭序》真伪问题的讨论，就从《光明日报》开始，逐渐在一些报刊上展开，持续了六七个月。文物出版社编辑部于1973年，曾将这次讨论中郭沫若以及与之观点一致的文章，连同与郭沫若观点相对立的具有代表性的文章，汇编为《兰亭论辩》一书。编者在《出版说明》中说，通过这些文章可以了解到这次争论的梗概及其实情，"这对于我国书体史、书法史以及文字发展史的研究，都有一定的意义，特别是在鉴定书法问题上，乃至于对待历史文化遗产的广袤领域中，如何坚持辩证唯物主义与历史唯物主义的科学态度，将会有所启发。"

毛泽东关注《兰亭序》的真伪的学术讨论。直到1973年4月，在与周恩来和驻美国联络处主任黄镇等谈话时，还谈到王羲之这份书帖是否真迹。当然，其目的不仅在于一件书帖的真伪和争论双方的对错，还在于营造一种百家争鸣的良好学术风气。

李世民

——"自古能军无出李世民之右者"

"太原公子，褐裘而来"

1936 年 2 月，毛泽东在他所写的著名的词作《沁园春·雪》中说："惜秦皇汉武，略输文采；唐宗宋祖，稍逊风骚。一代天骄，成吉思汗，只识弯弓射大雕。"一口气评价了中国历史上秦始皇、汉武帝、唐太宗、宋太祖和成吉思汗等五位杰出的封建帝王，其中"唐宗"就是指唐太宗李世民。"风骚"，本指《诗经》里的《国风》和《楚辞》里的《离骚》，后来泛指文章辞藻。"稍逊风骚"，是说李世民武功甚盛，文治方面的成就略有逊色。这是很高的评价。

李世民（599—649），即唐太宗，唐代皇帝。公元 626—649 年在位。唐高祖李渊次子。母亲是太穆顺圣皇后窦氏。隋朝开皇十八年（598）十二月二十二日，世民出生于李渊在武功（今陕西武功西北武功镇）的客馆里。相传，他出生时，有两条龙在客馆门外戏斗，三天后才离去。

李渊到岐州（治所在今陕西凤翔南）任刺史，世民才 4 岁。有个书生擅长相面，拜见李渊说："您是贵人，而且有贵子。"见到世民，说："龙凤一样的相貌姿态，天庭隆起的仪表，年近二十，一定能济世安民。"李渊怕他这话泄露出去，想杀掉他，书生却忽然不见了。于是取"济世安民"的意思作为名字。

世民年幼时，聪明过人，见解深刻，随机应变，处事果断，不拘小节，当时的人都猜不透他的想法。

隋大业末年，昏君隋炀帝在雁门（治所在今山西代县）被突厥军队围困，世民应召前去救援，隶属于屯卫将军云定兴。部队出发前，世民对云定兴说："一定要多带旗帜和战鼓，用以虚设队伍，迷惑敌人。况且突厥始毕可汗带领全国的军队，敢来围困天子，一定认为隋朝仓促间派不出援兵。我方虚张声势，让数十里旗帜相连，夜晚又钟鼓齐鸣，敌人肯定望风而逃。否则，敌众我寡，敌人全军前来应战，我方肯定抵挡不住。"云定兴采纳了世民的建议。部队在崞县（治所在今山西原平）宿营，突厥的侦察骑兵跑回去报告始毕可汗说："隋朝的大军已经来到。"突厥因此解围而去。

李渊驻守太原的时候，世民才 18 岁。有高阳农民起义领袖魏刀儿（？—618），自称历山飞，派部将甄翟儿领 10 万大军攻打太原。李渊迎战敌人，深陷敌阵。世民用轻骑兵冲入敌阵，射杀敌兵多人，所到之处，敌兵皆倒退。这才把李渊从上万敌兵围困中解救出来。这时恰好步兵也赶到了，李渊父子指挥部队，奋力攻打，大破敌兵。

当时隋朝气数已尽，世民暗中策划起义，常常屈己下士，舍财养客，巨盗大侠，没有不愿为他效力的。义军起来后，他便率兵攻打西河（治所在今山西汾阳），攻占了这一地区。世民被李渊任命为右领军大都督，右三军都由他掌管，封为敦煌郡公。

毛泽东早年就熟读新旧《唐书》和《资治通鉴》，特别赞赏李世民青少年时期的戎马生涯。1926 年，毛泽东在广州农民运动讲习所讲课时就说：唐太宗、李密皆当时草泽英雄。有两句俗话说李世民，其词曰"太原公子，褐裘而来"。世民常劝他父亲不可固守太原，须要化家为国。李渊大悦，遂起兵直趋陕西，并用种种方法，取悦一般人。如兑钱、粮，放二千宫女等。

1958 年 3 月，毛泽东在成都会议上提出敢想敢说敢做，破除迷信，解放思想，他说："从古以来，创新思想、新学派的人，都是学问不足的青年人。"接着一连举了 17 个例子，其中一个就是李世民：李世民起义时，只有 18 岁，当了总司令，24 岁登基当了皇帝。两个月后，即同年 5 月 8 日，毛泽东在中共中央八大二次会议上又说，唐太宗李世民起兵时才 18 岁，做皇帝时只有 24 岁。可见毛泽东对李世民的少年俊伟英武是非常认定的。

"自古能军无出李世民之右者"

毛泽东非常赞扬李世民的军事才干。据冯文彬回忆说："有一天，毛主席和我谈到作战问题时说：'打仗要像唐太宗那样，先守不攻，让敌人进攻，不准士兵谈论进攻的事，谈论者杀。待敌人屡攻不克，兵士气愤已极，才下令反攻，一攻即胜。这样一可练兵，二可练民。'"[1]

不打第一枪，后发制人，毛泽东非常欣赏这种战略思想。明代小说家冯梦龙编笔记小说《智囊·兵智部·孙膑》中在写孙膑帮田忌与齐诸公子赛马后，引述道："唐太宗尝言：'自少经略四方，颇知用兵之要，每观敌阵，则知其强弱，常以吾弱当其强，强当其弱。彼乘吾弱，奔逐不过数百步；吾乘其弱，必出其阵后反而击之，无不溃败。'盖用孙子之术也。高宗问吴璘以胜敌之术，璘曰：'弱者出战，强者继之。'高宗曰：'此孙膑驷马之法。'"

毛泽东读了这段话，批注说："所谓以弱当强，就是以少数兵力佯攻敌诸路大军。"

"所谓以强当弱，就是集中绝对优势兵力，以五六倍于敌一路之兵力，四面包围，聚不歼之。自古能军无出李世民之右者，其次则朱元璋耳。"[2]

冯梦龙引述了李世民和宋高宗赵构及南宋名将吴璘三人的话，指出"以弱当强，以强当弱"，用的是战国军事家孙膑的驷马之法。所谓孙膑驷马之法，是孙膑为田忌在赛马中出的高招："今以君（指田忌）之下驷（劣马）与彼之上驷（好马），取君上卿与彼中驷，取君中驷与彼下驷。"结果是"田忌一不胜而再胜"，换言之三打两胜，赢了。

李世民可谓深得孙膑驷马之法的精髓，在反隋战争中取得一个又一个胜利，为唐王朝的创建立下了汗马功劳。李渊指挥起义大军向西攻打贾胡堡（今山西灵石西南），隋将宋老生率领二万精兵屯驻霍邑（今山西霍

---

① 冯文彬主编：《毛泽东与青年》，辽宁人民出版社1992年版，第160页。

② 《毛泽东读文史古籍批语集》，中央文献出版社1993年版，第65—66页。

县），阻挡义军前进。正赶上连阴雨，军粮用尽，李渊与裴寂商议，准备把部队撤回太原，以后再作打算。

世民说："原本举行起义是为了把老百姓从苦难中拯救出来，一定要先攻入咸阳，号令天下；遇到小部敌军就撤兵，恐怕跟随起义的人会在一天之内就解散了。回去固守太原一城之地，这不过是贼寇罢了，怎么能保全自己呢！"李渊不听，催促他带兵返回。世民于是在大帐外放声大哭，声音传入军帐。李渊召他进帐，询问原因，世民回答说："现在部队为正义而战，前进、战斗，就是胜利，后退一定会失败。部队解散在前，敌人乘机追击在后，死亡将顷刻而至，因此悲伤。"李渊于是醒悟，停止退兵。

雨过天晴，李渊率领部队直奔霍邑。世民唯恐老生不出城交战，便带着数名骑兵先到霍邑城下，用马鞭指指点点，做出要攻城的样子，以激怒老生。老生果然大怒，大开城门，让士兵背城列阵。李渊及其长子李建成在城东列阵，世民和将军柴绍列阵在城南。老生迅速指挥士兵发起攻击，先逼近李渊，这时李建成忽然坠马，老生趁机进攻，李渊和李建成的部队纷纷后退。世民带两名骑兵从城南高地俯冲而下，冲断了老生的部队，然后领兵奋战，敌军大败，纷纷扔掉兵器逃跑。这时城门忽然关闭，老生手拉绳子想爬上城去，结果被士兵砍死，霍邑平定。

隋恭帝杨侑义宁元年（617）十二月，世民再次担任右元帅，领10万大军去夺取东都（今河南洛阳）。准备胜利班师的时候，他对部下说："贼寇见我军撤退，一定会追赶。"他设了三处伏兵，等待敌军来追。不久，隋将段达果然率一万多人前来追赶。当敌军走过三王陵，世民命令伏兵杀出，段达大败，世民的部队一直追到东都城下。他便在宜阳、新安设置熊、谷二州，派兵驻守，然后回京。世民被封为赵国公。李渊登基称帝，便是唐高祖。世民被任命为尚书令、右武侯大将军，进封秦王，加授雍州牧。

唐高祖武德元年（618）七月，薛举在泾州（今甘肃泾川北）作乱为寇，世民率部队讨伐，把他打败，胜利班师回京。九月，薛举死去，其子薛仁杲继位。世民再次担任元帅，率兵前去讨伐，双方在折墌城（今甘肃泾川东北）相持，各自挖战壕、筑堡垒，对抗60余天。贼寇有10余万人，锋芒毕露，多次挑战，世民却按兵不动以挫其锐气。等到敌军粮食用尽，其将领牟君才、梁胡郎前来投降。世民对其部将说："敌军士气衰落，是我们击败他们的时候了。"于是便派将军庞玉先在浅水原南列阵引诱，敌将宗罗睺率全军出战，庞玉的部队几乎被打败。过了一会儿，世民亲率大军，忽然从浅水原北杀出。罗睺看见，连忙回师抵抗。世民率领数十名骁勇的骑兵冲入敌阵，内外夹击，罗睺大败。斩敌军首级数千，落入涧谷而死的敌兵不计其数。世民率领左右20多名骑兵追击逃敌，直至折墌城下。仁杲非常害怕，全城固守。快到傍晚的时候，大军赶到，把个折墌城围得水泄不通。次日清晨，仁杲请求投降。这次战役，俘敌精兵1万多人、男女百姓5万多名。

宋金刚攻陷浍州（今山西翼城）时，军队锋芒毕露。高祖李渊因为王行本还占据蒲州（今山西永济），吕崇茂又在夏县（治所朔方，在今内蒙古乌审旗南白城子）发动叛变，晋州（治所白马城，在今山西临汾东北）、浍州相继陷落，关中震动，就亲自给世民写信说："贼寇的势力如此强大，难同他们交战以决胜负，应该放弃河东（今山西），谨慎防守关西（泛指函谷关或潼关以西地区）就可以了。"

世民上奏章说："太原是王业的基础、国家的根本，河东富足，是京城的依托。如果本来据有而要放弃它，我感到心痛。请陛下给我3万精兵，一定能消灭刘武周，收复汾阳、晋州。"高祖于是征发所有关中的部队，加强世民的兵力，又亲往长春宫送世民出征。

武德二年（619）十一月，世民率领大军直奔龙门关（今山西河津西北），踏冰渡过黄河，进驻柏壁（今山西新绛西南二十里），与贼将宋金刚相持。

接着永安王李孝基在夏县打了败仗，于筠、独孤怀恩、唐俭都被贼将寻相、尉迟敬德俘虏。敌军想撤出浍州，世民派殷开山、秦叔宝在美良川伏击，大破敌军，寻相等仅独自逃脱，其部下全部被俘，殷开山、秦叔宝又回到柏壁。

将领们全来请战，世民说："金刚孤军千里，深入到我军腹地，精锐部队，都集中在这里了。刘武周据守太原，只不过依靠宋金刚保卫。敌人士兵虽多，内实空虚，想速战速决。我军加固营垒，养精蓄锐，挫伤敌人的锐气，等到粮尽计穷，敌人自然逃走。"

武德三年（620）七月，世民总领各军去洛邑（今河南洛阳）攻打王世充。部队在谷州宿营。王世充率领三万精兵在慈涧列阵，世民率轻骑兵向敌人挑战。当时敌众我寡，抵挡不住，军队陷入重围，世民身边的将士都十分害怕。世民命令随从先撤，独自留下断后。这时王世充的骁将单雄信，率数百骑兵从两边包抄过来，直逼世民，他们争先恐后，竞向前冲，世民几乎被他们打败。世民左右开弓射箭，敌兵无不应声落马，俘虏了敌大将燕欣。王世充于是撤去慈涧的兵力，回到东都洛阳。

世民派行军总管史万宝从宜阳（今河南宜阳）占据龙门（今洛阳南），刘德威从太行山向东包围河内（今河南沁阳），王君廓在洛口（今河南巩义东南）截断贼寇的运粮通道。又派黄君汉率水军夜间从孝水河乘船袭击洛阳，攻克了它。黄河以南的各支义军，纷纷响应，城堡一个接一个地前来请求受降。大军进驻邙山（在洛阳北）。九月，世民率五百名骑兵先去观察地形，突然与王世充率领的一万多部队遭遇，双方混战一场，又破敌军，斩敌首级三千余，俘虏大将陈智略，王世充独自逃脱。他委派的筠州总管杨庆派人请降，世民派李世勣率军出辕辕道安抚杨庆的部队。荥、汴、洧、豫等九州先后前来投降。王世充于是向农民起义领袖窦建德求救。

武德四年（621）二月，世民又进驻青城宫。工事还没有修好，王世充的部队两万多人，出方诸门面对谷水列阵。世民率精锐骑兵在北邙山列阵，派屈突通率5000步兵渡过谷水向敌军发起攻击，告诫屈突通说："两军一交战，以放烟为号，我就率骑兵南下夹击敌军。"

战斗刚打响，世民便率骑兵冲击敌人，他冲在队伍的最前面，与屈突通夹攻敌人。敌军拼死抵抗，散而复合多次。交战从辰时到午时，敌军才开始后退。世民乘胜追击，俘虏、杀死敌人8000人，部队前进到洛阳城下扎营。

王世充不敢再出城挑战，只在城内固守，专等窦建德来援。世民下令各部队在军营外挖战壕，准备长期围困。另一个农民起义军领袖杜伏威派部将陈正通、徐召宗率二千精兵与世民的部队会合。伪郑州司马马悦献虎牢关（今河南荥阳汜水镇）投降，将军王君廓同他配合，擒获了城内的伪荆王王行本。

恰巧窦建德领兵 10 余万来救王世充，行至酸枣（今河南延津西）。萧瑀、屈突通、封德彝等都认为腹背受敌，有战败的危险，要求把部队撤到谷州以观察形势变化。世民说："王世充粮草已耗尽，军心已动摇，我们应当不劳师攻打，坐等他们破败而得利。窦建德刚击败孟海公，士气骄横，疏于守备，我们应该进兵虎牢关，扼住要塞。败寇如果敢冒险与我们决战，肯定能打败他们。如果贼寇不挑战，10 日内王世充当自行崩溃。如果我们不主动进攻，贼寇占据虎牢关，刚刚归附我们的各个城池，必定无法守住。到那时，如果王世充和窦建德两贼合军一处，向我军进攻，我们怎么办呢？"屈突通又要求解东都之围，移驻险要之地，以等待敌军的变化，世民不许。于是留下屈突通辅佐齐王李元吉包围王世充，世民亲率步、骑兵 3500 人奔往虎牢关。

窦建德从荥阳西上，在板渚修筑营垒，世民驻守虎牢关，双方相持 20 余日。侦探报告说："窦建德在等我军粮草用尽，得知我军在黄河北岸放牧马，乘机要偷袭虎牢关。"世民得知敌人的作战计划，于是便在黄河北岸放牧马匹，以引诱敌人。次日晨，窦建德果然全军出动，在汜水边列阵，王世充的部将郭士衡也在窦建德部队南列阵，绵延数里，击鼓骂阵，世民的部将都很害怕。世民带领几人骑马登上高地观察敌阵，对将领们说："这些贼寇从山东起兵，没有遇到过强敌。现在他们要通过要塞却喧闹不止，这是军令不严的表现；逼近城堡列阵，这是有轻我之心。我们按兵不动，敌军的锐气就会渐渐衰弱，列阵时间一长，兵士饥饿，一定会自己退兵，到那时进攻敌人，战无不胜。我与诸位相约，在午后一定破敌。"

窦建德摆开军阵，从辰时（上午 7 时至 9 时）至午时（上午 11 时至下午 1 时），士兵饥饿疲倦，都坐下休息，又争水喝，他犹豫不决，准备退兵。世民说："可以出击了！"说罢，便亲自率领轻骑兵去追赶并引诱敌人，大部队紧随其后向敌军杀来。窦建德连忙命令部队掉头迎战，还来不及整理部队，世民率先发起冲锋，敌军望风披靡。一会儿，众军合战，杀声震天，尘土飞扬。世民率领史大奈、程咬金、秦叔宝、宇文欣等将领挥旗杀入敌阵，一直冲杀到敌阵最后，张开唐军的旗帜。贼寇看见唐军旗帜，刹那间溃不成军。世民等一直追击30多里，斩敌首级3000余，俘虏敌兵5万名，活捉了窦建德。世民斥责他说："我兴师讨伐王世充，得失存亡，与你无关，为什么越过自己的境域，触犯我军？"窦建德吓得两腿发抖，嗫嚅着说："现在我如果不送上门来，恐怕还得劳您远道去抓我。"

高祖听到胜利的消息，非常高兴，亲自给世民写诏书说："隋朝分崩离析，崤山和函谷关隔绝不通，两个豪杰势力联合，在短时间就把他们清除。军队既取得重大胜利，又没有多少伤亡。无愧于臣子的职责，不让自己的父亲忧虑，这些都是你的功劳。"

世民于是带着窦建德来到东都城下。王世充非常害怕，率领他的属下两千多人到营门请求投降，华山以东地区全被平定。世民进驻东都宫殿，命令萧瑀、窦轨等封闭并把守仓库，不拿任何财物，又命令记室房玄龄收集隋朝的地图和户籍。接着诛杀和窦建德、王世充一起作乱的段达等50多人，被冤枉囚禁的人一律释放，无罪被杀的人都进行祭奠并写有悼文。犒赏将士，按劳行赏。高祖派尚书左仆射裴寂劳军。

六月，胜利回京。世民身披黄金甲，队伍中有披甲战马1万匹，带甲的步兵3万人，前后部击鼓吹号，俘虏的两个伪王和隋朝的器物、辇车等献到太庙。高祖非常高兴，在太庙举行盛大宴会仪式犒赏世民。

没过多久，窦建德的旧将刘黑闼又起兵反叛，占据洺水州（治所在今河北永年东南）。十二月，世民总领各军前去征讨。

武德五年（622）正月，世民进军肥乡（治所在今河北肥乡东南），分兵截断敌军的运粮道路，双方相持达两月之久。刘黑闼窘迫，求战心切，亲率步、骑兵两万人，南渡洺水，清晨逼近唐军。世民亲自率领精锐骑兵，进攻并打败了敌军的骑兵，然后乘胜追击敌军的步兵，敌军大败，斩敌首级一万多颗。在这之前，世民派人在洺水上游筑坝蓄水，河水变浅，让刘黑闼认为能够涉水过河。等到战斗打响，下令决坝，水流大增，水深丈余，敌军溃败后，涉水逃跑的人全被淹死。刘黑闼和200多骑兵向北突围，投奔突厥，他的部下全部被俘，河北平定。此前徐元朗于徐、兖二州拥兵自重，世民班师时将其讨平，于是黄河、济水、长江、淮河流域各郡县全部被平定。十月，加授世民为左右十二卫大将军。

毛泽东认为"自古能军无出李世民之右者"，肯定李世民是一个卓越的军事家。李世民18岁起兵反隋，在与群雄逐鹿的战争中，屡为主帅统兵。他亲自指挥了浅水原之战、柏壁之战、虎牢关之战、洛阳之战、洺水之战等重大战役，镇压窦建德、刘黑闼等农民起义军，消灭刘武周、薛仁杲、王世充等割据势力，推翻隋王朝，战功赫赫，充分表明他是一个杰出的军事家。

作为一个优秀的军事家，李世民的军事思想是"以吾弱当其强，强当其弱"。明代小说家冯梦龙认为李世民这种战术，用的是战国著名军事家孙膑的"驷马法"。毛泽东在读冯梦龙《智囊》卷二十二《兵智部·制胜·孙膑》时的批注，对孙膑的"驷马法"和李世民的"以吾弱当其强，强当其弱"之法，作了进一步的阐释和发挥，指出其要旨就是"以少数兵力佯攻敌诸路大军"和"集中绝对优势兵力，以五六倍于敌一路之兵力，四面包围，聚而歼之"。这个观点，也是毛泽东从自己的军事指挥实践中总结出来的。他在《集中优势兵力，各个歼灭敌人》一文中作了精辟的论述：

"（一）集中优势兵力、各个歼灭敌人的作战方法，不但必须应用于战役的部署方面，而且必须应用于战术的部署方面。

"（二）在战役的部署方面，当着敌人使用许多个旅（或团）分几路向我军前进的时候，我军必须集中绝对优势的兵力，即集中六倍、或五倍、或四倍于敌的兵力，至少也要有三倍于敌的兵力，于适当时机，首先包围歼击敌军的一个旅（或团）。这个旅（或团），应当是敌军诸旅中较弱的，或者是较少援助的，或者是其驻地的地形和民情对我最为有利而对敌不利的。我军以少数兵力牵制敌军的其余各旅（或团），使其不能向被我军围击的旅（或团）迅速增援，以利我军首先歼灭这个旅（或团）。得手后，依情况，或者再歼敌军一个旅（例如我粟谭军在如皋附近，八月二十一、二十二日歼敌警察部队五千，八月二十六日又歼敌一个旅，八月二十七日又歼敌一个半旅。又如我刘邓军在定陶附近，九月三日至九月六日歼敌一个旅，九月六日下午又歼敌一个旅，九月七日至九月八日又歼敌两个旅）；或者收兵休整，准备再战。在战役部署上，必须反对那种轻视敌人、因而平分兵力对诸路之敌、以致一路也不能歼灭、使自己陷于被动地位的错误的作战方法。

"（三）在战术的部署方面，当着我军已经集中绝对优势兵力包围敌军中的一路（一个旅或一个团）的时候，我军担任攻击的各兵团（或各部队），不应企图一下子同时全部地歼灭这个被我包围之敌，因而平分兵力，处处攻击，处处不得力，拖延时间，难于奏效。而应集中绝对优势兵力，即集中六倍、五倍、四倍于敌，至少也是三倍于敌的兵力，并集中全部或大部的炮兵，从敌军诸阵地中，选择较弱的一点（不是两点），猛烈地攻击之，务期必克。得手后，迅速扩张战果，各个歼灭该敌。

"（四）这种战法的效果是：一能全歼，二能速决。……"①

毛泽东继承我国古代军事理论中"以弱当强，以强当弱"的思想，在革命战争中，使之大大发扬光大，成为其军事思想的重要组成部分。

贞观之治

李世民是通过"玄武门之变"夺得政权的。唐王朝建立后，李渊做了皇帝，其长子李建成被立为太子，李世民被封为秦王，李元吉被封为齐王。在反隋战争中，世民战功最多，便与其谋臣、部将逐渐形成一个政治集团。世民势力日益强大，严重威胁着李建成的太子地位，李建成便与李元吉联合起来，组成一个与之对抗的政治集团。双方斗争的核心是皇位问题。最初双方都努力争取高祖的信任和支持，削弱对方，壮大自己。最后发展到水火不容，兵戎相见。

李建成首先下手了。武德九年（626）六月的一天，李世民应邀到东宫赴宴，李世民喝下李建成递过来的酒，突然胸口绞痛，吐血数升，同来的淮安王扶世民回府，才免一死。鸩杀李世民的目的没有达到，李建成与

---

① 《毛泽东选集》第四卷，人民出版社 1991 年版，第 1197—1198 页。

李元吉又准备在元吉出征抵抗突厥，大臣们为其钱行时刺杀李世民。不料李建成手下的一位官员向李世民告了密。

六月初四日（7月2日），李世民向高祖揭发太子与元吉的阴谋，高祖答应次日查清。六月初四凌晨，李世民带领长孙无忌、尉迟敬德、房玄龄、杜如晦、宇文士及、高士廉、侯君集、程知节、秦叔宝、段志玄、屈突通、张士贵等人率精兵埋伏在玄武门（长安太极宫北面正门）内，以待李建成、李元吉经过时下手。

当李建成、李元吉进了玄武门，走到临湖殿时，发现情况异常，立刻勒转马头往回走。这时，李世民大喊着冲出，李元吉连忙拈弓搭箭射击，但被李世民躲过，而李世民一箭就把李建成射死了。尉迟敬德等70余精兵一齐杀出，杀死了李元吉，并杀建成、元吉诸子，所部冯立、薛万彻等率众与李世民激战失败。这就是有名的"玄武门之变"。

六月初八，李世民被立为太子，各种政令都由他处理。

八月初六，高祖李渊传位给皇太子，李世民在东宫显德殿即皇帝位，是为唐太宗。

唐太宗是唐朝第二个皇帝，他是奠定大唐基业的英明君主。他即位后，以亡隋为鉴，偃武修文，励精图治，选贤任能，虚心纳谏，致使他在位的贞观年间（627—649），人口有所增加，经济显著发展，刑罚比较宽简，赋役有所减轻，吏治比较清明，阶级矛盾缓和，社会相对安定，民族比较团结，"贞观初，户不及三百万，绢一匹易米一斗。至四年，米斗四五钱，外户不闭者数月，马牛被野，人行数千里不赍粮，民物蕃息"，"是岁，天下断狱死罪者29人，号称太平"，"致治之美，庶几成康"，被史学家誉为"贞观之治"。唐吴竞撰写的《贞观政要》，分类编辑唐太宗与魏徵、房玄龄、杜如晦等大臣的问答、大臣的诤议和所上劝谏的奏疏，以及政治上的设施，以见贞观年间政事的纲要，成为封建统治的典范。

毛泽东自学生时代就精读深研《贞观政要》，在瑞金任中华苏维埃共和国主席后，更有了实践感受，对《贞观政要》有着特深的见解。1934年12月，他在长征途中与徐特立谈起唐太宗和《贞观政要》，就唐太宗与房玄龄、魏徵谈论创业与守成孰难孰易发表了见解，说："其实，他们两个都是从自己的经验出发，都有片面性。唐太宗说得很清楚：'玄龄昔从我定天下，备尝艰苦，出万死而遇一生，所以见草创之难也；魏徵与我安天下，虑生骄逸之端，必践危亡之地，所以见守成之难也。草创之难，既已往矣；守成之难，当思与公等慎之。'他的看法是很全面的，而且是从实际情况出发的……但我们目前既是草创也是守成，所以两者皆难。"

人们可能要问，唐太宗怎样创造了"贞观之治"这个封建社会里最好的历史时期呢？

"国以人为本，人以食为本"

轻徭薄赋，与民休息，是创造"贞观之治"的基础。唐太宗吸取隋末农民大起义的教训，认为解决民众的问题，主要是发展生产，与民休息。他说："国以人为本，人以食为本，凡营衣食，以不失时为本。夫不失时者，在人君简静乃可耳。"（《贞观政要》卷八《务农》）在这种思想指导下，他曾下诏停建劳民伤财的东都乾元殿。为了不违农时，他还把为太子举行加冠礼的日子由二月改为十月。当有人提出"用二月为胜"时，他又明确表示"农时甚要，不可暂失"。（同上）他在位期间，还多次下诏减免赋税。贞观元年（627），山东大旱，免当年租赋。贞观二年（628），关中旱灾，民有卖子为生者，他命出御府金币代为赎回。贞观三年（629），免关中二年租赋、关东徭役赋税一年。这类例子还很多。此外，他还竭力防止统治集团内部骄奢淫逸。他下诏"奢侈者可以为戒，节俭者可以为师矣"（《资治通鉴》卷一二九，太宗贞观元年）。这些措施，都有利于农民发展生产。

"马周才德，迥乎远矣"

惟贤是与，因材施用，是创造"贞观之治"的第二个原因。在用人方面，唐太宗有自己的用人标准，不管是哪一种政治力量，只要有才就加以任用。他说："朕以天下为家，惟贤是与。"（同上）这和曹操的"惟贤是举"的用人办法是一样的。他主张"惟贤是与"，反对以新旧划线，对各种政治力量一视同仁。他还明确提出："吾为官择人，惟才是与。苟或不才，虽亲不用，……如其有才，虽仇不弃。"（《资治通鉴》卷一九四，太宗贞观七年）在这种思想指导下，"玄武门之变"后，尽管李建成集团中，"同谋害太宗者数千百人，事后，复引居左右近侍，心术豁然，不有疑阻"。（《贞观政要》卷一《政体》）他起用李建成集团的重要谋臣魏徵、王珪等人。随后，唐太宗进行了人事调整。他把秦王府高参房玄龄、杜如晦任命为左右仆射，执掌枢机。任命精通兵法的李靖为兵部尚书，魏徵为秘书监，参与朝政，王珪、韦挺等原李建成旧属也被任命为谏议大夫，让他们在朝中议事。这种用人之道，使大批人才聚集在唐太宗周围。

唐太宗还善于因材施用，不求全责备。他说："智者取其智，愚者取其力，勇者取其威，怯者取其慎，无智（愚）勇怯，兼而用之。"（《帝范·审官篇》）对人取其所长，充分发挥每个人的作用。唐太宗选拔任用马周是个典型的例子。

马周（601—648），字宾王，博州任平（今山东任平）人。少孤贫，勤奋好学，精通《诗经》《春秋》等古籍。他性格豪放，落拓不羁，才华横溢，却不为乡里所重。唐高祖武德年间（618—626），补博州（今山东聊城）助教，日饮醇酒，不以讲授为事，受到州刺史达奚恕的多次指责，遂拂衣而去。

马周客游密州（今山东诸城），刺史赵仁本很看重他的才华，资助路费，让他到关中去发展。马周在西行途中，客住汴州浚仪（县治在今河南开封），受县令崔贤羞辱，遂西往长安。至新丰（今陕西临潼东北），旅店主人只顾供奉商贩，而不理睬马周。马周要了一斗八升酒，悠然独酌。

毛泽东在读《新唐书·马周传》时，在开头的天头空白处用墨笔批注"马周"二字，并在旁边加了曲线。在"资旷迈，乡人以细谨薄之"句旁画了墨圈，在"为浚仪令崔贤所辱，遂感激而西"句旁画着密圈，在"主人不之顾，周命酒一斗八升，悠然独酌""众异之"句旁画着墨圈，并在上方天头处批注道："饮酒过量，使不永年。"毛泽东还在《旧唐书·马周传》的天头上，批注道："马周年四十八。"表达毛泽东对马周这位治国英才英年早逝的惋惜。

马周到了京都长安，做了中郎将常何的门客。常何是守卫玄武门的皇宫卫队将领，本是太子李建成的部下，后来被李世民拉拢、收买过去，在"玄武门之变"中助李世民成功，因此颇受李世民的信用。

唐太宗贞观五年（631），天大旱，太宗命文武百官，极言朝政得失，为国事出谋划策。常何是武将，不擅长写文章。他让马周为自己写了一篇奏疏，针对当时的朝政得失，向朝廷提出 20 多条建议。常何上朝时把奏疏呈上，太宗看后十分诧异，便问常何："朕观此书，援引事类，商榷古今，言简意赅，会文切理，读之使人振聋发聩，掩卷令人久久不忘。此书定非卿之所作，速为朕荐举此人。"常何说："此是家客马周为臣所草。马周博学多才，每与臣言，愿报效朝廷。"

唐太宗立即召见了马周。通过谈话，唐太宗发现马周是个杰出的人才，于是对他予以破格提拔。当日，年仅 20 岁的马周，被授予门下省（与中书省同掌枢要，共议国政）当值。一个平民百姓，被皇帝召见，并立即任用，这在中国历史上也很少见。

由于马周的政治才干和刚直不阿的性格，贞观十五年（641），被擢升为治书侍御史，兼知谏议大夫、晋王（李治）府长史。贞观十七年（643），为中书侍郎，兼太子左庶子。第二年八月，为中书令，仍兼太子左庶子。这年十月，唐太宗亲征高丽，太子李治留镇定县（今河北定州），令马周和高士廉、刘洎等辅之。太宗返，马周以本官兼吏部尚书。

贞观二十年（646），马周得了消渴疾（糖尿病），久治不愈，太宗十分着急，令求胜地，为起宅第，名医中使，络绎不绝；供以御膳，又亲为调药。命太子过府探视。临终前，马周把自己的奏章草稿，全部烧掉，他说："管仲、晏子彰君之过，求身后名，吾勿为也。"

贞观二十二年（648）正月，马周病逝，太宗为之举哀，陪葬昭陵。高宗李治继位后，特追赠马周为尚书左仆射、高唐县公。武则天在垂拱年间，也特意将马周的灵牌放在高宗庙中陪祭。

马周一生，为官20多年，曾多次向太宗上书，提出他的治国方略，并多为太宗所采纳，成为唐太宗的重要谋臣，不愧为一个卓越的政治家。但是，令人遗憾的是，在新、旧《唐书》本传中，有关马周治国安民的实绩可以说全无记载，所能看到的只有他的几个长篇奏疏，其中《新唐书·马周传》所载一个奏疏是这样的：

"周上疏曰：'……臣伏见诏宗室功臣，悉就藩国，遂贻子孙，世守其政。窃惟陛下之意，诚爱之重之，欲其裔绪承守，与国无疆也。臣谓必如诏书者，陛下宜思所以安存之，富贵之，何必使世官也？且尧、舜之父，有朱、均之子。若令有不肖子袭封嗣职，兆庶被殃，国家蒙患。正欲绝之，则子文之治犹在也；正欲存之，则栾黡之恶已暴矣。必曰与其毒害于见存之人，宁割恩于已亡之臣，则向所谓爱之重之者，适所以伤之也。'

"又言：'臣历观夏、商、周、汉之有天下，传祚相继，多者八百余年，少者犹四五百年，皆积德累业，恩结于人。岂无僻王，赖先贤以免。自魏、晋逮周、隋，多者五六十年，少者二三十年而亡。良由创业之君，不务仁化，当时仅能自守，后无遗德可思，故传嗣之主，其政少衰，一夫大呼，天下土崩矣。'

"'今陛下虽以大功定天下，而积德日浅。固当隆禹、汤、文、武之道，使恩有余地，为子孙立万世之基，岂特持当年而已。然自古明王圣主，虽因人设教，而大要节俭于身，恩加于人；故其下爱之如父母，仰之如日月，畏之如雷霆，卜祚遐长，而祸乱不作也。今百姓承丧乱之后，比于隋时，才十分一，而徭役相望，兄去弟还，往来远者五六千里，春秋冬夏，略无休时。……四五年来，百姓颇嗟怨，以为陛下不存养之。……陛下少处人间，知百姓辛苦，前代成败，目所亲见，尚犹如此。而皇太子生长深宫，不更外事，即万岁后，圣虑之所当忧也。臣窃寻自古黎庶怨叛，聚为盗贼，其国无不即灭。人主虽悔，未有重能安全者。……，疏奏，帝称善。"

毛泽东读了马周的这个奏疏，批注说："贾生《治安策》以后第一奇文。宋人万言书，如苏轼之流所为者，纸上空谈耳。"①

马周的这个奏疏，高屋建瓴，以宏观的政治眼光，事无巨细，都归结到国家的长治久安上，特别是重视人民群众利害，认为人民群众拥护与反对，攸关国家的兴亡，这种看法，不只在封建社会堪称卓见，而且给后人以不少教益。因此受到毛泽东的高度赞扬，称它是"贾谊《治安策》以后第一奇文。"

贾谊（前201—前168），洛阳人，汉文帝的主要谋臣，西汉著名政论家、文学家。因受吴公推荐，20岁便当上了博士。不久迁太中大夫，后又先后拜为长沙王、梁王太傅，多次上书，批评时政。他建议用"众建诸侯而少其力"的办法，削弱诸侯王势力，巩固中央集权。这个办法，便是唐代柳宗元在《封建论》中所说的"封土地，建诸侯"的本义，意谓通过多封诸侯，从而削弱诸侯的力量，使之无法与中央政府对抗。汉文帝部分采纳了贾谊的一些办法，把领土最大的齐国分成六个小国，把淮南国分成三个小国，初步削弱了诸侯王的势力。贾谊的这一思想，主要表现在他的《治安策》一文中。《治安策》及其他一些政论文章，诚如鲁迅先生在《汉文学史纲》所说："为西汉鸿文，沾溉后人，其泽甚远。"

毛泽东把马周的奏疏和贾谊的《治安策》相提并论，足见他对马周奏疏的评价之高，并且认为马周给唐太宗的奏疏是宋代一些洋洋大论，如宋代苏轼的《上皇帝书》（万言书），不能与之同日而语的。当然，这主要是指是否切中时弊、直陈现实而言的。

在《马周传》末，欧阳修、宋祁赞曰："周之遇太宗，顾不异哉！由一介草茅言天下事，若素宦干朝、明习宪章者，非王佐才，畴以及兹？其自视与筑岩钓渭，亦何以异。迹夫帝锐于立事，而周所建皆切一时，以明佐圣，故君宰间不胶漆而固，恨相得晚，宜矣。然周才不逮傅说、吕望，使后世未有述焉。"

---

① 《毛泽东读文史古籍批语集》，中央文献出版社1993年版，第221页。

毛泽东读了这段赞论，批注说："傅说、吕望，何足道哉。马周才德，迥乎远矣。"①

毛泽东的批注，把马周与历史上著名的谋略家傅说、吕望比较，一反赞论作者"周才不逮傅说、吕望"的看法，认为马周的才德比他们两位高明得多。

傅说，是公元前1200多年前商朝人。相传他原来是傅岩地方从事建筑的奴隶，后被商王武丁发现，任为宰相。后来，他协助武丁完成了统一天下的大业。吕望，姜姓，字子牙，俗称姜太公。因其封于吕地，从其封地改姓吕。他半生落拓，80岁时在磻溪垂钓，得遇周文王姬昌，被聘为"师"（武官名），兼任周朝三军统帅，也称师尚父。后辅佐武王姬发伐纣灭商，立下大功，封于齐，是周朝齐国的始祖。

应该说，傅说、吕望从一个平民百姓到为国主所知，大施韬略，建立了不朽功勋，与马周"一介草茅言天下事"而得到唐太宗的赏识和提拔，成为国之栋梁，是极其相似的，就他们对国家的贡献来看，也是难以轩轾的，但毛泽东却不这么看，他认为马周的才德远远地超过了傅说、吕望。这种看法，历史上并没有人说过，完全是毛泽东本人所下的断语，可算是一家之言。

"李世民的工作方法有四"

励精图治，兢兢业业，是创造"贞观之治"的第三个原因。唐太宗是一个很有作为的明君。他生活俭朴，宵衣旰食，勤劳政事。贞观二年（628），时任礼部侍郎的李百药撰写了一篇《封建论》，其中写道："陛下（李世民）每四夷款服，万里归仁，必退思进省，凝神动虑，恐妄劳中

---

① 《毛泽东读文史古籍批语集》，中央文献出版社1993年版，第235页。

国，以事远方，不藉万古之英声，以存一时之茂实。心切忧劳，迹绝游幸，每旦视朝，听受无倦，智周于万物，道济于天下。罢朝之后，引进名臣，讨论是非，备尽肝膈，唯及政事，更无异辞。才及日昃，命才学之士，赐以清闲，高谈典籍，杂以文咏，间以玄言，乙夜忘疲，中宵不寐。此之四道，独迈往初，斯实生民以来一人而已。"①

毛泽东读到这里，批注道："李世民的工作方法有四。"② 李百药在这段文字中，对李世民的为政之道作了一个简要总结，全面概括了李世民临朝听政的四个特点：

第一，平定四方，用怀柔政策，不急功近利，不劳民损兵；

第二，不贪图玩赏游乐，每次早朝，用心听取各种建议，出言谨慎周详；

第三，罢朝之后，和亲近大臣推心置腹，辨别是非曲直，分别给予功过刑赏；

第四，闲暇时，孜孜不倦地学习经典，酣畅文咏。

毛泽东对李世民的这些做法颇感兴趣，认为是李世民的工作方法，不仅对这段原文逐一加以圈点，还写了"李世民的工作方法有四"的批语。说明毛泽东读史，善于总结和借鉴别人的经验。

"兼听则明，偏听则暗"

虚怀纳谏，广开言路，是创造"贞观之治"的第四个原因。皇帝纳谏，是集中众人智慧的方法，也是对臣下的尊重。广开言路，集思广益，是治理好国家的重要条件。这种君臣关系，是儒家"君使臣以礼，臣待君以忠"的具体表现。唐太宗和魏徵的关系，便是这种思想的典型。

---

① 《旧唐书》卷七十二，《李百药传》，第 12—13 页。

② 《毛泽东读文史古籍批语集》，中央文献出版社 1993 年版，第 236 页。

魏徵（580—643），字玄成，馆陶（今河北馆陶）人。少时出家为道士。隋末投瓦岗起义，后投唐。又被窦建德所俘，任起居舍人。窦建德失败，他入唐后为李建成太子洗马，本来是唐太宗的敌对力量。但是"玄武门之变"以后，太宗擢为谏议大夫，魏徵视唐太宗为"知己之主"，"知无不言"，前后陈谏200余事，唐太宗非常满意。其言论见于《贞观政要》。贞观七年（633），任侍中，主持梁、陈、齐、周、隋诸史的编纂工作。封郑国公。著有《隋书》的序论和《梁书》《陈书》《齐书》的总论，并主编《群书治要》。

魏徵的名言是"兼听则明，偏听则暗"。据《资治通鉴·唐纪八》载：上（指唐太宗）问魏徵曰："人主何为而明，何为而暗？"对曰："兼听则明，偏听则暗。昔尧请问下民，故有苗（即三苗，四凶之一）之恶得以上闻；舜明四目，达四聪，故共（共工）、鲧、驩兜不能蔽也。秦二世偏信赵高，以成望夷之祸；梁武帝偏信朱异，以取台城之辱；隋炀帝偏信虞世基，以致彭城阁之变。是故君兼听广纳，则贵臣不拥蔽，而下情得以上通也。"上曰："善。"

这段对话译成现代汉语是：

唐太宗问魏徵："皇帝怎样才能明辨是非，怎样算是愚昧不明？"魏徵回答说："多方面听取意见，才能明辨是非，偏听偏信就愚昧不明。过去尧能够下问老百姓，所以有苗的恶迹能够反映到上面；舜眼观六路，耳听八方，所以共工、鲧、驩兜三凶就不能掩蔽他们的罪恶。秦二世胡亥偏信赵高，因而造成了在望夷宫的杀身之祸；梁武帝萧衍偏信朱异，因而落了个饿死台城的耻辱；隋炀帝偏信虞世基，因而导致彭城阁被杀的事变。为了这个缘故，所以做皇帝的应该广泛听取并吸纳多方面意见，那么地位显贵的权臣不能蒙蔽，而下面的情况就能够顺利地反映到上面了。"唐太宗说："好。"

这是唐太宗李世民与他的大臣魏徵的一次谈话记录。魏徵在回答李世民提出的问题时，主张广泛听取各方面的意见，不能偏听偏信。他举出尧和舜两位上古明君为例子说明"兼听"的好处，又举了秦二世、梁武帝、隋炀帝三个亡国之君作为"偏信"的坏典型，使李世民听了，点头称"善"。

魏徵这种要求全面看问题，反对主观片面性的方法，是可取的。

魏徵的这种意见也不是他的发明，"兼听则明，偏听则暗"一语，出自《管子·君臣上》："夫民别而听之则愚，合而听之则圣。"汉王符《潜夫论·明暗》："君之所以明者，兼听也；其所以闇者，偏信也。"而魏徵把这个意思概括得更简练明快。

毛泽东在《矛盾论》中谈到研究问题切忌片面性时说："唐朝人魏徵说过：'兼听则明，偏听则暗。'也懂得片面性不对。可是我们的同志看问题，往往带片面性，这样的人就往往碰钉子。"毛泽东引用"兼听则明，偏听则暗"一语，在于批评教条主义和经验主义者的主观的错误思想方法，从而教育我们看问题要防止片面性。一个封建时代的官员魏徵，都"懂得片面性的不对"，我们以马克思主义为理论基础的共产党人，有什么理由不去克服片面性呢？我们一定要克服片面性，学会全面地看问题。因为，片面地看问题，"是不能找出解决矛盾的方法的，是不能完成革命任务的，是不能做好任何工作的，是不能正确地发展党内的思想斗争的。"

"盛彦师名将，冤死"

创造了"贞观之治"的唐太宗，虽然不愧为一代名君，但他一生中也有过一些错误。名将盛彦师、李君羡冤死，便是两个例证。

《旧唐书·盛彦师传》载："盛彦师者，宋州虞城（今河南虞城）人。大业中，为澄城（今陕西同州）长。义师至汾阴（今山西万荣西南），率宾客千余人济河上谒，拜银青光禄大夫、行军总管，从平京城。俄与史万宝镇宜阳（今河南宜阳）以拒东寇。及李密之叛，将出山南。史万宝惧密威名，不敢拒。……彦师笑曰：'请以数千之众邀之，必枭其首。'万宝曰：'计将安出？'对曰：'军法尚诈，不可为公说之。'便领众逾熊耳山南，傍道而止。……或问之曰：'闻李密欲向洛州，而公入山何也？'彦师曰：'密声言往洛，实走襄城就张相善耳，必当出人不意。若贼入谷口，我自后追之，山路险隘，无所展力，一失殿后，必不能制。今吾先得武谷，擒之必矣。'李密既度陕州，以为余不足虑，遂拥众徐行，果逾山南渡。彦师击之，密众首尾断绝，不得相救，遂斩李密，追擒伯当。……会徐圆朗反，彦师为安抚大使，因战，遂没于贼。圆朗礼厚之。……贼平，彦师竟以罪赐死。"

毛泽东读到"贼平，彦师竟以罪赐死"，批注道："盛彦师名将，冤死。"[1]

盛彦师，是唐太宗手下一员智勇双全的名将。少任侠，隋末曾为澄城长。后率宾客千余人投起义军，被授行军总管。武德元年（618），瓦岗军首领李密（582—618）在与割据洛阳的王世充交战失败后，入关投唐。不久又叛唐自立。在别的将领都不敢追击李密时，盛彦师自告奋勇，以数千之众在熊耳山南伏击李密，一战擒杀李密及其大将王伯当。

武德四年（621）八月，李世民平定洛阳后，依附于王世充的山东义军首领徐圆朗请求投降。李世民命盛彦师前去安抚，恰逢河北义军首领刘黑闼再次起事，徐圆朗遂执盛彦师响应刘黑闼。徐待之甚厚，迫他代写信劝其弟举虞城降，盛信中只字不提劝降之事，反而表示要"誓之以死"。不久，盛彦师逃回，随李世民讨刘黑闼。徐圆朗被平定后，李世民竟将盛彦师处死。所以，毛泽东读到这里，批注道："盛彦师名将，冤死。"说盛彦师是位"名将"，肯定了他的战功和军事才能，说他被"冤死"，是对李世民处置错误的严厉批评。

这是李世民早年所犯的一个错误，而错误处死李君羡则发生在太宗晚年。

《旧唐书·李君羡传》载："李君羡者，洺州武安人也。初为王世充骠骑，恶世充之为人，乃与其党叛而来归。太宗引以为左右。……贞观初，太白频昼现。太史占曰：'女主昌。'又有谣言：'当有女武王者。'太宗恶之。时君羡为左武卫将军，在玄武门。太宗因武官内安，作酒令，各言小名。君羡自称小名五娘子。太宗愕然，因大笑曰：'何物女子，如此勇

———————
① 《毛泽东读文史古籍批语集》，中央文献出版社1993年版，第220页。

猛！'又以君羡封邑（武连郡公）及属县皆有武岁，深恶之。会御史奏君羡与妖人员道信潜相谋结，将为不轨，遂下诏诛之。"①

毛泽东读到这里，批注道："李君羡冤死。"②

李君羡，武安（今河北武安西）人。初投高祖李渊，从李世民破宋金刚，讨王世充，破窦建德、刘黑闼，冲锋陷阵，所向披靡，又与尉迟敬德击破突厥，封武连郡公。拜兰州总督。到了贞观初年，太白星频频白天出现，太史占卜说："女人称王吉利。"又有谣言说："将有一个女人出来称武王。"这使李世民惶惶不安，疑神疑鬼。李君羡时为左武卫将军，在玄武门戍卫皇宫。李世民是通过"玄武门之变"夺得皇位的，对掌握玄武卫这个要害之地的李君羡便产生了怀疑。事有凑巧，李君羡是武安人，又任左武卫将军，封邑又是"武连郡公"，他的小名又叫"五娘子"。于是，好事之徒便诬告李君羡与妖人道士"将为不轨"，李世民便下令把李君羡杀了。毛泽东批注道："李君羡冤死。"是颇为中肯的结论，对李世民错误荒唐做法的谴责和批评，可谓一针见血。

"聪明一世，懵懂一时"

唐太宗一生中最大的错误，则是在太子废立上的优柔寡断，而且最后作了错误的选择。我们现在看到的是李治继了皇位。

贞观二十三年（649）四月二十五日，太宗亲临翠微宫。

五月十五日，太子詹事、英国公李勣任叠州都督。十八日开府仪同三司、卫国公李靖去世。二十六日，太宗在含风殿逝世，享年52岁。遗命皇太子李治在灵柩前即皇帝位，丧葬制度，以用汉代制度为宜。机密不发布讣告。二十七日，派旧将统领骑马劲旅随太子先回京城，调六府披甲士

---

① 《旧唐书》卷六十九，《李君羡传》，第16—17页。

② 《毛泽东读文史古籍批语集》，中央文献出版社1993年版，第221页。

兵 4000 人，分别排列在道路两旁及安化门，辅翼随太子回京，太宗用的马匹和车辆、随从侍卫像往常一样。二十九日，发布太宗逝世公告。

六月初一，太宗入殓后停灵于太极殿。

八月初五，百官上谥号称云皇帝，庙号太宗。十九日，安葬在昭陵。高宗李治上元元年（674）八月，改上尊号称文武圣皇帝。玄宗天宝十三载（754）二月，改上尊号称文武大圣大广孝皇帝。

但李治继位并不是唐太宗的最初安排。这里有复杂的废立过程。

唐太宗的正宫长孙皇后生有三个儿子，即李承乾、李泰、李治。李承乾早在武德九年十月，即"玄武门之变"太宗继位之初，便被立为太子，李泰受封魏王，李治受封晋王。太子承乾，少时聪慧敏捷，太宗十分喜爱，因此着力培养。但他年长以后，喜好声色犬马，在太宗面前搞两面派。太宗非常失望。李泰得知太宗对太子不满，便竭力讨好太宗，赢得了太宗的好感。李治年幼无知，而且生性懦弱。

唐太宗对李泰的偏爱，使太子不安其位，竟然网罗一帮对太宗有旧怨的人，图谋以武力夺得皇位。事情败露后，李承乾被废为庶人。这件事在《旧唐书·李元昌传》有记载："汉王元昌，高祖第七子也。少好学，善隶书。武德三年（620），封为鲁王。贞观五年（631），授华州刺史，转梁州都督。十年（636），改封汉王。元昌在州，颇违宪法。太宗手敕责之。初不自咎，更怀怨望。知太子承乾嫉魏王泰之宠，乃相附托，图为不轨。十六年（642），元昌来朝京师，承乾频召入东宫夜宿。因谓承乾曰：'愿殿下早为天子。近且御侧有一宫人，善弹琵琶，事平之后，当望重赐。'承乾许诺。又刻臂出血，以帛拭之，烧作灰，和酒同饮，共为信誓，潜伺间隙。"

毛泽东读后，批注说："李元昌与李承乾谋反。"[1]到贞观十八年（644）十二月初一，李承乾死去。

太子李承乾被废后，按长幼顺序，该立次子李泰为太子，但支持李家

① 《毛泽东读文史古籍批语集》，中央文献出版社 1993 年版，第 218 页。

打天下、坐天下的关陇集团却主张立晋王李治。魏王李泰得知朝中意见分歧，便借废太子李承乾之事恐吓李治。此事被太宗知道后，终于舍李泰而立了李治。原因是，太宗发现李泰工于心计，担心他上台，杀死李承乾、李治及其他兄弟，来巩固自己的地位。而晋王李治宽厚仁弱，如果他继位，诸王子皆可保全，为了防止"玄武门之变"骨肉相残的惨剧重演，太宗决定立晋王李治。贞观十七年（643），唐太宗正式册立晋王李治为太子，并将魏王李泰降为东莱郡王。

后来，太宗因对怯懦软弱的李治有无统驭大唐江山的才能发生怀疑，曾提出改立杨妃之子吴王李恪为太子。李恪善骑射，文武兼备，太宗认为"英果类我"，并对他有意加以培养、教导，封为吴地藩王，其母为隋炀帝女，地亲望高，中外所向，应该说是太子的合宜人选，但却遭到李治的舅舅长孙无忌的坚决反对。长孙无忌（？—659），字辅机，河南洛阳人。先世出于北魏皇族。太宗长孙皇后之兄。武德九年（626）决策发动"玄武门之变"，助太宗夺得皇位。以皇亲和元勋地位，历任尚书右仆射、司空、司徒等职，封赵国公，是太宗极为信任之人。他力挺自己的外甥李治，可谓公私兼顾。他的意见最终被太宗接受，太宗遂放弃改立李恪的打算。

这种情况在《新唐书·李恪传》中有明确记载："郁林王恪始王长沙，俄进封汉。……高宗即位，拜司空、梁州都督。恪善骑射，有文武才。其母隋炀帝女，地亲望高，中外所向。帝初以晋王为太子，又欲立恪。长孙无忌固争，帝曰：'公岂以非己甥邪？且儿英果类我，若保护舅氏，未可知。'无忌曰：'晋王仁厚，守文之良主。且举棋不定则败，况储位乎？'帝乃止，故无忌常恶之。永徽中，房遗爱谋反，因遂诛恪，以绝天下望。临刑呼曰：'社稷有灵，无忌且族灭！'"

毛泽东读了这段文字，批注道："李恪英物，李治朽物，知子莫若父。然卒听长孙无忌之言，可谓聪明一世，懵懂一时。"[①]

在毛泽东看来，唐太宗对李恪、李治两个儿子的看法是对的，但仅因

———————————

① 《毛泽东读文史古籍批语集》，中央文献出版社1993年版，第233—234页。

近臣长孙无忌的坚决反对，就放弃了自己的主张，把立储君这一国之根本处理得太糊涂了，所以说他"聪明一世，懵懂一时"。意谓唐太宗一生聪明，一时糊涂，惋惜之情意在言外。

毛泽东这种看法无疑是正确的。后来，李治继位，是为唐高宗，大权旁落，最后发展为武则天以周代唐，几乎杀尽李家宗室子弟，使李唐江山毁于一旦，不能说不是个惨痛教训。

毛泽东对李世民的称赞，主要是他的军事才干；他对李世民的批评，主要是选立太子不当。这二者，恰恰是毛泽东自身能引起共鸣之处，反映了毛泽东当时所思考的问题。

李 白

——"我喜欢李白"

"我喜欢李白"

众所周知，毛泽东喜欢三李（李白、李贺、李商隐）。这种个人喜好，毛泽东从不讳言。

据何其芳回忆："延安文艺座谈会的前夕，1942年4月下旬的一天上午，我们鲁艺文学系和戏剧系的几个党员教师，从桥儿沟出发，到毛泽东主席那里去。

"毛泽东比我1938年夏天见到的时候丰满了一些，或者说更强壮了一些。头发也比那一次梳得整齐了。大家坐下以后，毛泽东就和我们谈话了。……

"毛泽东招待我们吃午饭。一张普通的漆成绛色的方桌上摆着四小碗菜，还有酒。他和我们一起喝酒、吃饭，继续交谈。

"吃完午饭，毛泽东到卧室去休息。我们仍坐在中间的窑洞里。不久，毛泽东就出来了。

"严文井提了一个问题。他说：'听说主席喜欢中国古典诗歌。您喜欢李白，还是杜甫？'

"毛泽东说：'我喜欢李白。但李白有道士气。杜甫是站在小地主的立场。'"①

毛泽东喜欢李白这个意见，在不同时期曾反复申明过。

---

① 何其芳：《毛泽东之歌》，《时代的报告》1978年第2期。

1949 年 12 月，毛泽东在去苏联访问的漫长的旅途中，常将苏联翻译、汉学家费德林邀请到自己的车厢中交谈。交谈中，费德林就中国文学的一些问题向毛泽东请教，毛泽东也常就费德林所谈及的问题侃侃而谈。费德林认为获益匪浅，将毛泽东的谈话记录了下来。其中谈到《诗经》、屈原、李白、杜甫、白居易等，而对李白，毛泽东是这样评价的：

> 李白，唐代杰出诗人。他像天才诗人普希金对俄国人民的贡献那样，为中国人民写了许多珍贵的艺术诗篇，李白的诗是登峰造极的，他是空前绝后的不朽艺术家。中国至今没有能超过李白、杜甫的诗才[①]。

1957 年初，毛泽东与诗人臧克家、徐迟等人谈诗、谈李白。据臧克家回忆："毛主席也有个人特别喜爱的古代诗人。在谈话当中，对唐代两大诗人——李白、杜甫，毛主席更欣赏李白。"

1958 年 1 月 16 日，毛泽东在南宁会议上的讲话中说：

> 光搞现实主义一面也不好，杜甫、白居易哭哭啼啼，我不愿看，李白、李贺、李商隐，搞点幻想。我们党建党以来，几十年没有研究过这问题。[②]

1975 年曾陪毛泽东读书的北京大学中文系讲师芦荻说："毛主席喜欢李白、李贺、李商隐的诗，尤其喜欢李白的诗。"[③]

据原在中央办公厅工作，"文化大革命"期间曾任北京大学党委书记的谢静宜回忆："毛泽东"喜欢的诗词一般是爱国的、有骨气、有气魄的佳作。他曾说过：'李白的诗好'。他点了很多，如《梦游天姥吟留别》、

---

① 〔俄〕尼·费德林：《我所接触的中苏领导人》周爱琦译，新华出版社 1995 年版，第 28 页。

② 摘自毛泽东 1958 年 1 月 16 日在南宁会议上的讲话，陈晋主编：《毛泽东读书笔记解析》，广东人民出版社 1996 年版，第 1260 页。

③ 杨建业：《在毛主席身边读书——访北京大学中文系讲师芦荻》，《光明日报》1978 年 12 月 29 日。

《蜀道难》等等。主席还多次称赞‘李白是诗人之冠……’"①

人们不禁要问，李白是怎样一位诗人呢？

李白（701—762），字太白，号青莲居士。祖籍陇西成纪（今甘肃秦安东）。其先祖在隋朝末年曾流寓西域，他出生于安西都护府所属的碎叶（今吉尔吉斯斯坦境内喀尔巴什湖南面的楚河流域）。五岁随父迁居绵州彰明县（今四川江油）青莲乡。少有逸才，遍观儒家经典、文史名著及诸子百家之书，并"好剑术"（《与韩荆州书》）。他很早就相信当时流行的道教，喜欢隐居山林，求仙学道；同时又有建功立业的政治抱负，自称要"申管晏之谈，谋帝王之术，奋其智能，愿为辅弼，使寰区大定，海县清一"（《代寿山答孟少府移文书》）。一方面要做超尘脱俗的神仙隐士，一方面要做君主的辅弼大臣，这就形成了入世与出世的矛盾。但积极入世、关心国事，是其一生思想的主流，也是构成他一生作品进步内容的思想基础。

从 25 岁起离川东游。在此后 10 年间，漫游于黄河、长江中下游一带，并在安陆（今湖北安陆）与唐高宗时任宰相的许师圉的孙女结婚，后又徙家任城（今山东济宁）。李白不愿意像一般人那样，参加科举考试，取得官位，而企图通过隐居山林和广泛的社会结交来培养声誉，获得帝王赏识，不依常例擢用。玄宗开元十八年（730）左右，他曾一度抵长安，寻求政治出路，失意而归。天宝元年（742），因受道士吴筠和玉真公主等推荐，被玄宗召入长安，供奉翰林，作为文学侍从之臣，参加草拟诏令等工作。在政治上不受重视，又受权贵诋毁，仅一年余就离开长安，政治抱负未能实现。

李白在长安遭受挫折，心情苦闷。此后 11 年间，继续在黄河、长江中下游地区漫游，"浪迹天涯，以诗酒自适"（刘全白《唐故翰林学士李君碣记》），但他仍然关心国事，希望重获朝廷任用。天宝三年（744），在洛阳与杜甫结交，成为中国文学史上的佳话。天宝十四载（755），安史之乱爆发，李白正在宣城（今安徽宣城）、庐山一带隐居。当时玄宗任命其十六子永王李璘为山南东路、岭南、黔中、江南西路四道节度使、江

① 谢静宜：《毛主席读书生活的片断》，《人物》1998 年第 8、9 期。

陵大督，负责保卫长江中游一带地区。"但用东山谢安石，为君谈笑净胡沙"（《在水军宴》），李白怀着消灭叛乱、恢复国家统一的志愿，参加了率师由江陵东下的永王璘的幕府。不料李璘不听肃宗命令，想乘机扩张自己的势力，结果被肃宗派兵消灭。李白也因此获罪，被系浔阳（今江西九江）狱，因得到名将郭子仪援救，才被流放夜郎（今属贵州）。幸而途中遇到大赦，得以东归，时已59岁。晚年流落江南一带。61岁时，一度准备参加太尉李光弼的队伍去讨伐史朝义叛军，半路得病折回。肃宗宝应元年（762），李白在他从叔当涂（今安徽当涂）县令李阳冰的寓所病逝。

李白的诗歌，今存900余首，内容非常丰富，既表现了他一生的经历和思想，也反映了盛唐时代的社会风貌。其中对当时腐朽统治集团表现出强烈不满，作了尖锐的批判；对人民疾苦也有反映；对安史叛乱势力加以斥责，讴歌维护国家统一的正义战争；又善于描绘壮丽的自然景色，表达对祖国山河的热爱。诗风雄奇豪放，想象丰富，语言流转自然，音节和谐多变。善于从民歌、神话中吸取营养和素材，构成其特有的瑰玮绚烂色彩，富有积极浪漫主义精神。他是屈原以后中国文学史上最杰出的积极浪漫主义诗人，对后世影响很大。但有些作品也存在着纵酒放诞、求仙出世的消极思想。

其作品有南宋杨齐贤注的《李翰林集》二十五卷，明代胡震亨的《李诗通》二十一卷，清代王琦注的《李太白文集》三十六卷。王琦注本，是李白诗文集中最完善的本子。新中国成立后，出版了好几部李白诗选及文集。

"李白的诗，文采奇异，气势磅礴，有脱俗之气"

20世纪60年代，毛泽东在与子女谈话时说过："李白的诗，文采奇异，气势磅礴，有脱俗之气。"[1] 又说："李白的诗豪放，想象力丰富，读

---

① 毛岸青、邵华：《回忆爸爸勤奋读书和练书法》，《瞭望》1983年第12期。

了使人心旷神怡。……多读些李白的诗,可以开阔胸襟。"①

毛泽东喜欢李白的诗歌,主要是推崇他那洒脱的艺术气质、作品中洋溢着的积极浪漫主义精神。而在这种艺术气质和浪漫主义精神背后,事实上传达出一种追求个性解放,反抗各种世俗规范的人生价值观。在李白的笔下,总是充满着笑傲王侯、蔑视世俗、不满现实、指斥人生、饮酒赋诗、纵情欢乐的浓烈情感。毛泽东说李白"有道士气",又说他的诗"文采奇异,气势磅礴,有脱俗之气",大体上指的就是这种精神状态和创作精神。毛泽东对这类作品尤为欣赏。

在一本中华书局 20 世纪 50 年代印行的清人蘅塘退士原编《注释唐诗三百首》中,李白《将进酒》诗的标题前,毛泽东画着一个大圈,正文上方天头空白处连画三个小圈,天头上批注:"好诗。"②

1959 年 9 月,毛泽东一次与子女谈话时说,《将进酒》是一首好诗。③

1945 年 9 月 2 日,国共重庆谈判期间,张澜以中国民主同盟名义,在"民主之家"特园宴请毛泽东、周恩来等人。席间,张澜引李白《将进酒》中诗句举杯向毛泽东敬酒说:"会须一饮三百杯!"思路敏捷的毛泽东引用陶靖节(潜)的《饮酒》一诗,举杯相邀道:"且共欢此饮!"④

毛泽东还三次手书过《将进酒》这首诗。⑤

《将进酒》原文是:

> 君不见黄河之水天上来,奔流到海不复回。
>
> 君不见高堂明镜悲白发,朝如青丝暮成雪。
>
> 人生得意须尽欢,莫使金樽空对月。

---

① 《燃烧的回忆——访刘松林、邵华》,《文汇报》1983 年 12 月 23 日。

② 中央档案馆整理:《毛泽东评点诗词曲精选》(上册),中国档案出版社 1998 年版,第 65—66 页。

③ 华英:《毛泽东的儿女们》,中外文化出版公司 1989 年版,第 122 页。

④ 林淇:《老成谋国,乘虚御风——毛泽东三访张澜》,《毛泽东和党外的朋友们》,团结出版社 1996 年版,第 84 页。

⑤ 中央档案馆整理:《毛泽东手书选集·古诗词》(上),北京出版社 1996 年版,第 148—162 页。

天生我材必有用，千金散尽还复来。

烹羊宰牛且为乐，会须一饮三百杯。

岑夫子，丹丘生，将尽酒，杯莫停。

与君歌一曲，请君为我倾耳听。

钟鼓馔玉不足贵，但愿长醉不愿醒。

古来圣贤皆寂寞，惟有饮者留其名。

陈王昔时宴平乐，斗酒十千恣欢谑。

主人何为言少钱，径须沽取对君酌。

五花马，千金裘，呼儿将出换美酒，

与尔同销万古愁！

　　《将进酒》，汉乐府诗题，属《横吹曲·铙歌》。古词有"将进酒，举大白"（《乐府诗集》卷十六），写饮酒放歌。题目的原意是请喝酒。本篇大约作于供奉翰林"赐金放还"之后。当时李白胸中郁积很深，常常纵酒狂歌，借诗酒之兴，"挥斥幽愤"。天宝十一载（752），他北游幽燕后，回到河南洛阳，和岑勋一起在另一好友元丹丘的颍阳山居为客，在一次饮宴中写下了这首愤世嫉俗的著名诗篇。

　　此诗开头六句，诗人以两个呼语领起两句，用黄河之水东去不归、高堂明镜朝丝暮雪，借喻时光流逝，感叹人生短暂，应及时行乐，自然过渡到饮酒。这是饮酒开始，是总起。"天生我材必有用"以下四句，写首次劝酒。诗人自信"天生我材必有用"，表现了诗人的怀才不遇而又渴望用世的人生信念。"岑夫子"到"惟有饮者留其名"十句，写第二次劝酒，写醉酒尽欢，感情更加热烈，态度更加狂放。呼朋唤友的口吻，活画出醉酒的情态；"钟鼓馔玉不足贵"的歌辞，表达了诗人对豪门权贵奢侈生活的蔑视，痛快淋漓地唱出了郁积在心头的痛苦和愤懑，酒兴达到高潮。"陈王昔时宴平乐"至篇末为第四层，是第三次劝酒，卒章显其志，点出饮酒是为了销愁。"陈王"，即三国魏诗人曹植。他被封为陈思王。其《名都篇》有"归来宴平乐，美酒斗十千"的诗句。"平乐"，观名，故址在今河南洛阳。诗人援引曹植饮酒的事例，大有不惜千金买一醉之概。而诗人为何这样做呢？"与尔同销万古愁"。"愁"而饰以"万古"，可见愁得深重，而且永远无法解脱。这个愁就是前面说过的"古来圣贤皆寂寞"，这是壮志难酬的悲愤；这是古往今来一切不得志的志士才人的共同心声，有画龙点睛之妙。

这首诗中虽有人生短暂、及时行乐的感慨，但却写得气概豪迈，乐观自信，放纵不羁，事实上从一个侧面（或者说以洒脱的方式）反映了对当时社会压制人才的不满，流露出政治上不得志的愤懑。诗写得气概豪迈、语言奔放，有较高的艺术性，确是一首"好诗"，是李白的代表作之一。对于李白这类强烈追求个性解放、不畏权贵、不崇拜偶像的诗，毛泽东都很欣赏。例如《庐山谣寄卢侍御虚舟》：

> 我本楚狂人，凤歌笑孔丘。
> 手持绿玉杖，朝别黄鹤楼。
> 五岳寻仙不辞远，一生好入名山游。
> 庐山秀出南斗旁，屏风九叠云锦张，
> 影落明湖青黛光，
> 金阙前开二峰长，银河倒挂三石梁。
> 香炉瀑布遥相望，回崖沓嶂凌苍苍。
> 翠影红霞映朝日，鸟飞不到吴天长。
> 登高壮观天地间，大江茫茫去不还。
> 黄云万里动风色，白波九道流雪山。
> 好为《庐山谣》，兴因庐山发。
> 闲窥石镜清我心，谢公行处苍苔没。
> 早服还丹无世情，琴心三弄道初成。
> 遥见仙人彩云里，手把芙蓉朝玉京。
> 先期汗漫九垓上，愿接卢敖游太清。

此诗作于肃宗上元元年（760），当时李白流放夜郎途中遇赦，从江夏（今湖北武汉）来到浔阳（今江西九江），往游庐山并写下这首诗。卢虚舟，字幼真，范阳（今北京大兴）人，肃宗时曾任殿中侍御使。曾与李白同游庐山。李白另有《和卢侍御通塘曲》。

这时诗人虽有用世之心，但政治出路的幻想已告破灭。所以诗篇一开始就自别于孔丘的奔走求官，而以求仙访道作为解脱，诗的前六句交代诗人来庐山的行踪，是全篇的引子。

"庐山秀出南斗旁"以下 13 句，是对庐山雄伟美丽风景的生动描绘，为该诗的主体部分。又分两层来写，先写山内："秀出南斗旁"，写庐山的坐落，九叠屏、石门岭、三石梁、三叠泉瀑布、香炉峰瀑布，是庐山的主要景观，湖光山色，景色宜人。旭日东升，青山与红霞相映成趣，更是美不胜收。

再写山外，诗人挥动如椽大笔，描绘流过庐山脚下的万里长江的雄伟气势："登高壮观天地间，大江茫茫去不还。黄云万里动风色，白波九道流雪山。""九道"，指长江至浔阳分为九条支流。"白波""雪山"，泛指江水溅起的浪花。这几句是说：登上庐山顶峰，纵目四望，只见浩浩长江，东流入海，黄云万里，变幻无常。写出了庐山雄伟壮丽的景观，又借景抒发了诗人内心的激情，气魄很豪迈，是李诗名句。

诗的末 6 句，写诗人决心学仙求道遁迹山林的情怀，结束全篇。

这首诗想象丰富，意境开阔，感情奔放，气势雄伟，给人以美的享受，所以历来受人们喜爱。

毛泽东也非常喜爱这首诗。在《毛泽东手书选集》里，收有《庐山谣寄卢侍御虚舟》全诗一帧，用纸为红线竖格的"中国人民军事委员会"稿纸，可知书写时间当在 20 世纪 50 年代末至 60 年代初，间或有几个别字，当是凭记忆书写的。

此诗中的"登高壮观天地间"等四句，毛泽东 1959 年 8 月和 1961 年 9 月曾两次手书，一赠长媳刘思齐，一赠当时在庐山开会的中共中央政治局常委各同志。

1949 年 10 月，刘思齐与毛泽东长子毛岸英结婚。1950 年 11 月 25 日，毛岸英在朝鲜前线牺牲。好长一段时间，这一噩耗并未告知刘思齐，后来她得知后，心情苦闷，压力很大。1959 年 8 月 6 日，毛泽东给刘思齐写信加以安慰。信是这样写的：

> 娃：
>
> 　　你身体是不是好些了？妹妹考了学校没有？我还算好，比在北京时好些。登高壮观天地间，大江茫茫去不还。黄云万里动风色，白波九道流雪山。这是李白的几句诗。你愁闷时可以看点古典文学，可起消愁破闷的作用。久不见甚念。
>
> 爸爸
> 八月六日 ①

　　毛泽东写信时，刘思齐正在北京大学俄语系学习，身体不好，思想愁闷，所以，毛泽东写信安慰她，想为她起些"消愁破闷的作用"，体现了毛泽东对儿媳的亲切关怀。后来在毛泽东的催促下，刘思齐与杨茂之结婚，另组家庭，改名刘松林。

　　1961年8月23日至9月16日，中共中央在庐山举行工作会议，讨论工业、粮食、财贸及教育问题。毛泽东在会上分析了当时的经济形势，认为问题暴露出来了，将走向反面，现在是退到谷底了，形势到了今天，是一天天向上升了。在会议结束那天，他书写了"登高壮观天地间"等四句诗，赠中央常委诸同志。书写格式是这样的：

> 　　登高壮观天地间，大江茫茫去不还。黄云万里动风色，白波九道流雪山。
>
> 　　李白庐山谣一诗中的几句。
>
> 　　登庐山，望长江，书此以赠庐山常委诸同志。
>
> 毛泽东
> 一九六一年九月十六日 ②

---

① 毛岸青、邵华：《回忆爸爸勤奋读书和练书法》，《瞭望》1983年第12期。
② 《毛泽东手书选集·古诗词》（上），北京出版社1996年版，第123—126页。

1961 年毛泽东书此四句诗赠庐山常委诸同志，是因为当时由于"大跃进"的失误之后，紧接着是三年困难时期，我国处于经济困难时期，是要中央领导核心成员鼓起勇气，战胜困难。二者都是劝他人开阔胸襟之意。

此类作品还不少，毛泽东都很爱读。例如《梦游天姥吟留别》中的"安能摧眉折腰事权贵，使我不得开心颜"；《宣州谢朓楼饯别校书叔云》中的"弃我去者，昨日之日不可留；乱我心者，今日之日多烦忧。长风万里送秋雁，对此可以酣高楼""抽刀断水水更流，举杯浇愁愁更愁"等名句，毛泽东都画着重线。在好几本诗集里，这些诗的标题前，都画着两个、三个圈；有的书中，标题前画一个大圈，正文开头处天头空白上连画三个小圈，足见他极为重视。

"主要是艺术性很高"

1975 年 6 月间，毛泽东同陪他读书的北京大学中文系讲师芦荻谈到李白的名作《蜀道难》时，曾对她说：

> 李白的《蜀道难》写得很好。有人从思想性方面作各种猜测，以便提高评价。不要管那些纷纭诉讼，这首诗主要是艺术性很高，谁能写得有他那样淋漓尽致呀，它把人带进祖国壮丽险峻的山川之中，把人带进神奇优美的神话世界，让人仿佛也到了"难于上青天"的蜀道上面了。[1]

在一本由中华书局印行的乾隆年间蘅塘退士（孙洙）原编的《注释唐诗三百首》中，毛泽东在《蜀道难》这首诗的天头上画着一个大圈，并批

---

① 杨建业：《在毛主席身边读书——访北京大学中文系讲师芦荻》，《光明日报》1987 年 12 月 29 日。

注道："此篇有些意思。"① 在另一本《注释唐诗三百首》中，《蜀道难》这首诗题头上方也画了一个大圈，但没再批语②。

据当代作家杜鹏程回忆：1956 年 2 月 4 日晚上，在中南海怀仁堂，毛泽东、周恩来、陈毅等接见出席关于知识分子问题会议的文学艺术界的代表。当毛泽东走到杜鹏程面前和他握手时，问他现在哪里工作，沈雁冰（中国作协主席、文化部部长）介绍说，在西南的铁路建设工地工作。周恩来走过来说：就是宝成铁路工地。陈毅也说：往我的家乡修铁路啊！毛泽东望着杜鹏程说：李白的《蜀道难》就是写的你们现在工作的那些地方艰险情景。不过，"蜀道"很快就不"难"啰！说罢，就随意而动情地吟诵那首诗中的一些句子。③

从毛泽东的引用、批注和评论的情况来看，他对李白的《蜀道难》是很感兴趣、颇有研究的，其评论是很精辟、独到的。

《蜀道难》是乐府《相和歌·瑟调曲》三十八曲之一。其内容是描写蜀道的险阻。李白的《蜀道难》是传统题材的再发挥。全诗如下：

> 噫吁嚱，危乎高哉！蜀道之难，难于上青天！
> 蚕丛及鱼凫，开国何茫然。
> 尔来四万八千岁，乃与秦塞通人烟。
> 西当太白有鸟道，可以横绝峨眉巅。
> 地崩山摧壮士死，然后天梯石栈相钩连。
> 上有六龙回日之高标，下有冲波逆折之回川。
> 黄鹤之飞尚不得过，猿猱欲度愁攀援。
> 青泥何盘盘，百步九折萦岩峦。
> 扪参历井仰胁息，以手抚膺坐长叹。

① 张贻玖：《毛泽东和诗》，春秋出版社 1987 年版，第 27 页。
② 中央档案馆整理：《毛泽东评点诗词曲精选》（上），中国档案出版社 1996 年版，第 62 页。
③ 杜鹏程：《难忘的关怀——回忆毛主席接见知识分子的一次盛会》，《毛主席光辉照千秋》，第 700 页。

问君西游何时还？畏途巉岩不可攀。

但见悲鸟号古木，雄飞雌从绕林间。

又闻子规啼夜月，愁空山。

蜀道之难，难于上青天，使人听此凋朱颜！

连峰去天不盈尺，枯松倒挂倚绝壁。

飞湍瀑流争喧豗，砯崖转石万壑雷。

其险也如此，嗟尔远道之人，胡为乎来哉！

剑阁峥嵘而崔嵬，一夫当关，万夫莫开。

所守或匪亲，化为狼与豺。

朝避猛虎，夕避长蛇，磨牙吮血，杀人如麻。

锦城虽云乐，不如早还家。

蜀道之难，难于上青天，侧身西望长咨嗟！

据孟棨《本事诗》，贺知章于天宝初年李白入京时即见此作，惊叹之余，称李白为"谪仙"。

这首诗以雄奇的笔调，采纳传说、民谚，夸写蜀道之艰难险阻，是李白浪漫主义诗风的表现。全诗以"噫吁嚱，蜀道之难，难于上青天"的强烈感叹发端，开始正面描写蜀道的艰难险阻。写秦蜀隔绝之久、蜀道开辟之难、所辟栈道之险，又引入蚕丛和鱼凫的传说，以及五丁开山的神话故事，一幅奇险多姿的蜀道山川的神奇图画，便展现在读者面前了。

接着诗人又从侧面烘托，进一步描写蜀道的荒凉空寂和雄奇绝险：悲鸟哀号，子规啼愁，山高离天不到一尺，千年古松倒挂绝壁，急流冲击山岩，瀑布发出雷鸣，写尽了山势的陡峭和涧底洪涛的声势，真是惊心动魄。

最后又极写蜀道的险要：剑阁是"一夫当关，万夫莫开"的咽喉要塞，易守难攻。如果守关之人不是忠臣良将，反而会酿成祸患，再加上那里时有猛虎和长蛇吃人，实在太危险了。所以锦城（成都）虽是个好地方，还是不如早回家去的好，以咏叹作结，首尾呼应。

总之，这首诗运用丰富的想象、大胆的夸张、奇妙的神话，传神地写出了蜀山、蜀道的磅礴气象、神秘色彩，为我们描绘了一幅险峻壮丽的山水画卷，把人们带进神奇优美的神话世界，给人们以无尽的审美享受。所以，毛泽东说它"主要是艺术性很高"，"使人仿佛到了'难于上青天'的蜀道上面了"。艺术成就很高，无人可比，自古以来，没有人把蜀道"写得有他那样淋漓尽致呀"！

毛泽东在与芦荻的谈话中，为什么说不必"从思想性方面作各种猜测"呢？

这是因为古今注家对《蜀道难》的内在意义有不同说法。据笔者所知，关于这首诗的寓意，主要有七种说法：

第一，为"房琯、杜甫处境担忧而讽刺严武"说（范摅：《云溪友议》）；

第二，"讽玄宗幸蜀"说（萧士赟《分类补注李太白诗》）；

第三，"讽章仇兼琼"说（沈括《梦溪笔谈》卷四等）；

第四，"即事成篇，别无他言意"说（胡震亨《唐音癸签》卷二十一等）；

第五，"送友人入蜀"说（詹瑛《李白诗文系年》）；

第六，"歌颂祖国山川"说（樊兴：《〈蜀道难〉的寓意及其写作年代辨》，《文学遗产增刊》第六辑；

第七，"痛斥当时四川统治者"说（魏兴南：《简论〈蜀道难〉》，《语文》1960 年 4 月号）。

此外还有初版于 1963 年，由复旦大学教授朱东润主编的《中国历代文学作品选》中编第一册，在该诗前面的"题解"中说："唐时，蜀中商业经济极为发达，入蜀的人们乐不思返，而没有意识到这一地区，形势险要，自古为封建割据之地，随时有发生变乱的可能。诗中强调'所守或匪亲，化为狼与豺'，就是指此而言。"这些议论，众说纷纭，莫衷一是，难下断语。但它们的出发点是共同的，就是强调其思想性，"以便提高评价"。毛泽东认为无此必要，并认为"主要是艺术性很高"。那就是说，不必牵强附会地提高其思想性，不妨碍它是一首好诗。这种见解出自一贯主张评价文学作品要"政治标准第一，艺术标准第二"的毛泽东，是颇耐人寻味的。

"李白、李贺、李商隐，搞点幻想"

1958 年 1 月 16 日，毛泽东在南宁会议的讲话中曾赞扬"李白、李贺、李商隐，搞点幻想"。他还对刘松林、邵华说过："李白的诗豪放，想象力丰富，读了使人心旷神怡。"诗中充满着丰富的想象、幻想，是李白浪漫主义诗作的一个重要特征。

什么是想象？什么是幻想？它们与诗歌创作又有什么关系呢？

想象指人脑将原有的表象（保存在记忆中的客观事物的映象）加工改造成新的表象的心理过程，是文艺创作中最重要的心理活动之一。高尔基说："想象是创造形象的文学技巧的最重要的方法之一。"高尔基指的是艺术想象。艺术想象是通过自觉的表象运动，借助原有的表象和经验以创造新形象的心理过程。而幻想是一种特殊形式的想象。这种想象，总是指向未来，并和人们的愿望相结合。所以想象和幻想是文艺创作中重要的心理活动，尤其是浪漫主义文学。从这个意义上来讲，没有想象或幻想，就没有文学创作。太实，就不能写诗了。

最能体现李白的诗富于想象、幻想特色的，莫过于他的名作《梦游天姥吟留别》了。全诗如下：

> 海客谈瀛洲，烟涛微茫信难求；
> 越人语天姥，云霓明灭或可睹。
> 天姥连天向天横，势拔五岳掩赤城。
> 天台四万八千丈，对此欲倒东南倾。
> 我欲因之梦吴越，一夜飞度镜湖月。
> 湖月照我影，送我至剡溪。
> 谢公宿处今尚在，渌水荡漾清猿啼。
> 脚著谢公屐，身登青云梯。
> 半壁见海日，空中闻天鸡。
> 千岩万壑路不定，迷花倚石忽已暝。

熊咆龙吟殷岩泉，慄深林兮惊层巅。

云青青兮欲雨，水澹澹兮生烟。

列缺霹雳，丘峦崩摧。

洞天石扉，訇然中开。

青冥浩荡不见底，日月照耀金银台。

霓为衣兮风为马，云之君兮纷纷而来下。

虎鼓瑟兮鸾回车，仙之人兮列如麻。

忽魂悸以魄动，怳惊起而长嗟。

惟觉时之枕席，失向来之烟霞。

世间行乐亦如此，古来万事东流水。

别君去兮何时还？

且放白鹿青崖间，须行即骑访名山。

安能摧眉折腰事权责，使我不得开心颜。

诗题一作《别东鲁诸公》。《河岳英灵集》作《梦游天姥山别东鲁诸公》。后来有的本子改题为《梦游天姥吟留别》。天姥，山名，在今浙江天台西，近临剡溪。传说登山的人听到过仙人天姥唱歌，因此得名。

这首诗写于唐玄宗天宝四载（745）。天宝三载，李白被玄宗"赐金放还"，这是李白政治上的一次大失败。离长安后，曾与杜甫、高适在汴梁（今河南开封）相会，遍游梁、宋、齐、鲁，又在东鲁家中住了一个时期。之后，"一生好入名山游"的李白，又要往游吴越。此诗就是他告别东鲁诸公时所作。东鲁，即现在的山东一带。吟留别，是把梦游的情境写成诗，赠给留在东鲁的朋友，用来作为分别的纪念。

此诗开头前8句，写梦游的起因。诗人用比较、衬托和夸张的手法，极写天姥山的雄伟高大："势拔五岳掩赤城"。就是说它比著名的"五岳"更挺拔，赤城山完全被它遮盖，有名的天台山则倾斜着如拜倒在它脚下一样。显然这是夸大之笔、梦中所想。

从"我欲因之梦吴越"至"失向来之烟霞"共30句，写梦游的过程，是全诗的主体。诗人进入梦境，一夜之间镜湖飞度，来到剡溪，便开始登山，一幅幅瑰丽而变幻的奇景展现在诗人面前：石径盘旋，山中光线幽暗，看到海日东升，天鸡高唱，本是一片曙色；却又于山花迷人，倚石暂憩之中，忽觉暮色降临，旦暮之变何其倏忽。暮色中熊咆龙吟，震响于山谷之间，深林为之战栗，层巅为之惊动。这奇异的境界，已经够使人惊骇了，但诗人并未到此止步，而诗境由奇异转入荒唐，为读者描写了一个神仙下降的场面："丘峦崩摧，訇然中开"之后，从洞府中出来众多仙人。神仙们披彩虹为衣，驱长风为马，猛虎为其鼓瑟，鸾鸟为其驾车，成群结队地向诗人走来。梦境写到这里，达到了高潮。

末7句，写梦游的感慨。前面写梦游奇境，不同于一般游仙诗，它感慨深沉，抗议激烈，并非真正依托于梦幻之中，而是在神仙世界虚无缥缈的描绘中，依然着眼于现实。神游天上仙境，而心觉"世间行乐亦如此，古来万事东流水"。本来诗意到此似乎已尽，而诗人却愤愤地又写了两句："安能摧眉折腰事权贵，使我不得开心颜！"一吐长安三年的郁闷之气。天外飞来之笔，点亮了全诗的主题：对于名山仙境的向往，是出之于对权贵的抗争，它唱出了封建社会中多少怀才不遇者的心声啊！李白在这里所表达的决绝态度，是对封建统治者的一种蔑视。在封建社会，敢于这样想、这样说的人并不多。李白说了，也做了，这是他异乎常人之处。

这是一首记梦诗，也是一首游仙诗。诗人以梦游驰骋想象，驱使神仙成群罗列，虎为鼓瑟，鸾为回车，丘峦崩裂，日月照耀，创造了神异瑰丽的神仙世界，洋溢着强烈的浪漫主义精神，是李白的代表作之一。

李白的想象是很丰富和惊人的。他的"狂风吹我心，西桂咸阳树"（《金乡送韦八至西京》）、"我寄愁心与明月，随风直到夜郎西"（《闻王昌龄左迁龙标遥有此寄》），都以奇特的想象表现了对长安和诗友的怀念。《梁甫吟》、《古风》（西上莲花山）分别通过幻想的方式来表现自己在长安受到谗毁和安史叛军对中原的蹂躏；《远别离》更通过迷离惝恍的传说来表现对唐玄宗后期政治的隐忧。《蜀道难》《梦游天姥吟留别》则借助神话传说，构造出色彩缤纷、惊心动魄的境界。对《蜀道难》《远别离》等篇章，前人评为"奇之又奇"（殷璠《河岳英灵集》），"变幻错综，窈冥昏默"（胡应麟《诗薮》），正揭示了其诗想象丰富奇幻、语句错综变化的特色。

李白"尽想做官"

虽然毛泽东对李白诗的汪洋恣肆，热情奔放，富有幻想的浪漫主义色彩十分赞扬，引为同好，但也指出他是个做官迷。

1945 年 4 月 24 日，毛泽东在中国共产党第七次全国代表大会上的口头政治报告中，就当时延安文化界说边区是否有韩荆州，讲了这样一个故事："唐朝时，有一个姓韩的在荆州做刺史，所以人们把他叫作韩荆州。后来有一个会写文章的人叫李太白，他想做官，写了一封信给韩荆州，把他说得了不起，天下第一，其实就是想见韩荆州，捧韩荆州是为了要韩荆州给他一个官做。因此就出了'韩荆州'的典故。"①

韩荆州，即韩虙，字朝宗，长安（今陕西西安）人。历任左拾遗、襄州刺史、京兆尹，出为高平太守，贬吴兴别驾，卒。唐玄宗开元年间任荆州刺史，喜识拔后进，当时的士人很仰慕他，所以李白也上书自荐，希望得到他的推举或任用。李白这篇《与韩荆州书》，大约写于开元十八年至二十二年（730—734）之间。李白是有文才、有气魄的人，这一篇文章气势很盛，与一般卑词乞怜的书牍有所不同。如开写道："白闻天下谈士相聚而言曰：'生不用封万户侯，但愿一识韩荆州。'何令人之景慕，一至如此耶！岂不以有周公之风，躬吐握之事，使海内豪俊，奔走而归之，一登龙门，则声誉十倍，所以龙蟠凤逸之士，皆欲收名定价于君侯。君侯不以富贵而骄之，寒贱而忽之，则三千宾中有毛遂，使白得颖脱而出，即其人焉。"

这段文字先借他人之口，盛赞韩朝宗谦恭待士，所以豪俊群相景慕，都愿意归朝宗以增声誉，李白自己也愿意为朝宗门下的毛遂。既开宗明义，道出求人荐拔之意，又不卑不亢，自占地步，颇为得体。

接下来又介绍自己说："白陇西布衣，流落楚汉。十五好剑术，偏干

---

① 《在中国共产党第七次全国代表大会上的口头政治报告》,《毛泽东文集》第二卷，人民出版社 1996 年版，第 337—338 页。

诸侯；三十成文章，历抵卿相。虽长不满七尺，而心雄万夫。王公大人，许与义气。此畴昔心迹，安敢不尽于君侯哉！"叙说自己平日所学和交游意气之盛，表示自己跟一般士人不同。为了求官而夸大自己的本领。为了得到他的引荐或任用，后面又对韩朝宗极力揄扬，更不足取。总之，毛泽东引用李白《与韩荆州书》的故事，是说明李白只想做官。

1973 年 7 月 3 日，毛泽东召见王洪文、张春桥。谈话中，毛泽东借用《孟子·梁惠王上》中"五十步笑百步"的典故，批评外交部亚洲司对日本政局（田中上不了台）和中日关系（不能改善）的错误分析。从而引出"正式劝同志们读一点书，免得受知识分子的骗"的感慨。他说：

> 什么郭老、范老，任继愈、杨柳桥之类的争论。郭老又说孔子是奴隶主义的圣人。郭老在《十批判书》里头自称是人本主义，即人民本位主义。孔夫子也是人本主义，跟他一样。郭老不仅是尊孔，而且还反法。国民党也是一样啊！林彪他也是啊！
>
> 我赞成郭老的历史分期，奴隶制以春秋战国为界。但是不能大骂秦始皇。他乱得很。
>
> 早几十年中国的国文教科书就说秦始皇不错了。车同轨，书同文，统一度量衡。就是李白讲秦始皇，开头一大段也是讲他了不起。"秦王扫六合，虎视何雄哉！挥剑决浮云，诸侯尽西来。"一大篇，只是屁股后头搞了两句："但见三泉下，金棺葬寒灰。"就是说还是死了。你李白呢？尽想做官！结果充军贵州，走到白帝城，普赦令下来了。于是乎，"朝辞白帝彩云间"。其实，他尽想做官。《梁父吟》说现在不行，将来有希望。"君不见高阳酒徒起草中"，"指挥楚汉如旋蓬"。那时神气十足。我加上几句，比较完全："不料韩信不听话，十万大军下历城。齐王火冒三千丈，抓了酒徒付鼎烹"，把他下油锅了。[1]

---

① 彭程、王芳：《中国七十年代政局备忘录》，《长河》1989 年第 1 期。

毛泽东在这次谈话中，再次批评李白尽想做官，涉及李白三篇重要作品。第一篇是《古风》之三。原诗如下：

> 秦王扫六合，虎视何雄哉！
> 挥剑决浮云，诸侯尽西来。
> 明断自天启，大略驾群才。
> 收兵铸金人，函谷正东开。
> 铭功会稽岭，骋望琅琊台。
> 刑徒七十万，起土骊山隈。
> 尚采不死药，茫然使心哀。
> 连弩射海鱼，长鲸正崔嵬。
> 额鼻像五岳，扬波喷云雷。
> 鬐鬣蔽青天，何由睹蓬莱。
> 徐市载秦女，楼船几时回？
> 但见三泉下，金棺葬寒灰。

毛泽东一向推崇秦始皇，读到李白《古风》之三，自然就很注意他对秦始皇的评价。在毛泽东看来，以秦始皇之赫赫功业，而历代文人笔下赞颂者实在太少，故对李白讲秦始皇，很感兴趣，并赞成他在诗中开头"秦王扫六合"等10句对秦始皇功业的正面颂扬。秦始皇统筹六国的伟大业绩以及收兵、铭功巩固政权的两大措施都值得肯定。由于"刑徒七十万"以下十四句写了秦始皇大兴土木、寻找长生不老药等事，便引出了毛泽东对李白很不客气的批评。

毛泽东很不赞成李白对秦始皇结局的描写，说他"只是屁股后头搞了两句：'但见三泉下，金棺葬寒灰。'就是说，他还是死了。"因为在毛泽东看来，像秦始皇这样了不起的非凡人物，其轰轰烈烈的功业和影响是万古长存的。毛泽东不无挑剔地指出李白在自己作品中抒发的傲视一切的勃勃雄心，与他在现实生活中的坎坷遭遇之间的深刻矛盾：尽想做官！结果被流放夜郎，走到白帝城，普赦令下来了，于是乎，"朝辞白帝彩云间"。

唐肃宗乾元二年（759）春天，李白因永王璘案，流放夜郎（今贵州），取道四川赴贬地。走到白帝城（今重庆奉节东白帝山上），忽接赦书，惊喜交加，旋即放舟东下江陵（今湖北江陵），遂赋诗《早发白帝城》，一作《下江陵》。诗是这样写的：

朝辞白帝彩云间，千里江陵一日还。
两岸猿声啼不住，轻舟已过万重山。

这首诗抒发了诗人遇赦后乘舟东下时的喜悦畅快的心情。李白的"尽想做官"不成而被流放，后遇赦东下的不幸经历，可以说代表了古代大多数有成就的诗人的普遍命运。这虽然反映了封建社会不合理制度压抑人才的痼疾，但从李白来看，也是他书生式议论的必然结果。因为李白虽然自视甚高，但并无实际才干，再加上他为人放荡不羁，这就必然导致他四处碰壁，可惜他至死不悟。

毛泽东对李白的批评并不到此为止，接着他又批评李白："其实，他尽想做官。《梁父吟》说现在不行，将来有希望。"

《梁甫吟》，乐府"楚词曲名"，亦作《梁父吟》。梁父，山名，在泰山脚下。原诗是：

长啸梁父吟，何时见阳春？
君不见，朝歌屠叟辞棘津，八十西来钓渭滨。
宁羞白发照渌水，逢时吐气思经纶。
广张三千六百钓，风期暗与文王亲。
大贤虎变愚不测，当年颇似寻常人。
君不见，高阳酒徒起草中，长揖山东隆准公。
入门不拜骋雄辩，两女辍洗来趋风。
东下齐城七十二，指挥楚汉如旋蓬。
狂生落魄尚如此，何况壮士当群雄。
我欲攀龙见明主，雷公砰訇震天鼓，帝旁投壶多玉女。

三时大笑开电光，倏烁晦冥起风雨。

阊阖九门不可通，以额扣关阍者怒。

白日不照吾精诚，杞国无事忧天倾。

猰貐磨牙竞人肉，驺虞不折生草茎。

手接飞猱搏雕虎，侧足焦原未言苦。

智者可卷愚者豪，世人见我轻鸿毛。

力排南山三壮士，齐相杀之费二桃。

吴楚弄兵无剧孟，亚夫咍尔为徒劳。

梁甫吟，声正悲，张公两龙剑，神物合有时。

风云感会起屠钓，大人峣屼当安之。

此诗大约作于受唐玄宗左右小人谗害"赐金放还"之后，是李白借乐府古题抒发个人忧国伤时的作品。

诗的前半部分，诗人在开头之后，连用两组"君不见"提出两个历史故事：一个是西周吕望（姜子牙）长期埋没人间，80岁才得遇周文王，遂辅佐武王灭商，展平生之志；另一个是秦朝末年的郦食其（yì jī），他本是一个自称"高阳酒徒"的儒生，得遇刘邦，成为楚汉战争中的风云人物。

后半部分，写诗人自投明主，却遇到种种阻碍，遭受种种打击，抨击现实生活中的不合理现象：上皇不体察诗人对国家的一片忠心，反而说他是"杞人忧天"。最后表示自己决不放弃对理想的追求。

李白在《梁父吟》中引用刘邦的谋士郦食其的故事。郦食其家贫落魄，无以为生，当他自称"高阳酒徒"去游说"隆准龙颜"的刘邦时，刘邦"方倨床，使两女子洗足"，他竟长揖不拜，使刘邦为之"辍洗，起，振衣，延郦生上座，谢之"。后刘邦派他到齐国游说，他"伏轼下齐十余城"，在楚汉战争中立下了大功。郦食其以一介书生游说刘邦而受重用，李白对此很有点推崇神往，故说"君不见，高阳酒徒起草中"，"指挥楚汉如旋蓬"。毛泽东却不这么看，他随口吟出几句打油诗，用史实指出郦食其的可悲下场。据《史记·淮阴侯列传》载，刘邦手下大将韩信引兵东进，欲攻打齐国时，受刘邦派遣游说齐王的郦食其，早已抢先说服了齐王。不料韩信为了争功，仍率兵攻齐，连下72城，齐王以为郦食其以缓兵之计骗了自己，便把他投入油锅烹死了。从毛泽东富有情趣的调侃之中，不难看出他对自视过高的书生意气的轻视，对李白只想做官的辛辣嘲讽。

李白对毛泽东的影响

李白的诗被历代唐诗选家所重视，不少被纳入集中。其中最有影响的是清人沈德潜选编的《唐诗别裁集》和蘅塘退士原编的《注释唐诗三百首》，以及陈婉俊注本《唐诗三百首》。前者选录唐代不同时期不同流派的诗作1828首，分体编排，并有简单评注。其中选李白诗150首。后者编选简要，多是脍炙人口的佳作，便于诵读，广为流传。其中选李白诗29首。这些都是毛泽东喜欢并熟读的本子。据笔者不完全统计，毛泽东评论、引用、化用、手书、编选、圈点的李白诗有64首之多，篇名如下：

《古风》之三（秦王扫六合）、《蜀道难》、《将进酒》、《梁父吟》、《行路难》（三首）、《与史郎中钦听黄鹤楼上吹笛》、《听蜀僧濬弹琴》、《拟古十二首》（选四首）、《忆旧游寄谯郡元参军》、《长相思》（二首）、《北风行》、《关山月》、《山人劝酒》、《长干行》（二首）、《古朗月行》、《妾命薄》、《玉阶怨》、《峨眉山月歌》、《峨眉山月歌送蜀僧晏入中京》、《沐浴子》、《静夜思》、《子夜吴歌》（四首）、《襄阳歌》、《江上吟》、《侍从宜春苑奉诏赋龙池柳色初青听新莺百啭歌》、《当涂赵炎少府粉图山水歌》、《赠汪伦》、《沙丘城下寄杜甫》、《闻王昌龄左迁龙标遥有此寄》、《寄王屋山人孟大融》、《庐山谣寄卢侍御虚舟》、《秋日鲁郡尧祠亭上宴别杜补阙范侍御》、《梦游天姥吟留别》、《金陵酒肆留别》、《黄鹤楼送孟浩然之广陵》、《渡荆门送别》、《鸣皋歌送岑征君》、《送友人入蜀》、《送友人》、《宣州谢朓楼饯别校书叔云》、《送储邕之武昌》、《下终南山过斛斯山人宿置酒》、《登金陵凤凰台》、《鹦鹉洲》、《秋登宣城谢朓北楼》、《客中作》、《上三峡》、《早发白帝城》、《苏台览古》、《越中览古》、《经下邳圮怀张子房》、《夜泊牛渚怀古》、《望鹦鹉洲怀祢衡》、《月下独酌》（花间一壶酒）。①

1958 年，中共中央成都会议期间，毛泽东亲自编选《唐宋人写的有关四川的一些诗和词》一书，印发给与会代表，其中收入李白的《蜀道难》、《峨眉山月歌》《峨眉山月歌送蜀僧晏入中京》《上三峡》《早发白帝城》和《送友人入蜀》等 6 首诗。②

毛泽东手书过的李白诗有 16 首，它们是：《古风十五首》（秦王扫六合等四句）、《望鹦鹉洲怀祢衡》（句）、《庐山谣寄卢侍御虚舟》（登高壮观天地间四句）、《梦游天姥吟留别》、《下江陵》、《黄鹤楼送孟浩然之广陵》、《赠汪伦》、《宣州谢朓楼饯别校书叔云》（二幅）、《将进酒》（三幅）、《送储邕之武昌》（前四句）、《登金陵凤凰台》、《越中怀古》、《夜泊牛渚怀古》、《黄鹤楼闻笛》（两幅）、《忆秦娥》、《清平调》（三首）。③

毛泽东喜欢读李白的诗，也喜欢引用和评论李白诗文，来解决工作中的一些问题。

1936 年毛泽东同斯诺的谈话中，说到他在湖南第一师范学校学习时，想专修社会科学，对自然科学并不特别感兴趣，"最讨厌的是静物写生这门课"。"我总是想出最简单的东西来画，草草画完就离开教室。记得有一次我画了一条直线，上面加了一个半圆，来表现'半壁见海日'的画意。"④"半壁见海日"是李白《梦游天姥吟留别》中的一句。

1935 年 1 月 19 日，中央红军离开遵义占领土城，准备渡赤水河，却被川军咬住了，形势十分危急。朱德总司令决定上前线亲自指挥。1 月 28 日上午，毛泽东和总部其他首长决定为他举行一个欢送仪式。"朱德同志快步走近毛泽东，毛主席也赶忙紧走几步，两双手紧紧地握在一起。朱总

① 毕桂发主编：《毛泽东批阅诗词曲赋全编》，中国工人出版社 2007 年版，第 302—370 页。

② 刘开扬注释：《诗词若干首——唐宋明朝人咏四川》，四川人民出版社 1979 年版，第 1—19 页。

③ 《毛泽东手书选集·古诗词》（上），北京出版社 1996 年版，第 112—172 页。

④ 《毛泽东自述》，人民出版社 1996 年版，第 33 页。

司令很激动，说：'不必兴师动众。不必兴师动众。礼重了。礼重了。'毛主席当即说道：'理应如此。理应如此。'桃花潭水深千尺'，不及你我手足情嘛。祝总司令多抓俘虏，多打胜仗。'"①毛泽东所吟"桃花潭水深千尺"两句诗，是由李白《赠汪伦》"桃花潭水深千尺，不及汪伦送我情"诗句改造而来。上句"桃花潭水深千尺"，张口即来，下句"送我情"改为"手足情"，即兄弟情分，足见战友情深。

1935 年 2 月 26 日，红军占领了入川门户娄山关这个有名的古战场，毛泽东突然想到晋代张华《励志诗》的名句"大仪斡运，天回地游"。

接着，毛泽东又吟哦起李白的词《忆秦娥·箫声咽》："箫声咽，秦娥梦断秦楼月。秦楼月，年年柳色，灞陵伤别。　　乐游园上清秋节，咸阳古道音尘绝。音尘绝，西风残照，汉家陵阙。"

毛泽东知道有人认为这首词可能不是李白所作，但不管是否为李白所作，毛泽东认为此词下阕从怀念远人，掺入了怀古伤今之意，气象就突然开阔。正如王国维在《人间词话》卷上说："太白纯以气象胜。'西风残照，汉家陵阙'，寥寥八字，遂关千古登山之口。"②

1936 年，毛泽东为东渡黄河的红一军团诸将领送行，顺口吟诗道："涉远祁连外，来从晋地游。"众将军不知所云，面面相觑。邓华将军略思片刻，对曰："主席是改李白《渡荆门送别》诗的前两句，为我送行呢。"随即琅琅背诵全诗："渡远荆门外，来从楚国游。山随平野尽，江入大荒流。月下飞天镜，云生结海楼。仍怜故乡水，万里送行舟。"③

李诗前两句是说，诗人从遥远的蜀地，乘舟东下，渡过险要的荆门，来到楚地漫游。毛泽东改造的两句是说，红一军团的将军是从遥远的祁连山而来，要到晋地（山西）去开辟工作。

1948 年 8 月 23 日，中央机关从川口渡黄河。毛泽东上了第一船，周恩来、任弼时上了第二船，陆定一和胡乔木等上了第三船。

① 许长庚：《送总司令上前线》，《星火燎原》杂志 1985 年第 1 期。
② 吴启权：《毛泽东在四川》，四川人民出版社 1996 年版，第 149—150 页。
③ 《解放军文艺》1998 年第 8 期。

李　白——"我喜欢李白"

行船过了中流，毛泽东向河的上游眺望。阳光灿烂，水面上金光万道，毛泽东情不自禁地吟咏道："君不见，黄河之水天上来，……到底源头在哪里呢？"毛泽东所吟诗句出自李白《将进酒》诗："君不见黄河之水天上来，奔流到海不复回。"①黄河源远流长，落差极大，如从天而降，一泻千里，东走大海。革命胜利在望，毛泽东借李白诗句以抒豪情。

1952年10月，毛泽东给叶挺将军的孩子们书写了一幅《将进酒》。

1952年10月底，毛泽东从山东到徐州视察，他对随行人员说："历史上很多名人来过徐州，……著名的史学家司马迁、诗人谢灵运、李白、白居易、李商隐、范仲淹、文天祥、李渔、苏轼、韩愈、李煜等，都来过徐州。大诗人李白专程去下邳圯桥凭吊张良往事，写下《经下邳圯桥怀张子房》一诗：'我来圯桥上，怀古钦英风。惟见碧水流，曾无黄石公。叹息此人去，萧条徐泗空。'李白也想见黄石公，得到上天指点，干点大事业，可惜黄石公不在了。"②

此诗是一首五古，共14句，毛泽东所吟是后6句，前8句写张良在博浪沙狙击秦始皇后逃往下邳，在圯桥得遇黄石公授兵书，后成为汉高祖刘邦的主要谋士。后6句写李白很想像张良那样得到高人指点，建功立业，可惜没有黄石公那样的人识拔了，实际是借怀古而自抒怀抱。

1958年3月29日，毛泽东在成都会议之后，从重庆乘江峡轮东下，船进入三峡时，毛泽东问女驾驶员小石："三峡有个白帝城吧？"小石说："有的。"毛泽东立即朗声吟起了李白的诗句："朝辞白帝彩云间，千里江陵一日还。两岸猿声啼不住，轻舟已过万重山。"随后，毛泽东又背一句，叫小石念一句。念完后，他又说："背给我听听。"小石立刻背诵了一遍。毛泽东满意地点点头，说："好。"

毛泽东乘江峡轮驶出了三峡，过宜昌，江面开阔，江水浩渺，船到江陵时，他凭船舷面对大江朗诵道："朝辞白帝彩云间，千里江陵一日还。两岸猿声啼不住，汽笛一鸣到公安。"

---

① 竞鸿、吴华编著：《毛泽东生平实录》，吉林人民出版社1992年版，第669页。
② 李家骥：《我做毛泽东卫士十三年》，中央文献出版社1998年版，第220—221页。

杨尚昆听了，不由得笑着说："主席把李白的诗发展到社会主义了。"

1970年8月31日，毛泽东在中共九届二中全会期间写的《我的一点意见》一文中说：

> 例如，我跟陈伯达这位天才理论家之间，共事三十多年，在一些重大问题上就从来没有配合过，更不用说很好的配合。仅举三次庐山会议为例。第一次，他跑到彭德怀那里去了。第二次，讨论工业七十条，据他自己说，上山几天就下山了，也不知道他为了什么原因下山，下山之后跑到什么地方去了。这一次，他可配合得很好了，采取突然袭击，煽风点火，唯恐天下不乱，大有炸平庐山，停止地球转动之势。我这些话，无非是形容我们的天才理论家的心（是什么心我不知道，大概是良心吧，可决不是野心）的广大而已。至于无产阶级的天下是否会乱，庐山能否炸平，地球是否停转，我看大概不会吧。上过庐山的一位古人说："杞国无事忧天倾"。我们不要学那位杞国人。

毛泽东文中说的一位古人就是李白，所引诗句见于《将进酒》。毛泽东借以批判陈伯达在会上抛出"称天才"的语录，为林彪当国家主席制造舆论，是唯恐天下不乱；而无产阶级的天下不会乱，他们这样做，就像古代那个杞国人一样，是"杞国无事忧天倾"。一语中的地揭穿了陈伯达"称天才"的谎言，粉碎了林彪、陈伯达一伙篡党夺权的阴谋诡计。

中共中央办公厅1972年3月18日印发的《毛主席在外地巡视期间同沿途各地负责同志的谈话纪要（1971年8月中旬至9月12日）》中说：

> 1970年庐山会议，他们搞突然袭击，搞地下活动，为什么不敢公开呢？可见心里有鬼。他们先搞隐瞒，后搞突然袭击，五个常委瞒着三个（引者注：指林彪、陈伯达瞒着毛泽东、周恩来、康生），也瞒着政治局的大多数同志，除了几位大将之外。那些大将，包括黄永胜、吴法宪、叶群、李作鹏、邱会作，还有李雪峰、郑维山。他们一气都不透，来了个突然袭击。他们发难，不是一天半，而是八月二十三、二十四

到二十五日中午，共两天半。他们这样搞，总有个目的嘛！……我看他们的突然袭击，地下活动，是有计划、有组织、有纲领的。纲领就是设国家主席，就是"天才"，就是反对"九大"路线，推翻九届二中全会三项议程。有人急于想当国家主席，要分裂党，急于夺权。……

林彪同志那个讲话（原注：指林彪 1970 年 8 月 23 日在九届二中全会上的讲话），没有同我商量，也没有给我看。他们有话，事先不拿出来，大概总认为有什么把握了，好像会成功了。可是一说不行，就又慌了手脚。起先那么大勇气，大有炸平庐山，停止地球转动之势。……

毛泽东说得很清楚，搞突然袭击、炸平庐山、想当国家主席的是林彪，陈伯达是为林彪篡党夺权造舆论，所以批陈实是批林。也就是说，毛泽东反对林彪反党集团的斗争是分两步走：先批陈，再批林，从斗争策略上是很高明的。

1973 年 4 月 12 日，晚间，红旗轿车载着黄镇和韩叙——驻美联络处正副主任，以及廖承志和张香山——赴日友好代表团正副团长，驶进新华门，经过安静无人的甬道，停在树影绰约的丰泽园。毛泽东和周恩来在毛泽东会见外宾的书房里接见黄镇他们。那天，毛泽东兴致很高。谈了去美和访日的问题后，又谈了文学，涉及《昭明文选》《唐诗三百首》以及李贺的诗，也背诵了李白等人的一些诗句，还讲到王羲之草帖是否真迹。最后，背诵了他写的《鸟儿问答》。①

毛泽东不仅喜读李白诗、评李白诗、用李白诗，他的诗词创作也颇受李白诗风的影响：

第一，创作方法。李白诗是积极浪漫主义方法，毛泽东的诗词创作是现实主义与浪漫主义相结合的创作方法，即"两结合"。"两结合"的创作方法，是以现实主义为基础，以浪漫主义为主导，强调的也是浪漫主义精神。

---

① 尹家民：《将军不辱使命》，解放军文艺出版社 1992 年版，第 290 页。

第二，驰骋想象。文学创作需要虚构，就离不开想象，甚至幻想，特别是浪漫主义作家。毛泽东也是这样。他创作诗词时，往往"浮想联翩"，也就是驰骋想象和幻想。

第三，大胆夸张。夸张是以现实生活为基础，抓住描写对象的某些特点加以夸大和强调，以突出反映事物的本质特征，以收到强烈的艺术效果表现方法。

第四，神话传说的运用。神话是反映古代人们对世界起源、自然现象及社会生活的原始理解，并通过超自然的形象和幻想的形式表现的故事。传说则是长期流传下来的对过去事迹的传闻。

上述浪漫主义常用的艺术手法，李白、毛泽东都经常运用。例如毛泽东的名作《蝶恋花·答李淑一》，诗人写杨开慧、柳直荀两位烈士的忠魂飘摇直上天的最高处，月宫砍桂树的吴刚捧出桂花酒招待，月中仙子嫦娥为他们献舞。正在此时，烈士听到革命胜利的消息，喜极而泣，泪水像倾盆大雨。真是想象奇特，夸张大胆，神话传说的运用巧妙，极富浪漫主义色彩。

毛泽东《贺新郎·别友》中"挥手从兹去"和《七律·答友人》中"我欲因之梦寥廓"，则分别由李白《送友人》中"挥手自兹去"和《梦游天姥吟留别》中"我欲因之梦吴越"改造而成。

李　白——「我喜欢李白」

韩 愈

——"韩愈的文章还可以"

"多亏袁大胡子"

　　毛泽东在长沙求学期间，现在保存下来的读书笔记只有 47 页，94 面。前 11 页是手抄的屈原《离骚》和《九歌》；后 36 页冠名《讲堂录》，主要内容是听课笔记，也包括一些读书札记。《讲堂录》的内容分为两部分：一部分是听杨昌济讲《修身》课的记录，另一部分则是听袁仲谦讲韩愈文章的课堂笔记。这是 1913 年 10—12 月毛泽东在湖南省立第四师范学校读预科时所录。

　　湖南省立第四师范是一所新式学校，为什么国文课尽讲韩愈的古文呢？1936 年 10 月，毛泽东在和美国记者埃德加·斯诺的谈话中回忆说：

　　"学校里有一个国文老师，学生给他起了个'袁大胡子'的外号。他嘲笑我的文章，说它是新闻记者的手笔。他看不起我视为楷模的梁启超，认为他是一个半通不通的人。我不得不改变我的文风，去钻研韩愈的文章，学会了古文的措辞。所以，多亏袁大胡子，今天我如果需要的话，仍然能够写出一篇过得去的古文。"[①]

　　又据毛泽东的老同学龙伯坚回忆说："1950 年夏，我到北京开会，受到毛主席的单独接见。毛主席记忆力最强。在五四运动时期，他对于唐朝韩愈（昌黎）的一些主要文章能背诵如流。这次会面时，他还对我说，仍

　　① 《毛泽东自述》，《毛泽东同斯诺的四次谈话》，人民出版社 1996 年版，第 33 页。

然能背诵好多篇韩昌黎的文章。"①

由于袁大胡子一逼，毛泽东下苦功熟读了韩愈的古文，而且学会了写古文。他在湖南第一师范时期的好友周世钊先生证实了这一点。周世钊说："见你在教室做文，从不起草，想好全篇大意和结构，就挥笔疾书，一气呵成，两小时能写一两千字明白晓畅的古文。"周世钊这个说法与毛泽东是一致的。

但毛泽东到底是怎样学习韩文并转变文风的呢？具体情况是这样的：

据毛泽东当时的同班同学周世钊回忆："毛泽东读韩集时，除开那些歌功颂德的墓志铭、叹老嗟卑的或感伤诗一类毫无意义的作品外，他都一篇一篇地钻研阅读，从词汇、句读、章节到全文意义，首先凭借一部字典和注释的帮助，进行了解、领会，使其达到融会贯通的地步。在这基础上，进行反复的默读，这样就懂得更深，记来易熟。通过这样持久的努力，韩集的大部分诗文都被他读得烂熟，背得很流利。……他读《韩昌黎诗文全集》时，不但注意它的文字技巧，更注意的是它的思想内容。……他不因为这是'文起八代之衰'的古文大师韩愈的文章，就不问青红皂白地一概加以接受，却要在同一个人的作品中认真深入地分辨出它的是非优劣，以期达到吸取精华，吐弃糟粕的目的。"②

"毛泽东在湖南一师（按：应为四师）买了一部《韩昌黎全集》，国文教员是袁仲谦。袁是前清举人，崇尚韩愈的文章，要求学生学韩文，写古文。他从长沙玉泉街一家旧书铺里买到了一部廉价的《韩昌黎全集》，书页多处破损，缺、讹之字不少，又借来袁仲谦亲自圈点、批注过的版本逐页校勘修补，改正讹误，补足缺漏，居然成了'善本'。他很赞成袁仲谦的'四多'，即多读、多想、多问、多写，以及'文章妙来无过熟'的读书方法，对韩文反复熟读，会背大部分。"③

---

① 《湖南文史资料选集》第Ⅱ辑，湖南人民出版社1979年版，第35页。

② 周世钊：《毛主席青年时期刻苦学习的几个故事》，引自李锐《毛泽东早年读书生活》，辽宁人民出版社1992年版，第95—96页。

③ 李锐：《早年毛泽东》，辽宁人民出版社1993年版，第47页。

查现存的《讲堂录》中 1913 年 12 月 13 日以后所记，是毛泽东听袁仲谦讲韩愈诗文的课堂笔记。涉及的韩愈诗赋有：《浑州溪堂诗并序》《猫相乳》《元和圣德诗》《改葬服议》《谏臣论》《省试学生代斋郎议》《二鸟赋》《复志赋》《闵己赋》等篇，这当只是其中的一小部分。在这些笔记中，有的记得简略，主要是记些生僻词语的解释。如《浑州溪堂诗并序》是这样记的：

喑　音［音］，与瘖同。

壖　与壈同。九壈，九州也。

施用不差，人用不屈。

蘋　音萍，与蘋同，苹也，根浮水而生。

苽　音菰［按：疑作孤］，与菰［同］，雕胡也。

无我斁遗，斁音亦，厌也。言无厌弃我也。

螟　蟊贼　皆蝗属。螟食苗心，虫食叶，蟊食根，贼食节。蟊或作蝥。

有的则记得比较详细，其中包括词语、典故、引文，以及自己的见解。例如《复志赋》：

其明年七月，有负薪之疾。负薪，贱者之称。

视韩彭之豹变，谓鸷猛致人爵。见张桓之朱绂，谓明经拾青紫，岂知有力者运之而趋乎。刘少标《辨命论》

经术苟明，取青紫如俯拾地芥也。夏侯胜谓诸生。

朝驰骛乎书林兮，夕翱翔乎艺苑。

发秘府，览书林，遥集乎文雅之围，翱翔乎礼乐之场。《剧秦美新》

真婆娑乎艺术之场，休息乎篇籍之围。班孟坚《宾戏》

争名者于朝，争利者于市，今三川周室，天下之朝市也。《史记·张仪传》

谅却步以图前兮，不浸近而愈远。

是犹却步而欲求及前人，不可得也。《家语·儒行篇》

犹却行求及前人也。《前汉·刘向传》

嫉贪佞之污浊兮，曰吾其既劳而后食。

抱关之厄陋兮，有肆志之阳阳。伊尹之不乐于畎亩兮，焉富贵之能当。①

"袁大胡子"，即袁仲谦，字吉六，前清举人，是毛泽东在湖南省立第四、第一师范学校读书时的国文教员，1932 年去世。1952 年毛泽东为书"袁吉六先生之墓"。1952 年致函湖南省主席王首道说："又据罗元鲲先生函说，曾任我的国文教员之袁仲谦先生已死，其妻七十多饿饭等语，亦请省府予以救济。"看来毛泽东对劝他不学梁启超报刊文体而改学韩愈古文，从而转变文风的袁仲谦是十分感激的。但是我们要说明这样几点：

第一，说毛泽东当时的文章是报刊体，不是袁仲谦一个人，袁仲谦也不是第一人。从现存毛泽东最早的文稿看，是他 1912 年上半年在湖南全省高等中学读书时写的一篇题为《商鞅徙木立信论》作文。这位国文教员署名"涤盦"，姓名不详。他在这篇作文上有多处批语，其中批语中有"切实社会立论，目光如炬，落墨大方，恰似报笔，而义法亦骎骎入古"云云，并批示全班"传观"。这说明当时毛泽东的文章确是"报笔"，这一点与袁仲谦的看法相同，但态度却相反，涤盦是肯定、赞扬，袁仲谦是否定、批评。

第二，毛泽东读韩愈诗文前已会写古文。《商鞅徙木立信论》就是一篇优秀的文言文。

第三，学习韩愈文章后，毛泽东更加讲究文章的立意、布局、遣词造句，便形成了一种雅洁明快、朴素严谨的文风。据《毛泽东早期文稿》所存 1912 年 6 月至 1920 年 11 月毛泽东写的文章、诗词、书信、读书批注、日志、纪事录、谈话、广告、报告、通告、启事、文电、章程、课堂笔记等 151 篇，除上面所提《商鞅徙木立信论》写于 1912 年外，其余各篇均

---

① 《毛泽东早期文稿》，湖南人民出版社 1995 年版第二次印刷，第 611—612 页。

韩　愈——「韩愈的文章还可以」

147

写于 1915 年后，即毛泽东学韩文转变文风之后。但这些作品，真正是比较典型的文言文的，亦不过有《体育之研究》《祭母文》《七古·送纵宇一郎东行》数篇，其余大多是报刊体。

韩愈的古文"是新的"

韩愈何许人，袁仲谦为什么要毛泽东读他的文章呢？

韩愈（763—824），字退之，河南河阳（今河南孟州西）人，唐文学家、哲学家。自谓郡望昌黎，世称韩昌黎。死谥"文"，又称韩文公。

韩愈早孤，由兄韩会及嫂郑氏抚养。贞元登进士第，然后三试博学鸿词不入选，便先后赴汴州董晋、徐州张建封两节度使幕府任职。回京任监察御史，因上书论天旱人饥，指斥朝政，贬阳山（今广东阳山）令。顺宗即位，用王叔文集团进行政治改革，他反对。宪宗即位，获赦北还，任国子博士，改河南（今河南开封）令，迁职方员外郎，官太子右庶子。因与宦官、权要相对抗，一直不得志。随名相裴度平淮西吴元济叛乱，升刑部侍郎。元和十四年（819）上表力谏宪宗迎佛骨入大内，贬潮州（今广东潮州）刺史，移袁州（今江西宜春）。不久回朝，历任国子祭酒、兵部侍郎、吏部侍郎、京兆尹等显职。

韩愈在政治和哲学思想上，比较保守。他打着复古的旗帜，主张恢复孔孟儒家思想的正统地位。政治上拥护中央集权，反对藩镇割据，思想上尊儒排佛。

韩愈一生，在政治上和文学方面都有所建树，但主要成就是文学。他反对魏晋以来的骈文，提倡古文，和柳宗元同为唐代古文运动的倡导者。

那么，什么是骈文呢？骈文，又称"骈俪文"。"骈"是对偶的意思。骈文就是对偶文，是从古代文章中一种修辞手法演变而来。南北朝是骈文的全盛时期。当时骈文的句式多以四、六句为主，但常常夹有杂言；骈文的主要特点，是要求文章句法、结构相互对称，词语对偶；在声韵上，骈文讲究运用平仄、音律和谐；修辞上注重藻饰和用典。一般说来，骈文多注重形式技巧，往往束缚内容，但运用得当，也能增强文章的艺术性。

韩愈和柳宗元倡导的唐代古文运动，是一种文学革新运动，其内容主要是复兴儒学，其形式就是反对骈文，提倡古文。

所谓"古文"，是对骈文而言的。具体来说，就是指先秦两汉的散文，特点是质朴自由，以散行单句为主，不受格式束缚，有利于反映现实生活、表达思想感情。

韩愈有一整套的诗文理论。第一，他继承儒家的传统观点，认为道是目的和内容，文是形式和手段。文道合一，以文明道。第二，古道载于古文，崇尚古道，就要学习古文。他提出学习先秦两汉古文的主张，严格规定"非三代两汉之书不敢观，非圣人之志不敢存"（《答李翊书》）的学习标准。第三，学习的用意是要在继承的基础上创新。他坚持"唯古于词必己出"（《南阳樊绍述墓志铭》），"唯陈言之务去"（《答李翊书》）。第四，在作家修养方面，他又提出"气盛言宜"说和"不平则鸣"说。第五，在作品风格上，又强调"奇"。"元和以来，为文笔，则学奇诡于韩愈，学涩于樊宗师。"（李肇《国史补》）

韩愈的散文，在继承先秦两汉古文的基础上，加以创新和发展，形成了一种奇思妙想、纵横开阖、奇偶交错、巧譬善喻、形象生动、凝练雅洁、气势雄健的艺术特色，大大提高了古文的表现功能。正如1957年3月8日同文艺界代表谈话时毛泽东所说："韩愈是提倡古文的，其实他那个古文是新古文，道理是没有什么的，只要文章是新的。人家说好的，他说坏，人家说坏的，他说好。"[1]韩愈的古文，善于标新立异，极富于创造性，在当时从者甚众，便形成一个流派，对后代影响也很大。

---

① 《同文艺界代表的谈话》，《毛泽东文艺论集》，中央文献出版社2002年版，第175页。

韩　愈——「韩愈的文章还可以」

"我同意你对韩愈的意见，一分为二为宜"

　　毛泽东青年时代听从袁仲谦的劝告，刻苦学习韩愈的古文，虽然受益匪浅，但也不是亦步亦趋，兼收并蓄。他赞同韩愈反对骈文、提倡散文、革新文体、文从字顺、务去陈言等形式方面的思想，也就是说，他对韩愈是一分为二的。这种对韩愈的科学看法，可以说是贯穿他一生。但对韩愈搞形式革新，是为了通其道的思想，他是持反对态度的。

　　1965 年 6 月 20 日，毛泽东在上海会见复旦大学教授周谷城、刘大杰。据刘大杰回忆：我正在修改《中国文学发展史》的下卷，有许多地方难以下笔，我乘会见的机会向主席求教。主席讲得非常精彩，能解决问题。譬如，他说唐朝韩愈的文章还可以，但是缺乏思想性。我们总以为《谏佛骨表》是进步的文章，主席却说那篇东西价值并不高，那些话大多是前人说过的，他只是从破除迷信来批评佛教而没有从生产力方面来分析佛教的坏处。《原道》也是如此。但是，韩愈的古文有点奇。唐朝人也说"学奇于韩愈，学涩于樊宗师"。韩愈的古文对后世很有影响，写文学史不可轻视他。[1]

　　刘大杰的《中国文学发展史》是一部旧作，原为上下两册。上册成书于 1939 年，1941 年出版；下册成书于 1943 年，1949 年出版。解放后，他作过一些修改，分为上中下三册，于 1957 年、1962 年两次印行。印行以后，反映尚好，他决定再次修改。于是在 1965 年乘毛泽东会见时向毛请教。但不久"文化大革命"便开始了，刘大杰也毫无例外地成了"反动学术权威"，修改文学史的事只能束之高阁。后来虽然被"解放"了，1973年的"批儒评法"又把学术思想搞乱了。所以，直到 1975 年 8 月"文化大革命"即将结束之时，刘大杰才重操旧业，想修改文学史。于是 1975 年 8 月 2 日他写信给毛泽东，就如何评价韩愈和如何解释李商隐的"无题"诗，谈了自己的看法。他认为，"韩以道统自居，鼓吹天命，固然要严加批判。但细读韩集，其思想中确存在着矛盾"。其诸多作品，"都与儒家思

---

　　① 《毛泽东在上海》，中共党史出版社 1993 年版，第 143 页。

想不合，而倾向于法家。再加他的散文技巧，……如果全部加以否定，似非所宜"。因此韩愈虽非法家，但也不是醇儒，不能一概否定。毛泽东于1976年2月12日复信说：

> 送上海复旦大学刘大杰教授先生：
>
> 　　我同意你对韩愈的意见，一分为二为宜。李义山无题诗现在难下断语，暂时存疑可也。奉复久羁，深以为歉，诗词与论，拜读欣然，不胜感谢。
>
> 毛泽东
二月十二日 ①

由此可见，对韩愈的评价一分为二，是毛泽东的一贯主张。这是他一分为二哲学思想的具体表现，也是一种科学方法。

但是刘大杰并没有能按照毛泽东的指教去修改文学史，不可避免地受了当时"批儒评法"错误思潮的影响。他修改的《中国文学发展史》第一册，1973年2月由上海人民出版社出版，第二册，1976年8月由上海人民出版社出版。而第二册共十章，第七章大标题是《柳宗元与古文运动》，下分六个问题，一是讲"古文运动及其分野"，二、三、四讲柳宗元；五是讲刘禹锡；六是讲"韩愈在古文运动中的地位"。从篇幅来看，把韩愈完全放到了从属的地位。因为"批儒评法"中认为柳宗元是法家，韩愈是儒家，一些报刊更把韩愈说得一无是处。所以，刘大杰在书中虽然有这样的话："这说明，韩愈并不是醇儒，其言论有一些是违背孔孟的，也就是说，在他的思想中还存在某些矛盾。"这种说法是毛泽东首肯的，但其"批儒评法"的痕迹十分明显。大概后来刘先生也认为实在说不过去。修改本并未出齐，已出版的两册也不再版。1982年5月上海古籍出版社重印了刘大杰的旧著《中国文学发展史》，作为高等学校文科教材。

---

① 《同文艺界代表的谈话》，《毛泽东文艺论集》，中央文献出版社2002年版，第175页。

"唐朝韩愈的文章还可以，但是缺乏思想性"

毛泽东对韩愈的散文、诗歌都是一分为二的。

对于韩愈的散文，1965 年 6 月，毛泽东在上海和文学史家刘大杰谈话时指出："唐朝韩愈的文章还可以，但是缺乏思想性"，"韩愈的文章有点奇"，"韩愈的古文对后世很有影响"。毛泽东对韩愈的散文评价是一分为二的。毛泽东首先肯定"韩愈的文章还可以"，就是说他的文章写得是好的。好的文章应该是思想性与艺术性都高的作品。所谓"思想性"，指文章描绘的全部形象所体现出来的思想意义。文章思想性的高低，取决于作者世界观和文章反映生活的深刻程度。韩愈以儒学复古思想及其对于先秦百家之学的调和与解放，为其古文运动的思想内容，自然新意无多，所以缺乏思想性。这是从总体上来评价韩愈的古文的。例如谈话中论及的《论佛骨表》。

《论佛骨表》写于唐宪宗元和十四年（819）。《资治通鉴》卷二四〇记载："元和十三年十二月，功德使上言：凤翔法门寺护国真身塔内，有佛教始祖释迦牟尼指骨一节，"相传三十年一开，开则岁丰人安。来年应开，请迎之。……上（指唐宪宗）遣中使帅僧众迎之。"元和十四年正月，"中使迎佛骨至京师。上留禁中三日，乃历送诸寺。王公士民瞻奉舍施，惟恐弗及。有竭产充施者，有然香臂、顶供养者。刑部侍郎韩愈上表切谏"，"上得表，大怒。出示宰相，将加愈极刑"，经宰相裴度等力谏，方"贬愈为潮州刺史"。

在《论佛骨表》中，韩愈从维护唐王朝长治久安的统治秩序和中国皇帝无上尊严出发，列举了黄帝、少昊、颛顼、帝喾、尧、舜、禹、汤、殷中宗、殷高宗、周文王、周武王、周穆王、汉明帝、梁武帝，直至唐高祖等大量历史事实，从正反两方面证明"佛不足事"、事佛有害的道理，无情地揭露抨击了唐宪宗迎佛骨、崇佛教的荒谬与危害，这在当时是有进步意义的。但正如毛泽东所说，韩愈只是"从破除迷信来批评佛教"，"没有从生产力方面来分析佛教的坏处"，站得不高；同时，从破除迷信的角度排佛，前人已多有论述。对此，毛泽东在读《新唐书·姚崇传》时批注："韩愈《论佛骨表》祖此。"

据《姚崇传》载，姚崇（650—721），陕州硖石（今河南三门峡南）人，唐大臣。曾历仕武则天、睿宗、玄宗三朝宰相。姚崇在其遗命中说，他死后不要做佛事，接着对信佛之风大加批判。大意是说当过和尚的梁武帝，入过道的北齐胡太后，赎过生的孝和皇帝，造寺超度的太平公主、武三思等，都不仅没有长寿，而且结局大多不好。相反，远古、先秦时期，没有佛教，国运不错，而且还出了不少长寿的人。由此可见，"死者生之常"，与抄佛经、铸佛像无关。所以，毛泽东认为，韩愈排佛的意见，源自姚崇，不是韩愈的发明。

又如韩愈的代表作《原道》。"原道"，推究先王之道的本原。所谓先王之道，实际上就是儒家学说。韩愈的儒学理论的基本内容，主要是孔孟的德治仁政思想，圣人创造历史的唯心史观和阶级社会的等级制度。韩愈从维护封建统治秩序的立场出发，批判"举夷狄之法而加之先王之教之上"的今君、"不行君之令而致之民"的乱臣和乱政害民的僧侣，还是有一定进步意义的。韩愈是借此来抨击老子之道和佛氏之道，也是新意无多。

再如，毛泽东读《古文辞类纂》中所收韩愈的《与崔群书》时批注道："就劳动者言，自古贤者多，不肖者少。"[①]《古文辞类纂》是清代文学家姚鼐编选的一部文章总集。共75卷，选录历代散文辞赋700余篇，是一个比较好的古文选本。毛泽东青年时代就喜欢读。新中国成立后，毛泽东再次读这本书，并在一部清同治己巳年间江苏书局刊印的版本上写了一些批语。前引读《与崔群书》的批语就是其中之一。

韩愈在《与崔群书》中有这么一段话："自古贤者少，不肖者多。自省事以来，又见贤者恒不遇，不贤者比肩青紫。贤者恒无以自存，不贤者志满意得。贤者虽得卑位，则旋而死。不贤者或至眉寿。"韩愈把人分为贤与不肖两类，看到贤者不得其遇和不肖者"比肩青紫"的状况，发出"自

---

① 《读〈古文辞类纂·韩退之《与崔群书》〉批语》，《毛泽东读文史古籍批语集》，中央文献出版社1993年版，第109页。

古贤者少，不肖者多"的感叹，大抵主要指历代谋求致仕的知识分子来说的。在毛泽东看来，就广大劳动人民而言，情况正好相反，是"自古贤者多，不肖者少"。

"卑贱者最聪明，高贵者最愚蠢。"推崇劳动人民，卑视剥削阶级，是毛泽东的基本立场。

《韩昌黎全集》中有一篇《伯夷颂》，颂扬商代贵族伯夷、叔齐两兄弟先反对武王伐商，在周灭商之后，逃到首阳山采薇充饥，宁肯饿死，"不食周粟"，以保持商朝遗民气节的行为。这是韩愈正统思想的反映。毛泽东在1949 年写的《别了，司徒雷登》中批评说："唐朝的韩愈写过《伯夷颂》，颂的是一个对自己国家的人民不负责任、开小差逃跑、又反对武王领导的当时的人民解放战争、颇有些'民主个人主义'思想的伯夷，那是颂错了。"[1]

韩愈的文章，虽然整体来看，"缺乏思想性"，但也有思想内容比较好的，便是跳出了道统古意说教的篇章。毛泽东有一次曾打趣说，韩愈的文章只有两篇好的，一篇是《师说》，一篇是《送穷文》。我们先看《师说》。韩愈为兴儒学、排佛老、倡散文、批骈文，不仅身体力行，而且"不顾俗流，犯笑侮，召收后学，作《师说》，因抗颜为师"。文中提出师"传道、授业、解惑"的使命，"人非生而知之"因而必须求师的观点，特别是"弟子不必不如师，师不必贤于弟子"的观点，历代为人赞赏，今天也不乏借鉴意义。

1940 年初秋的一天，延安马列学院请毛泽东作报告。那天一早，负责学院日常工作的党总支书记张启龙、副院长范文澜叫教育处处长邓力群、校务处处长韩世福、教育干事安平生和宣传干事马洪去杨家岭接毛泽东。

他们走了一半路，刚跨上延水河桥头，就遇上了毛泽东。

毛泽东问："你们四个风风火火的，要干么子去？"

邓力群答道："学院领导派我们来接主席。"

毛泽东笑了笑，说："接我？嗯，我晓得的，是怕我忘了今天有报告

---

① 《别了，司徒雷登》，《毛泽东选集》第四卷，人民出版社 1991 年版，第 1495—1496 页。

会吧。你们放心好了，学院给我的任务，那是忘不了的。"

邓力群解释说："是要我们来接主席的，我们来晚了，很不像话。"

毛泽东扬起手摇了摇，说："这样做有点不好，一个人作报告要四个人接，要不得，要不得！"

他环顾了一周，很认真地说："哦，四个人，轿子呢？你们不是抬轿子来接我呀？下回呀，跟你们领导说，再加四个人，来个八抬大轿，又体面，又威风。要是还有人，再来几个鸣锣开道的，派几个摇旗呐喊的，你们说好不好？"

大家都笑了，谁也不回话。

毛泽东看看大家，也笑了，一个劲地摇手，说："那才不像话嘛，对不对？皇帝出朝，要乘龙车凤辇；官僚出阁，要坐八抬大轿，前簇后拥，浩浩荡荡，摆威风。我们是共产党人，是讲革命的，要革皇帝官僚的命，把旧世界打它个落花流水。我们既要革命，又要和旧的制度决裂，就万万不能沾染官僚习气。从杨家岭到马列学院，十里八里路，二万五千里长征都走过来了，这几步路算不了什么，我不是不知道路，不要接接送送。我们要养成一种新的风气，延安作风。我们用延安作风打败西安作风。"

毛泽东同大家一起走，一边了解学员的情况。问想要他讲些什么，大家对国际国内形势有些什么看法。他迈的步子很稳健，从从容容。边听大家汇报边思考着什么，很快就来到马列学院。分手时，他一一握着四个人的手，说："韩愈的《师说》是很有真知灼见的，'生乎吾前，其闻道也，故先乎吾，吾从而师之；生乎吾后，其闻道也，亦先乎吾，吾从而师之。'一路上，你们给我介绍了很好的情况，真是'亦先乎吾，吾从而师之'，谢谢你们！然后我们还要坚持一条原则，再作报告时，不搞接接送送了。"①

毛泽东称赞韩愈的另一篇好文章是《送穷文》。1956年12月7日，毛泽东同民建和工商联负责人谈话时说："韩愈有一篇文章叫《送穷文》，

---

① 韩世福：《毛主席到马列学院作报告》，《难忘的回忆——怀念毛泽东同志》，中国青年出版社1985年版，第149页。

155

韩　愈——「韩愈的文章还可以」

我们要写送穷文。中国要几十年才能将穷鬼送走。"①

送穷是我国古代驱送穷鬼的一种习俗。其时日多有不同。以农历正月晦日为送穷日较为流行。唐韩愈《送穷文》李翘注："予尝见《文宗备问》云：'颛顼高辛时，宫中生一子，不着完衣，宫中号为穷子。其后正月晦死，宫中葬之，相谓曰：'今日送却穷子。'自尔相承送之。'"晦日是农历每月最后一天。后人在正月晦日把稀饭和破衣陈列在门外祭他，称作送穷。

韩愈的《送穷文》作于唐宪宗元和六年（811）。他时为河南令，因仕途不顺，生活穷困，而作此文，假借送穷鬼来发泄不平之气，嘲骂世道不公，也以此表明自己的气节。毛泽东援引这个典故，表示要改变中国贫穷面貌，建设繁荣富强的社会主义国家的意愿和宏图。

"韩愈以文为诗"，有些诗"还是可以的"

韩愈的诗也有独特成就，向来亦称大家。其艺术特色是奇特雄伟、光怪陆离。他在追求奇谲的时候，往往喜用生字、僻语，押险韵，开奇崛险怪诗风，在唐代诗坛独树一帜，影响颇大。

对韩愈的诗的评价，毛泽东也是一分为二的。1965年7月21日，他在致陈毅的信中说：

> 又诗要用形象思维，不能如散文那样直说，所以比、兴两法是不能不用的。赋也可以用，如杜甫之《北征》，可谓"敷陈其事而直言之也"，然其中亦有比、兴。"比者，以彼物比此物也"，"兴者，先言他物以引起所咏之词也"。韩愈以文为诗；有些人说他完全不知诗，则未免太过，如《山石》，《衡岳》，《八月十五酬张功曹》之类，还

① 《同民建和工商联负责人的谈话》，《毛泽东文集》第七卷，人民出版社1999年版，第171—172页。

是可以的。据此可以知为诗之不易。宋人多数不懂诗是要用形象思维的，一反唐人规律，所以味同嚼蜡……①

韩愈写诗的方法，是"以文为诗"。所谓"以文为诗"，就是用写散文那样"直说"的方法写诗。这是韩愈提倡古文，反对骈文的主张在诗歌创作中的表现。主要表现为：

第一，把散文的篇章结构、句式、虚词等运用于诗歌写作，使诗的形式散文化。其长处是比较自由流畅，扩大了诗歌的表达功能，缺点是散文的虚词过多引入诗中，削弱了诗句的魅力。

第二，把大量的议论成分引入诗中，以议论为诗，有时甚至通篇是议论。

第三，用辞赋家铺张雕绘的手法为诗。

韩愈以文为诗，有成功的地方，也有失败的地方。宋人沈括说："退之之诗押韵之文耳，虽健美富赡，然终不是诗。"陈师道也说："退之以文为诗，子赡（苏轼）以诗为词，如教坊雷大使之舞，虽极天下之工，要非本色。"（《后山诗话》）吕惠卿却说："诗正当如是，吾谓诗人亦未有如退之者。"（惠洪《冷斋夜话》）

上述几位评论家对韩诗各着眼一面，得出褒贬不一的结论。毛泽东对韩诗则采取一分为二的科学方法，给以实事求是的评价。一方面指出他写诗的方法是"以文为诗"，另一方面又指出他的有些诗写得还是可以的。他举出了韩愈的三首佳作为证，是颇有说服力的。

我们先看第一首《山石》：

> 山石荦确行径微，黄昏到寺蝙蝠飞。
> 升堂坐阶新雨足，芭蕉叶大栀子肥。
> 僧言古壁佛画好，以火来照所见稀。

---

① 《致陈毅》（1965 年 7 月 21 日），《毛泽东书信选集》，人民出版社 1983 年版，第 608 页。

铺床拂席置羹饭，疏粝亦足饱我饥。

夜深静卧百虫绝，清月出岭光入扉。

天明独去无道路，出入高下穷烟霏。

山红涧碧纷烂漫，时见松枥皆十围。

当流赤足踏涧石，水声激激风生衣。

人生如此自可乐，岂必局促为人靰。

嗟哉吾党二三子，安得至老不更归。

　　这是一首叙写山中佛寺游记的七言古诗。贞元十七年（801）七月二十二日，韩愈的几位朋友约他到洛河钓鱼，奔波竟日，收获甚微，天色已晚，他们就到附近山上的惠林寺借宿，因而写了这首诗。山石，旧体诗中常有以首句二字为题，实与内容无关。

　　全诗依次叙写了入寺、宿寺、离寺的全过程及其感慨，是"敷陈其事而直言之也"，用的是赋的写法。这与清人方东树认为它使用了"古文手笔""古文章法"（《昭昧詹言》）的看法是一致的。但诗中描景状物，多用白描，如开头四句，语言平易，形象鲜明，风格清新，颇为耐读，是符合形象思维规律的，所以，毛泽东认为此诗"还是可以的"。

　　再看《衡岳》。原题为《谒衡岳遂宿山寺题门楼》。也是一首古风。谒，进见。衡岳，衡山，也称南岳。衡岳庙，在今湖南省衡山县西三十里。题门楼，题诗于寺院山门楼上。全诗如下：

五岳祭秩皆三公，四方环镇嵩高中。

火维地荒足妖怪，天假神柄专其雄。

喷云泄雾藏半腹，虽有绝顶谁能穷。

我来正逢秋雨节，阴气晦昧无清风。

潜心默祷若有应，岂非正直能感通。

须臾静扫众峰出，仰见突兀撑晴空。

紫盖连延接天柱，石廪腾掷堆祝融。

森然魄动下马拜，松柏一径趋灵宫。

粉墙丹柱动光彩，鬼物图画填青红。

升阶伛偻荐脯酒，欲以菲薄明其衷。

庙令老人识神意，睢盱侦伺能鞠躬。

手持杯珓导我掷，云此最吉余难同。

窜逐蛮荒幸不死，衣食才足甘长终。

侯王将相望久绝，神纵欲福难为功。

夜投佛寺上高阁，星月掩映云瞳胧。

猿鸣钟动不知曙，杲杲寒日生于东。

唐德宗贞元十九年（803），韩愈因上书言事贬阳山（今广东阳山）令。顺宗即位，永贞元年（805）遇赦北还，途中游南岳衡山，拜谒岳庙写了这首诗。全诗依次叙写衡岳的崇高地位、山间气候的瞬息变化及其突兀挺拔的雄姿、参谒岳庙的经过及夜宿岳寺的情形。从"窜逐蛮荒幸不死，衣食才足甘长终。侯王将相望久绝，神纵欲福难为功"的诗句来看，诗人是借游山发泄其被流放蛮荒之地的不满和怨愤。此诗也是用赋的手法叙写登山所见景观，感情饱满，形象生动，具有一种桀骜不驯的劲健风格和奇伟不凡的阔大气势，应该说也是一首好诗。

再看《八月十五夜赠张功曹》：

纤云四卷天无河，清风吹空月舒波。

沙平水息声影绝，一杯相属君当歌。

君歌声酸辞且苦，不能听终泪如雨。

洞庭连天九疑高，蛟龙出没猩鼯号。

十生九死到官所，幽居默默如藏逃。

下床畏蛇食畏药，海气湿蛰熏腥臊。

昨者州前捶大鼓，嗣皇继圣登夔皋。

赦书一日行万里，罪从大辟皆除死。

迁者追回流者还，涤瑕荡垢清朝班。

州家申名使家抑，坎坷只得移荆蛮。

判司官卑不堪说，未免棰楚尘埃间。

同时辈流多上道，天路幽险难追攀。

君歌且休听我歌，我歌今与君殊科：

"一年月明今宵多，人生由命非由他，

有酒不饮奈明何！"

张功曹，即张署，河间（今河北河间）人。功曹，官名。

贞元十九年（803），韩愈和张署同在长安任监察御史，是时关中大旱，因进谏德宗减免赋税，言辞恳激，为幸臣李实所谗毁，触怒德宗，韩愈被贬为阳山令，张署也被贬为临武（今湖南临武）令。永贞元年（805），顺宗李诵即位，大赦天下，韩愈和张署到郴州（今湖南郴州）待命。同年八月，顺宗禅位，宪宗李纯继位，又一次颁布大赦令，韩愈得到的只是改官江陵府法曹参军，张署改任江陵府功曹参军。这首诗就是在郴州得到改官江陵的消息时所作。中秋之夜，二人饮酒赋诗，借酒浇愁，写下了倾诉悲情和愤懑的诗。

此诗结构颇奇特：全诗 29 句，只有开头 6 句写对月当歌的情景和末 5 句写旷达地自我解脱是韩愈自己的，中间 18 句是诗的主题所在，却是转引张署的诗作。诗人借张署之口，倾诉了被贬后"九死一生"的悲惨遭遇和大赦之后，本应昭雪还朝，然仍被视为罪臣，量移荆蛮之地的不公待遇。诗中虽是引述张署的诗句，但同时也表现了韩愈的遭遇和感慨。全诗结构谨严，语言朴素自然，声韵和谐，于严峻中显出爽朗，表现了诗人的匠心独运，"也是可以的"。

韩愈"以文为诗"的特点，常常使他的某些诗作"如散文那样直说"，成为押韵的散文。这一直为历代诗评家所诟病。毛泽东也颇不欣赏。1959年 4 月 15 日，在中共八届七中全会上，毛泽东谈到做工作要留有余地时，说："统统讲完，像韩愈作诗，人家批评他的缺点，就是他的文章同诗都是讲完的，尽量讲，他不能割爱，特别是他的那首《南山诗》。"①

① 陈晋主编：《毛泽东读书笔记解析》，广东人民出版社 1996 年版，第 1282 页。

南山，终南山，在今陕西省西安市南，属秦岭山脉。这首《南山诗》长达 1020 字，102 韵。诗人采用赋体铺写手法，极力描绘终南山的山势景观，四时变幻，连用带"或"字的比喻句 51 个，叠字诗句 14 个，可以说极尽铺陈之能事，"尽量讲"，但终南山的景色并没有给人留下深刻印象，完全失去了诗歌含蓄凝练的特点，比喻虽创了纪录，但不精彩，是韩愈"以文为诗"的典型。

曾研读韩愈的几篇赋

1975 年 6 月间，毛泽东曾向陪他读书的北大中文系讲师芦荻建议："现在没有书，咱们搞一部吧，选它五百首诗，五百首词，三百首曲，三十篇赋。"[①] 这说明直到晚年，毛泽东对中国古代文学中的诗、词、曲、赋都十分关注。这种看法的形成应该追溯到他的学生时代。

赋是中国古代文学的一种文体名。班固《两都赋序》曰："赋者，古诗之流也。"最早以赋名篇的是战国的荀卿，到汉代形成一种特定的体制，讲究文采、韵节，兼具诗歌和散文性质，在当时颇为盛行。以后或向骈文方向发展，或进一步散文化。接近于散文的为"文赋"，接近于骈文的为"骈赋""律赋"。韩愈的赋属文赋。

1913 年，毛泽东在湖南省立第四师范读书，听国文教员袁仲谦讲韩文的课堂笔记《讲堂录》中，记载了他听袁氏讲《二鸟赋》《复志赋》《闵己赋》的详细笔记。先看《复志赋》：

> 愈既从陇西公平汴州，其明年七月，有负薪之疾，退休于居，作《复志赋》。其辞曰：

---

① 董学文等：《毛泽东的文艺美学活动》，高等教育出版社 1995 年版，第 254 页。

居悒悒之无解兮，独长思而永叹；岂朝食之不饱兮，宁冬裘之不完？昔余之既有知兮，诚坎坷而艰难；当岁行之未复兮，从伯氏以南迁。凌大江之惊波兮，过洞庭之漫漫；至曲江而乃息兮，逾南纪之连山。嗟日月其几何兮，携孤嫠而北旋。值中原之有事兮，将就食于江之南。始专专于讲习兮，非古训为无所用其心；窥前灵之逸迹兮，超孤举而幽寻；既识路又疾驱兮，孰知余力之不任。

考古人之所佩兮，阅时俗之所服；忽忘身之不肖兮，谓青紫其可拾；自知者为明兮，故吾之所以为惑。择吉日余西征兮，亦既造夫京师；君之门不可径而入兮，遂从试于有司。惟名利之都府兮，羌众人之所驰；竞乘时而附势兮，纷变化其难推。全纯愚以靖处兮，将与彼而异宜。欲奔走以及事兮，顾初心而自非。朝骋骛于书林兮，夕翱翔乎艺苑；谅却步以图前兮，不浸近而愈远。

哀白日之不与吾媒兮，至今十年其犹初！岂不登名于一科兮，曾不补其遗馀。进既不获其志愿兮，退将遁而穷居；排国门东出兮，慨余行之舒舒。时凭高以回顾兮，涕泣下之交加；庋洛师而怅望兮，聊浮游以踟蹰。假大龟以视兆兮，求幽贞之所庐；甘潜伏以老死兮，不显著其名誉。非夫子之洵美兮，吾何为乎波之都；小人之怀惠兮，犹知献其至愚。余固异于牛马兮，宁止乎饮水而求刍？伏门下而默默兮，竟岁年以康娱。时乘间以获进兮，颜垂欢而愉愉；仰盛德以安穷兮，又何忠之能输？

昔余之约吾心兮，谁无施而有获？嫉贪佞之污浊兮，曰吾其既劳而后食。惩此志之不修兮，爰此言之不可忘；情怊怅以向自失兮，心无归之茫茫。苟不内得其如斯兮，孰与不食而高翔。抱关之厄陋兮，有肆志之扬扬。伊尹之不乐于畎亩兮，焉富贵之能当？恐誓言之不固兮，斯自讼以成章。往者不可复兮，冀来今之可望。

唐德宗贞元八年（792），韩愈进士及第，之后，三试博学鸿词而不入选，至十二年，才被汴州节度使董晋征召为汴州观察推官。第二年，因病辞官，休养在家，而作此赋。这篇赋就反映了他这一时期的生活历程及其感慨与希望。

毛泽东在学生时期熟读此赋,并在《讲堂录》里记下了赋中的佳句:"朝骋骛于书林兮,夕翱翔乎艺苑。"又参照旧注,记录了这两句的出处:"发秘府,览书林,遥集乎文雅之囿,翱翔乎礼乐之场"(扬雄《剧秦美新》),"真婆娑乎艺术之场,休息乎篇籍之囿"(班孟坚《答宾戏》),"争名者于朝,争利者于市;今三川周室,天下之朝市也"(《史记·张仪传》)。

我们再看《闵己赋》:

> 余悲不及古之人兮,伊时势而则然;独闵闵其曷已兮,凭文章以自宣。
>
> 昔颜氏之庶几兮,在隐约而平宽,固哲人之细事兮,夫子乃嗟叹其贤。恶饮食乎陋巷兮,亦足以颐神而保年;有至圣而为之依归兮,又何不自得于艰难?曰:余昏昏其无类兮,望夫人其已远;行舟楫而不识四方兮,涉大水之漫漫。勤祖先之所贻兮,勉汲汲于前修之言。虽举足以蹈道兮,哀与我者为谁?众皆舍而己用兮,忽自惑其是非;下土茫茫其广大兮,余壹不知其可怀。就水草以休息兮,恒未安而既危;久拳拳其何故兮,亦天命之本宣。
>
> 惟否泰之相极兮,咸一得而一违。君子有失其所兮,小人有得其时。聊固守以静候兮,诚不及古之人兮其焉悲!

韩愈在汴州节度使董晋幕府任职,董晋死后,他投徐州节度使张建封门下,后因故离开,在唐德宗十六年(800)来到洛阳。韩愈才高盖世,但官运不通,哀伤而作此赋。闵,忧伤。后多作悯。此赋哀伤自己时运不好,表示追慕古之贤人,甘过贫苦生活,实际是发泄自己的愤懑。

毛泽东在1913年曾研读此文,在《讲堂录》中作了详细的笔记,其中记录了苏轼《颜乐亭诗序》中批评韩愈视颜回安贫为小事的话:"古之观人也,必于其小焉观之,其大者容有伪焉。人能碎千金之璧,不能无失声于破釜;能搏猛虎,不能无变色于蜂虿。孰知箪食瓢饮之为哲人之大事乎!"

又记司马光《〈颜乐亭颂〉序》中讥评韩愈的话:"光谓韩子以三书抵

宰相求官,《与于襄阳书》求朝夕刍水仆赁之资,又好悦人以志诏而受其金,其戚戚于贫贱如此,乌知颜子之所为乎?"

然后又引韩愈自己的话为他辩解:"司马、苏氏之论当矣。虽然,退之常(尝)答李习之书曰:'孔子称颜子一箪食一瓢饮,人不堪其忧,回也不改其乐。彼人者,有圣者为之依归,而又有箪食瓢饮足以不死,其不忧而乐也,岂不易哉。若仆,无所依归,无箪食瓢饮,无所取资,则饿而死,不亦难乎。'"

《讲堂录》中还记有听《二鸟赋》的笔记,也较详细,不再录。

韩文对毛泽东的影响

毛泽东的文章,受韩愈诗文的影响,可以从思想和艺术两方面来看。

从思想性来看,韩愈的某些有益的思想和观点,毛泽东都加以肯定和运用。

1939 年 5 月 20 日,毛泽东在中央组织部召开的《在延安在职干部教育动员大会上的讲话》中,讲到当时开展的学习运动时,说:

> 古人讲过:"人不通古今,马牛而襟裾",就是说,人不知道古今,等于牛马穿了衣裳一样。什么叫"古"?"古"就是"历史",过去的都叫"古",自盘古开天地,一直到如今,这个中间过程就叫"古"。"今"就是现在。我们单通现在是不够的,还须通过去。延安的人要通古今,全国的人要通古今,全世界的人也要通古今,尤其是我们共产党员,要知道更多的古今。通古今就要学习,不但我们要学习,后人也要学习,所以学习运动也有它的普遍性和永久性。①

---

① 《在延安在职干部教育动员大会上的讲话》,《毛泽东文集》第二卷,人民出版社 1993 年版,第 177 页。

毛泽东在讲话中所说的"古人"，指唐代著名文学家韩愈，所引的两句诗，见于韩愈的《符读书城南》。原诗如下：

木之就规矩，在梓匠轮舆。

人之能为人，由腹有诗书。

读书勤乃有，贤愚同一初。

由其不能学，所入遂异闾。

两家各生子，孩提巧相如。

少长聚嬉戏，不殊同队鱼。

年至十二三，头角稍相疏。

二十渐乖张，清沟映污渠。

三十骨骼成，乃一龙一猪。

飞黄腾踏去，不能顾蟾蜍。

一为马前卒，鞭背生虫蛆。

一为公与相，潭潭府中居。

问之何因尔，学与不学欤！

金璧虽重宝，费用难贮储。

学问藏之身，身在则有余。

君子与小人，不系父母且。

不见公与相，起身自犁锄。

不见三公后，寒饥出无驴。

文章岂不贵，经训乃菑畬。

潢潦无根源，朝满夕已除。

人不通古今，马牛而襟裾。

行身陷不义，况望多名誉。

时秋积雨霁，新凉入郊墟。

灯火稍可亲，简编可卷舒。

岂不旦夕念，为尔惜居诸。

恩义有相夺，作诗劝踌躇。

韩　愈——『韩愈的文章还可以』

这是韩愈教诲儿子韩符读书的一首诗。"符",韩愈子昶的小名。"城南",长安南郊之樊川,韩愈有别墅,即韩愈送符读书之地。

这是一首古诗。诗先总说读书的意义,再写两家儿子"学与不学"的差别,再用"人不通古今,马牛而襟裾"的名言,揭示读书的重要意义,意谓人不通古今,就像穿上衣服的牛马一样,失去了做人的资格,沦入动物一族,岂不悲哉!那样立身行事便会惊于事理,多有不当。最后劝符乘秋高气爽之时,发愤读书。

毛泽东在讲话中引用此诗中"人不通古今"二句,并进行了精辟的解释和阐发,不仅推动了当时延安的在职干部的学习运动,今天对执政的共产党的广大干部及党外干部,乃至全国人民仍有启迪和教育作用。

在同一篇讲话中,毛泽东讲到读马列的书看不懂时,又援引了韩愈《祭鳄鱼文》来加以说明。他说:

……忙可以"挤",这是个办法;看不懂也有一个办法,叫做"钻",如木匠钻木头一样地"钻"进去。看不懂的东西我们不要怕,就用"钻"来对付,在中国,本来读书就叫攻书,读马克思主义就是攻马克思的道理,你要读通马克思的道理,就非攻不可,读不懂的东西要当仇人一样地攻它。现在有些人是不取攻势,只取守势,那就不对,马克思主义决不会让步,所以不攻是得不到结果的,从前人称"校对"为"校雠",校对确实很难,非以仇人对之是不胜所为的。对于难,我们要像仇人一样地进攻它,对于仇人我们是不讲感情的。所以马克思主义、列宁主义的理论,固然很难,如果我们以"仇人"的态度不讲感情地攻它,一定是无攻不破的,一定可以把它的堡垒攻下来。过去韩文公《祭鳄鱼文》里,有一段是说限它三天走去,三天不走,五天,七天再不走,那就不客气,一刀杀掉。我们要像韩文公祭鳄鱼那样,十天不通,二十天,三十天,九十天……,非把这东西搞通不止，这样下去，一定可以把看不懂的东西变成看得懂的。[①]

《祭鳄鱼文》写于元和十四年（819），是韩愈初到潮州贬所时写的。据《新唐书·韩愈传》载："初，愈至潮，问民疾苦，皆曰：'恶谿有鳄鱼，食民畜产且尽，民以是穷。'数日，愈自往视，命其属秦济以一羊、一豕投溪水而祝之。祝之夕，暴风雷电起溪中，数日，水尽涸，西徙六十里。自是潮无鳄鱼患。"

韩愈本传说得很清楚，鳄鱼"西徙六十里"，是因为"水尽涸"，不是韩愈祝而驱之的结果。但韩愈作为地方官，关心人民疾苦、为民除害的精神，以及与鳄鱼势不两立的大无畏气概是值得称道的。毛泽东号召广大干部在学习马克思、列宁理论的时候，要有一股"钻"劲，要像韩愈对待鳄鱼那样，要主动进攻，不获胜利，决不罢休，这对大家无疑是一个鼓舞，对今天也不乏教益。

此外，毛泽东在文章中引用韩愈诗文的名句还很多。

从艺术性来看，毛泽东的文章议论纵横、气势雄健，颇有得自韩文之处。

在毛泽东的文章里，不但可以常常遇到韩文中的词语，就是句法和结构等等，也往往可以看到韩文的影响。

文章气势，与文章的结构、语言等表现方式有密切关系。这方面，由中唐韩愈倡导的古文派世代相传，绵延千年，成为一门精湛的艺术。毛泽东写作注重"蓄势"，讲究"颠倒簸弄"[②]，常在文章的篇章、段落、层次的起点处摆出对立的观点，提出疑问，有意设置障碍，使行文犹如奔流东去的黄河，九曲连环，气势磅礴。他还经常采用欲扬先抑、欲抑先扬的手法造成文章波澜。尤其是他的一些长篇大论的文章，大开大合，东折西转，表现出他非凡的文字驾驭能力。他经常不顾写家大忌，不拘现成章法，采

---

① 《在延安在职干部教育动员大会上的讲话》，《毛泽东文集》第二卷，人民出版社1993年版，第181页。

② 《毛泽东早期文稿：〈讲堂录〉》，湖南人民出版社1990年版，第581页。

用上下左右腾挪的写法，造成文章浑浩流转的博大气势。毛泽东还注重语句的"声之高下"和"气之长短"（韩愈《答李翊书》）的安排，造成语言的铿锵节奏，于细微处增添文章气势，使文章不仅有强大的冲击力和震撼力，而且读起来朗朗上口。他还善于向人民群众学习语言，自铸新词，吸纳具有生命力的成语典故，增加文学色彩。这样，他的文章就形成一种"新鲜活泼的、为中国老百姓所喜闻乐见的中国作风和中国气派"①。从这诸多方面，我们都可以看出韩文对毛泽东文章的影响。

毛泽东少年时期酷读韩愈诗文，转变文风，终身受益。正因为如此，他在读《新唐书·李汉传》："汉字南纪。少事韩愈，通古学，属辞雄蔚。为人刚，略类愈，愈爱重，以子妻之。擢进士第，迁累左拾遗。"这段文字说，李汉是韩愈的弟子，后来韩愈把女儿嫁给他，成了韩愈的女婿。毛泽东读到这里，想起来李汉在编辑韩文方面的功劳，用十分赞赏的笔调批注道："韩愈文集，为李汉编辑得全，欧阳修得之于随县，因以流传，厥功伟哉！"②

韩愈文集是李汉编辑的，这是首功。李汉《昌黎先生集序》："先生殁，门人陇西李汉，辱知最厚且亲，遂收拾遗文，无所失坠。"但历经中唐、晚唐、五代，数百年间，至北宋，韩文已不多见。后宋代文学家欧阳修"得蜀本韩文于随州李氏"。（《记旧本韩文后》）欧阳修大力提倡古文，带动了一支写作队伍。他的同辈苏洵，弟子苏轼、苏辙、王安石、曾巩，苏轼门下又有黄庭坚、陈师道、张耒、秦观、晁补之等人，都是古文能手。宋代古文家不高谈学习先秦两汉而直接取法韩愈。王禹说："近世为古文之主者，韩吏部而已。"（《答张扶书》）他们学韩文的"文从字顺"，平易近人的作风，发扬了韩愈、柳宗元开创的新的散文传统精神。所以毛泽东说"厥功伟哉"！这是对李汉、欧阳修编辑、传播韩文的赞扬，更是对韩文的关注和庆幸。

---

① 《中国共产党在民族战争中的地位》，《毛泽东选集》第二卷，人民出版社1991年版，第534页。

② 《毛泽东读文史古籍批语集》，中央文献出版社1993年版，第233页。

毛泽东是中国共产党、中国人民解放军、中华人民共和国的主要缔造者，他对党和国家的贡献是无与伦比的。但垂暮之年，言及个人最终志意时，他对身边工作人员说："我这个人，只要为人民留点文就行了！"[①] 这说明毛泽东到老仍是书生本色，在他的心目中，一切皆不足道，念念不忘的仍是著作留文的初衷。当然，毛泽东的文章乃是其思想的载体，我们也可以把他这个话理解为他看重他的思想传下去。

---

① 张仙朋：《为了人民……》，《当代》1979 年第 2 期。

李 贺

——"李贺是英俊天才"

"英俊天才","惜乎死得太早了"

李贺（790—816），字长吉，福昌（今河南宜阳西）人。家住昌谷。唐诗人。唐高祖李渊的叔叔郑王李亮的后裔，与唐朝皇帝虽系同宗，但不是嫡系。李贺出生时，距唐王朝开国已170多年，家境已经衰落。其父李晋肃是一个职位低微的小官吏。

李贺自幼聪慧，7岁就能写诗，颇受著名文学家韩愈和皇浦湜赏识。他身材瘦弱，两眉相通，手指甲很长，写字很快。他作诗时构思很特别：每天早晨，他骑一匹瘦马走出家门，一个小仆人背着一个古色古香的旧锦囊跟在后边。他不时吟哦，想到好的诗句，就记在纸条上，投入囊中。傍晚回家后，在灯下把这些诗条子拿出来，再磨墨挥笔，加以补充，便成了一首首的好诗。他从不先立题目然后再做诗。他的母亲郑氏见他的锦囊中诗条子越来越多，就发怒说："这个孩子要把心呕出来才作罢呀！"

唐宪宗元和二年（807），18岁的李贺到洛阳参加府试，顺利通过并取得"乡贡进士"的资格，可以去考进士。唐朝的进士主要考诗赋，李贺的诗在当时已很有名，考取进士的可能性很大。但是，李贺的父亲名叫"晋肃"，"晋"与"进"同音，一些嫉才妒能之辈，便用"避家讳"来刁难他，说他不能考进士。韩愈为此写了《讳辨》一文，为他辩护。但终未能登第。

元和三年（808），李贺离别新婚不久的妻子进京求仕。他以"宗孙"、荫子、仪装端正等条件，由宗人引荐，经过考试，在次年春天，被任命为奉礼郎。奉礼郎是一个从九品的小京官，属太常寺，在朝会、祭祀的时候，负责安排座次、安放祭品，赞礼跪拜；在公卿巡行诸陵时，引领仪仗队，专司仪礼。他当了三年奉礼郎，不愿再担任这种"臣妾"的差事，便借病辞职回家了。

元和七年（812）春，李贺离开长安，返回家乡闲住。其时妻子亡故。从繁华的都市，回到家乡的怀抱，顿感心旷神怡，写出了《南园十三首》和《昌谷北园新笋四首》，生动地记录了他当时的生活和思想状况。

为了寻找施展政治抱负的机会，也是为生计所迫，元和八年（813），李贺曾到潞州（今山西长治）投奔韩愈的弟子张彻，希望得到引荐，未能达到目的。

元和十年（815），李贺告别张彻南下，探视他正在和州（今安徽和县）任职的"十四兄"。这期间，他到过金陵、嘉兴、吴兴、甬东（今浙江定海）等地，写了不少描写江南风物的诗篇，如《湘妃》《黄头郎》《莫愁曲》《江南弄》等等。

南北游历，并不能消除诗人郁结在心中的愁闷，再加上长期体弱多病、经济拮据，回家后不久，这位年轻的天才诗人便过早地离开了人世，年仅27岁。

李贺临终时，把生平所写的223首诗，分为四编，交给了他的好友沈子明。李贺死后15年，沈子明与著名诗人杜牧同在宣歙观察使沈传师处任幕僚，他把李贺的遗稿送杜牧过目，并请杜牧写了一篇《李贺集序》。

李贺一生，以诗为业，所作多古诗、乐府，极少近体诗。其诗在内容上，对统治集团的昏庸腐败、宦官专权、藩镇割据的现实，加以揭露、批判，也表现出政治上不得志的愤懑。在艺术上，李贺诗上承楚辞和南北朝乐府的传统，下继李白的浪漫主义精神，并直接受韩愈的影响，形成想象丰富，构思新奇，意境迷离，语言瑰丽的积极浪漫主义风格。在中唐诗坛上独树一帜，并对后世有一定影响。不足之处在于有些作品情调低沉阴郁，语言过于雕琢，不大好懂。有《昌谷集》行世。

李贺是毛泽东最喜爱的诗人之一。在读《初唐四杰集·王勃〈楚州郝司户宅饯别崔使君序〉》的批语中写道："还有李贺死时二十七，夏完淳死时十七，都是英俊天才，惜乎死得太早了。"

1958 年 5 月 8 日，毛泽东在中共八大二次会议第一次讲话中说："唐朝诗人李贺，河南宜阳人，死的时候只有二十七岁。"[1] 毛泽东称赞李贺是"英俊天才"，并惋惜他"死得太早了"。

"李贺诗很值得一读"

1958 年 1 月 16 日，毛泽东在南宁会议上的讲话中说："光搞现实主义一面也不好，杜甫、白居易哭哭啼啼，我不愿看。李白、李贺、李商隐，搞点幻想。"[2] 幻想是浪漫主义诗人的主要特征之一，这大概是毛泽东喜欢"三李"的重要原因。

1965 年 7 月 21 日，毛泽东在《致陈毅》的信中写道："李贺除有很少几首五言律外，七言律他一首也不写。李贺诗很值得一读，不知你有兴趣否？"[3] 建议陈毅同志多读李贺的诗。

李贺是继屈原、李白之后，中国文学史上又一位积极浪漫主义诗人。如同喜读屈原、李白的诗一样，毛泽东也喜读李贺的诗。

在一本《新唐书·李贺传》中，毛泽东在天头上标写着"李贺"两个醒目的大字，在记载李贺写诗"未始先立题，然后为诗，如他人牵合课程者"等处，逐句加了旁圈。

在一本刘大杰著的《中国文学发展史》（上海人民出版社 1976 年 8 月版）第二册的目录上，在"第十章李贺、李商隐及晚唐诗人"中李贺的名字下，毛泽东用红笔画着着重线，在"第十章"前用红笔画着大圈。

在一本《李长吉歌诗集》杜牧写的序言中，毛泽东多处画着曲线和圈。

---

① 王子今：《毛泽东与史学》，中共中央党校出版社 1993 年版，第 199 页。
② 陈晋主编：《毛泽东读书笔记解析》，广东人民出版社 1996 年版，第 1301 页。
③ 中共中央文献研究室：《毛泽东书信选集》，人民出版社 1983 年版，第 608 页。

在中南海毛泽东的书房里藏有多种版本的李贺诗集，如《李长吉歌诗集》《李长吉集》《李昌谷诗集》《李昌谷诗注》等等。这些诗集中，每本都有毛泽东的圈画。

李贺的诗流传于世的约223首，毛泽东圈画过83首，有些诗还圈画过四五次之多。这说明毛泽东对李贺的个人经历和诗歌写作的研究是颇下了一番功夫的。

人们可能要问，毛泽东为什么喜读李贺的诗呢？

李贺的诗富于想象、幻想，这与毛泽东的浪漫主义气质正相吻合。这大概是毛泽东喜爱李贺诗的重要原因。浪漫主义的本质是理想主义精神，它往往运用奇特的想象、大胆的夸张等艺术手法塑造奇特的艺术形象。

李贺的诗大体上可分为讽喻、抒情、神怪、咏物四个类型。

在讽喻类诗中，有的是直陈时事，有的是借古讽今，讽刺黑暗政治和不良社会现象。李贺所写这一类诗中，最具代表性的篇章，是讽刺唐朝宫廷酣歌宴舞、夜以继日的佚乐生活的《秦王饮酒》：

> 秦王骑虎游八极，剑光照空天自碧。
>
> 羲和敲日玻璃声，劫灰飞尽古今平。
>
> 龙头泻酒邀酒星，金槽琵琶夜枨枨。
>
> 洞庭雨脚来吹笙，酒酣喝月使倒行。
>
> 银云栉栉瑶殿明，宫门掌事报一更。
>
> 花楼玉凤声娇狞，海销红文香浅清，黄娥跌舞千年觥。
>
> 仙人烛树蜡烟轻，青琴醉眼泪泓泓。

古乐府有《秦王卷衣》歌名，这篇是仿古乐府所制的新题。全诗共15句，可分成两个部分，前4句是先写秦王（始皇）的威武。他以武力征服天下，拯救人民于劫难之中。后11句写秦王的宴乐。诗人辛辣讽刺秦王宴廷酣歌宴舞、夜以继日的佚乐生活。姚文燮、王琦说此诗以秦王影射唐德宗李适。李适性刚暴，好宴游。他在为太子以前曾封雍王。雍州是旧秦地，所以"秦王"可能是暗指他。这种看法可备一说。

这类佳作还有很多，批判唐宪宗求仙的，如《昆仑使者》；反对藩镇分裂所造成的灾祸和歌颂削平藩镇叛乱的，如《雁门太守行》《猛虎行》；反映权门贵族飞扬跋扈、骄奢淫逸、好景不长的，如《荣华乐》《秦宫诗》；讽刺宦官专权、贤士失志的，如《吕将军歌》；揭露封建统治者对人民的剥削压迫的，如《老夫采玉歌》；抨击科举制度不能选拔人才的，如《送沈亚之歌》，等等。这些诗从不同方面揭露批判黑暗政治和丑恶的社会现实，毛泽东圈画不少。

在抒情类作品中，李贺发愤抒情。李贺有积极用世的政治怀抱，虽然因仕途困厄，疾病缠身，存在"我当二十不得意，一心愁谢如枯兰"（《开愁歌》），但仍怀有"天荒地老无人识"（《致酒行》）的不平，发出"世上英雄本无主"（《浩歌》）的豪言壮语。例如《浩歌》：

> 南风吹山作平地，帝遣天吴移海水。
>
> 王母桃花千遍红，彭祖巫咸几回死？
>
> 青毛骢马参差钱，娇春杨柳含缃烟。
>
> 筝人劝我金屈卮，神血未凝身问谁？
>
> 不须浪饮丁都护，世上英雄本无主。
>
> 买丝绣作平原君，有酒惟浇赵州土。
>
> 漏催水咽玉蟾蜍，卫娘发薄不胜梳。
>
> 羞见秋眉换新绿，二十男儿那刺促？

浩歌，语出《九歌·少司命》："望美人兮未来，临风怳兮浩歌。"意谓放歌或狂歌。这首诗写在一个春光明媚的日子，李贺与朋友们骑马到郊外游春，饮酒放歌，抒发感慨。

此诗开头四句从虚处着笔，把一个想象的世界展现在读者面前：南风把山吹成了平地，上帝派遣水神天吴把海水移了过来。王母娘娘种的"三千年一开花"的桃树桃花开了千遍，活了800岁的长寿老人彭铿和神巫巫咸死了几回。意思是说：山会平，海会移，世间一切都会变化。人寿有限，绝无例外。

接下来六句写游春和听乐饮酒。大意是说，诗人骑着名贵的马游春，初春的杨柳含着缃黄的烟霭。弹筝的女子殷勤劝酒，酒醉时好像形神分离，此身不知属谁。丁都护呀，不必借酒浇愁了，世上英雄本来就没有什么主人的。如果向往招贤纳士的贵人，那只好为古代的平原君绣一幅丝像，或到他的墓上浇酒祭奠以示凭吊。"世上英雄本无主"，有两层意思：一是英雄如果希望有一个爱贤士的帝王或权贵作"主人"，让他施展才能，只是空想，因为这样的"主"今世本来是没有的；二是英雄本不必求"主"，就是说自己的命运应由自己主宰，不靠他人。这是画龙点睛之笔。

末四句抒发感慨。大意是说：在漏壶的滴水声中时间悄悄地溜走了，汉武帝皇后卫子夫那样的美发女子，头发都薄得无法梳理，惭愧地感到稀疏的眉毛只能用新绿来掩饰。一个年方 20 岁的男儿，正值风华正茂之时，怎能这般局促偃蹇！

此诗提出人生不免于衰老、死亡，以及雄心壮志难得实现的感慨，归结到应该排除这些烦恼，把握住现实，珍重少壮有为的时刻。知不可为而为之，于无望中希望着，一曲"浩歌"，毋宁说是一曲悲歌。

在此类作品中，毛泽东圈画最多的是《南园十三首》和《马诗二十三首》。这两组诗，是诗人借景抒情、托物言志，抒发自己对政治、对人生的抱负和感慨的。毛泽东除了在几部李贺诗集圈画了这些诗外，在《唐诗别裁集》中也作了圈画，而圈画最多的是《南园十三首》之五："男儿何不带吴钩？收取关山五十州。请君暂上凌烟阁，若个书生万户侯？"南园，李贺家住福昌县的昌谷，其地依山带水，有南北二园。南园是李贺读书之处。此诗写诗人想弃文就武，为国家统一事业尽力以建树功名的愿望，也有失意的感慨。

另一首圈画最多的是《南园十三首》之六："寻章摘句老雕虫，晓月当帘挂玉弓。不见年年辽海上，文章何处哭秋风？"此诗是说，自己老于书生，一辈子在文辞上消磨精力，读书写作直到天明。边疆只需要武人，文士没有用处，慨叹文学不切实用。

《马诗二十三首》，借咏马以反映现实政治，抒发诗人的愤激心情。例如第四首写道："此马非凡马，房星本是星。向前敲瘦骨，犹自带铜声。"大意是说，此马的"非凡"处在于：它是"房星之精"下降人间。如果向前敲击它那嶙峋的瘦骨，还带着清亮的铜声。此首写马的骏骨不凡，虽是借马写人，实含自喻之意。房星，二十八宿之一。《瑞应图》："马为房星之精。"

又如第5首："大漠沙如雪，燕山月似钩。何当金络脑，快走踏青秋。"络脑，指马络头。此诗借写马表示诗人爱慕自由豪放的生活。燕山，指燕然山。

再如第23首："武帝爱神仙，烧金得紫烟。厩中皆肉马，不解上青天。"烧金，即炼丹砂为黄金。此诗借马讽刺汉武帝求神仙，借汉武帝讽刺当代皇帝唐宪宗。

而在《日出行》《苦昼短》等篇中，则表现了悲慨时光迅速、人生短促的消极一面。

在咏物等其他题材的诗中，如《李凭箜篌引》《申胡子觱篥歌》《听颖师弹琴歌》等，通过"石破天惊"的奇特想象和比喻的手法，描绘音乐家的高超技艺和动人心弦的音乐美，抒发诗人个人的怀抱，是文学史上描写音乐的名篇，毛泽东十分喜爱，曾多次圈画过。《杨生青花紫石砚歌》热情赞美劳动人民巧夺天工的技艺，《罗浮山人与葛篇》，描写织布老人织雨剪绡的绝技。这些直接反映劳动人民生活的作品，毛泽东自然也加以圈画。这类作品思想和艺术成就都非常高。我们且以《李凭箜篌引》为例，加以说明。此诗原文是：

> 吴丝蜀桐张高秋，空山凝云颓不流。
> 江娥啼竹素女愁，李凭中国弹箜篌。
> 昆山玉碎凤凰叫，芙蓉泣露香兰笑。
> 十二门前融冷光，二十三丝动紫皇。
> 女娲炼石补天处，石破天惊斗秋雨。
> 梦入神山教神妪，老鱼跳波瘦蛟舞。
> 吴质不眠倚桂树，露脚斜飞湿寒兔。

箜篌引，乐府旧题，属《相和歌·瑟调曲》。这首诗是作者听了李凭弹箜篌而写的赞美之词，或许是赠李之作。李凭，大约是当时以弹箜篌著名的梨园子弟，另一诗人杨巨元《听李凭弹箜篌》诗说："君主听乐梨园暖，翻到云门第几声。"箜篌，是一种弦乐器。种类甚多，形状不一，李凭弹的是竖箜篌。

全诗分为前后两部分。开头四句为第一部分，开门见山，点出李凭在长安弹箜篌。首句"吴丝蜀桐"写箜篌的材质精良，借以衬托演奏者技艺的高超。二、三两句写乐声。优美悦耳的乐声，仿佛使空旷山野上的浮云颓然为之凝滞，善于鼓瑟的江娥和素女，也被这乐声触动了情怀。第四句点出演奏者的姓名，并交代了演出的地点。中国，国的中央，指国都长安（今陕西西安）。前四句，先写箜篌，写声音，再写演奏者、时间和地点，一前一后，穿插其中，突出了乐声，有先声夺人的艺术效果。

后八句为第二部分，写乐声及其艺术效果。五、六两句正面写箜篌的声调。昆山，是产玉之地。"玉碎""凤凰叫"，形容乐声清亮；"芙蓉泣""香兰笑"，形容乐声时低沉，时轻快。

从第七句起至篇末，都是写音乐效果。七、八两句，先写近处：乐声使得长安全城气候变得温暖，甚至连皇帝都感动了。紫皇，道教对天上最尊贵的神的称呼。此用来指皇帝。接下来四句，再从远处正面写声音的效果：箜篌声传到天上，炼石补天的女娲听得入了迷，忘记了职守，结果石破天惊，引起一阵秋雨。乐音传到仙山，善弹箜篌的神妪也为之感动，羸弱乏力的老鱼和瘦蛟也伴着音乐的旋律腾跃起舞。

末二句从侧面写音乐效果。箜篌声吸引了吴刚，使他夜不成眠，直到露水浸湿了月中的"寒兔"。

这首诗的最大特点是想象奇特，比喻新颖，形象鲜明，充满浪漫主义精神。它的独特成就还在于，它是我国文学史上为数不多的成功描写音乐的名篇之一。文学不同于音乐，文学作品不能用音乐符号来反映生活，更不能用音乐符号记录音乐的演奏。所以用文学语言描写音乐形象极为不易，在诗中描写音乐形象尤其困难。但诗人驰骋想象，大胆夸张，巧比善喻，以实写虚，化无形为有形，以音乐效果来写音乐，取得了成功。诗人《申胡子觱篥歌》《听颖师弹琴歌》等也是成功描写音乐的篇章。

"他专门作古怪的诗"

李贺还有一类诗，专门写神仙鬼魅的题材，就是人们所说"古怪的诗"。关于这个问题，毛泽东有自己的独特看法。

1960 年 5 月 7 日，毛泽东在济南同当时的山东省委书记舒同等谈话，当听说拥有渤、黄二海的山东缺水时，毛泽东说："能把海水变淡水，水就多了。从前有人写过这个海水是：'黄尘清水三山下，更变千年如走马。遥望齐州九点烟，一泓海水杯中泻。''三山'，就是海里头三个神仙住的山。'更变千年如走马'，就是世事变得很快。那个时候他所讲的'齐州'，不单是山东，是指整个中国。'九点烟'，是讲九州。后头它缩小到你们济南附近的那个九点烟了。这是唐朝李贺的诗。这个诗人只有 27 岁就死了。他专门作古怪的诗的。（有人插话，李贺的诗不容易懂）有些诗还是容易懂。人们说他写的是鬼诗，不是人诗。"[1]

在谈话中，毛泽东所引的诗句见于李贺的《梦天》。全诗如下：

> 老兔寒蟾泣天色，云楼半开壁斜白。
> 玉轮轧露湿团光，鸾珮相逢桂香陌。
> 黄尘清水三山下，更变千年如走马。
> 遥望齐州九点烟，一泓海水杯中泻。

这首诗写诗人梦中遨游天上所见所感。前四句写月宫所见。老兔寒蟾，指月亮。古代传说，月中住着玉兔和蟾蜍。云楼，高楼。珮，即佩，系在衣带上的玉制饰物。陌，小路。四句大意是说，月宫中天色昏暗迷蒙，老兔寒蟾感到悲惨，白色的楼阁被云影斜遮，墙壁上只见"斜白"。月亮带着晕圈，像被露水打湿了似的，诗人在桂花飘香的小路上和仙女相遇。

后四句写诗人俯视地上大海和陆地，见到沧桑变化。五、六两句是说，

---

① 陈晋主编：《毛泽东读书笔记解析》，广东人民出版社 1996 年版，第 353 页。

三神山下，大海变陆地，陆地变大海，变得很快，人间的千年在天上只像跑马一样迅速地过去了。《神仙传》："麻姑谓王方平曰：'接待以来，已见东海三为桑田。'"

七、八两句是说，遥望中国，九州小得像九个模糊的小点。大海小得像一杯水。杯水是容易干掉的，末二句也可能有暗示中州和大海都会顷刻改变的意思。

李贺在这首诗里，通过梦游月宫，描写天上仙境，以排遣个人苦闷。天上众多的仙女，在清幽的环境中，你来我往，过着一种宁静的生活。而俯视人间，时间那样短促，空间那样狭小，寄寓了诗人对世事沧桑的深沉感慨，对现实表现出一种冷眼旁观的态度。此诗想象丰富、构思奇妙，用喻新颖，体现了李贺诗歌变幻谲怪的风格。这正是毛泽东所说李贺"专门作古怪的诗"的一个典型例子，是所谓"鬼诗，不是人诗"，但还是"容易懂"的。

毛泽东很喜爱这首神怪诗。在一本黄陶庵评本《李长吉集》中《梦天》一首，他对"遥望齐州九点烟，一泓海水杯中泻"两句末画着圈，天头上的编者评语说"论长吉每道是鬼才，而其为仙语，乃李白所不及，九州二句，妙有千古"。毛泽东读到此，每句都圈点断句，很重视这一评论。

李贺是一位青年诗人，但在他的作品中出现的"死"字却多达20多个，"老"字达50多个，反映了他对好景不长、时光易逝的感伤情绪。"曲水飘香去不归，梨花落尽成秋苑"（《河南府试十二月乐词·三月》）、"况是青春日将暮，桃花乱落如红雨"（《将进酒》），表达了他对现实人生无可奈何的心情；"依稀和气排冬严，已就长日辞长夜"（《河南府试十二月乐词·十二月》），则透露了他对未来光明的憧憬。在二者的矛盾中，探索摆脱死亡的途径，于是产生了对神仙境界的奇妙幻想。王母、嫦娥等神话人物，银浦、月宫等天国风光，出现在《天上谣》《梦天》等名作中，极奇丽谲幻之观。而在《古悠悠行》《官街鼓》《神弦》《神弦曲》等作品中，则写到神仙的虚诞和沧桑的变化。既然死亡无法逃避，于是又出现了对另一鬼魅世界的可怕描述："鬼灯如漆点松花"（《南山田中行》）、"鬼雨洒空草"（《感讽五首》之三）、"秋坟鬼唱鲍家诗，恨血千年土中碧"

（《秋来》）、"百年老鸮成木魅，笑声碧火巢中起"（《神弦曲》）。幽灵出没，阴森可怕。宋人钱易、宋祁等因此称李贺为鬼才，后人又称之为"诗鬼"。杜牧说"梗莽邱陇，不足为其怨恨悲愁也""牛鬼蛇神，不足为其虚荒诞幻也"（《李长吉歌诗序》），是对这类诗篇的总评。

"不知这'涛'是怎么个耕法"

1958 年 8 月 10 日，毛泽东到天津视察工作，陪同他的有天津市市长李耕涛。

毛泽东问李耕涛："耕涛同志，田可耕，地可耕，不知这'涛'是怎么个耕法呀？"

李耕涛以知识渊博著称。可是对自己的名字他只知是父辈赐予，为什么叫耕涛，他从未考虑过。主席这一问，他一时语塞。毛泽东笑着说："回去想一想，解释清楚了可要告诉我一声哟。"

李耕涛回到家里，连夜翻查典籍，也没有能查出个所以然。他又连忙给几位文史专家打电话求教，都没有一个确切答案。最后他想起当年在南开学校与周恩来同班同学的黄钰生先生。于是拨通了黄先生的电话。黄先生接完电话，稍停后对李耕涛说："请李市长背诵一遍唐朝诗人李贺的诗作《杨生青花紫石砚歌》，看能不能找出结果。"李耕涛背诵起来："端州石工巧如神，踏天磨刀割紫云。"紫云，那是唐朝砚台用的上等石料紫石。李贺诗中所说的"踏天磨刀割紫云"，就是指登上水中倒映的岩顶开采这种石料。李耕涛想到这里，眉梢一挑，"哼，有了"，显出茅塞顿开的神采。

第二天晚上，毛泽东故作认真地问起是否找到"耕涛"两字的出处。李耕涛胸有成竹地回答："主席，唐朝诗人李贺有'踏天磨刀割紫云'之说，既然云可割，那涛想必也是可以耕的吧？"毛泽东听罢哈哈一笑："有理，有理，耕涛同志，你很聪明的。"李耕涛笑着答："主席，不是我聪明，我是请教了老师的。"他把请教的过程述说了一遍，毛泽东点着头深沉地说："李市长知之为知之，不知为不知，不耻下问；黄老先生，学富五车，用在应急。一个可赞，一个当学，好，好，好。"①

毛泽东由李耕涛的名字，和李耕涛谈及李贺诗《杨生青花紫石砚歌》，十分有趣。请看诗的原文：

> 端州石工巧如神，踏天磨刀割紫云。
> 佣刓抱水含满唇，暗洒苌弘冷血痕。
> 纱帷昼暖墨花春，轻沤漂沫松麝薰。
> 干腻薄重立脚匀，数寸光秋无日昏。
> 圆毫促点声静新，孔砚宽硕何足云！

这是一首咏物诗。杨生，可能是诗人的一位朋友。他有一方端州（今广东肇庆）产的青花紫石砚，甚为珍贵。诗人鉴赏之后，写下了这首赞美诗。

全诗共10句。开头两句写矿工采石：首句赞端州砚工技艺之巧，鬼使神差，巧夺天工。次句写砚工下到洞底，脚踏水中天的倒影，用刀割倒映于水中凝云一般的紫色岩石。

三、四句写制砚。"佣"是把石块磨制整齐。"刓（wán）"是把石块雕刻成砚形。"唇"，砚唇，盛水处。砚唇蓄水故曰"抱水"。青花，即石上的圆形晕纹，形状像八哥的眼睛，可以把紫砚装点得更美。《砚谱》："端石有眼者最贵，谓之鸲鹆（qú yù）眼。""苌弘冷血痕"，指砚上的青花。《庄子·外物》云："苌弘死于蜀，藏其血三年，而化为碧。"

五、六两句写用砚，是说把砚放到书房内，在日暖时蘸少量水轻磨几下，便墨香满屋了。

七、八两句写砚的质地和光泽。意谓墨磨砚上，则干处、腻处、薄处、重处，墨脚都很均匀。数寸小砚光洁如秋阳之镜，无纤毫无昏翳，极容易发墨。

---

① 《党史博采》1995年第2期。

九句写试笔，润饱墨汁的毛笔，点画自如，微声静细。以上九句由赞石工、赞墨、赞笔而实赞砚；又从形、色、用几方面直接赞砚，已经赞扬备至，无以复加。而诗人却异想天开，写出第十句"孔砚宽硕何足云"！《初学记》载伍辑之《从征记》说，孔子床前有石砚一枚，作甚古朴，盖孔子平生时物。孔子被尊为"圣人"，其砚宝贵可知，然而与小巧精制而实用的端砚相比，又宽又大又古老的孔砚就不值一提了，可谓推崇备至。

李贺不迷信

1958年3月22日，毛泽东在成都会议上谈到要大胆创造，不要迷信时，说：中国的儒学家，对孔子就是迷信，不敢称孔丘。唐朝李贺就不是这样，对汉武帝直写其名，曰刘彻、刘郎，称魏（引者注：应作"卫"）夫人为魏（卫）娘。一有迷信我们的脑子镇压住了，不敢跳出圈子想问题。

所谓迷信，就是盲目地信仰崇拜。毛泽东从青年时代就不迷信古人、洋人，他的名言是"与天奋斗，其乐无穷；与地奋斗，其乐无穷；与人奋斗，其乐无穷"。1958年，为了尽快改变我国"一穷二白"的落后面貌，把我国建设成社会主义强国，在成都会议上，他提出要破除迷信，大胆创新。破除迷信，就是破除对古人、洋人、名人的盲目信仰崇拜。在这次讲话中，他举出儒家迷信孔子，不敢直呼其名"孔丘"。但也不尽然，李贺当然也是儒生，但他不迷信，并举例说，他称汉武帝为"刘彻、刘郎"，称其皇后卫夫人，即卫子夫，为"卫娘"，这在当时确实是很大胆的，所以受到毛泽东的称赞。

李贺称汉武帝为"刘彻"见于《苦昼短》，为"刘郎"见于《金铜仙人辞汉歌》；称卫夫人为"卫娘"见于《致酒行》："卫娘发薄不胜梳"。（已见前）

我们先看《苦昼短》：

飞光，飞光，劝尔一杯酒。

吾不识青天高、黄地厚；

惟见月寒日暖，来煎人寿。

食熊则肥，食蛙则瘦。

神君何在，太一安有？

天东有若木，下置衔烛龙。

吾将斩龙足，嚼龙肉，

使之朝不得回，夜不得伏。

自然老者不死，少者不哭。

何为服黄金，吞白玉？

谁是任公子，云中骑碧驴？

刘彻茂陵多滞骨，嬴政梓棺费鲍鱼。

《苦昼短》慨叹光阴易逝，人生短促，讽刺迷信神仙，服药求长生的人。当时唐宪宗李纯"好神仙，求方士"，诗也许是为了借古讽今。

全诗分前后两部分。从开头至"太一安有"为第一部分。飞光，飞逝的光阴。语出南朝梁沈约《宿东园》："飞光忽我遒，岂止岁云暮。"煎人寿，消磨人的生命。神君，汉武帝时有长陵女子死后被她们的妯娌奉为神，相传有灵异。武帝将她供奉在宫内，称为"神君"。太一，有寿宫神君，其中最尊贵的为"太一"。

以上十句是说，光阴啊，我劝你停下喝杯酒。我不知道青天高、黄地厚。只见到月光寒冷太阳温暖，时光消磨人的寿命。食熊掌的人就肥胖，吃蛙肉的人就羸瘦。神君在哪里，太一何处有？通过对两位有灵异的神仙的质疑，说明成仙得道，谋求长生不老是不可能的。

"天东有若木"至篇末为后半部分，对沉湎于神仙道士，企图长生不老的封建帝王进行讽刺。若木，古代神话中的树名。《山海经·大荒北经》："大荒之中，……上有赤树，青叶，赤华，名曰若木。"一说，即扶桑。烛龙，屈原"日安不到？烛龙何照？"王逸注："天之西北有幽冥无日之国，有龙衔烛而留照之。"服黄金，吞白玉，道教迷信餐金服玉可以延长寿命。《玉经》："服金者寿如金，服玉者寿如玉也。"任公子，当是古代传说中骑驴上天的仙人，其事无考。刘彻（前156—前87），即汉武帝，西汉皇帝，公元前140—前87年在位。嬴政（前259—前210），即秦始皇，秦王朝的建立者，公元前246—前210年在位。梓棺，古代天子的棺用梓木，称梓棺。

以上14句，大意是说，天东有若木，太阳升起，天西有烛龙，日月轮流照耀，消磨人的生命。所以要斩断龙足，吃掉龙肉，使烛龙白天不能回来，夜晚不能蛰伏。这样年老的人可以不死，年轻的人不必哭泣。为什么还要食黄金、吞白玉，祈求长生呢？谁是任公子，骑驴上天成仙？汉武帝和秦始皇这两个好求仙信方士的皇帝仍不免一死。《汉武帝内传》："王母云：刘彻好道，然神慢形秽，骨无津液，恐非仙才也。"《史记·秦始皇本纪》："始皇崩于沙丘平台。丞相斯为上崩在外，恐公子及天下有变，乃秘之，不发丧。棺载辒凉车中，……会暑，上辒车臭，乃诏从官，令车载一石鲍鱼，以乱其臭。"

钱钟书先生评李贺说："其于光阴之速，年命之短，世变无涯，人生有尽，每感怆低徊，长言永叹。"（《谈艺录》十四）此诗从光阴之速，年命之短，说到迷信道术，祈求长生的荒谬，批判具有雄才大略，建立了丰功伟业的秦始皇、汉武帝求仙长生的荒唐行径，而且直呼其名，胆子很大，因此受到毛泽东的称赞。

李贺称汉武帝为"刘郎"，见于《金铜仙人辞汉歌并序》。全文如下：

魏明帝青龙九年八月，诏宫官牵车西取汉孝武捧露盘仙人，欲立置前殿。宫官既拆盘，仙人临载乃潸然泪下。唐诸王孙李长吉遂作《金铜仙人辞汉歌》：

茂陵刘郎秋风客，夜闻马嘶晓无迹。
画栏桂树悬秋香，三十六宫土花碧。
魏官牵车指千里，东关酸风射眸子。
空将汉月出宫门，忆君清泪如铅水。
衰兰送客咸阳道，天若有情天亦老。
携盘独出月荒凉，渭城已远波声小。

此诗咏魏明帝从长安迁移汉宫铜人的事，抒写诗人对兴亡盛衰的感慨。

魏明帝曹睿在青龙五年（237 年，是年三月改元景初，序中青龙九年应作五年），派官员到长安去，拆卸汉代遗留下来的金铜仙人和承露盘。承露盘即汉建章宫外铜柱，汉武帝所立，高 20 丈，上有仙人掌、承露盘。目的在于承接天上的仙露，让他喝了长生不老。魏明帝或许亦有此意，或许为了装饰，不得而知。诗前小序叙述了这个故事，交代了李贺写作此诗的原因。

诗的前四句，写汉武帝死后迷离恍惚的景象，创造了一个怪异凄恻的神奇境界。首句交代故事发生在秋天。茂陵，汉武帝刘彻的陵墓，在今陕西省兴平市东北。刘郎，即刘彻。秋风客，就是悲秋之人。郎，是古代对青少年男子的通称。刘彻曾作《秋风辞》说："欢乐极兮悲情多，少壮几时兮奈老何。"次句写汉武帝的魂魄出入汉宫，夜间有人听到马嘶，天明便不见踪迹了。三、四两句写汉宫的荒废，应是武帝魂魄所见。桂树悬秋香，点明八月。三十六宫，张衡《西京赋》："离宫别馆三十六所。"土花，指地上的苔藓。

中间四句，写铜人被移出汉宫的情况。大意是说，魏朝的官员千里迢迢来到长安东关，强劲的西风吹得他们眼睛酸溜溜的。铜人被装在车上月夜离开汉宫，运往千里之外的魏都邺城（今河北临漳西），回忆起铸造它的汉武帝便潸然泪下。

诗的最后四句，写铜人被移送魏都途中的情况和诗人的兴衰之感。大意是说，金铜仙人已经来到长安城外的大道上，路旁深秋衰败的泽兰，也显出感伤的样子。这样悲惨凄凉的景象，要是老天爷也有感情的话，也要变得衰老了。铜人在月夜独自携带着承露盘离开汉宫，渐行渐远，渭水的波涛声越来越小了。渭城，秦朝国都咸阳（今陕西咸阳），汉代改为渭城县。这里用来指代汉朝国都长安。

毛泽东在不同版本的李贺诗集中，曾多次圈画过《金铜仙人辞汉歌》，并在自己的诗词中两次化用此诗句意。

1929 年 10 月，毛泽东在《采桑子·重阳》词中写道：

人生易老天难老,岁岁重阳。今又重阳,战地黄花分外香。　　一年一度秋风劲,不似春光,胜似春光,寥廓江天万里霜。

首句"人生易老天难老",显然是从李贺《金铜仙人辞汉歌》中"天若有情天亦老"转变过来的,引申出了天是无情天难老的意思。意思是说,人容易衰老,大自然(天)不容易变化(衰老),所以每年都有一个重阳节。以此来抒发以革命为乐、以斗争为荣的豪情。

1949年4月,毛泽东写了《七律·人民解放军占领南京》:

钟山风雨起苍黄,百万雄师过大江。
虎踞龙盘今胜昔,天翻地覆慨而慷。
宜将剩勇追穷寇,不可沽名学霸王。
天若有情天亦老,人间正道是沧桑。

在此诗中,毛泽东直接把李贺诗中的"天若有情天亦老"引入诗中写道:"天若有情天亦老,人间正道是沧桑。"这里借用李贺诗句是说,天倘若有情,看到国民党反动派残害人民,也要因痛苦而变得衰老。毛泽东又续之以"人间正道是沧桑"是说,深受反动派残害的人民,自然要推翻反动统治,这是人间的正确道路。这就是说,南京的解放、人民战争的胜利,正像沧海变桑田那样的变化,是符合历史发展规律的,赋予了新意。

引用、化用李贺的诗

毛泽东不仅喜读李贺的诗,他有时还引用李贺的诗,用以说明工作中的问题。

1957年7月1日,毛泽东在为《人民日报》写的《文汇报的资产阶级方向应当批判》的社论中说:"新闻记者协会开了两次会,一次否定,一次否定之否定，时间不过一个多月，反映了中国时局变化之速。会是开得好的，第一次黑云压城城欲摧，摆出了反动的资产阶级新闻路线。近日开的第二次会，空气变了，右派仍然顽抗，多数人算是有了正确方向。"①

毛泽东用"黑云压城城欲摧"来形容1957年春天资产阶级右派分子向党的猖狂进攻的严峻形势。而"黑云压城城欲摧"出自李贺《雁门太守行》。其全文如下：

> 黑云压城城欲摧，甲光向日金鳞开。
> 角声满天秋色里，塞上燕脂凝夜紫。
> 半卷红旗临易水，霜重鼓寒声不起。
> 报君黄金台上意，提携玉龙为君死。

雁门，古雁门郡在今山西省西北部之地。《雁门太守行》，是乐府《相和歌·瑟调曲》旧题。汉古辞今存咏洛阳令王涣的一篇。六朝和唐人的拟作都是咏征戍者之苦。

此诗写于唐宪宗元和二年（807）。诗人所处的时代，藩镇飞扬跋扈。盘踞在河北易水一带的成德节度使王承宗，祖孙三代（王武俊、王士真、王承宗），拥兵割据，长达30余年，并时常向外扩张。李贺此诗，写戍边将士的一次边城苦战，赞扬他们努力平叛、为国捐躯的壮志。

这是一首七言古诗。全诗八句，分为前后两部分。

前四句写日落前的激烈战斗情景。一、二两句，写敌我对阵的形势。大意是说，黑云密布城的上空，好像要把城墙压塌似的。忽然，风云变幻，一缕阳光从云缝里透露出来，金光闪闪地映照在守城将士的铠甲上。两句既是写景，也是抒情，既写出藩寇入侵围城的严重形势，又表现了守城将士同仇敌忾的昂扬斗志。

三、四句写战斗的时间、地点和规模。大意是说，军队的号角声回荡

① 《人民日报》1957年7月1日。

在秋天的夜空，渗透了血液的泥土在天边的晚霞映照下凝聚成一片紫色。上句写所闻，下句写所见，从听觉和视觉两个方面，写出了战斗的时间、地点和规模，可以想见战斗的激烈。

后四句写驰援部队的情况。五、六两句，写驰援部队轻兵出击。大意是说，驰援部队轻兵出击，偃旗息鼓，一迫近敌军的营垒，便击鼓助威，投入战斗。

七、八两句写参战将士愿为君王死战，以报答君王重士的厚意。这里用了两个典故：一个是战国时燕昭王在易水东北（今河北易县东南）修了一个台子，上置千金，用来招徕天下人才，故称黄金台。另一个是玉龙，即龙泉剑，剑的代称。传说晋初雷焕于丰城县狱屋基下掘得一玉匣，内藏二剑，上刻有文字，其一为"龙泉"，后入水变为龙。

杜牧盛赞李贺的诗为"骚之苗裔"。他的《巫山高》《湘妃》《神弦》《神弦曲》《雁门太守行》等诗，都有此美誉。这些诗毛泽东都圈画过，其中《雁门太守行》还圈画过多次。

这首诗写元和年间在易水一带进行的一次平叛战争，全诗色彩浓重，气势悲壮，意境苍凉，是一幅有声有色的战斗画卷，反映诗人要求削平藩镇、统一国家的思想，风格很像屈原《九歌》中的《国殇》。毛泽东对这类诗非常喜爱。

1950年10月，毛泽东写了《浣溪纱·和柳亚子先生》："长夜难明赤县天，百年魔怪舞蹁跹，人民五亿不团圆。一唱雄鸡天下白，万方乐奏有于阗，诗人兴会更无前。"其中"一唱雄鸡天下白"，毛泽东是借用李贺《致酒行》中"雄鸡一唱天下白"的诗句。《致酒行》全文如下：

零落栖迟一杯酒，主人奉觞客长寿。
主父西游困不归，家人折断门前柳。
吾闻马周昔作新丰客，天荒地老无人识。
空将笺上两行书，直犯龙颜请恩泽。
我有迷魂招不得，雄鸡一唱天下白。
少年心事当拏云，谁念幽寒坐呜呃。

《文苑英华》录此诗，题下注有："至日，长安里中作。"至日，当指夏至。唐宪宗元和二年（807）秋，18岁的李贺西入长安，准备于次年正月就试于礼部。由于他名高招谤，文场上一伙竞争者以李贺父讳"晋肃"，"晋""进"同音，应避"家讳"，不得应进士举。从此，他羁留长安，开始了贫困潦倒的生涯。

这首诗写饮酒时的牢骚与感慨，是诗人的咏怀名作。诗的前八句，写主人的设酒与慰勉，借以抒发不得志的苦闷与愤激之情。开头两句交代写诗原委，大意是说，在飘零落拓的客游之中，主客共进一杯酒，主人还祝福客人长寿。既写出诗人郁郁寡欢的神态，又画出客店主人的善解人意。

三至八句写主人的劝勉之词。他讲了两个否极泰来的故事，一个是汉代的主父偃（？—前126），西汉临淄（今山东淄博）人。主父为复姓。他游齐，再游燕赵，后西游入秦，皆不得重用，资用困乏，淹留既久，诸侯宾客皆厌之。乃上书武帝言九事，终得召见，任中大夫，后为齐相。另一个是本朝的马周（601—648），字宾王，博州茌平（今山东茌平）人。年幼家贫，西入长安，途中宿新丰（今陕西潼关东新丰镇）客店，受店主冷遇。至长安，客于中郎将常何家，代常何为疏，所论20余事，得到太宗赏识，即日召见。后任监察御史，累官至中书令。两个故事讲的都是高才潦倒，否极泰来，与李贺眼前的"零落栖迟"类似，对诗人是一种勉励。

末四句是诗人以自行宽解的话来答谢主人的劝勉。迷魂，迷失的魂魄。"我有迷魂招不得"，表面是批评自己执拗，实则显示了坚持理想、绝不改变气节的个性。"雄鸡一唱天下白"，既是黎明时刻一刹那的实感，也是指政治清平，皇帝识才用人的时刻。这两句之所以成为传世名句，主要是它意态高远，概括力强。所以结尾二句豪迈健朗："少年心事当拏云，谁念幽寒坐呜呃"。一个年轻人正该振作向上，有攀天拏云大志，怎么会为贫困寂寞而悲叹呜咽呢？结语耐人寻味！

毛泽东在《浣溪纱·和柳亚子先生》中引用李贺《致酒行》名句"雄鸡一唱天下白"，只稍微调动了一下语序，意义大有不同：李诗中的"天下白"指天亮，是描状，显然具有丰富的政治内涵和美好理想的寄托；毛词中"天下白"是比喻，是借天亮来比喻全国解放、新中国诞生，一个人民当家作主的新时代到来了，也正是取其政治含义加以光大的。

1958 年 7 月 1 日，毛泽东写了《七律二首·送瘟神》：

读 6 月 30 日《人民日报》，余江县消灭了血吸虫。浮想联翩，夜不能寐。微风拂煦，旭日临窗。遥望南天，欣然命笔。

绿水青山枉自多，华佗无奈小虫何！
千村薜荔人遗矢，万户萧疏鬼唱歌。
坐地日行八万里，巡天遥看一千河。
牛郎欲问瘟神事，一样悲欢逐逝波。

其　二

春风杨柳万千条，六亿神州尽舜尧。
红雨随心翻作浪，青山着意化为桥。
天连五岭银锄落，地动三河铁臂摇。
借问瘟君欲何往，纸船明烛照天烧。

第一首中的"万户萧疏鬼唱歌"一句中"鬼唱歌"，本于李贺《秋来》诗："秋坟鬼唱鲍家诗"。《秋来》全诗如下：

桐风惊心壮士苦，衰灯络纬啼寒素。
谁看青简一编书，不遣花虫粉空蠹。
思牵今夜肠应直，雨冷香魂吊书客。
秋坟鬼唱鲍家诗，恨血千年土中碧。

《秋来》写秋天来临时诗人的愁苦情怀。

诗的前四句，抒写诗人怀才不遇的心情。大意是说，秋风吹落梧桐叶子的声音使有才有志之士无限悲苦，残灯照射下，又听得络纬哀鸣，那鸣声，听起来好像是催促赶快织做寒衣用的布。有谁来看自己呕心沥血写下的诗篇，不使它白白地被蠹鱼蛀蚀变成粉末呢！

诗的后四句，写诗人从鬼魂中得到慰藉。大意是说，诗人被忧愤愁思所缠绕折磨，九曲回肠似乎都要变直了，在冷雨飘洒之中，一位古代诗人的"香魂"前来吊问我这个"诗客"。诗人仿佛听到秋坟中的鬼魂，唱着鲍照当年抒发长恨的诗，他的遗恨就像苌弘的鲜血化为碧玉那样永远难以消释。

末二句用了两个典故，一是"鲍家诗"，指南朝宋鲍照的《代蒿里行》。鲍照（约414—466），字明远，东海（今江苏连云港东）人，文学家。曾做过临海王刘子顼的前军参军，世称鲍参军。诗风俊逸，对唐代诗人李白、李贺、岑参等颇有影响。有《鲍参军集》。鲍照有《代蒿里行》诗。代，拟作之意。《蒿里行》是一种挽歌。鲍照在《代蒿里行》中有"年代稍推远，怀旧日幽沦"，"赍我长恨意，归为狐鬼尘"等诗句，自伤自挽。李贺用"鲍家诗"代表鲍照《代蒿里行》一类抒发有志难申、抱恨泉下的思想感情的诗作，同时也借以指代自己的作品。"鬼唱"是从鲍照《代蒿里行》之类诗作的挽歌性质引申出来的，而"秋坟"又是对"鬼唱"的进一步引申发挥。由"鬼"而自然想到"坟"，而"鬼唱"的内容又极为悲惨，自然要把它安排在肃杀凄凉的秋夜的坟上了。

另一个典故是《庄子·外物》中苌弘化碧的故事。

总之，诗末对鬼魂的描写有两个作用：一是把幽冥世界与现实世界进行比，突出了诗人愤世嫉俗的感情；二是说明从古到今，志士仁人都是怀才不遇的。

毛泽东在《七律二首·送瘟神》之一中写道："千村薜荔人遗矢，万户萧疏鬼唱歌。"二句极写瘟神（血吸虫）在旧社会为害之烈：成千个村庄都荒芜了，患血吸虫病的人，一会儿就拉三次屎，成万户人家变得萧条冷落，成了鬼的世界。这表现了毛泽东对旧社会人民受到血吸虫病的毒害的深切同情。

那么，"鬼唱歌"与李贺"秋坟鬼唱鲍家诗"，又有什么关系呢？因为中国最早是诗、乐、舞三位一体的，所唱歌词便是诗，所唱曲调便是音乐，演唱时的动作便是舞蹈。后来诗才分为可唱（歌诗）与不可唱（徒诗）两种。所以毛泽东从李贺"鬼唱鲍家诗"，自然引申为"鬼唱歌"，更加通俗明快，其意义不变。

第二首"红雨随心翻作浪"一句中的"红雨"一词，出自李贺《将进酒》诗中"桃花乱落如红雨"。李贺《将进酒》原诗如下：

> 琉璃钟，琥珀浓，小槽酒滴真珠红。
> 烹龙炮凤玉脂泣，罗帏绣幕围香风。
> 吹龙笛，击鼍鼓，皓齿歌，细腰舞。
> 况是青春日将暮，桃花乱落如红雨。
> 劝君终日酩酊醉，酒不到刘伶坟上土。

《将进酒》是乐府旧题，《宋书》载《汉鼓吹铙歌》十八曲有《将进酒曲》，古词说："将进酒，乘大白。"写宴饮赋诗之事。这首诗也是借饮酒乐事，抒发人生短暂、及时行乐的感情。

此诗从开头到"细腰舞"，写饮酒歌舞的盛况。琉璃是一种矿石质有色透明材料。琥珀是一种地质时代中植物树脂的化石。真珠红是酒名。鼍（tuó）鼓，鳄鱼皮蒙的鼓。细腰，此指女子。语出《墨子·兼爱中》："楚灵王好士细腰。"诗人以绚烂多彩的笔触，描写了一幅色彩斑斓的图画：罗帏绣幕之中，灯红酒绿，香气缭绕，美女在"龙笛"的伴奏下，随着鼍鼓的节拍翩翩起舞，好一派富丽堂皇的景象。诗人从听觉、视觉、嗅觉等几个角度，写出了歌舞场面的奢华。

最后四句，抒发诗人及时行乐的思想。青春，兼指春天和人的青年时代。刘伶，字伯伦，晋沛国（今安徽亳州）人，嗜酒，著《酒德颂》一篇，死葬光州（今河南光山）。在诗人看来，况且春天很快就要过去了，桃花纷纷飘落像下了一阵红雨。因此我劝你整天都喝得酩酊大醉，酒洒不到酒鬼刘伶坟的土上。倾吐了诗人人生易老、及时行乐的思想情绪。

这首诗先写人间乐事，后写青春易逝，于一扬一抑之中取得了相反相成的艺术效果。

毛泽东诗中"红雨随心翻作浪"，红雨二字虽出自李贺"桃花乱落如红雨"，但点化之后，意义大为不同：在李贺诗中，看到桃花乱落像红雨，红雨就是桃花，这是比喻，表现的纯粹是自然现象；而在毛诗中"红雨随心翻作浪"，作者认为这是随着人们的心意翻成红色的波浪，这是象征手法，象征亿万人民群众改造祖国山河的愿望和理想。

1959 年 3 月，文物出版社刻印了一册线装本的《鲁迅诗集》。其中有一首《湘灵歌》，是鲁迅 1933 年 3 月 5 日写赠给日本友人片山松元的。"湘灵"是古人楚人神话里的湘水女神，鲁迅借用这个神话典故来表达对倒在国民党反动派屠刀下的死难者的哀思。全诗为："昔闻湘水碧如染，今闻湘水胭脂痕。湘灵装成照湘水，皎如皓月窥彤云。高秋寂寞竦中夜，芳荃零落无余春。鼓完瑶琴人不闻，太平成像盈秋门。"毛泽东在该诗末句旁批注："从李长吉来。"[1]

据《鲁迅日记》记载，这首诗是书赠日本友人片山松元的。后收入《集外集》。诗中的湘灵，是古代传说中的湘水女神。帝舜南巡，死于苍梧之野，舜妃娥皇、女英追舜不及，乃投湘水而死，是为湘夫人。在白色恐怖下，诗用此神话人物作隐喻，揭露了国民党反动派血腥屠杀共产党人和革命群众的罪行。

诗中的"太平成象"由"太平无象"变化而来。《资治通鉴·唐文宗太和六年》："会上御延英，谓宰相曰：'天下何时当太平，卿等亦有意于此乎？'僧孺对曰：'太平无象，今四夷不至交侵，百姓不至流散，虽非至理，亦谓小康。陛下若别求太平，非臣等所及。'"后以太平无象，即太平盛世没有一定标准，讽刺反动统治者粉饰太平。

秋门，出自李贺诗《自昌谷到洛后门》："九月大野白，苍岑竦秋门。"明曾益注："《洛阳故宫记》云：'洛阳有宜秋门、千秋门。'"认为是洛阳后门。洛阳是唐王朝东都，鲁迅诗中用以借指国民党政府首都南京。

毛泽东读鲁迅的《湘灵歌》时，随手在末句旁批注："从李长吉来"，

---

① 陈晋主编：《毛泽东读书笔记解析》，广东人民出版社 1996 年版，第 1304 页。

李　贺——『李贺是英俊天才』

说明他对李贺的诗十分熟悉。

现在我们看一看李贺的《自昌谷到洛后门》：

九月大野白，苍岑竦秋门。

寒凉十月末，雪霰濛晓昏。

淡色结昼天，心事填空云。

道上千里风，野竹蛇涎痕。

石涧冻波声，鸡叫清寒晨。

强行到东舍，解马投旧邻。

东家名廖者，乡曲传姓辛。

杖头非饮酒，吾请造其人。

始欲南去楚，又将西适秦。

襄王与武帝，各自留青春。

闻道兰台上，宋玉无归魂。

缃缥两行字，蠹虫囊秋芸。

为探秦台意，岂命余负薪？

这是一首纪行诗，叙述了诗人自家乡昌谷到东都洛阳后门的所见所感。

全诗 36 句，分三层来写。前十句，写诗人从原籍昌谷到洛阳后门。昌谷，在今河南宜阳西南洛河之北三乡镇东，为李贺所居之地。开头两句写景，意谓农历九月在昌谷家乡的旷野里，草木凋零，大地一片皆白，而此时的洛阳后门外，青山耸峙，仍然郁郁葱葱。分写两地景色，点醒题目，笼罩全篇。接下来八句，具体写此次旅途情况：时间在九月末，方式是骑马，距离 150 多华里，清晨出发，傍晚到达，一路上雪霰杂下，河水结冰，泥泞难走，心情不佳。

"强行到东舍"等六句，写诗人求人问筮。诗人去秦适楚难以抉择，故而问卜。因为南方的楚地，古有楚襄王，西方的秦地，古有汉武帝，两人都是爱好文士的帝王。他们的声名至今尚存，其人至今如在。王琦注："襄王喻当时藩镇，武帝喻时君，意中不决，故造筮者卜之。"

末六句再申前意："闻道兰台上"等四句言去楚，已无宋玉（战国楚辞赋家）之流，所存书册，大抵半坏蠹鱼，其他并无爱好文士之显贵。楚地之行，可以绝想。末二句言适秦，今将西适秦地，必将有所遇合，岂能令余穷困潦倒，而要卖柴为生吗？唐都长安在古秦地，所以适秦是寄希望于唐朝皇帝。诗人作为唐室远支，家室早已衰落，而唐王朝并没有重用他，只做过很小的官，可谓终生困顿，27岁便死去，这不能说不是一个悲剧。

毛泽东对李贺这位"英俊天才"，英年早逝，十分惋惜，所以对这首诗非常熟悉。

李商隐

——"李商隐搞点幻想"

"搞点幻想"

李商隐是毛泽东喜爱的唐代诗人"三李"之一。至于为什么喜爱"三李"，他说得很清楚。1958年1月16日，毛泽东在南宁会议上讲话时说道："光搞现实主义一面也不好，杜甫、白居易哭哭啼啼，我不愿看，李白、李贺、李商隐，搞点幻想。我们党建党以来，几十年没正式研究过这问题。"[①]

文学欣赏，本来就是萝卜、白菜，各有所爱。人们由于所处历史时代、社会环境及个人阅历、文化素养及当时心境的不同，而有不同的偏爱和嗜好，是无可厚非的。杜甫、白居易是唐代伟大的现实主义诗人，其诗作深刻地反映了唐王朝政治腐败和黑暗的社会现实，是所谓"诗史"，但揭露黑暗多，让人觉得诗人简直是在哭诉，使人打不起精神；而李白、李贺、李商隐是杰出的浪漫主义诗人，其作品当然也不乏对社会黑暗和弊端的揭露和批判，但由于充满幻想，能给人以希望。所以毛泽东不喜爱杜、白，而偏爱"三李"。这是问题的一个方面。

问题的另一个方面是，从诗歌创作的角度来看，现实主义与浪漫主义是文学史上两种最基本的创作方法。现实主义提倡客观地观察现实生活，按照生活本来的面目精确细腻地描写现实；而浪漫主义在反映现实上，善于抒发对理想世界的热烈追求，常用热情奔放的语言、瑰丽的想象和夸张

---

① 陈晋主编：《毛泽东读书笔记解析》，广东人士出版社1996年版，第1260页。

的手法来塑造形象，按照作者理想的样子来反映生活。浪漫主义也可以说是一种理想主义，所以浪漫主义作家都善于海阔天空的想象或幻想。正如毛泽东所说："太现实就不能写诗了。"[①]"没有幻想，就没有科学、文学和艺术。"[②] 这是作为诗人的毛泽东的甘苦之言。

不仅在文学欣赏和创作上，现实主义与浪漫主义区别很大，应该加以研究，而且在党的工作上，也应该如此。所以毛泽东遗憾地说："我们党建党以来，几十年没有正式研究过这问题。"也就是说，他认为研究现实主义与浪漫主义的关系，对指导党的工作有重要意义。

毛泽东熟悉李商隐的诗歌，从下面的这个例子可见一斑。

据复旦大学历史学家周谷城回忆：1965 年，他在上海西郊一个旧式的别墅里见到了毛泽东。他一进门，毛泽东即起而笑着说："又碰到了。"

"又碰到了"这几个字，是毛泽东每次见到他的时候第一句常用的话。

这次在座的，有陈丕显同志（注：当时任上海市委第一书记）。

周谷城同毛泽东握手问好之后，随即转入畅谈。谈话的范围真够广了。

谈到哲学史，毛泽东说："胡适之的中国哲学史，只写了一半，就没有下文了。"

周谷城说："胡的白话文学史，也只写了一半，就没有下文。"

毛泽东又谈到："中国佛教史没有人写，也是一个问题。"

毛泽东学问渊博，对古、今、中、外，文、史、哲等都有兴趣。关于旧体诗，他们谈到了李商隐，周谷城当即忘乎所以，便把李商隐的一首七言律诗，用湖南腔调哼了出来，曰：

> 海上徒闻更九州，他生未卜此生休。
> 空闻虎旅鸣宵柝，无复鸡人报晓筹。
> 此日六军同驻马，当时七夕笑牵牛。
> ……

---

① 陈晋：《毛泽东的文化性格》，中国青年出版社 1991 年版，第 268 页。
② 梅白：《在毛泽东身边的日子里》，《春秋》1988 年第 4 期。

把五、六两句哼了几遍，七、八两句居然哼不出来。毛泽东知他已忘记了，便笑着，自己代他念出，曰：

> 如何四纪为天子，不及卢家有莫愁。

毛泽东念出时，周谷城又跟着他的后面哼。一时心情舒畅，超乎寻常。

周谷城所哼的这首七律名曰《马嵬》，是写安史之乱时，唐玄宗从长安出逃成都，行至马嵬坡（今陕西兴平西），六军哗变，不得已令杨贵妃自缢。这是一首咏史诗。此诗前六句叙事，末二句议论，大意是说，唐玄宗虽然多年做皇帝，并不能长保他的妃子，不及普通人家能始终相守。暗示皇帝如果纵情女色、荒废政治，那就连女色也保不住。这正是此诗的主旨所在。毛泽东很喜爱这首诗，在不同版本中，圈阅过三次之多。

那么，李商隐是怎样一位诗人呢？

李商隐（813—858）字义山，号玉谿生，怀州河内（今河南沁阳）人。后迁至郑州荥阳（今河南荥阳）。晚唐著名诗人，与杜牧齐名，人称"小李杜"。

李商隐出身于小官僚家庭，从他的高祖到他的父亲，都只担任过县令、县尉和州郡僚属一类的低级官吏。其远祖"姑臧公"是东晋时西凉武昭王李暠的曾孙李承。李商隐称其为"先君"，自认和唐朝皇帝同族，但祖辈的名字在唐宗室族谱中无考。他的高祖李涉只做过美原（今陕西富平北美原镇）县令；祖父李叔卿，曾任邢州（今河北邢台）录事参军；父亲李嗣，曾任获嘉（今河南获嘉）县令。李商隐就诞生在获嘉。他两岁时，其父被罢去县令一职，到浙江东道、西道观察使幕中任职，直到李商隐9岁，都是随父亲在浙江度过的。

李商隐9岁时，父亲病逝，他陪侍母亲扶柩回到故乡荥阳，为父亲料理丧事并守丧三年。父丧期满，举家迁居洛阳（今河南洛阳）。其时，李商隐家境很不好，作为长子的李商隐不得不经常替人抄抄写写，做些杂工零活，贴补家用。但李商隐仍刻苦学习，企图从科举上找到出路。他的一位堂叔对古文很有研究，对他"亲授经典，教为文章"。他在这位堂叔的教育下，少年时便学会古典散文。16岁著《才论》《圣论》，以古文为士大夫所知。

唐文宗大和三年（829），历仕六朝的朝廷元老令狐楚到洛阳任东都留守。17岁的李商隐带着自己的文章和诗赋前去拜见。令狐楚一见李商隐的著作大为赞叹，"致之华馆，待以嘉宾"（《上令狐相公状四》）。这年十一月，令狐楚出任郓州（治所在今山东东平西北）、天平军节度使，便聘李商隐入幕府为巡官。令狐楚是骈文大家，他很爱惜李商隐的才能，让他和自己的儿子令狐绹一起学习，并亲自讲授骈文作法。李商隐后来成为晚唐首屈一指的四六文大家，他的律诗中的对偶也极见功力，是与令狐楚的指导帮助分不开的。

21岁时，李商隐由令狐楚资助去长安参加进士考试，未中；23岁时，他再次应进士第，也未中；25岁时，李商隐第三次进京应试，终获成功。不仅他的文才发挥得好，而且有了好机遇：当时令狐绹在朝中任左拾遗，和当年主考官高错交情颇深。

令狐楚死后，李商隐失去幕职，只好另谋出路。开成三年（838），李商隐应泾原（今甘肃泾川北）节度使王茂元之邀入幕。王茂元很爱其才，把他的一个女儿嫁给李商隐。

当时，朝臣中分牛（僧孺）、李（德裕）两党，互相倾轧。李商隐早年受知于令狐楚，登进士第后娶王茂元女。令狐楚和王茂元是政敌，党于令狐的人认为李商隐亲近王氏是"背恩""无行"。后来令狐绹长期执政，排抑李商隐。李商隐对政治本来很热心，却始终不能得志，这和他得罪令狐氏，处在朋党倾轧之间不无关系。虽然他自己并不屑于攀附这两个政治集团中的任何一个。

开成三年（838），李商隐参加博学宏词科考试，成绩优秀，主考官周墀、李回已经录取。可当吏部铨叙上报中书省时，中书省却以"此人不堪"的理由将他的名字抹掉了。

开成四年（839），李商隐经过吏部考试，任秘书省校书郎，不久又被排挤出京，外任弘农（今河南灵宝北）县尉。

开成五年（840），文宗病死，武宗即位。武宗是一位有作为的君主，

李商隐——「李商隐搞点幻想」

他用李德裕为相，力图重振朝纲。会昌三年（843），李德裕派军队击溃了回鹘的侵略。会昌四年（844），又平定了藩镇刘稹的叛乱，同时裁汰州县冗官，着手经营恢复被吐蕃侵占的河湟地区。

会昌二年，李商隐再次赴京应试，以书判拔萃授秘书省正字。不巧这年冬天其母病逝，他只得离职守丧，会昌五年冬才返京履职。第二年，武宗就病死了。

大中元年（847），唐宣宗继位后，任用牛党人物白敏中、令狐绹等做宰相，李德裕和李党人物遭贬斥。李商隐先后依托在几个大官的幕下作幕僚。情况如下：

大中元年，桂管观察使（治所在今广西桂林）郑亚请李商隐任掌书记。五月，李商隐到任。这年冬天，他奉郑亚之命到南郡（今湖北荆州），舟行途中编完了他的骈文集《樊南甲集》，并作序。

大中二年（848），三四月间，李商隐离开桂林北归。五月至潭州（今湖南长沙），并在湖南观察使李回处作短暂停留。

大中三年（849），武宁军节度使（治所在今江苏徐州）卢弘正请李商隐任判官，并带侍往使的官衔。当年十二月，李商隐到徐州。

大中五年，卢弘正死，李商隐回到长安，任太常博士。七月，东川节度使（治所在今四川三台）柳仲郢请李商隐任掌书记；十月，充任判官，并得检校工部郎中衔。直至大中九年（855），李商隐随柳仲郢调回长安。柳出任盐铁转运使，推荐李商隐任盐铁推官。大中十二年（858），柳罢盐铁转运使，李商隐也罢盐铁推官，还郑州闲居。这年病死，年仅46岁。

李商隐是晚唐著名文学家。他的文学成就主要在骈文和诗两方面。李商隐是晚唐骈文的主要代表作家。他与温庭筠、段成式三人写的骈文，号称"三十六体"。因为他们三个人的排行都是十六。骈文又名四六文，"四六"的名称，首见于李商隐的《樊南甲集·自序》。他的骈文有独特风格。《四库全书简明目录》说："李商隐之文，婉约雅饰，于唐人为别格。"

李商隐的诗现存600多首，收集在《玉谿生诗》里，注本颇多，比较流行的冯浩《玉谿生诗笺注》，比较完备。

李商隐的诗，按题材内容大致可分为感时、咏史、无题、咏物、风物

等五大类，每类都有佳作，毛泽东都有圈阅。李商隐的优秀作品都是言之
有物的，其感慨讽喻都有一定的深度。他的感时诗如《有感》、《重有感》
和《行次西郊作一百韵》等，都有深切的忧愤，攻击宦官、藩镇，更表现
出其见识和胆量。这些诗毛泽东都多次圈画过。

唐朝自中叶以后，中央军政大权逐渐落到一班宦官手里。文宗即位后
想改变这种局面。大和九年（835），文宗和李训、郑注等密谋，先在左金
吾厅事藏伏甲兵，使人奏称那里后院中石榴花上发现甘露，然后文宗遣宦
官仇士良等去验看，准备趁机将他们杀死。不料兵甲隐藏不密，被宦官看出
破绽。他们先下手将文宗劫持到后宫，然后率禁兵出来屠杀，朝臣死得很
多。宰相王涯并未参与密谋，也被族诛。文宗的命运也掌握在宦官手里。
这次事变史家叫作"甘露之变"。李商隐曾写过两首五言排律《有感》，叙
述这次事变，表达他的愤慨。之后，他又写了一首七律《重有感》：

> 玉帐牙旗得上游，安危须共主君忧。
> 窦融表已来关右，陶侃军宜次石头。
> 岂有蛟龙长失水？更无鹰隼与高秋！
> 昼号夜哭兼幽显，早晚星关雪涕收。

诗大意是说，节度使们有实力，能威胁宦官，控制形势，在国家安危
关头应当和皇帝共忧戚。现在昭义军节度使刘从谏就像东汉初凉州牧窦融
那样，从函谷关西呈上战表，其他节度使应像东晋大将陶侃一样和诸将合
力讨逆，进军京师。哪里有皇帝长久被宦官所制呢？不要说现在没有武将
起来，像鹰隼高飞秋空，击杀鸟雀似的来驱逐宦官。宦官的专权使神鬼和
人都悲愤万分，早晚之间被宦官盘踞的宫阙就会收复，使君臣化悲为喜。
这首诗主张节度使们向长安进军，清除宦官，恢复皇帝的自由。这在当时
是很大胆的，表现了诗人的正义感。

1965年6月20日，在上海西郊一所旧式别墅里。毛泽东与复旦大学
中文系教授也是湖南人的刘大杰谈论中国古典文学，论及李商隐，毛泽东
问："能背出《贾生》吗？"

刘大杰立刻吟诵：

　　宣室求贤访逐臣，贾生才调更无伦。

　　可怜夜半虚前席，不问苍生问鬼神。

毛泽东听罢，喟然叹道："写得好哇！写得好！"

他们谈到李商隐的"无题"诗。刘大杰说："这些作品究竟是纯粹的爱情诗，还是另有寄托？研究者历来有不同看法。"

毛泽东说："'无题'诗要一分为二，不要一概而论。"

毛泽东还说李商隐的《行次西郊作一百韵》"是篇史诗，可与杜甫的《北征》媲美"。①

《行次西郊作一百韵》原文如下：

　　蛇年建丑月，我自梁还秦。南下大散岭，北济渭之滨。草木半舒坼，不类冰霜晨；又若夏苦热，焦卷无芳津。高田长槲枥，下田长荆榛。农具弃道旁，饥牛死空墩。依依过村落，十室无一存。存者背面啼，无衣可迎宾。始若畏人问，及门还具陈：

　　"右辅田畴薄，斯民常苦贫。伊昔称乐土，所赖牧伯仁。官清若冰玉，吏善如六亲。生儿不远征，生女事四邻。浊酒盈瓦缶，烂谷堆荆囷。健儿庇旁妇，衰翁舐童孙。况自贞观后，命官多儒臣。例以贤牧伯，征入司陶钧。

　　"降及开元中，奸邪挠经纶。晋公忌此事，多录边将勋。因令猛毅辈，杂牧升平民。中原遂多故，除授非至尊。或出幸臣辈，或由帝戚恩。中原困屠解，奴隶厌肥豚。皇子弃不乳，椒房抱羌浑。重赐竭中国，强兵临北边。控弦二十万，长臂皆如猿。皇都三千里，来往同如雕鸢。五里一换马，十里十开筵。指顾动白日，暖热回苍旻。公卿

――――――――――

① 孙琴安：《毛泽东与刘大杰谈古典文学》，《文艺报》1991年12月28日。

辱嘲叱，唾弃如粪丸。大朝会万方，天子正临轩。彩旗转初旭，玉座当祥烟。金障既特设，珠帘亦高褰。捋须寒不顾，坐在御榻前。忤者死跟履，附之升顶巅。华侈矜递衔，豪俊相并吞。因失生惠养，渐见征求频。

"奚寇东北来，挥霍如天翻。是时正忘战，重兵多在边。列城绕长河，平明插旗幡。但闻虏骑入，不见汉兵屯。大妇抱儿哭，小妇攀车辕。生小太平年，不识夜闭门。少壮尽点行，疲老守空村。生分作死誓，挥泪连秋云。廷臣例猿怯，诸将如赢奔。为贼扫上阳，捉人送潼关。玉辇望南斗，未知何日旋。诚知开辟久，遘此云雷屯。逆者问鼎大，存者要高官。抢攘互间谍，孰辨枭与鸾？千马无返辔，万车无还辕。城空雀鼠死，人去豺狼喧。

"南资竭吴越，西费失河源。因令左藏库，摧毁惟空垣。如人当一身，有左无右边。筋体半痿痹，肘腋生臊膻。列圣蒙此耻，含怀不能宣。谋臣拱手立，相戒无敢先。万国困杼轴，内库无金钱。健儿立霜雪，腹歉衣裳单。馈饷多过时，高估铜与铅。山东望河北，爨烟尤相联。朝廷不暇给，辛苦无半年。行人榷行资，居者税屋椽。中间遂作梗，狼藉用戈铤。临门送节制，以锡通天班。破者以灭族，存者尚迁延。礼数异君父，羁縻如羌零。直求输赤诚，所望大体全。巍巍政事堂，宰相厌八珍。敢问下执事，今谁掌其权？疮疽几十载，不敢抉其根。国蹙赋更重，人稀役弥繁。

"近年牛医儿，城社更攀缘。盲目把大旆，处此京西藩。乐祸忘怨敌，树党多狂猖。生为人所惮，死非人所怜。快刀断其头，列若猪牛悬。凤翔三百里，兵马如黄巾。夜半军牒来，屯兵万五千。乡里骇供亿，老少相扳牵。儿孙生未孩，弃之无惨颜。不复议所适，但欲死山间。

"尔来又三岁，甘泽不及春。盗贼亭午起，问谁多穷民。节使杀亭吏，捕之恐无因。咫尺不相见，旱久多黄尘。官健腰佩弓，自言为官巡。常恐值荒迥，此辈还射人。愧客问本末，愿客无因循。郿坞抵陈仓，此地忌黄昏。"

　　我听此言罢，冤愤如相焚。昔闻举一会，群盗为之奔；又闻理与乱，系人不系天。我愿为此事，君前剖心肝。叩额出鲜血，滂沱污紫宸。"九重黯已隔，涕泪空沾唇。使典作尚书，厮养为将军。"慎勿道此言，此言未忍闻。

　　唐文宗开成二年（837）冬天，李商隐从兴元（今陕西汉中）回到长安，途中在长安西郊停留时所见所闻引起他对国事的强烈忧愤，因而写下了这首长篇叙事诗。

　　全诗长达200句，以旅途所见、所闻、所感为线索，描写唐朝建国初年直至当时的政治风云和民间疾苦。自开头至"及门还具陈"，是旅途所见，真切地刻画了乡村的残破和乡民的寒苦；自"右辅田畴薄"至"此地忌黄昏"，是旅途所闻，记录乡民的口述；自"我听此言罢"至篇末，是旅途所感，抒写自己的治国主张。诗中夹叙夹议，其中谴责那些祸国殃民的当权者和揭露各种腐败暴横的情况，比较大胆直率，语言质朴。这首诗继承汉魏诗的现实主义优良传统，杜甫的《北征》对它有直接影响。所以，毛泽东才说它"可与杜甫的《北征》媲美"。

　　那么，杜甫的《北征》又是一首怎样的诗呢？

　　《北征》是杜甫在唐肃宗至德二载（757）闰八月抵鄜州后写的，共140句。鄜州在凤翔东北，故题作《北征》；又汉班彪有《北征赋》、曹大家（gū）有《东征赋》，杜甫不但仿其题名，而且在布局和结构上也受了赋的影响。

　　此诗按照"北征"即从朝廷所在的凤翔到杜甫家小所在的鄜州的历程，依次叙述了请假探亲、辞别朝廷时的忧虑；归途所见山河破碎、生灵涂炭的悲惨情景；到家后悲喜交集的情形；叙说对时局的估计和复国的策略；表达平乱在即、中兴在望的热情期待。全诗以回家省亲为题材，把家庭的命运和整个国家的命运结合在一起，成为反映时代真实面貌的"诗史"。

　　毛泽东在《致陈毅》的信中说："又诗要用形象思维，不能如散文那样直说，所以比、兴两法是不能不用的。赋也可以用，如杜甫之《北征》，可谓'敷陈其事而直言之也'，然其中亦有比、兴。"①《北征》从头到尾，一一道来，指事议论，充分发挥了赋的长处。但是为了更形象地表达思想感情，也由于有的思想感情不宜直接道破，诗中又灵活地运用了各种比、兴手法，既使叙事具有形象，意味深长，不致枯燥；又使语言精练，结构紧密，避免行文拖沓。例如诗人登上山冈，描写了士兵饮马的泉眼，邠州郊野山水地势形态，以及那突如其来的"猛虎""苍崖"，显然含有感慨和寄托。又如诗人用观察天象的方式来概括当时平叛形势，实际上也是一种比、兴。天气好转，妖气消散，显然是指叛军失败；而阴风飘来则暗示了诗人对回纥的态度。总之，诗人采用以赋为主、有比有兴的方法，既可表现本诗所包括的宏大的内容，也显示了诗人在诗歌艺术上的高度才能和浑熟技巧，因而受到毛泽东的称赞，而毛泽东又认为李商隐的《行次西郊作一百韵》"可与杜甫的《北征》媲美"，这是很高的评价。

"李义山无题诗现在难下断语，暂时存疑可也"

李商隐的另一类诗作，是他独创的无题诗。

什么是无题诗呢？顾名思义，无题诗就是以"无题"为标题的诗。作者为什么不标明题目而要标明无题呢？诗文以"无题"为题的，表示无题可标或不愿标题。宋陆游《老学庵笔记》卷八："唐人诗中有曰'无题'者，率杯酒狭邪之语，以其不可指言，故谓之'无题'，非真无题也。"清张采田《李义山诗辨正·无题四首》："无题诗格，创自玉谿。此体只能施之七律，方可婉转动情。"张采田指出了无题诗是李商隐独创，只适用于七律。因为作者未标明题目，所以读者解读，往往众说纷纭，莫衷一是。清冯浩《〈玉谿生诗笺注〉发凡》："说诗最忌穿凿，然……言外隐衷，大堪领悟，似凿非凿也。如《无题》诸什，余深病前人动指令狐，初稿尽为翻

①《毛泽东书信选集》，人民出版社 1983 年版，第 608 页。

驳；及审定行年，细探心曲，乃知屡启陈情之诗，无非借艳情以寄慨。"张采田讲他对李商隐无题诗认识的变化：原先认为是爱情诗，后来结合其生平思想研究，发现原来是抒情诗。这种情况在学术界是普遍存在的。

刘大杰所著《中国文学发展史》是一部很有影响的文学史专著，毛泽东读过这本书，直到逝世，还摆在他的书柜中。《中国文学发展史》是刘大杰的旧作，原为上下两册。上册成书于1939年，1941年出版；下册成书于1943年，1949年出版。解放后，刘大杰将本书作过一些修改，分为上中下三册，于1957年、1962年两次印行。后来刘大杰想再作修改。所以，1965年6月20日，刘大杰趁毛泽东在上海西郊一所旧式别墅中接见他，谈到李商隐的无题诗时，便向毛泽东请教。毛泽东说："无题诗要一分为二，不要一概而论。"刘大杰这次修改，因为"文化大革命"的开始而搁浅了。到了"文化大革命"后期，1973年开展的"批儒评法"运动中，刘大杰决定再次修改《中国文学发展史》。1975年8月2日，他给毛泽东写了一封信，就如何评价韩愈和李商隐的诗，谈了自己的看法。信中说："关于李义山的无题诗，说有一部分是政治诗，也有少数是恋爱诗，这样妥当吗？""如能得到主席的指教，解此疑难，那真是莫大的光荣和幸福。"于是，毛泽东于1976年2月12日回信说："李义山无题诗现在难下断语，暂时存疑可也。"[①] 这个意见是符合学术研究规律的。

毛泽东一生酷爱中国古典文学，在晚年病魔缠身和两眼患严重白内障几乎失明的情况下，他还仔细地阅读了刘大杰的来信和著作，还在思考古典文学研究问题，并复了信，实在令人肃然起敬。这是毛泽东的最后一篇论文艺的文稿。

李商隐的无题诗，大部分是写爱情的，也有一部分咏史的内容。李商隐的爱情诗，辞藻清丽而自然，情致缠绵而不庸俗，有感人的艺术魅力。李商隐的无题诗，毛泽东圈阅的有六首。在一本清蘅塘退士原编的《注释唐诗三百首》中，毛泽东在《无题》（相见时难别亦难）题头上方空白处

---

① 《致刘大杰》（1976年2月12日），《毛泽东文艺论集》，中央文献出版社2002年版，第338页。

连画三个小圈，正文开头处上方空白处画了一个大圈，在"青鸟"二字旁画一直杠；在《无题》（昨夜星辰昨夜风、来是空言去绝踪、飒飒东风细雨来、相见时难别亦难、凤尾香罗薄几重、重帏深下莫愁堂）六首题头上方空白处连画三个小圈；在"身无彩凤双飞翼，心有灵犀一点通""春心莫共春争发，一寸相思一寸灰"等名句旁，毛泽东画着大圈小圈，流露出颇为赞赏的心情。下面我们先看《无题》：

> 昨夜星辰昨夜风，画楼西畔桂堂东。
> 身无彩凤双飞翼，心有灵犀一点通。
> 隔座送钩春酒暖，分槽射覆蜡灯红。
> 嗟余听鼓应官去，走马兰台类转蓬。

这首诗可能作于唐武宗会昌二年（842），诗人任秘书省正字时。星辰，星星。画楼，绘有彩画的楼阁。桂堂，用香木建筑的厅堂。彩凤，即凤凰。灵犀，古人认为犀牛是灵异动物，旧说犀牛角中有一白线，直通大脑中，故叫灵犀。送钩，古代的一种游戏，也叫藏钩。分曹，分组。射覆，也是古代的一种游戏，在巾帕和器皿下放置东西令人猜。兰台，指秘书省，掌图书秘籍。唐高宗龙朔时称秘书省为兰台。其大意是说，昨夜满天繁星，晚风吹拂的时候，在画楼西边、桂堂东边，我和意中人短暂相遇。我们虽然没有彩凤的双翼，可以随时飞来相会，但我们的心却是像灵犀那样相通的。在宴会上，红烛高照，春酒频酌，隔座送钩，分组射覆，喧闹欢快异常。酒宴未散，自己所属意的人，不能接近，听到更鼓之声，不由得急忙去官署应卯，这种奔波的生涯，好像随风飘转的蓬草一样。这当中诗人把不能和钟情的人遇合的沮丧和沉于下僚的失意之情交织在一起，表现得深沉凄婉，显然是一首爱情诗。

又如《无题》（相见时难别亦难）：

> 相见时难别亦难，东风无力百花残。
> 春蚕到死丝方尽，蜡炬成灰泪始干。

> 晓镜但愁云鬓改，夜吟应觉月光寒。
> 蓬山此去无多路，青鸟殷勤为探看。

这是一首历来争论不休的名篇。有人认为是感叹人生遇合艰难的；有人则认为是叹老嗟贫之作；有人则认为是对令狐绹表达忠诚之情的。这些意见都不免失之穿凿。这首《无题》诗，从字面和表达的思想感情看，应该是一首爱情诗。

诗中的"蓬山"，即蓬莱山，相传为海中三仙山之一。青鸟，是传说中为西王母传递信息的神鸟，这里借指信使。

此诗大意是说，我们平时没有机会晤面，分别时更加难分难舍；更何况在春风无力、百花凋残的时节分别呢？我一往情深，像春蚕到死才停止吐丝（思），像蜡烛燃尽才停流烛泪。你早晨梳妆照镜，只愁轻软如云的鬓发改变，月下低吟，也会感到凄冷孤单。蓬莱仙岛离这里并没有多少路，殷切希望信使青鸟为我传递表达相思之情的信息。总之，这首诗写暮春时节与所爱女子别离后的伤感和别后悠长、执着的思念，是一首缠绵悱恻的爱情诗。"春蚕""蜡炬"二句，比喻对所爱者至死不渝的思念和无穷无尽的别恨，更成了后人表达生死不渝爱情的习用语。

再如《无题》（来是空言去绝踪）：

> 来是空言去绝踪，月斜楼上五更钟。
> 梦为远别啼难唤，书被催成墨未浓。
> 蜡照半笼金翡翠，麝熏微度绣芙蓉。
> 刘郎已恨蓬山远，更隔蓬山一万重。

这一首《无题》诗究竟是写爱情，还是别有寄托，历来说法不一。程梦星、冯浩、张采田等人，都以为是有政治寄托之作；朱鹤龄、何焯等人，认为是艳情诗。根据诗中的描写和表达的思想感情来看，我们也认为是一首爱情诗。

诗中的"麝"，兽名，似鹿而小，雄麝脐部有香腺，分泌麝香，是一种名贵香料。刘郎，传说东汉时刘晨与阮肇入天台山采药，遇二仙女，留居半年后返家。后又入山寻二仙女，渺然无所遇。

此诗大意是说，梦中见你来时没有说话，去时没有踪影，梦醒后正值高楼之上月斜五更。因为远别而积想成梦，梦中为伤别而悲啼，也不能唤回亲爱者；梦醒之后，不能遏止的思念之情，驱使我在墨未磨浓的情况下，就急着给你写信。烛光半照着用金线绣有翡翠鸟图案的衾被，麝香的香气慢慢浸透绣有荷花图案的帐子。刘晨已怨恨蓬莱仙山太远了，而情人所居之地更有一万重蓬山阻隔。全诗由梦境到醒后，一层深入一层地抒写与情人蓬山远隔之苦，正表现了其爱情之浓，曲折尽致，颇为感人。

《无题》(凤尾香罗薄几重)写青年女子渴望与所爱者相会而不得的心情；《无题》(重帏深下莫愁堂)写一个幽居未嫁女子的不幸遭遇；《无题》(飒飒东风细雨来)写一个幽居女子不幸的爱情遭遇，也都是爱情诗。

但《无题》诗中也有不是写爱情的。例如《无题》(万里风波一叶舟)：

> 万里风波一叶舟，忆归初罢更夷犹。
> 碧江地没元相引，黄鹤沙边亦少留。
> 益德冤魂终报主，阿童高义镇横秋。
> 人生岂得长无谓，怀古思乡共白头。

此诗写作者在东川思乡和怀古之情，借以表达政治上失意的愤慨。寓意明白，和其他无题诗不同。

"写得好哇！写得好！"

毛泽东也很喜欢李商隐的咏史诗。所谓咏史诗是指歌咏历史之诗，以历史人物、历史事件为题材，歌颂或贬斥某一历史人物、历史事件。此类诗是诗人借吟咏历史抒发个人的情怀，绝少单纯咏史。李商隐写了不少咏史诗，借古讽今。这些诗笔触含蓄、立意高远，毛泽东有很多圈画。上面讲到的他和周谷城吟咏的《马嵬》诗，他至少有三次圈画。李商隐的另一首咏史诗《贾生》，在不同版本中，他圈画过六次之多，并曾两次手书过。《贾生》原文是：

> 宣室求贤访逐臣，贾生才调更无伦。
> 可怜夜半虚前席，不问苍生问鬼神。

诗题"贾生"，即贾谊（前200—前168），洛阳（今河南洛阳）人，西汉政论家、文学家。世称贾生。文帝初，召为博士。不久超迁太中大夫。他多次上疏，评论时政。主张削弱诸侯势力，加强中央集权，抗击匈奴侵扰。先后谪为长沙王太傅、梁怀王太傅。梁怀王坠马死，他郁郁自伤，不久去世。

诗中的"宣室"，指西汉未央宫前的正室。"贤"与"逐臣"，均指贾谊。才调，才气和风格。"夜半虚前席"，《史记·屈原贾生列传》载："文帝接见贾谊时'问鬼神之本。贾生因具道所以然之状。至夜半，文帝前席'"。"前席"，向前移动坐处。古人席地而坐，从所坐的席上向前移动，以接近谈话的对方，是听得入神时不自觉的动作。

大意是说，汉文帝求贤若渴在宣室接见被他放逐的臣子贾谊，因为贾谊的才气是无与伦比的。但令人惋惜的是，文帝只向贾谊垂问鬼神之事而不问老百姓的事。

总之，此诗讽刺汉文帝虽然重视贾谊的才气，虚心听取他的意见，但只和他讨论荒唐的鬼神之事而不涉及国计民生的大问题，讽刺效果十分强烈。所以，末二句诗人虽然只是对史事发议论，其中含有作者自己怀才不遇的感愤。

李商隐的《北齐二首》写北周大军出征灭齐，齐后主高纬仍在醉生梦死地过着荒淫无耻的享乐生活；《隋宫》写隋炀帝纵欲拒谏，暴戾亡身、亡国的丑恶面目；《韩碑》（韩愈《平淮西碑》）写拥护中央集权，反对藩镇割据的平叛战争，等等，这些诗，毛泽东都分别圈画过三至五遍之多。

在一本《注释唐诗三百首》中，毛泽东在《隋宫》《嫦娥》《贾生》等诗题目上方各画一个大圈，在正文天头空白处各画三个小圈，在《筹笔驿》标题上方天头空白处连画三个小圈，在正文上方天头空白处画了一个大圈，在《韩碑》题目上方画了一个大圈，表示比较欣赏。

"自有它迷人的魅力"

在咏物诗中，毛泽东也有圈画。在一本《注释唐诗三百首》中，毛泽东在《春雨》标题上方天头空白处连画三个小圈，在《锦瑟》标题上方天头空白处连画三个小圈，在正文上方天头空白处又画了一个大圈，在《蝉》标题上方天头空白处画了一个大圈，表示对这些诗篇的喜爱。

毛泽东对《锦瑟》特别喜爱，并且素有研究。毛泽东同晚年陪他读书的北京大学中文系讲师芦荻谈到李商隐的《锦瑟》。芦荻说，对这首诗，历来说解甚多，有说是写锦瑟之为乐器的乐音特点的，有说是写对女子的爱恋的，有说是悼念的，有说是自况、自伤的，还有人说是诗人总结自己创作体验的，等等，请教主席怎么看。

毛泽东说："不要做繁琐的钻牛角尖的研究，只要感觉文采非常美，徜徉迷离，给你一种美的享受就行了。这首诗为什么流传得这么久，自有它迷人的魅力。不要整天说它是悼念还是托言，怎么说都可以，总之是寄托了作者的一种惆怅。"（《辽宁人才报》1996 年 12 月 25 日）

那么，《锦瑟》到底是怎样一首作品呢？且看原文：

> 锦瑟无端五十弦，一弦一柱思华年。
> 庄生晓梦迷蝴蝶，望帝春心托杜鹃。
> 沧海月明珠有泪，蓝田日暖玉生烟。
> 此情可待成追忆，只是当时已惘然。

此诗以锦瑟起兴，以首二字标题，这种做法是从《诗经》开始的习惯，不得以"无题"视之，所以，我们姑且认为它是一首咏物诗。所谓咏物诗，是指歌咏自然风物的诗，或咏花草树木，或咏鸟兽虫鱼，或咏生活器物，或咏自然现象，如咏梅、柳、莺、燕、琴、琵琶、团扇、风、雪等。此类诗多有比兴寄托，诗人情意的表达较为曲折。如单纯咏物，则其品格便容易流于平庸。

李商隐的咏物诗，也写得曲折难明而多有寄托。这首《锦瑟》就是这样。锦瑟，瑟上绘文如锦。瑟是一种乐器，传说古瑟有五十弦，后代弦数不一，一般是二十五弦。柱，系弦的木柱。华年，少年。

作者写这首诗的时候年近五十，因瑟的弦柱之数触起华年之思。首联这种借物发端而又浮想联翩的艺术技巧，显得十分自然。"思华年"领起全篇，下面三联都由此生发开来。颔联连用两个典故，抒写空有抱负，壮志难酬的悲哀。"庄生蝴蝶"是诗人觉得自己的一生就像做了一场短暂而令人迷惘的蝴蝶梦，往事有如梦幻。"杜鹃啼血"是用望帝国亡身丧，魂化杜鹃，悲鸣寄恨，比喻自己的远大抱负和美好理想化为云烟。颈联则把两个优美的传说转化为生动的形象，其中蕴含着诗人无限的感慨：自己的才华犹如耀眼的明珠，则被抛弃而沉于茫茫大海，令人悲哀；昔日的理想抱负犹如日照蓝田而玉生烟霭，随风飘散，终成幻影。尾联以直接抒情作结：往日身临其境的时候已经是惘然了，并非等到现在回忆时才有此感。一方面和首联照应，另一方面把理想破灭的悲哀更深化一层。

全诗词藻华丽，秾艳精工，含蓄深沉，情致绵邈。在艺术表现上兴中有比，比喻中含有象征意味，创造了一种凄婉惆怅的艺术境界，十分感人。正如毛泽东所说，《锦瑟》"寄托了作者的一种惆怅"，"自有它迷人的魅力"，所以才会流传得这么久。

毛泽东虽然说对这首诗"不要做繁琐的钻牛角尖的研究"，但他对这首诗及其词句的不同解释还是很留意的。《锦瑟》一诗中："锦瑟无端五十弦"。对"五十弦"的解释，历来众说纷纭。清吴景旭《历代诗话》中的《锦瑟》一文，记叙了苏东坡的解释："此出《古今乐志》。锦瑟之为器也，其弦五十，其柱如之，其声也，适、怨、清、和。按李诗'庄生晓梦迷蝴蝶',适也;'望帝春心托杜鹃',怨也;'沧海月明珠有泪',清也;'蓝田日暖玉生烟',和也。"作者在按语中还辑录了另外几种不同的解释:有的认为上述四句诗,说的是锦瑟的四种曲子;有的说锦瑟是令狐楚家的婢女名字;也有人认为对这首诗,"不解则涉无谓,既解则意味都尽"。作者还从《汉书》《史记》等史籍中考证了瑟弦的数目。毛泽东对这些解释和考证,一路密加圈画。正因为他了解历史上对李商隐这类诗众说纷纭,故强调不要作繁琐考证式的研究。

毛泽东还圈阅了一首比较典型的咏物诗《蝉》:

> 本以高难饱,徒劳恨费声。
> 五更疏欲断,一树碧无情。
> 薄宦梗犹泛,故园芜已平。
> 烦君最相警,我亦举家清。

诗中的"梗犹泛",《战国策·秦策》说,齐孟尝君准备到秦国去,苏秦(代)劝阻道:"今者臣来过淄上,有土偶人与桃梗相与语,土偶曰:'今子东园之桃梗也,削子以为人,降雨下,淄水至,流子而去,则子漂漂然者将何如耳?'"这里用"梗犹泛"形容自己漂泊不定的宦游生活。

此诗大意说,寒蝉因高洁而食不果腹,虽悲鸣寄恨而无人同情。天快明时,蝉声稀疏,像无力再继续下去,而蝉所栖息的树一片碧绿,对寒蝉的悲鸣全然无动于衷。自己过着像桃梗顺水漂流的宦游生活,故乡的田园却已经荒芜,杂草快要埋没路径。寒蝉悲鸣最能警醒自己,我已一贫如洗。

本篇托物寓怀,前四句写寒蝉栖高饮露、悲鸣欲绝,寄寓诗人穷困潦倒的处境和悲愤无告的心情。后四句写诗人像泛梗似的羁宦生涯和一无所有的困苦生活。诗人抓住寒蝉的特征加以突出描写,达到人、物一体的境界,结构章法也隐显分合,灵活多变,是一首咏物佳作。

"夕阳无限好，只是近黄昏"

李商隐的风物诗也写得清丽可喜、寓意深长，有些广为流传。清袁枚《随园诗话》卷一中有一则说：

> 尹文端公总督江南，年才三十，人呼"小尹"。海宁诗人杨守知，字次也，康熙庚辰进士。以道员挂误，候补南河，年七十矣。尹知为老名士，所以奖慰之者甚厚。杨喜，自指其鬓，叹曰"蒙公盛意，惜守知老矣！'夕阳无限好，只是近黄昏。'"公应声曰："不然，君独不闻'天意怜幽草，人间重晚晴'乎？"杨骇然，出语人曰："不谓小尹少年科甲，竟能吐属风流。"

毛泽东对此加了圈画。[①]

尹文端，即尹继善，字元长，晚号望山，文端是其谥号。满洲镶黄旗人，姓章佳氏。雍正进士。累官文华殿大学士。尝于一月内兼摄将军提督巡抚河漕盐政上下两江学政等官九印。案无留牍，犹与诸生论文课诗，闻者骇服。一督云贵，三督川陕，四督两江，而在江尤久，前后30余年，少有败事。其父尹泰，康熙年间由笔帖式补主事。雍正年间官至东阁大学士，兼兵部尚书。历事三朝，奉职谨慎。卒谥文恪。其父子被称为大尹、小尹。

杨守知，海宁（今浙江海宁）人，字次也。康熙进士。官平凉知府。后因受连累而失官（挂误），到江南河道总督等候委用，驻清江浦（今江苏淮阴），专管防治江南（今江苏、安徽两省）境内的黄河与运河（实际管辖范围只限于江苏长江以北）。时称总督为南河总督，所管诸河为南河。所以，杨守知是在尹文端管辖区作候补官，二人得时相过从。杨守知工诗，与归安沈树本、平湖陆奎勋、嘉善柯煜称浙西四才子。有《致轩集》。

尹继善与杨守知谈话中所引诗句，出自李商隐的两首诗：《乐游原》

---

① 陈晋主编：《毛泽东读书笔记解析》，广东人民出版社1996年版，第1480页。

和《晚晴》。我们先看《乐游原》：

> 向晚意不适，驱车登古原。
> 夕阳无限好，只是近黄昏。

乐游原，在长安东南，地势高旷，四望敞亮，在原上可以俯视长安全城。汉宣帝在此建乐游苑，在唐代是游览胜地。

这首小诗，历来传诵。它大意是说，傍晚，诗人感到心情不快，于是驾车急驱，登上乐游古原。见到夕阳西下，晚霞灿烂，非常壮美，又感到黄昏已近，夜幕将临，因而发出深深的感叹。全篇纯用白描手法，文字简练，却出色地描绘了古原黄昏、夕阳晚霞辉映的壮丽景色，表现了诗人对时光的爱惜和对美好晚景的留恋。已到古稀之年的杨守知以此二句诗自况，颇为得体。

再看《晚晴》：

> 深居俯夹城，春去夏犹清。
> 天意怜幽草，人间重晚晴。
> 并添高阁迥，微注小窗明。
> 越鸟巢干后，归飞体更轻。

此诗写于唐宣宗大中元年（847）初夏，时诗人抵桂林郑亚幕府任职不久。

大意是说，我的寓所俯视着夹城（大城门外的小城），时值春夏之交，气候清和。雨后晚晴，仿佛是天意特为爱怜生长在幽暗处的小草，人间也特别珍视这晚晴的天气。在高阁上眺望时视线更为遥远，夕阳的余晖照射在小窗上，带来了一线光明。由于天晴巢干，傍晚归巢的小鸟也飞翔得更为轻捷。这首诗中描绘雨后晚晴明净清新的境界和充满生机的景象，表达了诗人欣慰喜悦的感受和在寂寞中精神焕发起来的情怀。"天意"二句，可能寄寓着诗人的身世之感和对前途的某种希望。读者常将此二句与《乐游原》诗"夕阳无限好，只是近黄昏"比较，将"晚""夕"理解为指人生的老年。"夕阳"二句虽然对美丽的暮景表示喜悦，却不免嗟叹它的短暂；"人间"二句只是珍重这个"晚晴"，并不理会它的久暂，更多地表现出乐观态度。这则诗话中也是这种用法，而且都十分恰当：杨守知以古稀之年吟"夕阳"二句自况，不仅符合自己身份，而且曲折地表现出向尹求助的愿望；尹继善吟"天意"二句，不仅是对杨守知的安慰和勉励，而且也隐约透露出其相助之意。

风物诗中的名篇《安定城楼》《夜雨寄北》，毛泽东都有圈画。

"唐代诗人李商隐有诗警醒后世人"

毛泽东很早就喜欢李商隐的诗，而且颇有研究。1926 年，毛泽东在武昌农民运动讲习所和湖北黄梅邓雅声相识。多年以后，毛泽东回忆起这位为革命早已献身的战友、诗友，满怀深情地说："我在湖北省农民协会和武昌农民运动讲习所同雅声同志多次接触，……谈旧体诗词也很投机。他和我一样，喜欢唐代'三李'（李白、李贺、李商隐），他还喜欢杜牧、王维。我们交换过各自的诗，他的名句我至今还记得：'范叔一寒何至此，梁鸿余热不因人。'这两句用典，很融洽，很活。我看比李商隐的好。用这种诗的语言表现诗人在当时白色恐怖中的硬骨头精神。我很欣赏他这类诗句。他长于七言，律绝俱佳。"[1]

雅声，即邓雅声（1902—1928），湖北省黄梅县邓家老屋人。家世清贫，后入私塾学习。在十月革命和五四运动影响下，与人在家乡组织"醒民书社"，传播革命思想。1923 年，加入中国共产党。从事农民运动，曾任中共黄梅县委组织部部长、湖北省农民协会秘书长、京汉铁路南段特委

---

① 董志英：《毛泽东轶事》，昆仑出版社 1999 年版，第 250 页。

书记。1928年春节，在汉口参加省委召开秘密会议时被捕。2月19日，被杀害于汉口大智门外。

毛泽东赞扬的邓雅声的两句诗"范叔一寒何至此，梁鸿余热不因人"，用了两个典故。"范叔"，即战国魏人范雎，字叔。曾随魏中大夫须贾出使齐国。回国后，须贾以范雎有通齐之嫌告诉魏国丞相。魏相魏齐大怒，使舍人笞击雎，折肋折齿，雎佯死得免。于是隐藏起来，改名张禄。后随秦使王稽赴秦，以远交近攻、加强王权之策说秦昭王。昭王用为丞相，封应侯。魏闻秦将伐韩魏，使须贾赴秦。范雎布衣微行，至客馆见须贾。须贾大惊，曰："范叔固无恙乎？"又曰："范叔一寒如此哉！"乃取一绨袍赐之。须贾旋知秦相张禄即范雎，乃肉袒膝行，趋前请罪。范雎数其罪有三，然以绨袍之赠，尚有故人之意，故而释之。事见《史记·范雎蔡泽列传》。

梁鸿，字伯鸾，东汉初扶风平陵（今陕西咸阳西北）。少孤家贫。曾过洛阳作《五噫之歌》，为当局所忌，遂改变姓名，东逃齐鲁，后至吴，为人佣工舂米。与其妻孟光相敬如宾，传为佳话。不因人热，是梁鸿少年时的故事。《东观汉记·梁鸿传》："梁鸿少孤，常独坐之，不与人同食。比舍先炊已，呼鸿及热炊。鸿曰：'童子鸿，不因人热者也灭灶更燃火。"" 不因人热"，不借助别人的余热。后因称不仰仗别人为"不因人热"。

"范叔一寒何至此"二句，表现了邓雅声作为一个无产阶级革命者的硬骨头精神，用典自然灵活，不着痕迹，确实比李商隐有些用典过于晦涩难懂要好，因而受到毛泽东的称赞，也可以看作是他对李商隐诗的一种批评。后来，毛泽东还用"不因人热"的故事教育子女及身边的工作人员，鼓励他们要有志气，不仰仗他人，要靠自己艰苦奋斗。

但遗憾的是刊有这两个名句的全诗已遗失了，因为人民出版社出版的《邓雅声烈士及其遗著》中查不到这首诗。

1932年冬，毛泽东在长汀养病期间，有一天和贺子珍参观北山金沙寺，见寺里梅花盛放，脱口吟出两句诗：

春心乐共花争发，与君一赏一陶然。

首句显然出自李商隐《无题》（飒飒东风细雨来）的第七句"春心莫共花争发"；次句亦带有李商隐《锦瑟》诗的末句"只是当时已惘然"的意味。

在日常生活中，毛泽东有时还用李商隐的诗句开导别人。20世纪50年代初，毛泽东曾对来自家乡的族人说："现在和将来，我们都摆不起阔气。唐代诗人李商隐有诗警醒后世人：'历览前贤国与家，成由勤俭破由奢。'你想想，我们能不养成一种勤俭节约的风气吗？"①

本篇题作"咏史"，实是伤悼唐文宗之作。诗当作于开成五年（840）之后。原文如下：

> 历览前贤国与家，成由勤俭破由奢。
>
> 何须琥珀方为枕，岂得真珠始是车？
>
> 运去不逢青海马，力穷难拔蜀山蛇。
>
> 几人曾预南薰曲，终古苍梧哭翠华。

唐文宗，即李昂（809—840），唐朝皇帝。穆宗子，敬宗弟。公元827—840年在位。宝历二年十二月（827年1月），为宦官王守澄等拥立。他利用宦官间的派别纷争，用仇士良为左神策中尉，毒死王守澄。大和九年（835），任命李训、舒元舆等为宰相，郑注为凤翔节度使，发动"甘露之变"，欲一举铲除宦官势力。事败，李训、郑注等均被杀害，他亦被仇士良软禁至死。

诗中的"成由勤俭破由奢"，语出《韩非子·十过》："秦穆公问由余曰：'愿闻古之明君得国失国常何以？'由余对曰：'……常以俭得之，以奢失之。'"蜀山蛇，传说战国时秦惠王嫁五美女给蜀王，蜀王派五壮士迎娶。回来时路过梓潼，见一大蛇钻入山涧，五力士共拔其尾，致使山岭崩塌，力士与美女均被压死。见《华阳国志·蜀志》等。南薰曲，传说舜曾弹五弦琴，歌南风之诗（即南薰曲），而天下大治。歌词为："南风之薰

---

① 张步真、赵志超：《故园行》，海南出版社1993年版，第109页。

兮，可以解吾民之愠兮。南风之时兮，可以阜吾民之财兮。"

此诗大意是说，纵观历代君主治理国家的经验教训，勤俭就获得成功，奢侈就必然破败。国君需要看重贤臣良将，何必琥珀为枕、珍珠饰车呢？文宗时运不好没有遇上日行千里的青海马，用尽力气也难拔出蜀山蛇。有几人能听舜帝歌唱南薰曲，永世在苍梧哭舜帝。

首联议论，振起全篇。颔联叙事，以古喻今，慨叹文宗勤俭而不成事功。颈联仍是叙事，慨叹文宗没有得到贤臣辅佐。尾联抒情，揭出哀悼文宗主旨，便有忧国伤时的进步意义。所以，毛泽东称它是一首"警醒后世人"之作。

由这首诗我们想到一个相关的故事：

从 1953 年 12 月至 1960 年 12 月，毛泽东在杭州的大部分时间都是在刘庄度过的。他居住和办公的地方是刘庄一座古老的琉璃瓦平房院落，人们通常称它为"一号楼"。……

刘庄，原是私人庄园。过去曾有"西湖第一名园"之称。以后，成了铁路招待所。1949 年杭州解放后，由于年久失修，这座庄园已很不像样。白蚁漫延，地基下沉，阴暗潮湿。毛泽东入住时，已是一座陈旧的庄园了……

浙江省委、中央办公厅为给毛泽东创造一个良好的工作、生活环境，几次提出要修缮刘庄毛泽东的住处，都遭到毛泽东的婉言拒绝。理由很简单，在国家还很穷的情况下，绝不能讲排场，不能多花国家一分钱。

时隔不久，1959 年 1 月，毛泽东的秘书叶子龙提出，由于白蚁蛀得厉害，光线又暗，为了毛泽东的安全和健康，对一号楼进行正常维修。

毛泽东一听搞正常维修，点点头说："这房子建造有些年了，正常维修还是需要的。"继而又说："我很喜欢现在的建筑风格，不要破坏原有的面貌。"

叶子龙说："保持原样，不作大的变动。"

毛泽东嘱咐道："要注意节约，不要铺张浪费。"

"一定按主席的意见办。"叶子龙应着。

1961 年 1 月，中共八届九中全会在北京举行。……

会议结束不久，毛泽东来到杭州。

毛泽东步入会客厅，旁边跟着江青。他审视着客厅过道屏风上的木雕，站在那里，全神贯注，木雕上镌刻着《西厢记》的片段。……他又走到第二幅木雕前观看，这里雕着梅、兰、竹、菊。然后是第三幅。这时，浙江省委的领导追随身后，静静地站着。

一走进刘庄一号楼，惊诧、不安的情绪涌上毛泽东的心头。他背着手，从客厅走到卧室，又从办公室走到厨房、卫生间，目光扫过地毯、窗帘、茶几、沙发、桌子、台灯……板着脸，机械地踱着步，表情阴郁，面色铁青。

"败家子！"突然，毛泽东皱起眉头，沉下脸，吼道："叶子龙，我们走，不住这里了。"

刘庄，1959年1月开始整修……1960年秋修好。恰巧，这一年中秋节，毛泽东在长沙第一师范时的老师、老革命家徐特立和他的家人到杭州度假，他们来到毛泽东的住处。看到如此豪华的设施，徐特立沉思良久，然后气愤地说：

"'历览前贤国与家，成由勤俭破由奢。'搞得这么富丽堂皇，真比古代皇帝还皇帝。我要去找毛润之问问。"

当然，徐老回京有没有向毛泽东讲，就不得而知了。

其实，毛泽东当时并不知道会如此大动干戈，修缮好后也不曾来杭州住过。

"叶子龙。"毛泽东感叹道："搞得这么华丽，对外国人可以，对我们可不行啊！"

叶子龙解释说："房子里发现白蚁蛀梁的粉末，如果不及时修，危险哪！"立刻，他看出这些话有些效验，毛泽东换了一副容色。叶子龙又说："阴暗，光线不好，影响主席的健康。"

毛泽东："花了多少钱？"

叶子龙："不多，就×万。"

"还不多？你知道这些钱够一个老百姓吃多少年吗？"毛泽东反问道。

叶子龙被问住了，呆看着毛泽东，一时答不上来。他想辩，但最终把话咽了回去。

毛泽东叹道："哟，不得了啦!"他怏怏不快地离开刘庄，住进汪庄。从此，毛泽东虽又多次到杭州，但他再也不住刘庄了。直到浙江省委领导动员周恩来、朱德、彭真、邓小平作为政治任务住过一号楼后，他才又回刘庄住了一二次。[1]

"贾生才调世无伦"

毛泽东的诗词创作也受李商隐的影响。他和李商隐都推崇西汉著名政论家、文学家贾谊。李商隐写了著名的《贾生》诗，称赞"贾生才调更无伦"，惋惜汉文帝不能发挥其治理国家的政治才能。毛泽东也非常推崇贾谊的政治才能，在1958年4月27日写给田家英的信中，称赞贾谊的"《治安策》一文是西汉一代最好的政论"。[2]

1958年5月8日，毛泽东在中共八大二次会议上的讲话中说："汉朝有个贾谊，十几岁就被汉文帝找去了，一天升了三次。后来贬到长沙，写了两篇赋：《吊屈原赋》《鵩鸟赋》。后来又回到朝廷，写了一本书，叫《治安策》。他是秦汉历史专家。他写了十篇作品，留下来的是两篇文学作品（两篇赋），两篇政治作品——《治安策》和《过秦论》。他死在长沙的时候才只有三十三岁。"[3]在这次讲话提纲中，他列举了古今中外一批年轻有为的人中第二个便是贾谊。

毛泽东在读《旧唐书·朱敬则传》时批注说："贾谊云：'仁义不施，而攻守之势异也。'"[4]他同意贾谊在《过秦论》中对秦朝灭亡原因的分析。

毛泽东在读《初唐四杰集·王勃〈秋日楚州郝司户宅饯崔使君序〉》

① 李林达：《情满西湖》，中央文献出版社1993年版，第181—186页。
② 《毛泽东书信选集》，人民出版社1983年版，第539页。
③ 陈晋主编：《毛泽东读书笔记解析》，广东人民出版社1996年版，第1210—1211页。
④ 《毛泽东读文史古籍批语集》，中央文献出版社1993年版，第226页。

批注说："……以一个二十八岁的人，写了十六卷诗文作品，与王弼的哲学（主观唯心主义），贾谊的历史学和政治学可以媲美。都是少年英俊，贾谊死时三十几，王弼死时二十四。还有李贺死时二十七，夏完淳死时十七。都是英俊天才，惜乎死得太早了。"①

由于毛泽东认为贾谊是杰出的历史家和政治家，是"英俊天才"，所以才"惜乎死得太早了"。这种高度誉扬，毛泽东觉得似乎还不够，大约也是在 20 世纪 50 年代末，他还写了两首赞颂贾谊的怀古诗：《七绝·贾谊》和《七律·咏贾谊》。《七绝·贾谊》原文如下：

> 贾生才调世无伦，哭泣情怀吊屈文。
> 梁王堕马寻常事，何用哀伤付一生。

《七律·咏贾谊》：

> 少年倜傥廊庙才，壮志未酬事堪哀。
> 胸罗文章兵百万，胆照华国树千台。
> 雄英无计倾圣主，高节终竟受疑猜。
> 千古同惜长沙傅，空白汨罗步尘埃。

在《七绝·贾谊》中，毛泽东热情赞赏贾谊的非凡才华，惋惜他为梁王堕马自责，郁郁而死。在《七律·咏贾谊》中，毛泽东赞扬贾谊是国家的栋梁之材，惋惜他最终没有能说服汉文帝采纳自己的政治主张。前一首重在慨叹，而后一首则重在咏赞。然其惋惜情调依旧，惜才基调不变。毛泽东一连写了两首诗怀念一位古人，这恐怕也是绝无仅有的。而且他《七绝·贾谊》中"贾生才调世无伦"本于李商隐《贾生》诗句"贾生才调更无伦"。仅改"更"为"世"，只一字之别。毛泽东也以诗赞扬贾谊之才在当世无人可比，看法相同。

---

① 《毛泽东读文史古籍批语集》，中央文献出版社 1993 年版，第 10—11 页。

1962 年 12 月 26 日，毛泽东写的《七律·冬云》中"独有英雄驱虎豹，更无豪杰怕熊罴"，字面和句式脱胎于李商隐《七律·重有感》"岂有蛟龙愁失水，更无鹰隼与高秋。"《七律·冬云》如下：

> 雪压冬云白絮飞，万花纷谢一时稀。
> 高天滚滚寒流急，大地微微暖气吹。
> 独有英雄驱虎豹，更无豪杰怕熊罴。
> 梅花欢喜漫天雪，冻死苍蝇未足奇。

李诗写唐代甘露之变，诸藩镇观望不前，无人起兵清君侧的悲愤心情。蛟龙失水比喻君主失去权力。隼（sǔn），一种脚爪强健、善于搏击的猛禽，又叫鹘。《左传·文公十八年》："见无理于其君者，诛之，如鹰鹯之逐鸟雀也。"两句意谓，哪有皇帝老是为失去权力、受制于人而忧愁的道理呢？难道就没有人能像鹰隼那样，高飞秋尘，对宦官仇士良之流进行搏击吗？

毛泽东的"独有英雄驱虎豹，更无豪杰怕熊罴"，则把帝国主义的压力比作"虎豹"，把修正主义的压力比作"熊罴（pí）"。罴，熊的一种，叫马熊或人熊。无产阶级革命家是无所畏惧的，它既敢独自驱逐帝国主义势力，哪里又会怕修正主义的压力呢？相似的字面和句式，表现了全新的内容。

毛泽东诗词创作取材上也有受李商隐诗影响的，这就是 1958 年写的《七绝·刘蕡》。原文如下：

> 千载长天起大云，中唐俊伟有刘蕡。
> 孤鸿铩羽悲鸣镝，万马齐喑叫一声。

刘蕡（fén，？—842），字去华，幽州昌平（今北京昌平）人。博学能文，嫉恶如仇，喜谈"霸王大略"。唐敬宗宝历二年（826）登进士第。文宗大和二年（828），参加贤良方正能直言极谏科的策试，对策称："宫闱将变，社稷将危"，"阉寺持废立之权"，"四凶在胡朝，虽强必诛"。痛恨宦官专权，能废立君主，危害国家，劝皇帝诛灭他们。考官赞赏刘蕡的文章，但惧怕宦官专横，不敢录取他。和宦官有矛盾的令狐楚、牛僧孺都征召他为幕府从事，后授秘书郎。终因宦官诬陷，贬为柳州司户参军，客死他乡。毛泽东在读《旧唐书·刘蕡传》时，对刘蕡的策论很赞赏，旁批："起独特。"在此前后又写了这首七绝。

李商隐很推崇刘蕡的才能，并和他交情甚厚。在刘蕡生前，李商隐有《七律·赠刘司户蕡》，在刘去世后，李有《七律·哭刘蕡》、《五律·哭刘司户二首》和《五律·哭刘司户蕡》等四首悼念诗篇，可见哀痛之深。

开成二年（837），李商隐与刘蕡同在山南西道节度使令狐楚幕下任职，二人遂得以结识。大约在武宗会昌元年（841），刘蕡又遭宦官诬陷，被贬为柳州司户参军。直到宣宗大中元年（847），方从贬所放还。大中二年春正月，李商隐奉郑王之命出使南郡后，在返回桂林途中，与自贬所放还的刘蕡在江乡（今湖南长沙一带）相遇，便写下了《七律·赠刘司户蕡》。次年秋天，刘蕡客死于浔阳（今江西九江）。当时李商隐正在长安，听到噩耗，悲愤难抑，一连写了四首悼念诗。

毛泽东的《七绝·刘蕡》和李商隐写刘蕡的几首诗至少有三点相同：

第一，两人都把刘蕡比作"鸿"，即大雁。毛泽东称刘蕡为"孤鸿"，即孤单失群的大雁；而李商隐称刘蕡为"燕鸿"（《赠刘司户蕡》："已断燕鸿初起势"），燕地的大雁（刘蕡故乡古属燕国）。

第二，两人都认为刘蕡很有才干。毛泽东称刘蕡是中唐的"俊伟"，即杰出的人才。《三国志·魏志·钟繇华歆王朗传评》："钟繇开达理干，华歆清纯德素，王朗文博富赡，诚皆一时之俊伟也。"李商隐虽没有用"俊伟"字样，但却把刘蕡比作贾谊（《赠刘司户蕡》："汉廷急召谁先入"）、屈原（《哭刘司户二首》："已作秦逐客，复作楚冤魂"）、公孙弘（《哭刘司户蕡》："空闻迁贾谊，不待相孙弘"）一类俊伟之人。

第三，两人都赞扬刘蕡的直言敢谏的战斗精神。毛泽东称刘蕡是"万马齐喑叫一声"；李商隐称刘蕡是"一叫千回首，天高不为闻"（哭刘司户二首）。

综上所述，可以看出毛泽东的《七绝·刘蕡》在取材上是受李商隐相关诗的影响的。

范仲淹

——"范仲淹是个了不起的人物"

"然拟学颜子之箪瓢与范公之画粥"

范仲淹可以说是毛泽东终生服膺之人。早在青年时代，他就熟知范仲淹的故事。他在湖南第一师范的读书笔记——《讲堂录》，1913 年 11 月 29 日《修身》课记载了这样一段话：

> 范文正世家子，父丧，幼随母适朱，故名朱悦。初不自知其为范氏子也，人告以故，乃感极而泣。励志苦学，三年衣不解带。尝见金不取，管宁之亚也。公盖苏州人。子尧夫，仁侠似之，尝遇故旧于途，见窘于资，指赠以麦云。①

1917 年 8 月 23 日，毛泽东在致黎锦熙的信中说：

> ……弟久思组织私塾，采古讲学与今学校二者之长，暂只以三年为期，课程则以略通国学大要为准。过此即须出洋求学，乃求西学大要，归仍返于私塾生活，以几其深。怀此理想者，四年于兹矣。今距一年之后，即须实行，而基础未立，所忧盖有三事：一曰人，有师有友，方不孤陋寡闻；二曰地，须交通而避烦嚣；三曰财，家薄必不能

---

① 《毛泽东早期文集》，湖南人民出版社 1990 年版，第 89—90 页。

胜任，既不教书，阙一分收入，又须费用，增加一分支出，三者惟此为难。然拟学颜子之箪瓢与范公之画粥，冀可勉强支持也。①

从上面两段话，可以看出青年毛泽东，对范仲淹的艰苦奋斗的生活作风和奋发图强的刻苦学习精神极为赞成。

那么，范仲淹是怎样一个人呢？

范仲淹（989—1052），字希文，祖籍邠州（今陕西彬州），后迁居吴县（今江苏苏州）人。北宋著名政治家、军事家、文学家。

范仲淹的父亲范墉，曾任武宁军节度使掌书记，在范仲淹两岁的时候就死了。母亲贫苦无依，改嫁长山（今山东邹平东长山）朱氏。范仲淹随母亲到朱家，取名朱悦。长大以后，他才知道了自己的身世。

范仲淹 21 岁时，就读于淄州（今山东淄博）长白山麓醴泉寺，每天只以粥和咸菜度日，不以为苦，全副精力都扑在学习上。毛泽东所说的"范公之画粥"，即发生在此时。《范文正公集》卷七《上张左丞书》自述其少家贫，在僧寺里读书，经常煮一小锅粥，待凝结后用刀划成四块，早晚各取两块，外加一点咸菜，即为一天饮食。《宋史·范仲淹传》也记述："……食不给，至以糜粥继之，人不能堪，仲淹不苦也。"《宋朝事实类苑》卷九引宋文莹《缃山野录》也说："范仲淹每日'惟煮粟米二合作粥一器，经宿遂凝，以刀为四块，早晚取二块。'"

那么，被毛泽东视为同类的"颜子之箪瓢"，又是怎么回事呢？

颜子，即颜渊（前 521—前 460），姓颜，名回，字子渊，又称颜渊。孔子弟子。家境贫寒，敏而好学，很受孔子器重。孔子曾赞扬说："贤哉，回也！一箪食，一瓢饮，在陋巷，人不堪其忧，回也不改其乐。贤哉，回也！"大意是：颜回的品质是多么高尚呀！（用）一个竹器吃饭，一个瓢喝水，住在简陋的小巷子里，别人都忍受不了这种困苦，颜回却照样快乐。品质高尚啊，颜回！这是说范仲淹和颜回一样，都饱受艰苦生活的磨炼。

---

① 《毛泽东早期文集》，湖南人民出版社 1990 年版，第 89—90 页。

毛泽东又称赞范仲淹励志好学，见金不取，是管宁之亚。那么，管宁又是怎样一个人呢？

管宁（158—241），字幼安，三国魏北海朱虚（今山东临朐东南）人。16岁丧父，亲戚愍其孤贫，咸共馈赠，悉辞不受。成帝称赞他："清虚足以侔古，廉白可以当世。"与平原华歆、同县邴原相交。游学异国，并敬善陈寔。据《世说新语·德行》载："管宁、华歆共园中锄菜。见地有片金，管挥锄与瓦石不异，华捉而掷去之。又尝同席读书，有乘轩冕过门者，宁读如故，歆废书出观。宁割席分坐，曰：'子非吾友也。'"这个故事表现了管宁、华歆对待金钱和权贵的不同态度，揭示了两人品质的优劣。东汉末，管宁避居辽东30多年。魏文帝征他为太中大夫，明帝又征他为光禄勋，都坚辞不就。华歆东汉末举孝廉，任尚书郎。献帝时，任豫章太守。孙策占江东，为尚书令。魏文帝时，任司徒。管、华二人走向不同的道路。毛泽东赞扬管宁不为金钱所动的高贵品质，并认为范仲淹在这方面仅次于管宁。

范仲淹23岁，辞别母亲，离开朱家。到南都（今河南商丘南）依隐士戚同文求学，忍受着生活的艰难，刻苦攻读。多年的寒窗苦读，使他成为精通"六经"，善写诗文，学识渊博的人；长期的艰苦生活，磨砺了他的意志。

上面提到其子尧夫赠给朋友麦子的事，尧夫，即范纯仁（1027—1101），范仲淹次子，字尧夫，皇祐进士，知襄城县，迁侍御史，知谏院。言王安石变法妨民，安石怒，出知河中府。历转和州、庆州，有惠政。哲宗时累官尚书仆射、中书侍郎。后忤章惇，贬置永州。徽宗立，连除观文殿大学士。卒谥忠宣。年少时，其父曾遣其赴姑苏（今江苏苏州）取麦五百斛，路遇友人石曼卿母丧无力安葬，尧夫于是将其一船麦子全部给他作葬母经费。这则故事说明范仲淹教子有方，从侧面反映了他乐于助人的品质。

宋真宗大中祥符八年（1015），范仲淹一举考中进士，时年27岁，被推为广德军（今安徽广德）司理参军。天禧元年（1017），改任集庆（今江苏南京）军节度使推官。他把母亲接来赡养，这时才恢复范姓，改名仲淹。

"为官一任，造福一方"

天禧元年之后的十余年间，范仲淹在安徽、江苏一带做地方官。他先后任过谯郡（今安徽亳州）从事、监泰州（今江苏泰州）西溪镇盐仓、监楚州（今江苏淮安）粮料院、兴化（今江苏兴化）县令等职。在广德，他经常为决狱的事同长官发生争执；在泰州，他积极建议并主持修复泰州海堰。同时，10多年的地方官生涯，使他对当时的现实有了比较清醒的认识，他的政治改良思想以整顿吏治为中心，这时也形成了。

仁宗天圣元年（1023），范仲淹的母亲去世，他离职服丧。

第二年，应天府（今江苏南京）知事晏殊听说范仲淹很有才学，便请他到府学主持教务。

天圣三年（1025），范仲淹向仁宗写了《奏上时务书》。

天圣五年（1027），范仲淹又写了长达万字的《上执政书》，不仅对整顿北宋吏治提出了一系列建议，而且涉及当时的文治、武备等方面的问题。"素闻前哲道，欲向圣朝行"，他36岁时写的这两句诗，表达了他渴望建功立业的心情。

天圣六年（1028）冬，由于晏殊的推荐，范仲淹入京做了秘阁校理。从这时到景祐三年（1036）的八年之间，范仲淹由于敢言而三上三下。首先因为发表意见不符合章献太后（仁宗母）的心意，被贬为河中府通判、陈州通判。僚友为他在都门外饯行，说："此行极光。"

宋仁宗明道二年（1033）太后死，范仲淹回朝作了右谏议。之后又因反对仁宗无故废掉郭皇后，被贬出京城，任睦州知州，僚友再次饯行于十里长亭，说："此行愈光。"

第二年，范仲淹改任苏州知州。景祐二年（1035），范仲淹调回治理北宋首都开封府，又因多次指陈朝政缺失，受到守旧的宰相吕夷简等大臣贵幸的排挤，贬为饶州知州，接着又改知润州和越州。亲朋好友为他饯行于京郊，说："此行尤光。"

对于这种接连不断的贬谪生活，范仲淹不像一般封建文人那样意志消沉，他常用"先天下之忧而忧，后天下之乐而乐"的生活信条勉励自己，很少哀叹个人的不幸。

景祐元年（1034），他出守睦州（今浙江建德）途中，写了《赴桐庐郡淮上遇风三首》，其第三首说："一棹危于叶，傍观亦损神。他时在平地，无忽险中人。"在自己遇到危险的时候，却想到将来应该更加注意处在危难中的人。因此，每到一处，时间虽不长，还是本着"尽心以求疾苦"（《与晏尚书书》）的精神，积极有所建树。

在苏州，他兴修水利，创立郡学。而一旦回到朝廷，他仍然无所规避。明道二年（1033），他刚从陈州（今河南淮阳）回京作右司谏，便立即建议派人巡视江淮京东的灾荒。仁宗不作答复，他对仁宗说："假如宫廷里的人半天不吃东西，会怎样呢？"仁宗只好派他去巡视。他所到之处，及时采取了一些救灾措施，并且把灾民们吃的乌昧草带回来给仁宗及贵戚们看，警戒他们不要过于奢侈。范仲淹的这种态度，使他在比较正派的士大夫中获得了很高的声誉。后来，以范仲淹为中心，一批具有革新倾向的人物逐渐集中起来。守旧派指责他们为"朋党"，形成了两派的对立，到了仁祐年间，两派的对立更加尖锐。景祐三年（1036），当范仲淹贬知饶州（今江西鄱阳）时，孔靖、尹洙、欧阳修都起来为他鸣不平，也同时被贬，当时社会上称他们为"四贤"。

1959 年 8 月 19 日，在庐山会议结束后，毛泽东乘专列从江西到浙江，车到金华站，他和当地地县领导人作了谈话。在与永康县委书记谈话时，他问："永康什么最出名？""生姜。""哦，你们那里不是有座方岩山吗？"毛泽东带着思考的神色，说："恐怕是方岩山上的胡公大帝最出名吧！"他又说："方岩山上的胡公香火不断。其实，胡公不是佛，也不是神，而是人。他是北宋的一名清官。为人民办了很多好事，人民纪念他罢了。"说着他念诵了范仲淹赞颂胡公的一首诗：

> 千年风采逢明主，一寸襟灵慕昔贤。
> 待到朝廷兴礼让，天衢何敢斗先鞭。

毛泽东语重心长地说："为官一任，造福一方。这很重要啊！"

胡公，即胡则，字子正，永康（今浙江永康）人，果敢有才气，以进士起家，转宪州录事参军。入奏，太宗问以边策，对策符合太宗心意。历任七州太守、六路使节。所到之处声誉政绩很好。以兵部侍郎致仕（退休）。方岩山在县城东。

范仲淹赞扬胡则这首七绝，大意是说，胡公的风采千年流传是因为他遇到了英明的君主，我的一寸丹心仰慕昔日的贤人。等到朝廷大兴守礼谦让之风，在首都的大道上我怎敢与胡公争先。范仲淹抒发了他见贤思齐，对胡则的景慕之情，也可以看作是他自己的人生宣言。"为官一任，造福一方"，胡则"为人民办了很多好事、实事"，因而人民纪念他。范仲淹在任地方官，也是这样做的，毛泽东当然也十分赞赏。

"军中有一范，敌人闻之惊破胆"

毛泽东对范仲淹的军事才能也十分赞赏。1924 年 9 月 26 日，毛泽东和朱德率领红军主力回到井冈山，住在大山的中心茨坪。那里有一家店铺，那平整的柜台被毛泽东看中，成了他的办公桌，放着砚台、毛笔和井冈山的毛边纸，他在那里写作。不过，到了晚间，砚台得收起来，因为那柜台又是床，夜里要睡人。有一回，不知是谁，给毛泽东送来一本线装书，他大大地赞赏了一番。原来那是范仲淹的《范文正公集》。范仲淹是北宋著名政治家、文学家，他的文集中写及北宋江西剿匪的情形，毛泽东比较古今的"山大王"，说北宋剿到现在，"山大王"是剿不完的。他笑道："蒋介石占京为王，我们占山为王。"①

延安时期，毛泽东接触了当年范仲淹守延安的遗迹。在延安旧钟鼓

---

① 叶永烈：《历史选择了毛泽东》，上海人民出版社 1992 年版，第 123—124 页。

楼上，悬有"范韩旧治"的横匾。他对人介绍说："延安是范仲淹的旧游（守）之地。'范韩'就是范仲淹、韩琦。为了防御西夏，他们曾经镇守延安。当时他还是一个镇守边疆的主帅。中国历史上有些知识分子是文武双全，不但能够下笔千言，而且是知兵善战。范仲淹就是这样的一个典型。"毛泽东的这个说法，来自范仲淹《宋史》本传。

当时，宋的西北边疆西夏政权强盛起来，其国主李元昊（1003—1048），又名曩霄。1032—1048 年在位。1038 年继位，国号大夏。曾订定官制、军制、法律，创立西夏文字。击败吐蕃和回鹘，对宋多次进行战争。这次，李元昊进攻延州（今陕西延安），宋王朝与西夏的战争又打响了。仁宗康定元年（1040）七月，范仲淹与他的朋友韩琦同时被任命为陕西经略安抚副使，与陕西经略安抚使夏竦一起主管陕西前线军事，范仲淹兼任延州主帅。

但如何对付西夏，范仲淹与韩琦、夏竦在战略上发生了分歧。范仲淹、夏竦都主张防守，待李元昊众叛亲离，寻隙讨伐；韩琦主张进攻，速战速决，并得到了宰相吕夷简与仁宗的支持。于是，庆历元年（1041）二月，韩琦派大将任福率军 18000 人，绕到西夏军背后伏击。结果，任福受李元昊佯败引诱，深入敌后，行至门盘山下的好水川（今宁夏龙德东），遭到西夏军伏击，任福及许多将领阵亡，军士战死者 10300 人。好水川之败，证明当时对西夏采取进攻策略是错误的。自此，宋朝廷统一认识，开始对西夏实施范仲淹的防守战略。

庆历二年（1042）二月，宋朝廷任命范仲淹以谏议夫、枢密直学士的资格充当怀庆路经略安抚招讨使、兵马都部署，与韩琦等分管陕甘军事，掌该路军事。以韩琦分掌秦凤路、泾原路、鄜延路军事，并给予他们"便宜从事"的权力。

范仲淹驻守陕甘一带将近四年，他积极加固城池，修复寨堡，训练士卒，实行屯田，安抚边境少数民族，对加强宋朝的防御力量作出了一定的贡献。西夏人不敢轻视他，说"小范老子胸中有数万甲兵"。西北边境流传一首歌谣："军中有一韩，西贼闻之心胆寒；军中有一范，西贼闻之惊破胆。"范仲淹与韩琦名声大振，史称他们"名重一时，人心归之，朝廷倚以为重"。宋与西夏政权经过长期对峙，至庆历四年（1044），李元昊终于提出与宋约和，取消帝号。

毛泽东在七律《咏贾谊》一诗中，称赞西汉政论家贾谊"胸罗文章兵百万"，其典即出自范仲淹本传中"小范老子胸中有数万甲兵"。《类说》卷二引《名臣传·范仲淹》："宝元中，元昊反叛，上知其才兼文武，起师延安，日夕训练精兵。贼闻之曰：'无以延州为意，今小范老子腹中自有数万兵甲，不比大范老子可欺也。'戎人呼知州为老子，大范谓（范）雍也。"以后，便有以胸中十万兵、胸中百万兵的说法来赞扬一个人胸中富有军事韬略。南宋杨万里《送广帅秩满之官当阳》："北门卧护要耆英，小试胸中十万兵。"元王实甫《西厢记》第二本第二折："为甚俺莺娘心下十分顺，都只为君瑞胸中百万兵，越显得文风盛。"

贾谊是西汉著名政论家，对内，他主张削弱诸侯王势力，加强中央集权，对外，他力主抗击匈奴的攻掠。在毛泽东看来，贾谊和范仲淹一样，也是一个文武双全的人。他不仅是个文学家，也是一位军事家。他胸有军事韬略，好像有百万雄兵。他对匈奴实行了正确的进攻策略；范仲淹对西夏采取了正确的防守战略。二人都是杰出的军事家。

"范仲淹是个了不起的人物"

1937年5月，毛泽东在延安嘉岭山，走到民间传说中的范公井旁，说："范仲淹是个了不起的人物。"

庆历三年（1043）夏天，范仲淹与韩琦回朝作了枢密副使。八月，范仲淹又被提升为参知政事，位居副宰相。这时，晏殊、韩琦、富弼、杜衍等都担任了重要职务，欧阳修、余靖等人任谏官，支持范仲淹的人相当多。仁宗这时似乎也想励精图治，九月，他多次手诏敦促范仲淹提出营致太平的方案。一时间，宋朝廷出现了兴旺气象。范仲淹向仁宗上《答手诏条陈十事》，提出了"明黜陟""抑侥幸""精贡举""择官长""均公田""厚农桑""修武备""推恩信""重命令""减徭役"等十条措施。这十条建议，一部分在庆历三、四年由仁宗下诏实行了，这就是所谓"庆历新政"。

范仲淹的这些新政，其目的在于缓和阶级矛盾，巩固宋王朝的封建统治；但前几条都是针对北宋王朝臃肿庞杂而又腐朽的官僚机构而发的，打击了那些庸碌无能的官员，限制了一部分官僚贵族的特权，因而遭到他们的反对。开始实行时就嚣声四起，大官僚夏竦让女儿假造拥护新政官员石介的笔记，写了一个废立皇帝诏书的草稿，诬称是石介代富弼起草的。他们采用卑劣手法中伤陷害范仲淹。不到一年，新法便失败了。但在宋代王安石变法之前，范仲淹首先进行改革，搞"庆历新政"，是一位勇于革新的政治家，的确是一个"了不起的人物"。

庆历四年（1044），范仲淹离京任陕西河东宣抚使。

庆历五年，范仲淹与韩琦、富弼都被罢免，范仲淹出任邓州（今河南邓州）知州。在邓州，他在应滕子京之邀写的《岳阳楼记》中，提出了"先天下之忧而忧，后天下之乐而乐"的思想。

离开邓州以后，范仲淹还在杭州、青州（今山东益都）做过一个时期的官。

仁宗皇祐四年（1052）正月，范仲淹接到调往颍州（今安徽阜阳）的诏令，五月赴颍州，途经徐州时病逝，葬于洛阳的万安山下。死后谥为"文正"，有《范文正公集》行世。

"先天下之忧而忧，后天下之乐而乐"

1913年10月至12月，毛泽东在湖南省立第四师范读预科时课堂笔记《讲堂录》中，11月23日《修身》课笔记记了这样一段话：

> 有办事之人，有传教之人。前者如诸葛武侯范希文，后者如孔孟朱陆王阳明等是也。

宋韩范并称，清曾左并称。然韩左办事之人也，范曾办事而兼传教之人也。①

诸葛武侯，即诸葛亮，死后谥武乡侯。范希文，名仲淹，字希文。孔，指孔子。孟，指孟子。朱，指朱熹，婺源（今江西婺源）人，南宋理学家。主张穷理以致其知，反躬以践其实。陆，指陆九渊，金谿（今江西金溪）人，南宋理学家。主尊德性，谓学苟知道，六经皆我注脚。有《象山集》。王阳明，即王守仁，字伯安，余姚（今浙江杭州）人，明代哲学家。弘治进士。历官庐陵知县、右检都御史，总督两广。其学说以良知良能为主，格物致知，当自求诸心，不当求诸事物。尝筑室阳明洞中，学者称阳明先生。

韩，指韩琦（1008—1075），字稚川，相州安阳（今河南安阳）人。北宋大臣。韩琦于宝元三年（1040）出任陕西安抚使，与范仲淹共同防御西夏，时人以韩范并称。曾，指曾国藩（1811—1872），号涤生，湘乡（今湖南湘乡）人。清代大臣。左，指左宗棠（1812—1885），字季高，湘阴（今湖南湘阴）人，清代大臣，湘军将领，与湘军的创建者曾国藩指挥湘军，共同镇压过太平天国运动，时人以曾左并称。传教之人，传布教义的人。传教，传布教义。语出唐皇甫冉《赠普门上人》："惠力堪传教，禅功久伏魔。"毛泽东这里借指传播思想的人。

在这里，毛泽东把历史上有成就的人分为三类："办事之人"、"传教之人"和"办事而兼传教之人"。他认为诸葛亮是办事之人，孔子、孟子、朱熹、陆九渊、王阳明这些哲学家、思想家，都是传教之人。在宋代，"韩范并称"，在清代，"曾左并称"，但韩琦、左宗棠是办事之人，而范仲淹、曾国藩是"办事而兼传教之人"。这是因为，范仲淹、曾国藩不仅建立了功业，而且能立言、立德，把思想传布给后人。由此可见，毛泽东对范仲淹评价之高。

① 《毛泽东早期文集》，湖南人民出版社 1990 年版，第 591 页。

范仲淹的事功，主要表现在他采取"屯田久戍"方针防御西夏，提出十项改革措施的"庆历新政"，以及任外时的种种善举。他的立言、立德，传播思想，主要表现在《岳阳楼记》中抒发的"不以物喜""不以己悲""先天下之忧而忧，后天下之乐而乐"的忧国忧民的理想与抱负。毛泽东对这两个方面都加以肯定，给予很高评价。

1918 年春，毛泽东和蔡和森游学洞庭湖畔，他们登上岳阳楼，朗诵《岳阳楼记》，欣赏刻在木雕屏风上的清代乾隆年间书法家张照所书的《岳阳楼记》。他说："这'先忧后乐'的思想，较之'吃苦在前，享乐在后'的提法，境界更高了。"

1937 年 5 月，毛泽东在延安嘉岭山，走到民间传说的范公井旁说："范仲淹是个了不起的人物，'先天下之忧而忧，后天下之乐而乐'，古人尚且如此，我们共产党人要做得更好些。"

1953 年春节，毛泽东来到武汉。正月初五，他要在武汉三镇走一走，看一看。在众人簇拥下，他首先游览汉阳城北的龟山。

由李银桥和阎长林护卫着，毛泽东由北侧上山，踏上泛红的石阶一步步地拾级而上。登临山顶，他向南走到崖边，面对浩浩长江，向西眺望汉江和长江交汇处，挥手对众人说："这里正是'晴川历历汉阳树，芳草萋萋鹦鹉洲'的地方啊！"

王任重介绍说："主席，龟山东面是禹功矶，相传是大禹治水成功的地方。"

"去看看！"毛泽东说罢，在王任重和杨奇清、武竞天的引导下走向蛇山东端，但见怪石嶙峋，直劈大江，与对岸的黄鹤矶头锁江相望，形成长江中游的天然门户。毛泽东脚踏龟山顶，不禁慨叹道："此处实可谓'天连吴蜀，地处荆襄，接洞庭之混茫，吞云梦之空阔'的地方，难怪古时的游人墨客多会于此，把酒临风啊！"

王任重见毛主席高兴，便近前说："衔远山，吞长江，浩浩汤汤，……览物之情，得无异乎？"

毛泽东大笑："你这是范仲淹的《岳阳楼记》么！"

1959 年 6 月 25 日，毛主席回到了阔别 32 年的故乡——韶山。在韶山，毛泽东特意去看望了父母的合葬墓。在墓前，献了几束青翠的松枝，深深地鞠了三个躬，感慨地说道："前人辛苦，后人幸福。'先天下之忧而忧，后天下之乐而乐'。"

回到绿树成荫的住所，当陪同来的公安部部长罗瑞卿在午后去看望他时，毛主席还说："我们共产党人是彻底的唯物主义者，不迷信什么鬼神。但生我者父母，教我者党、同志、老师、朋友也，还得承认。"并说："我下次回来，还要去看他们两位。"①

毛泽东十分推崇的《岳阳楼记》是怎样一篇文章呢？且看原文：

庆历四年春，滕子京谪守巴陵郡。越明年，政通人和，百废俱兴。乃重修岳阳楼，增其旧制，刻唐贤今人诗赋于其上。属予作文以记之。

予观夫巴陵胜状，在洞庭一湖，衔远山，吞长江，浩浩汤汤，横无际涯；朝晖夕阴，气象万千。此则岳阳楼之大观也，前人之述备矣。然则北通巫峡，南极潇湘，迁客骚人，多会于此，览物之情，得无异乎？

若夫霪雨霏霏，连月不开，阴风怒号，浊浪排空；日星隐曜，山岳潜形；商旅不行，樯倾楫摧；薄暮冥冥，虎啸猿啼。登斯楼也，则有去国怀乡，忧谗畏讥，满目萧然，感极而悲者矣。

至若春和景明，波澜不惊，上下天光，一碧万顷；沙鸥翔集，锦鳞游泳；岸芷汀兰，郁郁青青。而或长烟一空，皓月千里，浮光跃金，静影沉璧；渔歌互答，此乐何及！登斯楼也，则有心旷神怡，宠辱偕忘，把酒临风，其喜洋洋者矣。

嗟夫！予尝求古仁人之心，或异二者之为，何哉？不以物喜，不以己悲。居庙堂之高，则忧其民；处江湖之远，则忧其君：是进亦忧，退亦忧。然则何时而乐耶？其必曰："先天下之忧而忧，后天下之乐而乐乎？"噫！微斯人，吾谁与归！

时六年九月十五日。

---

① 韶山毛泽东同志旧居陈列馆：《毛主席回来了》，《毛泽东同志八十五诞辰纪念文选》，人民出版社1979年版，第270页。

《岳阳楼记》见于《范文正公集》卷七。岳阳楼在现在湖南省岳阳市，就是岳阳县城西门堞楼，俯瞰洞庭，景象壮观。唐代张说（yuè）为岳州刺史时，有时候和才士登楼赋诗，有诗百余篇列于楼壁。

　　这篇文章写岳阳楼的重修很简略，对楼的沿革根本没提。主要从楼所在地的形胜说到登楼人的不同心情，归结到古仁人"不以物喜，不以己悲"的襟怀；最后提出"先天下之忧而忧，后天下之乐而乐"两语，揭明全文的中心思想，写出作者自己的生活理想和广阔胸襟。他说的虽然是从自己的阶级地位出发，但那种以天下为己任，吃苦在前、享乐在后的思想是值得称赞的。这样的理想，虽然是用来规劝滕子京和勉励自己的，却表现了我国古代进步知识分子的可贵抱负。

　　在我国古代，知识分子是讲究"穷则独善其身，达则兼济天下"（《孟子·尽心上》）的，赵歧注："古之人，得志君国，则德泽加于民人；不得志，谓贤者不遭遇也。见，立也。独治其身，以立于世间，不失其操也，是故独善其身；达谓得行其道，故能兼善天下也。"这种处世哲学，就是不得志（穷），注重自身修养，保持节操；得志（达），使天下民众、万物皆受惠益。这种生活态度，颇受人们推崇。

　　范仲淹的"先忧后乐"思想，不仅是"吃苦在前、享乐在后"，而且着眼于"天下"之民众，就包含有以天下为己任的思想，所以说境界更高了。

　　到了明清之际，著名思想家顾炎武进一步提出："天下兴亡，匹夫有责。"意谓国家兴盛或衰亡，每个普通的人都有责任。语本顾炎武《日知录·正始》："保天下者，匹夫之贱，与有责焉耳矣。"把这种可贵品质又提高到一个新的高度。

　　我们共产党人认为："人民，只有人民，才是创造世界历史的动力。"[1]人民群众是历史的创造者，共产党人应该"全心全意地为人民服务，一刻也不脱离群众；一切从人民的利益出发，而不是从个人或小集团的利益出发"[2]。在改革开放的新时期，我们共产党人进一步提出：广大党员、干部

---

[1]　《论联合政府》，《毛泽东选集》第三卷，人民出版社1991年版，第1031页。
[2]　《论联合政府》，《毛泽东选集》第三卷，人民出版社1991年版，第1095页。

要坚持权为民所用、情为民所系、利为民所谋，关心群众疾苦，倾听群众呼声，集中群众智慧，讲实话，办实事，求实效，努力创造实实在在的业绩，为人民谋福祉。正如毛泽东同志所说"我们共产党人要做得更好些"。

毛泽东对范仲淹的另一篇名文《严先生祠堂记》也很感兴趣。

据萧瑜回忆，毛泽东和他同窗时，经常在黄昏时刻散步，他们最大的乐趣在于讨论，聆听彼此的见解。有一次，萧瑜应毛泽东的要求，把写着20多篇作文的两本大练习本借给毛，第一篇的题目叫《评范仲淹的〈严先生祠堂记〉》。毛泽东不同意萧瑜作文中的一些见解，整个黄昏，他俩都在争论。

严光的故事是这样的：光武帝是汉朝的一代名君，在位执政33年。在继位之前，叫刘秀，与学士严光交情甚厚。刘秀登基后，邀请严光一同临朝执政。严光到京城，并与他的这位皇帝朋友共卧一榻。据说他们的深厚交情的一个佐证是：夜间严光不由自主地把脚伸到皇帝的龙体上。光武帝请严光出任宰相要职，当他眼见严光迟疑不决时，甚至给予他与自己平起平坐的权力。但严光不爱仕途，推辞了，然后返回浙江的富春江，在那儿终日垂钓江上，过着宁静淡泊的生活。至今，富春江上有一处严子陵钓鱼台，那是用来纪念严光常坐的地方。他40岁谢世。宋代为他立了一座祠堂。当朝宰相范仲淹应邀作了一篇碑文，即《严先生祠堂记》。范仲淹的碑文仅219个字，文中表达了他对光武帝和严光的敬慕之情，认为这两个人显示了杰出的高风亮节：光武帝贤君爱才，严光不爱权力和俗名。

萧瑜读碑文时，对范仲淹的说法不以为然，所以在作文中这么解释：鄙人认为光武帝仅仅请朋友帮忙处理繁难的政务，未必就是求贤若渴。还认为严光并不像人们所说的那样纯洁高尚。如果他早知道自己不会接受委任，那么他为什么还来拜访皇帝并与之同床共寝？这不也表明了他爱虚荣吗？

毛泽东的看法却是这样的：他认为刘秀登基后，严光应该当宰相，就像比他早200多年的前人张良辅佐汉高祖一样。

萧瑜反驳说："你显然没有理解严光的思想。"

他们两人争论了好半天，但没有结果。①

《严先生祠堂记》原文如下：

先生，光武之故人也。相尚以道。及帝握赤符，乘六龙，得圣人之时，臣妾亿兆，天下孰加焉？惟先生以节高之，既而动星象，归江湖，得圣人之清。泥涂轩冕，天下孰加焉？惟光武以礼下之。在《蛊》之上九，众方有为，而独不事王侯，高尚其事，先生以之。在《屯》之初九，阳德方亨，而能以贵下贱，大得民也，光武以之。

盖先生之心，出乎日月之上；光武之量，包乎天地之外。微先生不能成光武之大，微光武岂能遂先生之高哉！而使贪夫廉、懦夫立，是大有功于名教也。

仲淹来守是邦，始构堂而奠焉。乃复为其后者四家，以奉祠事。又从而歌曰："云山苍苍，江水泱泱。先生之风，山高水长。"

严先生，即严光，一名严遵，字子陵，会稽余姚（今浙江余姚）人，东汉初著名隐士。严光曾与光武帝刘秀同学。刘秀即位后，他改名隐居。后被召到京师洛阳，任谏议大夫，他不肯接受，归隐于富春山。现在浙江桐庐境内富春江上的子陵滩，即七里滩，起自建德，终于桐庐钓鱼台，相传就是严光游钓之处。桐庐境内的严子陵钓台便是其遗迹。

《严先生祠堂记》是一篇赞颂严光气节的文章。作者认为，严光的不肯做官而甘当隐士，表现了他不慕功名富贵的高风亮节；刘秀对故人以礼相待，说明了他的礼贤下士，二人相得益彰，互相成就对方之名；并热烈歌赞二人确立的风范，可以使"贪夫廉、懦夫立，是大有功于名教也"，因此可与山高水长一样并垂不朽。

另外，1913 年 10 至 12 月，毛泽东在湖南第四师范读预科时的课堂

---

① 萧瑜：《我和毛泽东的一段曲折经历》，昆仑出版社 1989 年版，第 20—21 页。

笔记《讲堂录》中，11月23日《修身》课笔记里记载了有关严光与刘秀的事：

> 光武曾游于太学，习《尚书》。古太学以经分科。
>
> 严光，东汉气节之士也。光武既立，征之，不就。访之，以安车迎之。帝坐匡床请出，光卧应曰：尧舜在上，下有巢由。当光之至也，大司徒（首相也）侯霸（光学友）迎之。光与书曰：君房足下，致位鼎足，甚善。怀仁辅义天下悦，阿谀顺指要领绝。侯以书览帝，帝曰：狂奴故态也。后世论光不出为非。不知光者，帝者之师也。受业太学时，光武受其教已不少。故光武出而办天下之事，光即力讲气节，正风俗而传教于后世。且光于专制之代，不屈于帝王，高尚不可及也。①

这则笔记，记载了严光与刘秀的故事，与《严先生祠堂记》大抵相近，赞扬了严光的高尚气节。

1949年4月29日，毛泽东写的《七律·和柳亚子先生》一诗中，委婉地劝诫："牢骚太盛妨肠断，风物长宜放眼量。莫道昆明湖水浅，观鱼胜过富春江。"柳亚子在《七律·感事呈毛主席》一诗中有"安得南征驰捷报，分湖便是子陵滩"之句，分湖，在柳亚子家乡的吴江县。这里柳暗示要回乡去隐居，是以严光自喻；毛泽东仍就严光隐居来说，言下之意是时代变了，留在北京去颐和园观鱼比在严光垂钓过的富春江更好。意谓要柳留在北京，共同建设国家，不必效法严光去隐居。柳亚子先生听取规劝，留在北京，积极参与国事。

---

① 《读范仲淹词二首批语》，《毛泽东读文史古籍批语集》，中央文献出版社1993年版，第19—27页。

"既苍凉又优美，使人不厌读"

范仲淹是一位有远大抱负的政治家、军事家，不过是"余事作诗人"。他也擅长词赋，但流传下来的词不过五六首，而毛泽东特别喜爱《渔家傲》《苏幕遮》两首。1957 年 8 月 1 日，他写给江青和女儿李讷的信中，先手书了这两首词，然后给予了高度评价：

> 词有婉约、豪放两派，各有兴会，应当兼读。读婉约派久了，厌倦了，要改读豪放派。豪放派读久了，又厌倦了，应当改读婉约派。我的兴趣偏于豪放，不废婉约。婉约派中有许多意境苍凉而又优美的词。范仲淹的上两首，介于婉约与豪放两派之间，可算中间派吧；但基本上仍属婉约，既苍凉又优美，使人不厌读。婉约派中一味儿女情长，豪放派中一味铜琶铁板，读久了，都令人厌倦的。人的心情是复杂的，有偏袒仍是复杂的。所谓复杂，就是对立统一。人的心情，经常有对立的成分，不是单一的，是可以分析的。词有婉约、豪放两派，在一个人读起来，有时喜欢前者，有时喜欢后者，就是一例。睡不着，哼范词，写了这些。江青看后，给李讷看一看。
>
> 一九五七年八月一日[①]

信中所说的"上两首"，指范仲淹的《苏幕遮》和《渔家傲》。《苏幕遮》全词为：

> 碧云天，黄叶地，秋色连波，波上寒烟翠。山映斜阳天接水，芳草无情，更在斜阳外。
>
> 黯乡魂，追旅思，夜夜除非，好梦留人睡。明月楼高休独倚。酒入愁肠，化作相思泪。

---

① 《毛泽东早期文集》，湖南人民出版社 1990 年版，第 592 页。

这首词写羁旅相思之情。写乡思离愁的词，往往借萧瑟的秋景来表达，而此词所描绘的景色却是阔远而壮丽。它一方面显示了词人胸襟的宽广和对生活、对自然的热爱，反过来衬托了离情的可伤；另一方面又使所抒之情显得柔而有骨，深挚而不流于颓靡。整个来说，这首词的用语和手法虽与一般的词类似，意境格调却近于传统的诗。这说明，抒写离情别恨的小词，也可以写得境界阔远、格调苍凉，不局限于闺阁庭院、儿女情长。邹祗通说："范希文《苏幕遮》一调，前段多入丽语，后段纯写柔情，遂成绝唱。"指出了它的独创性。

《渔家傲》全词为：

> 塞下秋来风景异，衡阳雁去无留意。四面边声连角起。千嶂里，长烟落日孤城闭。
>
> 浊酒一杯家万里，燕然未勒归无计。羌管悠悠霜满地，将军白发征夫泪。

将近四年边塞军旅生活，使范仲淹体验到戍边将士的劳苦和希冀，因而写出了《渔家傲》这样的名作。这首词大笔振迅，写得沉郁苍凉。边塞角声、长烟落日的景象，构成壮阔雄伟的背景，烘托出戍边将士立功报国的壮志和离家万里的忧思。这时范仲淹已经50岁了，词里的白发将军，正是他自己。

毛泽东对范仲淹这两首词的评价是"既苍凉又优美""属于中间派"，并由此引出关于豪放与婉约两派的评论。"词为艳科"，词自晚唐产生以来，历经五代，至北宋词风大盛，逐渐分成豪放与婉约两大派别。正如毛泽东所说："在同一朝代，如宋朝，有柳永、李清照一派，也有苏东坡、陆游一派。柳、李的作品只讲爱情。"两派在内容和形式上都有明显差异，但主要是从风格上来分的。婉约派风格绮靡婉约，情思绵绵；豪放派豪迈宏伟，气势奔放。俞文豹《吹剑录》有一则故事很能说明这个问题。故事援引俞文豹的话说："东坡在玉堂日，有幕士善歌，因问：'我词何如耆卿？'对曰：'郎中词，只好十七八女子，执红牙板，歌杨柳岸、晓风残月；学士词，须关西大汉，绰铁板，唱大江东去'。为之绝倒。"从毛泽东的评论看，也是从风格上来区分豪放与婉约的。

毛泽东对两派不加轩轾，但他申明自己的兴趣是"偏于豪放，不废婉约"。值得注意的是，毛泽东在说明他读宋词时对作品风格的选择，有两个角度：一是从欣赏的客体（作品）讲，不同风格的作品，给予读者的审美享受不同，要不断地转换作品的类型，调剂读者的兴味；二是从欣赏的主体（读者）讲，其审美需求，因时因地而异，需要不断转换作品风格。这样，从文艺欣赏心理学上阐明了读者与作品风格的关系，值得人们注意。

范仲淹 ——『范仲淹是个了不起的人物』

苏　轼

——"苏东坡是宋代大文豪"

"也有苏东坡、陆游一派"

　　1963 年 5 月 26 日，毛泽东同各大局第一书记谈话，当有人提出轻音乐是抒情的，重音乐是战斗的，他指出："那战士就没有抒情？诗词也同音乐一样。在同一朝代，如宋朝，有柳永、李清照一派，也有苏东坡、陆游一派。柳、李的作品只讲爱情。"①

　　词始于盛唐，经五代十国至北宋，逐步形成婉转柔美的风气，人们习惯于用它来写儿女风情，贵廷之家、秦楼楚馆、离思别愁、闺情绮怨，便成了它的主要内容，结构深细缜密，音律谐婉，语言清新绮丽，具有一种柔婉之美。北宋柳永、李清照为这种词风的代表。同朝苏轼翘首高歌，时见奇怀逸气，于婉约词家之外，别立豪放一宗。豪放派的特点，大体是创作视野较为广阔，气象恢宏豪放，喜用诗文的手法、句法和字法写词，语言宏博，用事较多，不拘守音律。后人论宋词，遂有豪放、婉约之别。毛泽东这段话大致就是此意。

　　毛泽东在和别人谈到曹操、曹丕和曹植父子时，曾十分感慨地说："一家两代人都有才华，有名气，在历史上也不多见呐！"②苏轼与其父苏洵、弟弟苏辙合称"三苏"，均在"唐宋八大家"之列，也是在历史上不多见

---

　　① 陈晋：《毛泽东与文艺传统》，中央文献出版社 1992 年版，第 375 页。

　　② 徐涛：《毛泽东勤奋刻苦读书学习的生活》，徐新民主编：《在毛泽东身边》，中共中央党校出版社 1993 年版，第 233 页。

的一个典型。

那么，苏轼是怎样一个人呢？

苏轼（1037—1101），字子瞻，号东坡居士，眉山（今四川眉山）人，北宋大文学家、书画家。出身于寒门地主家庭。幼年承受家教，深受其父苏洵的熏陶，母程氏也曾"亲授以书"。既长，"学通经史，属文日数千言"。

仁宗嘉祐元年（1056），苏轼首次出川赴京（今河南开封）应举，次年与弟辙中同榜进士，深受主考官欧阳修的赏识。后因母丧回川，嘉祐四年始沿长江、经江陵（今湖北江陵）再度赴京。嘉祐六年应中制科入第三等，授大理评事、签书凤翔府判官。这期间，苏轼针对财乏、兵弱、官冗等政治弊端，写了大量策论，要求改革。

嘉祐八年，英宗即位，苏轼转任大理寺丞。第二年即治平元年（1064），转殿中丞，仍住在凤翔。治平三年，因父丧离职归蜀。

神宗熙宁二年（1069），苏轼服丧期满，回朝任职，差判官诰院兼尚书祠部。熙宁四年，迁太常博士，摄开封府推官。其时，神宗用王安石变法。苏轼的改革思想与王安石的变法主张有许多不同。王安石主张"大明法度"，多方理财，迅速向全国推行新法。苏轼则强调择吏任人，而反对"以立法更制为事"（《策略》第三）；主张"节用以廉取"，而不赞同"广求利之门"（《策略》十八）；他还提出"欲速则不达""轻发则多败"，在兴革步骤上求稳健，因此，他连续上书反对新法。先是反对改革考试制度，接着又借神宗征召对策的机会，面谏不可"求治太急"、不可"听言太广"、不可"进人太锐"三事，要神宗"镇之以安静"。神宗召见苏轼，听取他的意见后，即下诏收回前令。不久，苏轼又上了万言书，指责新法是"急功好利"，要神宗"结人心，厚风俗，存纪纲"。王安石大怒，便指使侍御使谢景温上书弹劾苏轼，彻底清查他的罪过。

由于意见未被采纳，苏轼请求外调，熙宁四年，他出任杭州通判。熙宁七年（1074），改任密州（今山东诸城）知州。熙宁九年（1076），又调任徐州知州。元丰二年（1079），改任湖州知州。他在这些地方任地方官期间，曾经惩办悍吏，灭蝗救灾，抗洪保堤，对邑政进行了某些改革，收到了"因法便民"之效。

苏轼不满意变法，尤其是看到新法推行中的流弊时，"不敢默视"，时时"缘诗人之意，托事以讽"（《东坡先生墓志铭》）。王安石罢相后，何正臣、舒亶、李定等新进官僚却从苏轼诗文中深文周纳，罗织罪状，弹劾苏轼"指斥乘舆""包藏祸心"，因于元丰二年（1079）把他从湖州逮捕，投入监狱，勘问他诽谤朝廷的罪行，这就酿成北宋有名的文字狱"乌台诗案"（乌台即御史台）。十二月，苏轼被贬为黄州（今湖北黄冈）团练副使。

元丰七年（1084），苏轼改任汝州团练副使。他离黄州北上时，路过金陵（今江苏南京），曾拜会退休宰相王安石。苏轼说："常年用兵和大量冤狱，是汉、唐灭亡的征兆。祖宗以仁厚治天下，正要革除此弊。今与西夏的战争，连年不停，东南好几起大的冤狱，您难道一句挽救的话也不说吗？"王安石说："这两件事都是吕惠卿开的头，我不在其位，怎敢说话？"苏轼说："在位就说话，不在位就不说，这是事奉君王的常礼。神宗待您不是常礼，您对待皇上，难道能用常礼吗？"安石大声说："安石必定要说。"又说："出在安石口，入于子瞻耳。"还说："一个人应该知道，做了一件不道义的事，杀了一个无罪的人，就是得到天下也不要干，才对。"苏轼开玩笑说："现在的人，为了减少半磨勘，升迁得快，虽然杀人也敢干。"王安石笑而不言。两人政治见解虽有分歧，但还保持了私交，共游蒋山，互相唱和。

元丰八年（1085），神宗病死，哲宗即位，神宗母宣仁太后高氏临朝听政，次年改元元祐，起用旧党司马光执政，苏轼被调回京任中书舍人、翰林学士、知制诰等职。二年充任侍读，三年，暂时主持礼部的贡举考试。他不同意司马光"专欲变熙宁之法，不复校量利害，参用所长"。在罢废免役法问题上与旧党发生分歧。苏轼认为差役免役"二害轻重，盖略相等，今以彼易此，民未必乐"（《辩试馆职策问札子》），这又引起了旧党疑忌，他又请求外任。

元祐四年（1089），经他一再请求，终于得旨以二学士、左朝奉郎出知杭州。六年召回，任吏部尚书。贾易等人寻隙诬告，苏轼"七上封章乞除一郡"（《乞外补迴避贾易札子》），不久改任颖州（今安徽阜阳）。元祐七年，又改任扬州。九月又被召回京城，任兵部尚书兼侍读，接着又被任命为端明殿学士兼翰林侍读学士、守礼部侍郎。

元祐八年（1093）宣仁太后死，哲宗亲政，新党得势，新法派人物章惇、蔡卞上台执政，打击旧派人物，苏轼又成为这些新贵的打击对象，被一贬再贬。绍兴元年（1094），苏轼以二学士出知定州。这时御史台又有人告发他在掌内外制时所作词中有"讥刺先朝"的话，结果追免一官，降两级，以承议郎改任英州（今广东英德）知州。这年六月，他到了当涂（今安徽当涂），又接到朝廷命令，把他降为宁远军节度副使，惠州（今广东惠州）安置。

绍圣四年（1097）四月，苏轼再被贬为琼州（今海南岛）别驾，昌华（今广东东方昌华）军安置。

元符三年（1100），徽宗即位，皇太后向氏临朝听政，旧派人物又一度上台执政。五月，朝廷下令将苏轼调至廉州（今广西合浦）安置。八月，苏轼改任舒州团练副使，永州（今湖南永州）安置。十一月大赦，复任朝奉郎，提举成都府玉局观，在外军州任便居住。他于这年六月渡海到广东，第二年春，经韶关，沿赣水北上；五月过金陵，回到常州；六月以病告老于朝，辞官退休。不久病逝，享年66岁。幼子苏过将他的遗体葬于汝州郏城（今河南郏县）的小峨眉山。宋高宗即位，赠资政殿学士，孝宗乾道六年（1170）谥文忠，乾道九年特赠为太师。诗文有《东坡七集》等。

"苏东坡是宋代的大文豪"

1956年夏，毛泽东到大江南北视察。5月底在长沙，毛泽东看到湖南各方面形势很好，十分高兴。他对陪同的湖南省委书记周小舟幽默地说："苏东坡讲'驾一叶之扁舟'，那说的是小舟，你已经不是小舟了。你成了承载几千万人的大船了。"[①] 又说，"苏东坡是宋代的大文豪，长于词赋，

① 赵志超：《毛泽东和他的父老乡亲》，湖南文艺出版社1992年版，第401—402页。

有许多创造,‘一洗绮罗香泽之态,摆脱婉转绸缪之度’,如《念奴娇·赤壁怀古》,是千古绝唱。然而此人政治上坎坷不平,宦海升降沉浮,风云莫测。因此,他常寄诗清风明月,扁舟壶酒以消情。苏东坡驾一叶之扁舟,是追求小我的自由。”①

毛泽东对苏轼的评价很高,也很中肯。苏轼确是文坛不可多得的全才,诗、词、散文、书法、绘画俱佳。其诗今存2700多首,题材广泛,内容丰富多彩,风格奔放灵动,逸态横生,才思四溢,触处生春,艺术上堪称别开生面,成一代之大观;其词在北宋词坛上,突破词必香软的樊篱,创作了风貌一新的词章,为词体的长足发展开拓了道路,今存词340余首;其文以其扎实的功力和奔放的才情,发展了欧阳修平易舒缓的文风,为散文创作开拓了新天地;其书法遍览晋唐诸家,转益多师,自成一家,长于行书、楷书,笔法肉丰骨劲,跌宕自然,同蔡襄、黄庭坚、米芾并称“宋四家”;其画真迹,见于文献记载的不及十幅,传世更少,今仅存《古木怪石图》等;此外还有学术著作。所以,毛泽东的评价并不为过。

下面我们分别来看,先看苏轼的词。

苏轼对词体的革新是多方面的:

首先,内容上,扩大了词反映生活的能力。苏轼不仅用词写爱情、离别、旅况等传统题材,而且还用词抒写报国壮志、农村生活、谪居生涯等,扩大了词的境界。

其次,风格上,有时豪放,有时清丽,有时清新隽永,有时缠绵婉媚,各具风韵。

再次,体制上,有的合律,有的不合律。有时用散文写法,有时用诗的写法。有时有牌无题,有时牌、题、序兼备。

最后,语言多吸收诗文词汇,兼采史传、口语,以清雄见称。

总之,苏轼的词,一如他的文风一样,也是自由奔放、挥洒自如。不过,最能代表他的成就的,还是被称为关西大汉,执铜琵琶、铁绰板来唱

---

① 《毛泽东回湖南纪实》,湖南出版社1993年版,第45页。

的风格豪放的词。最有名的如毛泽东前面提到的《念奴娇·大江东去》和《水调歌头·明月几时有》等。我们先看《念奴娇·大江东去》：

> 大江东去，浪淘尽、千古风流人物。故垒西边，人道是、三国周郎赤壁。乱石崩云，惊涛裂岸，卷起千堆雪。江山如画，一时多少豪杰！
>
> 遥想公瑾当年，小乔初嫁了，雄姿英发。羽扇纶巾，谈笑间、樯橹灰飞烟灭。故国神游，多情应笑我，早生华发。人生如梦，一樽还酹江月。

元丰五年（1082）七月十六日，苏轼与友人泛舟游黄州赤鼻矶，归来写了著名的《前赤壁赋》和这首词。

苏轼在黄州过的是贬谪生活，政治上十分失意，生活上非常困窘，但却仍热情地关注国计民生。因此，他的内心处于极度的矛盾之中：入世与出世、积极进取与清静无为、忧郁愤懑与旷达乐观、施展抱负与放情山水等，同时集于一身。本词就是苏轼在这种精神状态下写成的。

全词包括写景、怀古、伤今三个部分。上片即景怀古。开头"大江东去"二句，先以阔大的气势、雄伟的笔触，将江山、历史、人物一起推出，为全词打下了豪放的基调。同时，又由"大江"引出"赤壁"，由"风流人物"引出"周郎"。接下来点出周郎与赤壁，将风流人物具体化。接下去具体描写赤壁风光的雄奇险峻，映衬出当年赤壁之战的气氛和声势。"江山如画，一时多少豪杰"，承上启下，由写景转入怀古。

下片由古感今。"遥想公瑾当年"以下五句，写三国时东吴统帅周瑜少年英俊，在赤壁破曹的赫赫战功，是怀古。"故国神游"以下，由古及今，由周瑜联想到自己，不免百感交集，只得以酒奠江，饮酒赏月。这是伤今。

总之，这首词视野开阔，气魄雄伟，想象丰富，充分体现了豪放词奔放旷达、雄浑开阔的风格，正如毛泽东所说是"千古绝唱"。

我们再看《水调歌头·明月几时有》：

　　丙辰中秋，欢饮达旦，大醉，作此篇兼怀子由。

　　明月几时有？把酒问青天。不知天上宫阙，今夕是何年？我欲乘风归去，又恐琼楼玉宇，高处不胜寒。起舞弄清影，何似在人间！

　　转朱阁，低绮户，照无眠。不应有恨，何事长向别时圆？人有悲欢离合，月有阴晴圆缺，此事古难全。但愿人长久，千里共婵娟。

　　此词是宋神宗熙宁九年（1076），即农历丙辰年，这年的中秋之夜，苏轼在任所密州（今山东诸城）超然台上饮酒赏月时所作。子由，其弟苏辙的字。

　　本词通篇赋月，月是词中的中心形象，却处处关合人事，表现出人与自然社会和谐的特点。它上片借明月自喻清高，下片用圆月衬托离别。词开头四句，一连提了两个问题：月亮是什么时候有的呢？今天晚上天上是哪一年呢？它既突出了词人对月亮的赞美，也隐含着对现实社会的不满，为下文幻想游仙作了铺垫。

　　接下来一连四个转折，蝉联而下："我欲乘风归去"三句，写词人醉后那种飘然若仙的神态，暗含忘掉世间一切烦恼之意，一转；"起舞弄清影"二句，意谓上天之后在月宫中跳舞，清影随人，清冷的月宫怎比得上人间生活美好，二转。换头处"转朱阁"三句，承上启下，意谓月光移动，照遍了朱红的楼阁，又低低地透进雕花的下窗里，照着满腹心事不能安眠的人。"人有悲欢离合"三句，从"别时圆"生发而来，意谓知道人之"悲欢离合"与月之"阴晴圆缺"，都是自古而然，强求不得，三转。

　　亲人间的团圆，和月亮的圆满一样，既不能强求，那么，值此中秋月圆之夜，则唯有深深地祝福了："但愿人长久，千里共婵娟。"最后这一转，作者表达了旷达乐观的愿望。婵娟，颜色美好之状。此指月光。一说美女之称，指月里嫦娥，代指月亮。此二句从南朝宋谢庄《月赋》中"美人迈兮音尘阙，隔千里兮共明月"化出，苏轼加"但愿"二字，转出更高的思想境界，向世间所有离别的亲人，发出深挚的慰问和祝愿，给全词增添了积极奋发的意蕴。

　　这首词是苏轼词的代表作之一。它想象奇异，蹊径独辟，极富浪漫主义色彩，是我国文学史上中秋词的绝唱。毛泽东对它十分熟悉，并且评价很高，有两个事例可资证明。

> 1950年，毛泽东约请我（周世钊）赴京参加国庆观礼。……10月5日下午，在中南海毛泽东的客厅里，我见到了多年未见的老同学毛泽东。毛泽东精神焕发，红光满面，比原来胖了。这是解放以后我和他的第一次见面。我和他紧紧握手，泪眼模糊地说："润之兄，我好想你啊！"毛泽东望着我说："难道我就不想你吗？我梦见过你几次，每次醒来我就默吟：'但愿人长久，千里共婵娟'……"寒暄之后，毛泽东就问我到了北京之后，见到了哪些熟人，我向他汇报说，见到了徐特老、谢觉老、熊瑾老、王季老。毛泽东马上嘱咐他的秘书，打电话约这几位老人，到他家里做客叙谈。①

1958年5月16日晚，夜已经很深了，毛泽东仍漫步在月光下。他突然问身边的工作人员："你们说，是天上好，还是人间好？"接着他又自我回答，随口吟出苏轼的一首词："明月几时有？把酒问青天。……"②

前面所引毛泽东与周小舟谈话中，引用的"小舟从此逝，江海寄余生"二语，见于苏轼《临江仙·夜饮东坡醒复醉》。其原文如下：

> 夜饮东坡醒复醉，归来仿佛三更。家童鼻息已雷鸣。敲门都不应，倚杖听江声。
>
> 长恨此身非我有，何时忘却营营？夜阑风静縠纹平。小舟从此逝，江海寄余生。

王文诰《苏诗总集》题作《壬戌九月，雪堂夜饮，醉归东皋作》。雪堂是苏轼在黄冈县东面的东坡修筑的房子。临皋在黄冈县南长江边上，苏

① 陈明新：《领袖情：毛泽东与周世钊》，中共中央党校出版社1997年版，第127—128页。

② 张建伟：《中国院士》，江苏文艺出版社2000年版，第252页。

苏轼——「苏东坡是宋代大文豪」

轼的寓所在此。

这首词写于宋神宗元丰五年（1082）九月，记述深秋之夜词人在雪堂夜饮，醉归临皋的情形，抒发了他放浪山水之间的情怀。

上阕叙事。起首二句点明夜饮的地点、醉酒的程度和归来的时间。接下来三句写词人回到寓所门外的情形：家童鼾声如雷，敲门也不回应，词人只好拄着拐杖站在江边听波涛之声。

下阕抒情。"长恨"二句用典，上句化用《庄子·知北游》中"汝身非汝有也"句意；下句化用《庄子·庚桑楚》中"全汝形，抱汝生，无使汝思虑营营"句意。意思是说，一个人的形体精神是天地自然赋予的，不是你自己所专有的。不要因世事思虑百端而忙碌不停。这两句直抒胸臆的议论极富哲理意味。"夜阑风静縠纹平"，顾盼江上景色，心与境、神与物游，词人被如此静谧美好的自然风光陶醉了，刹那间感到精神上的一种解脱。官场的忧愁与烦愁、人生的得失荣辱，被出世的老庄思想所代替，进而追求一种新的人生。于是，他情不自禁地展开浪漫主义的遐想："小舟从此逝，江海寄余生。"他要趁此良辰美景，驾一叶小舟，随波流逝，任其西东，将自己的有限生命融化在无限的大自然之中。末二句写得多么飘逸，又多么富有浪漫情调。这样的词句，也只有从苏轼磊落豁达的襟怀中才能流出，遂成为千古名句。毛泽东批评苏轼是"追求小我（个人）的自由"，教育周小舟作为一个省委书记，应成为承载全省几千万人的"大船"，为人民谋福祉，意味深长。

1964年春节，毛泽东写的《贺新郎·读史》中有"人世难逢开口笑，上疆场彼此弯弓月"之句，上句用唐杜牧《九日齐山登高》"尘世难逢开口笑"句，下句语出苏轼《江城子·密州出猎》："会挽雕弓如满月。"《江城子·密州出猎》全文如下：

> 老夫聊发少年狂，左牵黄，右擎苍，锦帽貂裘，千骑卷平冈。为报倾城随太守，亲射虎，看孙郎。
>
> 酒酣胸胆尚开张，鬓微霜，又何妨！持节云中，何日遣冯唐？会挽雕弓如满月，西兆望，射天狼。

宋仁宗、神宗时期，北宋主要的军事威胁来自东北的辽国和西北的西夏。这首词借写"密州出猎"表现了苏轼保卫边疆、打击敌人的决心。

　　上阕写出猎，气势豪壮。打猎，对于苏轼这样的文人来说，或许只是一时的豪兴，所以开端便说"老夫聊发少年狂"。狂者，豪情也。于是，一幅声势煊赫的打猎场面出现了：作为太守的词人，左手牵着黄犬，右手架着苍鹰，头戴锦荣帽，身着貂毛袍，上千人马从平坦的山冈上卷掠而过。气势之雄，声威之壮，好一幅威武壮观的出猎场面。接下来三句，是对出猎的声势和人物进一步的描绘。意谓快告诉全城的人，跟着太守去打猎，看太守像三国时的孙权那样，亲自拉满弓，射猛虎吧！

　　下阕写饮宴，场面热烈。"酒酣"等三句，写词人性情之豪、胆气之壮，宴会一开，便开怀畅饮，痛快淋漓，鬓边添了几根白发，又有什么关系呢？"持节云中"二句用典，汉文帝时的云中太守魏尚抵御匈奴有功，所报军功差六人，吏议削职。冯唐进言为之辩解，文帝使冯唐持节至云中，复任魏尚的云中太守。词人希望也有这样的机会。末三句写自己的抱负：在战场上，将把雕弓拉成满月的形状，眼望西北，射向"天狼"。"天狼"，指当时威胁北宋西北边疆安全的西夏。

　　这首词气势粗犷，慷慨激昂，抗敌之情、报国之志溢于言表。在艺术表现上也独辟蹊径，打破了上阕提出词意，过片另起定格，上下阕浑然相接，神完气足，贯穿始终。使人读了，精神为之一振，增强了艺术感染力，是苏轼豪放风格的代表作之一。

"东坡是大家，所以论者不以蹈袭前人为非"

　　毛泽东对苏轼开拓词境的贡献十分重视。他曾同词学家冒广生先生讨论过这一问题。舒湮这样论述：

　　　　1957 年夏季，一个偶然的机会，我在中南海又见到了毛泽东。事情是从父亲在《人民日报》上一篇文章《对目前整风的一点意见》引起的。……

6月的一天深夜，中南海派车来接父亲，我奉命陪同年逾八旬的老人去见党和国家主席毛泽东。车子在静夜飞速驶向府右街，穿过怀仁堂，北折进入中南海甲区，一瞬间，便在游泳池畔戛然而止。从甬道转入，一顶硕大的帐篷立于池边，内有一张办公桌和一张方桌，几把藤椅，一个小铁床，一只帆布榻。这就是毛泽东夏令办公和小憩的处所。警卫员先行步入通报。毛泽东立刻自餐桌边伸出手来："冒先生，欢迎你！"接着，他问我："你的名字是哪几个字？"

"舒湮。舒展的舒，湮没的湮。"我回答。

"用'湮'字作名字的很少见。"他含笑说。

"原来用'諲'字，作恭敬解。我第一次用舒諲的笔名投稿时，排字工人误将言旁植为三点水。我心想，这样也好，免得言多必失，就此湮下去了。"他忍俊不禁。"这也好嘛！一开一合，对立矛盾的统一，集中你一身了。"

父亲为我介绍："舒湮在抗日战争时去延安，见过主席。"毛泽东端详着我，微微皱起双眉。"时间太久，记不清啦。"

李维汉和胡乔木、吴冷西同志在座。这时，乔木同志插话："舒湮同志1938年去过延安，见到主席。"毛泽东"哦"了一声，随即引导我们父子坐在餐桌旁。……

毛泽东看过父亲发表的有关整风的文章，于是话题便从整风开始。

"老先生讲得好啊！"他神采奕奕。"你讲，如果说共产党没有偏差，那么何必整风？批评是帮助党员改正错误。我们这次整风，正如你所说的，是'爱人以德，相见以诚'。"

……

后来，他们谈词的问题。一代风流人物谦虚地"愿闻高见"。舒湮自愧未承家学，仅记得父亲提到：诗变为词，小令衍为长调，不外增、减、摊、破四法。蜀后主孟昶《玉楼春》（冰肌玉骨）是两首七绝，经苏轼的增字、增韵而成八十三字的《洞仙歌》。诗词贵简练含蓄。孟昶原作本意已足，东坡好事，未免文字游戏。

毛泽东真是风趣的解人。"东坡是大家，所以论者不以蹈袭前人为非，如果是别人，后人早指他是文抄公了。"

父亲继而表述他对三百年来词人提倡填词必墨守四声的不同意见，认为："拘泥太甚，则作茧自缚。写诗填词岂能桎梏性灵，何苦在高天厚地之中，日日披枷戴锁作诗囚？宋代是词的鼎盛时期，那时还没有词谱、词律和词韵呢！我作《四声钩沉》，即在提倡词体解放。"

毛泽东对这个提法很感兴趣，认为：旧体诗词格律过严，束缚人的思想，一向不主张青年人花偌大精力去搞，但老一辈的人要搞就搞得像样，不论平仄、不讲叶韵，还算什么格律诗词？掌握了规律，就觉得有自由了。

"主席讲的是。诗词既重格律，也讲遣词雅驯，力戒粗野，能兼顾而后能并美。"

毛泽东这时看了看表，"今天我们就谈到这里吧。冒先生的著作，我希望一读为快。"

我将父亲的手稿本《疚斋词话》《四声钩沉》《宋曲章句》等四大册递交父亲转呈。毛泽东含笑接过，道声："拜读。"

父亲起立告别。毛泽东握着父亲的手说："我过几天要到外地去。希望你老明年再来北京。"①

孟昶（919—965），初名仁赞，字保元，邢台龙冈（今河北邢台）人。五代时后蜀国君，公元934—965年在位。宋乾德三年（965）降宋，封秦国公，同年卒。能诗词，存词二首。其《玉楼春》原文是：

冰肌玉骨清无汗，水殿风来暗香满。绣帘一点月窥人，欹枕钗横云鬓乱。起来琼户启无声，时见疏星渡河汉。屈指西风几时来，只恐流年暗中换。

---

① 舒湮：《一九五七年夏季，我又见到了毛主席》，《新华文摘》1989年第1期。

冒广生认为孟昶这首《玉楼春》词"是两首七绝",经苏轼的增字、增韵而成82字的《洞仙歌》。《洞仙歌》原文如下:

> 余七岁时,见眉山老尼,姓朱,忘其名,年九十岁。自言尝随其师入蜀主孟昶宫中,一日,大热,蜀主与花蕊夫人夜纳凉摩诃池上,作一词,朱俱能记之。今四十年,朱已死久矣,人无知此词者,但记得首两句,暇日寻味,岂洞仙歌令乎?乃为足之云:
>
> 冰肌玉骨,自清凉无汗,水殿风来暗香满。绣帘开,一点明月窥人,人未寝,欹枕钗横鬓乱。 起来携素手,庭户无声,时见疏星渡河汉。试问夜如何?夜已三更,金波淡,玉绳低转。但屈指,西风几时来,又不是,流年暗中偷换。

二词均写蜀主孟昶与花蕊夫人避暑摩诃池上之事,大意相近,表现各异。因为苏轼词题下有一小序交代写作缘起,说是他7岁时曾听一位90岁的老尼朱氏口述孟昶所作之词。40年后,苏轼仅凭记得的两句加以补足,便成了《洞仙歌》。由于词人的这一交代,便引起了关于这首词的著作权的争论。否定此词为苏轼所作的,一说是苏轼檃栝孟昶或花蕊夫人的两首七绝而成,持此说的是张仲喜《本事记》和田艺衡《留青日记》,冒广生也持此说;一说孟昶所作原是一词,"蜀帅谢元明因开摩诃池,得古石刻,遂见全篇,词曰:冰肌玉骨,自清凉无汗。贝阙珠宫恨初远。玉阑干倚遍,怯尽朝寒;回首处,何必留连穆满。芙蓉开过也,楼阁香融,千片红英泛波面。洞房深深锁,莫放轻舟;瑶台去,甘与尘寰路断。更莫遣流红到人间,怕一似当时误他刘阮。"此说见于赵闻礼《阳春白雪》。

笔者认为,当以东坡题下小序为正,原作不知是什么词牌,故有"岂非洞仙歌令乎"之疑。宋人所传孟昶或花蕊夫人《玉楼春》词和《洞仙歌》词,皆系据东坡《洞仙歌》改写而成。若系原作,则东坡既抄袭了,又不讳言所出,不打自招,岂不太笨拙了吗?况且改作与苏轼原作相较,工劣自见。既然是苏轼自作,为什么又假托听老尼所言呢?笔者以为,这不过是苏轼的游戏笔墨,以增加其可信程度罢了。

冒广生认为诗变为词，小令衍为长调，不外增、减、摊、破四法，并举孟昶的《玉楼春》，苏轼经过增字、增韵而成83字的《洞仙歌》，只是一家之言，自然未可厚非。所以，毛泽东很善解人意，不加评论，只是换了一个角度，说苏轼是大家，所以人们不以蹈袭前人为非，既是对冒老先生的尊重，也委婉地表达了自己的不同意见，十分得体。至于把增、减、摊、破四法作为诗变为词的普遍方法，就更为偏颇了，因为词是起于民间，并非由诗演变而来，尽管二者之间有借鉴、承传。

与此相类还有，苏轼把陶渊明的《归去来辞》改写成《哨遍》，将韩愈的《听颖师弹琴》诗，檃栝成《水调歌头》，都应该看作是词体上的一种创造。

"苏东坡的《饮湖上初晴后雨》实在绝了，我不敢造次"

毛泽东非常喜爱杭州。新中国成立以后，他曾42次到杭州，在宁静秀丽的西子湖畔工作、生活了800多个日日夜夜，踏遍西湖的山山水水，经历了社会主义建设的风风雨雨。当年，他曾亲切地对身边工作人员说："我喜欢上了西湖"，"杭州是我的第二故乡"。他称刘庄、汪庄为"我的第二个家"。每次毛泽东来到这里，第一句话总是"到家啦"！

毛泽东常赞赏西湖秀美，但他生前正式发表之诗词中，却无一首描写西湖风光的。据在他身边工作过的同志回忆，毛泽东曾说过："苏东坡的《饮湖上初晴后雨》实在绝了，我不敢造次。"毛泽东手书过不少古诗词，其中有五首写西湖景色。有唐代宋之问"楼观沧海日，门对浙江潮"；宋代林和靖"疏影横斜水清浅，暗香浮动月黄昏"；宋代柳永《望海潮》词；南宋刘过《沁园春》词；明代高启《吊岳王墓》诗。[1]

---

① 施奠东主编：《西湖志》，上海古籍出版社1995年版，第111—112页。

1954年，有一天，浙江省委书记谭启龙陪着毛泽东沿杭州湖滨散步。正是江南春光明媚时节。毛泽东指着苏堤说："修这道堤的苏东坡抓住了几个特点，他有诗道：'水光潋滟晴方好，山色空濛雨亦奇。欲把西湖比西子，淡妆浓抹总相宜。'晴天的水，雨天的山，一浓抹，一淡妆，确是西湖之美啊！你看，阳光下桃李争艳的苏堤，就是'水光潋滟晴方好'的浓抹之时啊。"①

本题共二首，这是第二首。诗题中"饮湖上"是指西湖上饮酒。在饮酒的过程中，作者经历了天气由晴到雨的变化，从而看到了西湖在晴天和下雨时的不同景观，抒写了自己的欣喜之情。诗的前两句写阳光照耀下碧波荡漾的湖水和雨幕笼罩下的缥缈的山影。后两句把西湖比作古越国美人西施，就像西施无论是"淡妆"，还是"浓抹"，都是美妙绝伦的一样，西湖或晴或雨，都是美好奇妙的。这一比拟传颂开来，"遂成西湖定评"（陈衍《宋诗精华录》）。

苏轼本人对这首诗似乎也很自负，所以几次三番地把它的词意用在不同的作品中，例如"水光潋滟犹浮碧，山色空濛已欲昏"（《次韵仲殊游西湖》），"西湖真西子"（《次韵刘景文登介亭》），"只有西湖似西子"（《次韵答马中玉》），"西湖虽小犹西子"（《再次韵德麟新开西湖》）等。

作为大诗人的毛泽东认为：苏轼这首诗把西湖写"绝了"，自己"不敢造次"，是很高的评价，同时也表现了他的自谦和实事求是的态度。但需要一说的是，毛泽东写的纯粹意义上的山水诗很少，但1955年却一连写了《五律·看山》《七绝·莫干山》《七绝·五云山》，1957年又写了《七绝·观潮》，这四首山水诗虽不是直接写西湖，却全是写杭州山水的，这是否由于苏轼西湖诗的激发而另辟蹊径呢？

毛泽东对苏轼的题画诗也很欣赏。他曾手书过苏轼《惠崇春江晓景二首》。他还和现代著名诗人柳亚子议论此诗。事情是这样的：

1949年5月5日，毛泽东派秘书田家英去颐和园接柳亚子到香山寓所

① 李约翰等：《和省委书记们》，中央文献出版社1994年版，第65页。

叙谈。其间，谈论了南北朝谢灵运《登池上楼》、隋朝诗人薛道衡《昔昔盐》、宋朝诗人苏轼《题惠崇春江晓景二首》等诗篇，并论及其中"池塘生春草""空梁落燕泥""竹外桃花三两枝，春江水暖鸭先知"等名句。中午，毛泽东宴请柳亚子，作陪的有朱德、江青、女儿李讷、秘书田家英。毛泽东将上述诗句题写在柳亚子《羿楼纪念册》上，并作一题记："一九四九年五月五日柳先生惠临敝舍，曾相与论及上述诸语，因书以为纪念。"①

《惠崇春江晓景二首》原文是：

> 竹外桃花三两枝，春江水暖鸭先知。
> 蒌蒿满地芦芽短，正是河豚欲上时。
>
> 两两归鸿欲破群，依依还是北归人。
> 遥知朔漠多风雪，更待江南半月春。

惠崇是北宋九僧之一，建阳（今福建建阳）人。他能诗善画，尤擅画鹅、雁、鹭鸶和寒汀远渚。这两首诗是元丰八年（1085）苏轼在汴京为惠崇的画所题。从诗的内容看，原画有两幅，一幅是鸭戏图，一幅是雁飞图。两画今皆散佚，苏轼的诗则广为流传，脍炙人口。此题二首，毛、柳所议的是第一首。

第一首诗的前三句，是画上所画景物：地面景物、江上景物和江边景物。此画取景精美，布局合理，其中有地面上青翠的竹子，三两枝盛开的桃花；江面上溶溶的春水，嬉戏的鸭子；岸边茂密的蒌蒿，鲜嫩的芦芽，真不愧是一幅好画。但苏轼并没有被原画所囿。他凭着诗人善于体察物情事理的独特艺术敏感和丰富的想象力，从鸭子的戏水感知江水之"暖"，从满地芦芽感知"河豚欲上"，把人们从画境中直接带入春意盎然、充满生机的大自然中来了，写出了视觉之外的春江暖意和潜伏在这股暖流之下

---

① 中共中央文献研究室编：《毛泽东年谱》（下），人民出版社、中央文献出版社1993年版，第496页。

的生命跳动。水的冷暖和水下动物世界的活动，都是画家难于用画笔表现的，但诗人却用诗笔成功地揭示出来了，遂成为千古名句，为毛、柳这两位杰出诗人所赞赏便不足为奇了。

毛泽东对苏轼鉴赏书法的诗非常熟悉。他曾用苏轼《石苍舒醉墨堂》"我书意造本无法"诗句为齐白石题画。事情是这样的：

1949年初，北京和平解放了。不久，齐白石又收到了毛泽东写给他的亲笔信。为了表达对新中国的无比喜悦、对毛泽东主席的崇敬与热爱，他亲自精选了两方名贵的寿山石料，操起刻刀，精心镌刻了"毛泽东"朱、白两方印章，用宣纸包好，托诗人艾青呈献给毛泽东。

毛泽东感谢齐白石的深情厚谊，决定设家宴答谢老人，请郭沫若作陪。

席间三人谈天说地、道古论今。毛泽东首先端起酒杯，向白石老人敬酒，感谢他赠送的印章和国画。齐白石为之一怔，问毛泽东："我什么时候为主席作过画？"毛泽东笑着对秘书说："把画拿来，请画家亲自验证验证。"

这是一幅国画，上面画着一棵郁郁葱葱的李子树，树上有一群毛茸茸的小鸟，树下一头憨厚的老牛，侧着脑袋望着小鸟出神，颇有意境。

齐白石见画后恍然大悟，这是他"练笔"的"废品"，没注意用来给毛泽东包印章了。

齐白石不好意思地说："主席，都怪我疏忽大意，这废作说什么也不能送给您，您若喜欢这种笔墨，我回去马上画。"

"我喜欢的就是这一幅嘛！"毛泽东固执地说。

齐白石听罢站起身来，一甩长髯，说："主席再不允许，我可要抢了！"

郭沫若见势忙走过来，用身体挡住画，说："白老这件墨宝是送给郭沫若的，要想带走，应当问我。"

"送给你的？"齐白石惊诧地问。

"这不，画上标着我们的名字嘛！"郭沫若解释说。

齐白石看看画，画上没有一个字。他又看看郭沫若，摇摇头，猜不出其中的含义。

郭沫若看到齐白石那副认真的样子，笑了起来，他指着画说："这树上画了几只鸟？"

"五只。"

"树上五只鸟，这不是我的名字吗？"郭沫若把"上五"两个字的语气说得很重。

齐白石手捋长髯大笑起来："好，郭老大号正是'尚武'，您真是诗人的头脑哇！"

"快快与我松手，没看见画上标有本人的名字嘛？"毛泽东说。

"您的名字？"郭沫若与齐白石都愣了。

看着两个人发愣的样子，毛泽东哈哈大笑起来，怡然自得地说："请问，白老画的是什么树？"

"李子树。"

"画得茂盛吗？"

"茂盛。"

"李树画得很茂盛——这不是敝人的名字吗？"

"李得盛"与毛泽东转战陕北时的代号"李得胜"同音，所以毛泽东说此画是赠给他的。

齐白石乐了："如此说来，拙画还有点意思。那么，劳驾两位在卷上赏几个字，如何？"

两人欣然应允，毛主席让郭沫若先题，郭沫若让毛主席先题，二人推让了一会儿，还是毛主席先题。只见毛主席笔走龙蛇，如行云流水，"丹青意造本无法"，七个大字，一挥而就原来毛主席借用苏轼"我书意造本无法"一句诗，改动了两个字。

郭沫若题写的"画圣胸中常有诗"，为改用陆游"此老胸中常有诗"一句诗。

齐白石得此墨宝，喜出望外："两位这样夸奖白石，我可要把它带走啦。"

两位政治家斗不过一个艺术家，三人相视，哈哈大笑起来。

书与画在毛泽东与齐白石之间架起了一座友谊的桥梁。[1]

毛泽东题苏轼诗句出自《石苍舒醉墨堂》一诗，原诗是：

> 人生识字忧患始，姓名粗记可以休。
> 何用草书夸神速，开卷惝恍令人愁。
> 我尝好之每自笑，君有此病何能瘳？
> 自言其中有至乐，适意无异逍遥游。
> 近者作堂名醉墨，如饮美酒消百忧。
> 乃知柳子语不妄，病嗜土炭如珍羞。
> 君子此艺亦云至，堆墙败笔如山丘。
> 兴来一挥百纸尽，骏马倏忽踏九州。
> 我书意造本无法，点画信手烦推求。
> 胡为议论独见假，只字片纸皆藏收。
> 不减钟张君自足，下方罗赵我亦忧。
> 不须临池更苦学，完取绢素作衾裯。

石苍舒，字才美（本传作"才翁"），长安（今陕西西安）人，善草书，他家藏有褚遂良写的《圣教序》真迹，故取名"醉墨堂"。

这是一首七言古诗，全诗24句，每八句为一层，分为三层。前八句写石苍舒和作者都爱好书法；中八句围绕"醉墨"二字写石苍舒的草书成就；末八句提出论书法的主张。"我书意造本无法"，是苏轼自谦之词，亦是其书法主张的真谛。"意造"，凭想象力进行创造。作者说自己作书意造无法，只是随手点画，信手挥洒，厌于推求笔法。这是造诣很高的表现。毛泽东改作"丹青意造本无法"，为齐白石题画。丹青，丹砂和青䏝，可作颜料。这里指绘画，作画。《晋书·顾恺之传》："尤善丹青，图写特妙。"毛泽东把"我书"改作"丹青"，不仅切合题画，而且是对齐画的崇高评价。

---

① 黄允升主编：《开国领袖毛泽东逸事》，中央文献出版社1999年版，第105—108页。

这则故事不仅记载了毛泽东、郭沫若和齐白石之间的友谊，也是毛泽东对苏轼书法理论的认同。

毛泽东对苏轼的理趣诗也很感兴趣。1939年春天，毛泽东在延安为抗大参谋训练队作报告。他说："就说大家现在都很关心的问题，'抗日必亡'和'中国很快的胜利'这两个观点，究竟谁是谁非？我们现在来分析分析。中国宋代大诗人苏轼有句名言'横看成岭侧成峰，远近高低各不同'，说的是站在不同的角度看问题就会有不同的结果。以上两种说法，都是站在不同的侧面所得出的结论，因为他们没有从中日双方政治、经济、军事去全面分析，各说各的理，结论必然是片面的。"

在报告中毛泽东所引的两句诗见于苏轼《题西林壁》。全诗是：

横看成岭侧成峰，远近高低各不同。
不识庐山真面目，只缘身在此山中。

西林，庐山寺名，宋时改乾明寺。此诗为宋神宗元丰七年（1084）苏轼游庐山所作。这年苏轼由黄州贬所改迁汝州团练副使。据南宋施宿《东坡先生年谱》："四月发黄州，自九江抵兴国，取高安，访子由，因游庐山……"可知此诗约作于五六月间。又《东坡志林》卷一"记游庐山"条自述在庐山所作诸诗，"最后与总长老同游西林"，可知这是他游遍庐山之后带有对庐山全貌的总结性的题咏。

西林寺位于庐山七岭之西。姚宽《西溪丛语》评此诗首句说："南山宣律师《感通录》云：'庐山七岭，共会于东。'因知东坡'横看成岭侧成峰'之句，有自来矣。"次句"远近高低各不同"，是说诗人在远处、近处、高处、低处所见庐山景物又随身之所至而各个不同。庐山的全景，庐山的"真面目"，它的总体形象，只有在远眺和鸟瞰时才能显现。因此诗人叹道："不识庐山真面目，只缘身在此山中。"

全诗道出了一个平凡的真理，包括了整体与部分、宏观与微观、分析与综合等耐人寻味的概念。苏轼慨叹身在山中反而不识山的真面目时，是经过了横看、侧看、远看、近看、高看、低看，在胸中凝聚了局部的各种认识之后，才悟到"身在山中"，即在山的某一局部时反而不识其真面目的事理。这样，这首山水诗就具有了哲理性，不仅赢得了读者的广泛传诵和吟咏，同时也成了人们讽喻某种社会现象的常用语。毛泽东用以说明抗日战争时期"亡国论"与"速胜论"的错误在于片面地看问题，十分贴切。20 世纪五六十年代，毛泽东还曾手书过苏轼这首的《题西林壁》，末署毛泽东。注：苏轼诗一首。

"苏东坡用'八面受敌'法研究历史"

苏轼的散文在当时已很有名，与韩愈、柳宗元、欧阳修并称四家，加上其父苏洵、弟苏辙与王安石、曾巩，又称"唐宋八大家"。他的文章"大略如行云流水，初无定质，但常行于所当行，常止于所不可不止。文理自然，姿态横生。"（《答谢师民书》）他的谈史议政的论文，包括奏议、进策、史略等，大都是与他的政治生活有密切联系的作品。最有名的是那篇《万言书》和一些策论、史论。毛泽东在《读〈新唐书·马周传〉》时批注道："贾生《治安策》以后第一奇文。宋人万言书，如苏轼之流所为者，纸上空谈耳。"① 毛泽东赞扬马周的上书是"奇文"，言之有物，作为反衬，批评了苏轼的《万言书》是"纸上空谈"，是十分中肯的。这些文章大都是苏轼早年写的。由于他早年得志，对社会实际了解不深，一些议论国事的文章，往往只是引经据典，作泛泛之谈，基本上是儒家的传统观点，可取之处不多，而多书生之见，所以，毛泽东批评他是"纸上空谈"。但对苏轼的《徐州上皇帝书》论及"言科举无用"② 还是赞扬的。

---

① 《读〈新唐书·马周传〉批语》，《毛泽东读文史古籍批语集》，中央文献出版社 1993 年版，第 235 页。
② 《读〈古文辞类纂·苏轼《徐州上皇帝书》〉批语》，《毛泽东读文史古籍批语集》，中央文献出版社 1993 年版，第 107 页。

苏轼的史论，常常提出一些新奇的见解，别出心裁，翻空出奇，议论风发，笔势恣肆，构思奇妙，语言流畅，心有所想即能曲尽其意，往往有独到之处。他自称这种方法叫"八面受敌"。他在《又答王庠书》中说："……若学成，八面受敌，与涉猎者不可同日而语也。"所谓八面受敌，意思是功力深厚，能应对各种情况。其实早在唐代散文家吴融就采用"八面受敌"法。五代王定保《唐摭言·海叙不遇》："子华（吴融的字）才力浩大，八面受敌，以八韵著称。"清赵翼《瓯北诗话·查初白诗》："而元微之所谓'铺陈始终，排比声韵，豪迈律切'者，往往见绌，终不足八面受敌为大家也。"可见"八面受敌"是一种大家风范。

毛泽东非常赞成这种研究方法，他在《关于农村调查》一文中讲到调查方法时说："这里特别注意的是分析。应该是分析而又综合，就是在第二步骤的分析中，也有小的综合。古人说：文章之道，有开有合。这个说法是对的。苏东坡用'八面受敌'法研究历史，用'八面受敌'法研究宋朝，也是对的。今天我们研究中国社会，也要用个'四面受敌'法，把它分成政治的、经济的、文化的、军事的四个部分来研究，得出中国革命的结论。"[①]

例如苏轼的名作《教战守策》。宋仁宗嘉祐六年（1061），苏轼应制科考试时，作《进策》25篇，包括《策略》《策别》《策断》三个部分。《教战守策》是《策别》中的一篇。当时辽国和西夏都是对宋朝有强大威胁的力量，随时有入侵的可能。作者从边防安全着眼，征引史实作为例证，指出"知安而不知危"的危险，并力主教民习武，以为战、守之备。

作者首先提出中心论点：当今生民之患，在于知安而不知危，能逸而不能劳。接着先说先王未尝去兵，所以有盗贼而民至于惊溃，次说后世去兵，突然有盗警而民不战而走，从正反两方面申说"知安而不知危"的危害性；接下来以王公虑患备至而常苦于多病，小民终岁勤劳而未尝有病作比，申说"能逸而不能劳"的危害性；再结合当时形势，说明战争不可避

① 《关于农村调查》，《毛泽东文集》第二卷，人民出版社1993年版，第381页。

免，教民战守不容忽视；再提出教民讲武的具体措施；最后论民皆习兵，则可以消除各地驻军的奸谋和骄气。——补出应该教民习武的又一理由。可谓面面俱到，无懈可击，是苏轼"八面受敌"法的一个典范。

明方大镇《田居乙记》所录有关"八面受敌"法曰："有人问苏文公曰：'公之博洽可学乎？'曰：'可。吾读《汉书》，盖数过而始尽之。如治道、人物、地理、官制、兵法、货财之类，每一过博求一事，不待数过而事事精核矣。参伍错综，八面受敌，沛然应之而莫御焉。"毛泽东批注："此法好。然苏是个唯心主义。"①

苏轼的山水游记和赋都是很有名的，毛泽东也非常喜读。

1952年10月29日，毛泽东在徐州市领导干部的陪同下游云龙山，来到了放鹤亭。这个亭子朝西，砖木结构，歇山飞檐，柱廊环绕，古朴幽雅。毛泽东环视亭子后，对大家说，这个亭子与苏轼以及他的《放鹤亭记》是分不开的。"1077年，苏轼出任徐州知州，当时刚过不惑之年，奋发有为，政绩卓著，给徐州百姓做过一些好事。……苏轼与张山人是好友。这位张山人驯养了两只鹤，并在云龙山顶修建了一座草亭，名曰'放鹤亭'。苏轼为之写了一篇《放鹤亭记》，文情并茂，成为流传千古的著名散文。"

毛泽东说着就问身边的一位干部："能背出《放鹤亭记》吗？"

那位干部不好意思地摇摇头。

毛泽东轻声吟诵："……山上有二鹤，甚驯而善飞，旦则望西之缺而放焉，纵其所如，或立于陂田，或翔于云表，暮则傃东山而归，故名之曰放鹤亭……"

在放鹤亭前，毛泽东看乾隆皇帝题诗的石碑。他说："乾隆这个人好题诗。"（这个石碑在"文革"时被毁）②

对于苏轼的名作《前赤壁赋》，毛泽东也非常熟悉。他曾不止一次用文中的词句教育干部。1956年夏，毛泽东在湖南视察时对省委书记周小舟说的"苏东坡讲'驾一叶之扁舟'"一语，即出于此赋。这几句是这样

① 《毛泽东读文史古籍批语集》，中央文献出版社1993年版，第48页。
② 李家骥：《我做毛泽东卫士十三年》，中央文献出版社1998年版，第218—219页。

的："……况吾与子渔樵于江渚之上，侣鱼虾而蓋麋鹿；驾一叶之扁舟，举匏樽以相属。寄蜉蝣于天地，渺沧海之一粟。……"意思是，苏轼与他的朋友或者在江边或沙洲上打鱼砍柴，和鱼虾、麋鹿作伴；或者驾一只小船，泛游江上，举杯饮酒，寄托蜉蝣一样的生命在天地之间，渺小得像大海中的一滴水。毛泽东由周小舟的名字引出苏轼的词句，教育他成为承载几千万人的大船，责任重大。

毛泽东在《论持久战》中还用了"沧海一粟"这一成语。他说："怎样去动员？靠口说，靠传单布告，靠报纸书册，靠戏剧电影，靠学校，靠民众团体，靠干部人员。现在国民党统治地区有一些，沧海一粟，而且方法不合民众口味，神气和民众隔膜，必须切实地改一改。"[①]粟，谷子，去皮后即成小米。大海中的一粒谷子，比喻非常渺小。毛泽东在《论持久战》中使用"沧海一粟"一语，形象地说明了当时国民党统治地区的抗日宣传力量，在几万万中国人民中显得渺小单薄得很。

毛泽东在《在延安文艺座谈会上的讲话》中讲到人民生活是文学艺术的唯一源泉时说："人民生活中本来存在着文学艺术原料的矿藏，这是自然形态的东西，是粗糙的东西，但也是最生动、最丰富、最基本的东西；在这点上，它们使一切文学艺术相形见绌，它们是一切文学艺术的取之不尽、用之不竭的唯一的源泉。"[②]其中"取之不尽、用之不竭"语本《前赤壁赋》："惟江上之清风，与山间之明月，耳得之而为声，目遇之而成色，取之无禁，用之不竭，是造物者之无尽藏也，而吾与子之所共适。"意谓只有江上的清风，与山间的月光，耳闻之是声音，眼看见是颜色，取它无人禁止，用它永远不完，这是自然界的无穷无尽的宝藏，我和你可以共同享受的。毛泽东将"取之无禁、用之不竭"略加变化，点化为"取之不尽、用之不竭"，形容非常丰富，用来说明人民生活是文学艺术的唯一源泉。

---

① 《论持久战》，《毛泽东选集》第二卷，人民出版社1991年版，第481页。
② 《在延安文艺座谈会上的讲话》，《毛泽东选集》第三卷，人民出版社1991年版，第860页。

陆　游

——"陆游是南宋一位了不起的大诗人"

"上马击狂胡，下马草军书"

1963 年 5 月 26 日，毛泽东同各大区第一书记谈话，当有人提出轻音乐是抒情的，重音乐是战斗的，他反问道："那战士就没有抒情？诗词也同音乐一样。在同一朝代，如宋朝，有柳永、李清照一派，也有苏东坡、陆游一派。柳、李的作品只讲爱情。"①

毛泽东在这里说的是宋词。宋词中分为婉约派、豪放派，婉约派以柳永、李清照为代表，豪放派以苏轼、辛弃疾为代表，陆游主要以诗名，词作并不多，风格也属于豪放派，也可以说是豪放派的代表词人。

读者可能要问，陆游是怎样一个人呢？

陆游（1125—1210），字务观，号放翁，越州山阴（今浙江绍兴）人，南宋大诗人。祖父陆佃，徽宗时官至尚书右丞，被诬元祐党籍，罢知亳州。父陆宰，官朝请大夫，直秘阁。陆游出身于一个由"贫居苦学"而仕进的仕宦家庭。

陆游出生和成长的年代，正当北宋王朝腐败不堪，屡遭金国（女真族）进犯的时候。他出生的第二年，金兵即攻陷宋朝首都汴京（今河南开封），他随父陆宰向南逃亡，先逃至寿春（今安徽寿县），后又逃归故乡山阴。建炎四年（1130），金人铁骑到达山阴，陆游一家又逃到东阳（今浙

---

① 陈晋：《毛泽东与文艺传统》，中央文献出版社 1992 年版，第 375 页。

江金华）。10 岁以后，陆游一家才回到山阴，住在乡间。饱经丧乱的生活感受、群情激昂的抗敌气氛，给童年时代的陆游留下难忘的印象，并受到了深刻的爱国主义教育。

陆游青年时代曾从江西诗派诗人曾几学诗。曾几反对议和，抵触权贵，做官廉洁，是一个有操守的人。他不仅在诗学方面教育了陆游，而且在为人方面也给陆游不小影响。陆游还从前代大诗人屈原、陶渊明、李白、杜甫、岑参等人的诗作中汲取营养。

封建家庭虽然给陆游以良好的文化熏陶，特别是爱国教育，但也给他带来了婚姻的不幸。陆游 20 岁与表妹唐琬结婚，夫妻感情甚笃，可是母亲作为唐琬的婆婆又是姑母却不喜欢她，硬逼着他们夫妻离婚。离婚后，陆游非常伤痛，曾在 10 年后一次偶然相遇中写了《钗头凤·红酥手》词以寄情，不久，唐琬也抑郁而死。此后，他多次赋诗怀念，直到老年还写了有名的爱情诗《沈园二首》。

宋高宗绍兴二十三年（1153），陆游 29 岁，到南宋首都临安（今浙江杭州）应锁厅试，名列第一，但因为居于投降派权臣秦桧的孙子秦埙之前，又因他不忘国耻，"喜论恢复"，于是受到秦桧忌恨，竟在复试时将他除名。秦桧死后，陆游 33 岁时，出任福州宁德县主簿。不久，调到临安，先后任敕令删定官及枢密编修官等职。绍兴三十二年（1162）宋高宗让位给太子赵眘，是为孝宗。孝宗即位后，采纳主战派张浚的北伐意见，反攻金人。陆游积极参与其事。但这次抗金最后失利，张浚被免职，主和派秦桧余党汤思退被任命为丞相。汤思退正式与金人议和，签订了"隆兴和议"。乾道二年（1166），有人弹劾陆游"交结台谏，鼓唱是非，力说张浚用兵"，因而被免职。

陆游在故乡山阴镜湖之滨闲居 4 年，屡次上书求职，乾道五年（1169）得了一个夔州（今四川奉节）通判的小官。他在夔州任职三年，僻处山城，常有天涯沦落之感。任满后，"归又无所得食"，不得不又上书"捐一官以禄之，粗可存活"。

乾道八年（1172），主战将领四川宣抚使王炎聘他为干办公事，延至幕中襄理军务。他换上戎装，驰骋在当时国防前线南郑（今陕西汉中）一带。铁马秋风、豪雄飞纵的军旅生活，使陆游的怀抱为之一开，写出了许多热情奔放的诗篇。"上马击狂胡，下马草军书"，"飞霜掠面寒压指，一寸赤心唯报国"，是他这一时期生活和心情的写照。

陆游经过实地考察，看到川陕地势险要，民气豪侠，觉得可用关中作根本，以谋反攻，收复失地。于是便向王炎陈进取之策，提出经略中原"必自长安始，取长安必自陇右始，当积粟练习，有衅则攻，无则守"。他充满胜利信心，认为"王师入秦驻一月，传檄足定河南北"。可是陆游的一片报国赤忱，并没有实现。腐败的南宋朝廷，只求苟安，无意进取，致使将士闲置前线，"报国欲死无战场"。乾道八年九月，宋朝廷将王炎召回，遂即罢免。陆游改任成都府安抚司参议官。他只好抱着"不见王师出散关"和"悲歌仰天泪如雨"的激愤心情，眼看着收复中原的希望破灭。此后，陆游又在蜀州、嘉州、荣州代理通判、知州等职，自称"身如林下僧"，抗战复国的壮志一直得不到伸展的机会。

孝宗淳熙二年（1175），范成大镇蜀，邀陆游至其幕中任参议官。陆素与范有诗文之交，因此不甚拘官场礼数，以致引起了同僚讥议，又由于陆游的复国抱负和个人的功名事业长久得不到伸展，常以"脱巾漉酒，挂笏看山"为自得，甚至在琵琶腰鼓、舞衫香雾中寻求精神麻醉，被同僚指责为"不拘礼法，恃酒颓放"。于是陆游索性自号"放翁"，并在诗中解嘲道："名姓已甘黄纸外，光阴全付绿樽中。门前剥啄谁相觅，贺我今年号放翁。"从此，"放翁"便和他的诗名同著于世。

淳熙五年（1178），秋天，陆游已54岁，回到临安，受到孝宗召见，但并未真正得到重用，孝宗只派他到福州、江西去做了两任提举常平茶盐公事。在江西任上，当地发生水灾，他"草行露宿"，不辞辛苦，亲到灾区视察，并"奏拨义仓赈济，檄诸郡发粟以予民"，不料却因此触犯当道，竟以"擅权"罪名罢职回乡。

陆游在家闲居6年，已经62岁，才又被起用为严州（今浙江建德）知州。他赴京受命，写了有名的《七律·临安春雨初霁》，其中"小楼一夜听春雨，深巷明朝卖杏花"两句，得到孝宗的激赏，但孝宗并不了解陆游的真正抱负，只叫他到严州后，"职事之暇，可以赋咏自适"。他在任上，力求"宽期会，简追胥，戒兴作，节燕游"，因此受到人民的爱戴，为他立碑，并为他曾经作过严州太守的高祖陆轸立祠，以纪念他们祖孙二人。

在严州期间，陆游曾将历年所作诗，特别是早年的作品，严加删选，共得2500余首，刊刻为《剑南诗稿》二十卷。此书行世后，深得当时文坛赞誉。

淳熙十五年（1188），陆游在严州任满，卸职还乡。不久，被召赴临安任军器少监。次年，光宗即位，改任朝议大夫礼部郎中。于是他又连上奏章，谏劝朝廷"力图大计，宵旰勿怠"，并提出"救民之贫，莫先于轻赋"等政治主张。这时宋朝廷已耽于偏安享乐，无意进取，所以陆游的建议不仅不被采纳，反而遭到奸佞之徒的弹劾，以"嘲咏风月"的罪名再度被罢官。陆游对此事非常激愤，便索性将山阴镜湖故居命名为"风月轩"，以示讥讽。

此后，从光宗绍熙元年（1190）到宁宗嘉泰元年（1201）的12年中，陆游一直住在山阴，过着田园生活。他将书室命名为"老学庵"，以坐拥书城为乐，正像他诗中所说："万卷古今消永日，一窗昏晓送流年。"

在陆游乡居期间，宁宗于绍熙五年（1194）七月代光宗即位，次年改年号为庆元。外戚韩侂胄当政。他斥理学为伪学，罢逐宗室大臣赵汝愚和理学家朱熹等，史称"庆元党禁"。在这一时期，陆游曾应韩侂胄之请，为他撰写了《南园记》，希望他"勤劳王事"。

嘉泰二年（1202），宋朝因孝宗、光宗两朝实录尚未完成，召陆游入朝修撰，次年修毕，即辞官还乡。

开禧二年（1206）夏天，韩侂胄对金宣战，因急于贪功，贸然出师，不久即以失败告终。以史弥远为首的卖国集团用阴谋诡计把韩侂胄杀了，函首金人，订立丧权辱国的"开禧和议"。由于陆游与韩侂胄有上述关系，在当时和后来都受到一些责难，说他"晚节"不终。其实，陆游在韩侂胄当政时复出，主要是为了抗敌复国的夙愿所驱使，并无趋炎附势之意。

陆游于嘉泰三年（1203）辞官回乡，已近80高龄。此后犹赋诗作文不辍，但身体却逐年衰弱，终于在嘉定二年（1209）十二月二十九日，85岁的老诗人抱着未见到国土收复的遗憾，与世长辞。

著有《剑南诗稿》《渭南文集》《南唐书》《老学庵笔记》等。

"读放翁诗词，如遇知己"

1959 年 9 月的一天，正在北京大学中文系读书的邵华，随着姐姐刘松林到中南海看望毛泽东。邵华顺眼瞟见毛泽东床头的一叠线装书，便问："毛伯伯，您也喜欢《剑南诗稿》？"

毛泽东点点头，微微一笑说："看来你是一个陆放翁诗词的读者。"邵华不知是出于兴奋，还是想向毛伯伯汇报自己的读书心得，毫无拘束地说："不仅读过，而且特别喜爱。我们如果只读他的《沈园二首》，低吟浅咏那'伤心桥下春波绿，曾是惊鸿照影来'，会认为放翁是个多情伤感的才子；要是迎风行吟那'楼船夜雪瓜洲渡，铁马秋风大散关'，就会被他那磅礴的大气，爱国的豪情所激励；《示儿》虽是诗人生命垂危的绝笔，可悲中有壮烈，垂危中仍对胜利充满信念……"

毛泽东很喜欢她这种好学深思、谈吐不俗的精神，微笑着问："邵华，放翁的词呢？"

邵华说："熊掌和鱼，我都喜欢。不过，我更喜欢《关山月》《诉衷情》《夜游宫》等词。"说着，就背诵给毛泽东听。背诵中，邵华略停顿想下一句时，毛泽东就提示一下。邵华背诵《夜游宫》，背到"睡觉寒灯里"时，毛泽东指出："睡觉寒灯里"这个"觉"，这里不能读 jiào（教），应该读 jué（决），并叫她回去问问老师这样念对不对。

邵华乘机向毛泽东说："毛伯伯，您说呢？"

毛泽东说："读放翁诗词，如遇知己。"

邵华要求毛泽东将《夜游宫》词写出来给她。

毛泽东谈兴正浓，立刻起身走到桌前，刘松林马上铺开宣纸，揭开端溪石砚的紫檀木盖，毛泽东提笔蘸墨，急速草书：

> 雪晓清笳乱起，梦游处，不知何地。铁骑无声望似水。想关河：雁门西，青海际。　　睡觉寒灯里，漏声断，月斜窗纸。自许封侯在万里。有谁知，鬓虽残，心未死。

陆游诗一首

毛泽东放下笔，端详一下说："放翁的词，杨用修（明人杨慎字用修）说他'纤丽处似淮海（宋人秦观号淮海居士），雄快处似东坡（苏轼号东坡居士）'，我看说得不错。邵华，这幅字就送给你，作个纪念。"

邵华如获至宝，立刻双手将纸捧了起来，用嘴吹干墨迹。①

1957 年，毛泽东一次和专列乘务员姚淑贤说："他是南宋一位了不起的大诗人，年轻时就立志'上马击狂胡，下马草军书'"。②

陆游是一位创作特别丰富的诗人，集中存诗共约 9300 首。他的诗大致可分为三个时期：第一时期，从少年到中年（46 岁）入蜀以前，存诗约 200 首，因为他将 42 岁以前的诗"又去十之九"，估计删去万首以上。第二时期，入蜀以后到 54 岁罢官东归，存诗 2400 余首。其诗创作的成熟与丰富，奠定了他作为一代文宗的崇高地位。第三时期，长期蛰居故乡山阴一直到逝世，存诗 6500 首，其诗有一种清旷淡远的田园风味，风格趋向质朴而沉实。

强烈的爱国主义精神，是陆游诗歌创作最显著的特色。这一特色在他中年入蜀以后，表现尤为明显，不仅在同时代的诗人中显得很突出，在中国文学史上也是罕见的，无怪梁启超称之为"亘古男儿一放翁"。由于陆游所写的诗"言恢复者十之五六"，故屡遭投降派的打击和排挤。但他"位卑未敢忘忧国"《病起书怀》，抗敌御侮一直是他诗作的主题。这种永不衰竭的爱国热情，使他唱出了时代的最强音。上述毛泽东提到的"上马击狂胡，下马草军书"二语，即出自《观大散关图有感》。全诗如下：

> 上马击狂胡，下马草军书。
> 二十抱此志，五十犹癯儒。
> 大散陈仓间，山川郁盘纡。
> 劲气钟义士，可与共壮图。
> 坡陁咸阳城，秦汉之故都。

① 谭振球编：《毛泽东外巡记》，湖南文艺出版社 1993 年版，第 540—542 页。

② 权延赤：《红墙内外》，昆仑出版社 1989 年版，第 172 页。

陆　游——『陆游是南宋一位了不起的大诗人』

王气浮夕霭，宫室生春芜。

安得从王师，汛扫迎皇舆？

黄河与函谷，四海通舟车。

士马发燕赵，布帛来青徐。

先当营七庙，次第画九衢。

偏师缚可汗，倾都观受俘。

上寿大安宫，复如正观初。

丈夫毕此愿，死与蝼蚁殊。

志大浩无期，醉胆空满躯。

　　此诗是乾道九年（1173）十月诗人在嘉州（今四川乐山）时所写。大散关，在今陕西省宝鸡市大散岭上，当时是南宋与金交界的边防重镇，也是双方议和划界的地方。这幅大散关图很可能是陆游从前方带回来的军用地图。所以，此诗虽题作看图"有感"，实际上是一首抒情言志之作。"上马击狂胡，下马草军书"，起首二句，一"上"一"下"、一"击"一"草"之间，不仅对仗工稳，而且写出了诗人作为一个儒将的潇洒风度：跨上战马能挥刀杀敌，下得马来会草拟军书，两种工作不同，目的却是一个：杀敌报国。这可以说是当时诗人生活的写照。全诗主要写诗人理想中抗金胜利、国土恢复后的情况，表示这是自己的终极目标，但现实环境使他无法实现壮志，只能成为梦想而已。

　　陆游不仅在诗中抒发了对祖国的热爱，同时还对腐朽无能、苟安求和的宋朝廷发出愤怒的谴责。如前面邵华提到的《关山月》：

和戎诏下十五年，将军不战空临边。

朱门沉沉按歌舞，厩马肥死弓断弦。

戍楼刁斗催落月，三十从军今白发。

笛里谁知壮士心，沙头空照征人骨。

中原干戈古亦闻，岂有逆胡传子孙？

遗民忍死望恢复，几处今宵垂泪痕！

《关山月》，本为汉乐府横吹曲名，这里是古题新用。

隆兴元年（1163），宋军在符离大败之后，十一月，孝宗诏集廷臣，计议与金国讲和的得失。随即达成和议，到了孝宗淳熙四年（1177），距朝廷下诏议和已近15年了。朝廷文恬武嬉，不图恢复，诗人抚事伤时，不能自已，写下了这首沉痛感人的诗篇。诗人时年53岁。

全诗共12句，分前后两部分。前六句主要是描写与金人议和的恶果：将军不战，军备松弛。战马久不临战阵，在马厩中肥胖老死；弓箭多年不用，弓弦也陈旧折断；那白天当炊具夜里敲击报时的刁斗也只作报时之用；战士30岁参军现已白发苍苍。后六句写中原遗民亟盼恢复，戍边壮士盼望报国：笛声中有谁知道壮士心愿，月光白白照着征人的尸骨；中原战乱自古就有，哪里有让外族占据中原繁衍子孙，世代相传的？中原遗民忍死盼望朝廷收复失地，有多少地方，遗民在今天夜里伤心落泪啊！总之，这首诗对南宋朝廷的投降政策进行了猛烈抨击，表达了诗人强烈的忧国忧民的情怀。

陆游的"一片丹心"始终得不到报国的机会，不能不常常感到压抑和愤慨，在诗中就表现为在激昂的基调中又鸣响着悲怆。正像他在有名的《书愤》中所写的：

> 早岁那知世事艰？中原北望气如山。
> 楼船夜雪瓜洲渡，铁马秋风大散关。
> 塞上长城空自许，镜中衰鬓已先斑。
> 《出师》一表真名世，千载谁堪伯仲间？

此诗作于孝宗淳熙十三年（1186）春，这时陆游退居山阴家中，已是62岁的老人了。从淳熙七年起，他罢官已六年，挂着一个空衔在故乡蛰居，直到作此诗时，才以朝奉大夫、权知严州军州事起用。因此，诗的内容兼有追怀往事和重新立誓报国两种感情。

诗的前四句是回顾往事。"早岁"二句指隆兴元年（1163）他39岁在镇江府任通判和乾道八年（1172）他48岁时在南郑任王炎幕僚事。当时他亲临抗金前线，北望中原，恢复故土的豪情壮志，坚定如山。接下来两句分述两次值得纪念的经历：隆兴元年，主张抗金的张浚以右丞相都督江淮诸路军马，楼船横江，往来于镇江、建康之间，军容甚壮。但不久，张浚军在符离大败，狼狈南逃，次年罢免。诗人的愿望成为泡影。另一次使诗人不胜感慨的是乾道八年事。王炎当时以枢密使出任四川宣抚使，积极擘画进攻关中的军事部署。陆游曾几次亲临前线察看军情。但是这年九月，王炎被调回临安，他的宣抚使府中的幕僚也随之星散，北征又一次化为泡影。

后四句是抒发感慨。陆游不但是诗人，他还以战略家自负。自许为"塞上长城"，是他一生的抱负。"塞上长城"，典出《南史·檀道济传》，南朝宋文帝杀大将檀道济，檀在临死前投帻怒叱："乃坏汝万里长城！"陆游虽没有被冤杀，但因主张抗金，多年被贬，"长城"只是空自期许，可是自己已经头发斑白了。但他仍然壮心不已，渴望像诸葛亮上《出师表》讨伐曹魏那样讨伐金人，干一番与之不相上下的报国大业。

此类诗名作还很多，如《金错刀行》《胡无人》《病起书怀》《夜泊水村》《送七兄赴扬州帅府》等，都是气壮语豪而又托兴深微之作。特别感人的是，诗人临终前，还不忘收复国土，在著名的《示儿》诗中写道："死去元知万事空，但悲不见九州同。王师北定中原日，家祭无忘告乃翁。"以上这类诗，堪称最能体现陆游的创作精神。

总之，忧国、爱民、誓死抗金，是陆游诗的最大特色并能传颂千古的原因。除此以外，陆游还写了很多别具风采的诗。这些诗或抒发生活感受，或描写山川景物，呈现着自然流畅而又清新俊逸的风格；其中还有些作品将诗情与哲理艺术地交融在一起。如《春晓》"花经风雨人方惜，士在江湖道益尊"；《游山西村》"山重水复疑无路，柳暗花明又一村"；《剑门道中遇微雨》"此身合是诗人未？细雨骑驴入剑门"等等。

陆游的诗可谓各体兼备，古体、律诗、绝句都有出色之作，尤以七律写得又多又好。

陆游诗的不足之处在于，有时不免率而成章，气势有余而余蕴不足，以及词意或句法的互相蹈袭现象。

"这是陆游写的一首词:《钗头凤》"

陆游不仅工诗,而且擅长写词,现存词共 130 首。他的词也是风格多种多样并有自己的特色。有不少词写得清丽缠绵,与宋词中的"婉约派"比较接近,如有名的《钗头凤》:

> 红酥手,黄縢酒,满城春色宫墙柳。东风恶,欢情薄。一怀愁绪,几年离索。错,错,错! 春如旧,人空瘦,泪痕红浥鲛绡透。桃花落,闲池阁,山盟虽在,锦书难托。莫,莫,莫!

关于这首词,毛泽东还有一个故事。1957 年的一天,姚淑贤和爱人在天津相聚时,看了一场戏。演的是南宋大诗人陆游的爱情悲剧。

回到专列上,晚饭时,姚淑贤把看的戏讲给毛泽东听。她见毛泽东听得很认真,不时点头,于是情绪更高了,讲得很仔细,还夹带发议论。讲完了,毛泽东问她:"这戏的名字叫什么?"

"《凤头钗》。"小姚以为毛泽东没看过,提议说:"主席,应该看看,挺不错的。"

"《凤头钗》?"毛泽东望着小姚。

小姚犹豫了,说:"是《凤头钗》……还是《钗头凤》来着?哎呀,我记不清了。"

毛泽东笑了:"是《钗头凤》。这是陆游写的一首词:《钗头凤》。他是南宋一位了不起的大诗人,年轻时就立志'上马击狂胡,下马草军书'。他的表妹叫唐琬,也是一个有才华重感情的妇女。他们的爱情悲剧在《齐东野语》里有记载。……"[1]

关于陆游与唐琬的爱情悲剧,毛泽东还对他的保健医生徐涛说过:"陆游与唐琬离异后,又相遇于沈园。那是他们情意缠绵之地,陆游的那

---

① 权延赤:《红墙内外》,昆仑出版社 1989 年版,第 172 页。

首《钗头凤》就题在沈园的墙壁之上。"说着还把这首词写了下来。写完后又问徐涛知不知道唐琬回赠的那首词。徐涛说没有读过。毛泽东便脱口念了起来:"世情薄,人情恶,雨送黄昏花易落。晓风干,泪痕残。欲笺心事,独倚斜栏。难,难,难! 人成各,今非昨,病魂常似秋千索。角声寒,夜阑珊。怕人寻问,咽泪装欢。瞒,瞒,瞒!"念完,又说:"这首词回赠没有多久,唐琬就因积愁而死去。当初是陆游的母亲和唐琬不和。陆游这一对夫妻没有得到真正的幸福,这是封建社会的悲剧。"①

陆游与唐琬的爱情故事,大致如毛泽东所述,南宋周密《齐东野语》卷一《放翁钟情前室》载:

> 陆务观初娶唐氏,闳之女也,于其母夫人为姑侄。伉俪相得,而弗获于其姑。既出,而未忍绝之,则为别馆,时时往焉。姑知而掩之,虽先知挈去,然事不得隐,竟绝之,亦人伦之变也。
>
> 唐后改适同郡宗子士程。尝以春日出游,相遇于禹迹寺南之沈氏园。唐以语赵,遣致酒馔,翁怅然久之,为赋《钗头凤》一词,题园壁间云:"红酥手,……"。实绍兴乙亥岁也。
>
> 翁住鉴湖之三山,晚岁每入城,必登寺眺望,不能胜情。尝赋二绝云:"梦断香销四十年,沈园柳老不飞绵。此身行作稽山土,犹吊遗踪一怅然。"又云:"城上斜阳画角哀,沈园无复旧池台。伤心桥下春波绿,曾是惊鸿照影来。"盖庆元己未岁也。
>
> 未久,唐氏死。至绍熙壬子岁,复有诗。序云:"禹迹寺南,有沈氏小园。四十年前,尝题小词一阕壁间。偶复一到,而园已三易主,读之怅然。"诗云:"枫叶初丹槲叶黄,……"
>
> 又至开禧乙丑岁暮,夜梦游沈氏园,又两绝云:"路近城南已怕行,沈家园里更伤情。香穿客袖梅花在,绿蘸寺桥春水生。""城南小陌又逢春,只见梅花不见人。玉骨久成泉下土,墨迹犹锁壁间尘。"

① 徐涛:《毛泽东保健养生之道》,《怀念毛泽东》(下),中央文献出版社1993年版,第625—626页。

此外，陈鹄《耆旧续闻》卷十和刘克庄《后村大全集》卷一百七十八也有记载，大同小异。

陆词上阕忆昔，写昔日陆游对唐琬的倾倒、夫妻生活的甜蜜以及离散的错误；下阕伤今，写对唐琬的怜悯、词人的心灰意冷以及难通音问的悲哀。而唐琬的和词，上阕写对于封建礼教支配下的世道人心的愤恨、离家后以泪洗面的凄苦生活以及想把自己的相思之情写信告诉陆游而不可得；下阕写自己与陆游形单影只、相思成病及还得"泪咽装欢"的艰难处境。陆词把眼前景、现在事融为一体，又贯之以悔恨交加的心情，着力描绘出一幅凄怆酸楚的图画；唐词纯属自怨自艾、独立自语的感情倾诉，主要以缠绵执着的感情和悲惨的身世感动古今。两词所采用的艺术手法不同，但都切合自身的性格、遭遇和身份。可谓各造其极，俱臻至境。合而读之，颇有珠联璧合、相映生辉之妙。

光宗绍熙三年（1192），陆游再游沈园，但见亭台深闭，楼阁长扃，墨迹犹在，诵读遗篇，触目惊心。往事分明，复作《禹迹寺南，有沈氏小园》一诗，以抒长恨。诗前小序云："四十年前，尝题小词一阕壁间。偶复一到，而园已三易主，读之怅然。"诗曰：

> 枫叶初丹槲叶黄，河阳愁鬓怯新霜。
> 林亭感旧空回首，泉路凭谁说断肠。
> 坏壁醉题尘漠漠，断云幽梦事茫茫。
> 年来妄念消除尽，回向蒲龛一炷香。

这是一首七言律诗。首联写空冷之景。深秋时节，枫叶初丹，槲叶已黄，一幡然衰翁蹒跚而至。通过色彩描绘，渲染深秋景象。

颔联写空漠之感。园林萧瑟，人去台空，回首往事，空生怅望。然幽明路隔，衷肠谁诉。

颈联写空虚之情。坏壁之上，题词犹在，尘渍苔浸，依稀可辨。而昔日欢爱，已如巫山云散、高唐梦醒，事已渺渺，情犹绵绵。

尾联写空无之念。近年来已消尽一切非分的欲念，虔诚地顿首在佛龛

陆　游——「陆游是南宋一位了不起的大诗人」

之前。在这似乎看透一切的言词背后，正是词人永远不能忘怀的长恨。

此后作者又写了《十二月二日夜梦游沈氏园亭》《城南》《沈园二首》等诗，怀念唐琬。我们先看他75岁时写的《沈园二首》：

> 梦断香销四十年，沈园柳老不飞绵。
> 此身行将作山土，犹吊遗踪一泫然。
>
> 城上斜阳画角哀，沈园无复旧池台。
> 伤心桥下春波绿，曾是惊鸿照影来。

《沈园二首》之一写诗人对爱情的坚贞不渝。首句感叹唐琬已经溘然长逝四十年了（实际已死45年）；次句写沈园柳树已老，不再飞绵；三句写自己亦将葬于会稽山下而化为黄土；末句写对沈园遗踪还要凭吊一番而泫然涕下。一个"犹"字，使诗意得到升华：尽管自己将不久于人世，但对唐琬的眷念之情永不泯灭。

《沈园二首》之二回忆沈园重逢之事。首句写斜阳惨淡、画角声哀，渲染一种悲凉气氛；次句写沈园已是破败不堪，不类当年的水池亭台了；三、四两句写当年唐琬曾如曹植《洛神赋》中所描写的"翩若惊鸿"的仙子，飘然降临在春波绿水之上。这种美好的记忆将永存于诗人心中。

诗人写的《城南》诗云："城南亭榭锁闲坊，孤鸿归飞只自伤。尘渍苔浸数行墨，尔来谁为拂颓墙。"从"孤鸿归飞只自伤"句看，此诗当写于二人沈园相遇之后、唐琬死之前，是怀念唐琬的。

前言开禧乙丑（1205）岁所写二首，陆游已81岁，可他84岁临终前一年所作悼念唐琬的《春游》诗还有"也信美人终作土，不堪幽梦太匆匆"之句，真可谓"天长地久有时尽，此恨绵绵无绝期"（白居易《长恨歌》）了。

毛泽东熟知陆游与唐琬的爱情悲剧，而他和第一位夫人杨开慧的爱情也是一个悲剧，从他与杨开慧的相爱、相思，似乎可以看到陆游的影响。

杨开慧（1901—1930），号霞，字云锦，湖南省长沙县板仓人。7岁进入长沙县第四十初小读书，后转学到离板仓五里的隐储学校学习，不久，又转学到衡粹女校，后来又转到县立第一高小，一直读到毕业。

1913年春，杨开慧父杨昌济到湖南省立第一师范任教，杨开慧随家迁居长沙。同年，毛泽东到第一师范求学，成绩优异，才华出众，深得杨昌济赏识，常往杨家求教，因与杨开慧相识。后二人又都参加杨昌济创建的哲学小组，共同探讨社会革命问题，思想颇为一致，于是二人从相知到相爱。

1918年夏，杨昌济应校长蔡元培邀请到北京大学任教，杨开慧随家北上。9月，毛泽东为组织赴法勤工俭学也到北京，杨昌济推荐他到李大钊主持的北大图书馆当助理员，杨开慧与毛泽东交往更多，爱意萌生。之后，毛泽东赴上海，两人相约互相通信。次年4月，毛泽东回湖南，二人通信时，只称对方一个字，杨开慧称毛泽东"润"，毛泽东称杨开慧"霞"，已是情人称谓。12月18日，毛泽东率驱张（敬尧，湖南督军）代表团第二次到北京，有时就住在杨家，公开了二人的恋爱关系。1920年初，杨昌济在北京去世，杨开慧扶枢归葬长沙县板仓。不久，杨开慧到长沙进福湘女中学习。这年冬天，毛泽东与杨开慧开始一起生活。

婚后，杨开慧继续学习。1921年秋，杨开慧加入中国共产党。为了掩护毛泽东的革命活动，杨开慧接来母亲，和毛泽东一起住在中共湘区委会机关所在地——清水塘，担任机要和联络工作。此后到1927年大革命失败前的六七年间，杨开慧随毛泽东南下广州，北上武汉，东去上海，回韶山，为革命东奔西忙，还生下毛岸英、毛岸青、毛岸龙三兄弟。在此期间，毛泽东写了两首诗词，反映了他们的爱情生活。一首是1921年写的《虞美人·枕上》："堆来枕上愁何状，江海翻波浪。夜长天色总难明，寂寞披衣起坐数寒星。　　晓来百念都灰烬，剩有离人影。一钩残月向西流，对此不抛眼泪也无由。"

这首作者生前没有公开发表的爱情词，也许还有不尽满意之处，但也许由于作者的身份及其与江青的关系等原因，当时不便于公之于众吧。毛泽东对此词十分珍视。1961年，他手书这首词给卫士张仙朋，嘱咐："这个由你保存。"以后，他又作了几处修改，于1973年冬交他的保健护士长吴旭君用毛笔誊写保存。

这是一首写毛泽东与杨开慧爱情生活的词。词的上阕，写作者新婚离别后夜不能寐的愁苦和寂寞，下阕揭示抒情主人公产生愁苦和寂寞的原因。词中的离人指杨开慧。这首词极写作者的愁苦之状、孤寂之情、对"离人"的万般思念以及望残月而流泪的情景，因为在这背后，有爱情的甜蜜、夫妻的恩爱、团聚的欢乐、彼此的鼓励。作者以愁苦衬欢乐，以孤寂衬团聚，以悲怆衬幸福，以分离衬团圆，"以乐景写哀，以哀景写乐，一倍增其哀乐"（王夫之《薑斋诗话·卷一〈诗绎〉》），收到了很好的艺术效果。

1923年，毛泽东又写了《贺新郎·别友》：

> 挥手自兹去。更那堪凄然相向，苦情重诉。眼角眉梢都似恨，热泪欲零还住。知误会前番书语。过眼滔滔云共雾，算人间知己吾和汝。人有病，天知否？
>
> 今朝霜重东门路，照横塘半天残月，凄清如许。汽笛一声肠已断，从此天涯孤旅。凭割断愁丝恨缕。要似昆仑崩绝壁，又恰像台风扫寰宇。重比翼，和云翥。

1923年6月，中国共产党第三次全国代表大会在广州召开。毛泽东出席了大会，当选为中央执行委员。大会通过了《关于国民运动及国民党问题的议决案》，决定同国民党合作，建立革命统一战线。9月至12月，毛泽东在湖南从事党的工作，年底奉中央通知由长沙去上海转广州，准备参加国民党第一次全国代表大会。本词可能作于这年12月离开长沙的时候。

这首词是写夫妻离别的。上阕写杨开慧对毛泽东的真挚感情。杨开慧对丈夫"挥手自兹去"，一方面充满"苦情"，形之于色，便是"眼角眉梢都似恨"；另一方面，杨开慧又是一位深明大义的坚强女性，她能用理智克制自己的感情，所以出现了"热泪欲零还住"的情态。杨开慧对毛泽东从前书信中的话的误会早已烟消云散，算起来"人间知己"要数你与我。人在离别时的痛楚，上天知道吗？

下阕写毛泽东对爱妻的深情厚谊。作者是在霜重东门，月照横塘时离家的，杨开慧去火车站送别。他没有掉泪，苦情也没有"重诉"，但"汽笛一声肠已断",写出了他内心的巨大痛苦,难怪他要用"昆仑崩绝壁""台风扫寰宇"的气势,来"割断愁思恨缕"了。最后表示在将来的革命斗争中共同战斗,反映出作者为革命事业献出全副身心的豪情。

1927年大革命失败后,杨开慧随毛泽东回到长沙。不久,毛泽东去发动秋收起义,杨开慧带着三个孩子回到板仓老家。不料这次分手竟成了两人的永诀。

秋收起义后,毛泽东把队伍拉到井冈山,后又创建了中央苏区根据地。

1930年8月,湖南清乡司令何键悬赏1000块大洋(银元),捉拿"毛泽东的妻子杨氏"。10月中旬,杨开慧被捕入狱。同时被捕的还有其保姆陈玉英和长子毛岸英。在狱中,反动派要杨开慧声明与毛泽东脱离关系,遭到严词拒绝。她对前去探监的亲友说:"死不足惜,但愿润之革命早日成功。"于是,"1930年11月14日,杨开慧在长沙浏阳门外识字岭英勇就义,年仅29岁。当时,正在中央革命根据地指挥红军进行第一次反'围剿'的毛泽东,得知这一噩耗,他十分内疚地说:'开慧之死,百身莫赎。'"①

毛泽东的女儿李敏在《我的父亲毛泽东》中作了更详细的记载:"杨妈妈死后,遗体被亲友连夜运回板仓收殓,葬在青松环绕的棉花坡上。爸爸从报上得到噩耗后,当即寄信给杨妈妈的亲属说:'开慧之死,百身莫赎。'并寄款为杨妈妈修墓立碑,上刻'毛母杨开慧墓。男岸英、岸青、岸龙刻。"②

"开慧之死,百身莫赎",八个大字,表现了毛泽东对爱妻、战友杨开慧牺牲的无比悲痛、自责、内疚,也是对国民党反动派的无比愤怒和谴责。"百身莫赎",语出《诗经·秦风·黄鸟》"如可赎兮,人百其身"。"百身",一人死百次。这里是毛泽东自谓。二句是说,杨开慧的牺牲,是我死一百次也无法补偿的。

毛泽东对杨开慧的壮烈牺牲,可以说是终生难忘,日久弥深。1957年1月,毛泽东在《诗刊》创刊号上发表了18首诗词,李淑一(1901—1997)

---

① 陈晋:《文人毛泽东》,上海人民出版社1997年版,第54页。
② 李敏:《我的父亲毛泽东》,辽宁人民出版社2000年版,第172页。

爱不释手。她想起，毛泽东在和杨开慧交朋友时，填过一首《虞美人》赠杨开慧，开慧当时就告诉了她。于是她写信给毛泽东，请他把送给杨开慧的词写给她，作为纪念，并把自己 1933 年写的怀念丈夫柳直荀的《菩萨蛮》词呈上，请毛泽东指正。

1957 年 5 月 11 日，毛泽东给李淑一回信说："大作读毕，感慨系之。开慧所述那一首不好，不要写了吧。有游仙一首为赠。这种游仙，作者自己不在内，别于古之游仙诗。但词里有之，如咏七夕之类。我失骄杨君失柳，杨柳轻飏直上重霄九。问讯吴刚何所有，吴刚捧出桂花酒。　　寂寞嫦娥舒广袖，万里长空且为忠魂舞。忽报人间曾伏虎，泪飞顿作倾盆雨。

"暑假或寒假你如有可能，请到板仓代我看一看开慧的墓。……"

李淑一收到毛泽东赠她的《蝶恋花》词后，常讲给她任教的长沙市第十中学（一说八中）学生听。湖南师范学院中文系三年级在该校实习的学生也见到了这首词，给毛泽东写信请求公开发表。1957 年 11 月，毛泽东给青年学生回信说："来信收到，迟复为歉！《蝶恋花》一词，可以在你们的刊物上发表。《游仙》改为《赠李淑一》。"这首词就在 1958 年 1 月 1 日湖南师范学院院刊《湖南师院》上发表了。接着，上海《文汇报》转载了这首词。很快，《人民日报》《诗刊》和全国各地报纸也都转载了。以后，毛泽东又把《赠李淑一》改为《答李淑一》，更符合实际了。

词中的"骄杨"，指杨开慧。"柳"，指李淑一的丈夫柳直荀（1898—1932），湖南长沙人，作者早年的战友。1932 年在湖北洪湖革命根据地被害。

这首词，上阕写杨、柳两位烈士忠魂到月宫受到仙人吴刚的殷勤款待。下阕写仙人嫦娥为两位烈士忠魂表演歌舞。两位烈士忠魂听到革命胜利的消息，欢喜得掉下泪来。它抒发了作者对两位烈士无限崇敬的心情，也写出了两位烈士的革命精神。

李淑一牢记毛泽东的重托，她和杨开慧的兄嫂杨开智、李崇德同志，以及湖南省民政厅的同志一道，于当年 7 月 10 日祭扫了杨开慧烈士的墓。李淑一把祭扫杨开慧烈士墓的情况写信报告了毛泽东。

1957 年，毛泽东写下《蝶恋花·答李淑一》词三个星期后，他在中南海菊香书屋接待了1920年代曾给他家做过保姆的陈玉英。

"今天见到了你，就好像又见到了开慧。"毛泽东望着已经显得苍老的陈玉英，眼睛一下子便湿润了。

"主席，开慧她……"

毛泽东制止了她的伤心话，可自己眼眶里的泪水却在打转。

陈玉英见毛泽东的眼里泪水重转，不敢多说话。两人沉默良久，毛泽东重叹一声："开慧之死，我是百身莫赎啊！"

"主席，您不必……"

最后，毛泽东又对陈玉英说："见到你，我就像见到了开慧一样。希望你今后经常来北京走走，到我这里看看。"陈玉英满含热泪点了点头。

1959年6月27日，毛泽东在湖南长沙蓉园接见了杨开慧的哥哥杨开智、嫂嫂李崇德和李淑一。下午3点钟，毛泽东和他们见面了。李淑一紧紧地握着毛泽东的手，不知如何表达当时的心情才好，只是说："毛主席呀！您送我的一首《蝶恋花》词，我连信都回不赢了！"毛泽东把李淑一介绍给在座的领导同志说："她就是李淑一，开慧的好朋友，前年她把悼念直荀的词寄给我看，我就写了《蝶恋花》这首词和她，完全是按照她的意思和的。"

1962年，当毛泽东的老友、民主人士章士钊请教《蝶恋花》词中"骄杨"作何解释时，毛泽东说："女子革命而丧其元（头），焉得不骄！"当年杨开慧的母亲去世，11月15日，毛泽东致信杨开智说："得电惊悉杨老夫人逝世，十分哀痛。望你及你的夫人节哀。寄上五百元，以为悼仪。葬仪，可以与杨开慧同志我的亲爱的夫人同穴。我们两家，同是一家，不分彼此。"按照毛泽东的嘱咐，杨老夫人和杨开慧合葬，灵柩安放在烈士陵园正中。1969年，湖南省委把杨开慧烈士的故居建成烈士纪念馆，并重修了烈士陵园。烈士墓前，高高矗立着刻有毛泽东《蝶恋花·答李淑一》词的巨大纪念碑。

后来，毛岸青、夫人邵华请求毛泽东把《蝶恋花·答李淑一》写给他们的时候，毛泽东又把"骄杨"写成"杨花"，并说"称'杨花'也很似切"。

综上所述，不难看出，毛泽东和杨开慧的爱情悲剧与陆游和唐琬的爱情悲剧，何其相似乃尔！这大概就是优秀传统文化的传承吧！

"读陆游咏梅词，反其意而用之"

陆游的《钗头凤·红酥手》风格纤丽，属婉约派，但并不是陆词的主流，他的大部分词也如他的诗一样，风格豪放，洋溢着强烈的爱国主义精神。前面提到的毛泽东为邵华书写的那首《夜游宫·记梦寄师伯浑》就是如此。

这是一首记述梦境的词。约作于宋孝宗淳熙元年至五年（1174—1178）陆游在蜀期间。师伯浑，名浑甫，蜀之眉州（今四川眉山）人，是陆游在蜀时结识的有识之士。这首词就是寄赠给他的。

词的上阕记梦境。大意是说，大雪纷纷扬扬，晓色朦胧，胡笳声此起彼伏。望见身披铁甲的骑兵悄然无声，像流水一般铺地而来。想起自己梦游之处，正是雁门以西、直到青海边境的关塞河山。雁门关以西到青海一带，代表抗金前线。这表明诗人梦中依然驰骋在边防前线。

下阕抒情。大意是说，诗人从梦醒后睁眼一看，只见寒灯一盏，滴漏之声已断，月光斜照窗纸。诗人想像汉代班超那样远征万里立功封侯，有谁知道，鬓发花白的词人，仍然壮心不已。总之，这首词抒发了词人高昂的爱国主义精神，表现了对宋朝皇帝和大臣主和投降的不满。

他如《诉衷情》（当年万里觅封侯）、《谢池春》（壮岁从戎）、《汉宫秋》（羽箭雕戈）等，都是饱含着一片报国热忱的雄健之作。

宋朝廷妥协投降，苟且偷安，陆游却主张抗金、力图恢复，必然受到打压。处此境遇，陆游只有不同流合污、自守高洁。他的《卜算子·咏梅》便是这种思想的反映。词曰：

驿外断桥边，寂寞开无主。已是黄昏独自愁，更著风和雨。　　无意苦争春，一任群芳妒。零落成泥碾作尘，只有香如故。

这首词作者以不怕风吹雨打、傲然挺立的梅花自喻，表现了封建社会一个正直的知识分子的气节和操守，也流露出怀才不遇的苦闷，是一种孤芳自赏、凄凉抑郁的格调。

1962 年 12 月，毛泽东"读陆游咏梅词，反其意而用之"，即用陆游原词原调，但情调意思完全相反，写了一首《卜算子·咏梅》：

风雨送春归，飞雪迎春到。已是悬崖百丈冰，犹有花枝俏。　　俏也不争春，只把春来报。待到山花烂漫时，她在丛中笑。

毛泽东一反陆游词的孤独、凄凉、寂寞的调子，词语雄健，格调高昂，唱出了梅花凌霜傲雪开放，万木萧杀而独吐芳香，报春而不争春，引来百花争放而不居功自傲，表现了一个无产阶级革命家以解放全人类为己任的宽广胸怀。

这首词写成后不几天，毛泽东在一封信中说："近作咏梅词一首，是反修正主义的，寄上请一阅。并送沫若一阅。外附陆游咏梅词一首。末尾的说明是我作的，我想是这样的。究竟此词何年所作，尚有待于考证。我不过望文生义说几句罢了。"

这里所说"末尾的说明"，是指 1961 年 12 月 27 日，毛泽东在批示内部印发这首《卜算子·咏梅》词时，曾将陆游的原词附录于后所加注的说明："作者北伐主张失败，皇帝不信任他，卖国分子打击他，自己陷于孤立，感到苍凉寂寞，因作此词。"①

毛泽东的这个"说明"，应该说是切合陆游创作《卜算子·咏梅》词的实情，评论也是十分中肯的。毛泽东说这个"说明""不过望文生义说几句"，表明他的郑重和谦虚。

---

① 《建国以来毛泽东文稿》第九册，中央文献出版社 1996 年版，第 617 页。

毛泽东在写《卜算子·咏梅》前，曾研读了文学史上一些著名的写梅花的诗词，我们从下面一件事可知。1961年11月6日上午，毛泽东接连三次写信给秘书田家英，请他找写梅的诗词。上午6时，他写了第一封信：

> 田家英同志：
>
> 　　请找宋人林逋（和靖）的诗文集给我为盼，如能在本日下午找到，则更好。
>
> 毛泽东
> 十一月六日上午六时

林逋（967—1028），字君复，钱塘（今浙江杭州）人，北宋诗人。隐居西湖孤山，赏梅养鹤，终身不仕，也不婚娶，旧时称其"梅妻鹤子"，卒谥和靖先生。有《林和靖诗集》。其咏梅名句"疏影横斜水清浅，暗香浮动月黄昏"，为读书人熟知。毛泽东要读咏梅的诗词，自然要想到他。田家英很快找到林逋的诗集并将它送给毛泽东，毛泽东立即翻阅了与咏梅有关的诗。

上午8时半，毛泽东又给田家英写了第二封信：

> 田家英同志：
>
> 　　有一首七言律诗，其中两句是：雪满山中高士卧，月明林下美人来，是咏梅的，请找出全诗给我，能于今日下午交来则最好。何时何人写何的，记不起来，似是林逋的，但查林集没有，请你再查一下。
>
> 毛泽东
> 十一月六日上午八时半

毛泽东搜索记忆，想起来他要找的那首七律诗的两句，仍想不出是"何时何人所写"，于是很快又给田家英写了第三封信：

家英同志：

又记起来，是否清人高士奇的。前四句是：琼枝只合在瑶台，谁向江南处处栽。雪里山中高士卧，月明林下美人来。下四句忘了。请问一下文史馆老先生，便知。

毛泽东

六日八时 ^①

信中提到的高士奇（1644—1703），字澹人，号江村，钱塘（今浙江杭州）人，清初诗人。为康熙帝所宠幸，官詹事府少詹事、礼部侍郎等职。能诗，善书法，能鉴赏，有《清吟堂集》等，但并不以咏梅见称。

末署时间"六日八时"，"八"应是"九"之笔误，因上一封署的时间是"八时半"。

大概田家英很快便查清诗是明人高启的，并把高启的诗集送给了毛泽东。就在这一天，毛泽东挥毫作书，写下了信中所说高启的这首七律：

琼姿只合在瑶台，谁向江南处处栽。
雪满山中高士卧，月明林下美人来。
寒倚疏影萧萧竹，春掩残香漠漠台。
自去何郎无好咏，东风愁寂几回开。

毛泽东

一九六一年十一月六日 ^②

就在这个时间前后的一些日子里，毛泽东较为集中地阅读了不少诗人咏梅的诗词。南宋大诗人陆游平生爱梅，自称"一树梅前一放翁"（咏梅绝句），写了100多首咏梅诗词，其中最著名的便是《卜算子·咏梅》一

---

① 董边等：《毛泽东和他的秘书田家英》，中央文献出版社1989年版，第108—110页。

② 《毛泽东手书选集·古诗词》（下），中央文献出版社1996年版，第211—216页。

词。毛泽东读了这首词，萌发了"反其意而用之"的创作意图，写出了著名的《卜算子·咏梅》词。

"公祭无忘告马翁"

1958 年 12 月 21 日，毛泽东在文物出版社出版的《毛主席诗词十九首》上写下一个著名说明：

> 我的几首歪词，发表以后，注家蜂（锋）起，全是好心。一部分说对了，一部分说得不对，我有说明的责任。一九五八年十二月，在广州，见文物出版社一九五八年九月刊本，天头甚宽，因而写了下面的一些字，谢注家，兼谢读者。鲁迅一九二七年在广州，修改他的《古小说钩沉》，然后说道：于时云海沉沉，星月澄碧，饕蚊遥叹，予在广州。从那时到今天，三十一年了，大陆上的蚊子灭得差不多了，当然，革命尚未全成，同志仍须努力。港台一带，饕蚊尚多，西方世界，饕蚊成阵。安得起全世界各民族千百万愚公，用他们自己的移山办法，把蚊阵一扫而空，岂不伟哉！试仿陆放翁曰：人类今娴上太空，但悲不见五洲同。愚公尽扫饕蚊日，公祭无忘告马翁。

毛泽东

一九五八年十二月二十一日上时（午）十时[①]

除了这个说明之外，他在相关地方还写了十二条批注。其中对鲁迅的几句话是凭记忆写的。鲁迅 1927 年在广州编校《唐宋传奇集》后，作《序例》，文末题记说："时大夜弥天，璧月澄照，饕蚊遥叹，余在广州。"《唐

[①] 《建国以来毛泽东文稿》第七册，中央文献出版社 1992 年版，第 648 页。

宋传奇集》上册于 1927 年 12 月由北新书局出版，次年 3 月续出下册。

毛泽东"试仿陆放翁曰"，即仿陆游的《示儿》诗。其诗原文如下：

死去元知万事空，但悲不见九州同。

王师北定中原日，家祭无忘告乃翁。

"陆游卒于宁宗嘉定二年（1209）十二月。姚辛楣《陆放翁年谱》：
"先生六子：子云、子龙、子坦、子修、子布、子聿（又作遹）。"诗中
的"元"，作原来、本来讲。九州，古时中国分为冀、兖、青、徐、荆、
豫、梁、雍九州，故后用以代指中国。王师，南宋王朝的军队。乃翁，你
的父亲。乃，你，你们。

这首诗是陆游临终前写的，既是他的绝笔，也是他的遗嘱。大意是
说，死后本来知道什么也没有了，但悲伤的是没有能看到全国统一。朝廷
的军队平定中原那一天，家中祭祀不要忘记告诉你们的父亲这个胜利的消
息。诗中概括地写出了自己所处的时代和生平志愿：对南宋统治者的屈辱
求和，偏安江左，表达了无穷的悲愤，对收复中原、统一中国，表示了坚
定的信念，是他矢志不渝的爱国精神的最后一道光彩。

毛泽东仿作陆诗的缘起是：他由鲁迅1927年在广州引起联想，到1958
年，31 年，在他的领导下，中国发生了翻天覆地的变化，由一个半封建半
殖民地的旧中国，变为一个蒸蒸日上的社会主义新中国，"大陆上的饕蚊
灭得差不多了"，但是，"革命尚未全成，同志仍须努力"。因为"港台一
带，饕蚊尚多，西方世界，饕蚊成阵"。作为一个伟大的马克思主义者，
毛泽东心系港台，要完成祖国统一大业，更关心世界革命，希望全世界
千百万革命人民，"用他们自己移山的办法"，奋起革命，推翻资本主义和
各种反动统治，"把蚊阵一扫而空"，成就革命伟业，使全人类都得到解
放。这时他想起了南宋爱国诗人陆游临终前写的那首《示儿》诗，并用原
韵仿写一首：

人类今娴上太空，但悲不见五洲同。

愚公尽扫餐蚊日，公祭无忘告马翁。

　　毛泽东在诗中，把反动派比作贪食的"餐蚊"，视革命人民为移山的"愚公"，用"五洲"代指全世界，而称马克思主义的创始人马克思为"马翁"。这首诗表现了诗人解放全人类的宽广胸怀和大无畏的革命气概。

"柳暗花明又一村"

　　毛泽东还在自己的诗词创作中多次化用陆游诗句。他在文物出版社1958年9月出版的《毛主席诗词十九首》中，为《忆秦娥·娄山关》写的一条自注说："万里长征，千回百折，顺利少于困难不知有多少倍，心情是沉郁的。过了岷山，豁然开朗，转化到了反面，柳暗花明又一村了。"其中"柳暗花明又一村"，便是使用陆游《游山西村》诗中的成句。《游山西村》全文如下：

莫笑农家腊酒浑，丰年留客足鸡豚。

山重水复疑无路，柳暗花明又一村。

箫鼓追遂春社近，衣冠简朴古风存。

从今若许闲乘月，拄杖无时夜扣门。

　　山西村，山阴附近的一个村庄。这首诗是诗人因鼓吹和支持隆兴年间（1163—1164）张浚北伐而罢归三山乡间后，于乾道三年（1167）所写。诗中生动地描绘了当地农村的习俗风光，表现出作者对于农村生活的真挚热爱的感情。

　　其中"山重水复疑无路，柳暗花明又一村"是流传至今的名句。山重水复，山峦重叠，水流曲折。柳暗花明，绿树成荫，繁花明丽。二句写山间水畔和山西村的美丽景色。大意是说，诗人在去山西村的路上，翻过一座座山岭，渡过一条条河，山重水绕，似乎没有前去的路了，忽然柳暗花明，竹窝茅舍隐映于花木扶疏之间，这便是山西村了。诗人顿觉豁然开朗，其喜形于色的兴奋之态，跃然纸上。

这种景观和感受也比喻又是一番情景或进入一种境界。这便是这两句诗给人们的启发，也是宋诗特有的理趣。这种景观前人在诗词中也描摹过。例如王维"遥知山木秀，初疑路不同。安知清流转，忽与前人通"（《篮田山石门精舍》）；卢纶"暗入无路山，心知有花处"（《送吉中孚归楚州》）；耿湋"花落寻无径，鸡鸣觉有村"（《仙山行》）；周晖"远山初见疑无路，曲径徐行渐有村"（《清波杂志》引强文彦诗）；王安石"青山缭绕疑无路，忽见千帆隐映来"（《江山》）。"不过要到陆游这一联才把它写得题无剩义"（钱钟书《宋诗选注》）。此联写山光水色与山村景观的变幻多姿，读之有"从山阴道上行，山川自相映发，使人应接不暇"（《世说新语·言语》）之感，不仅反映了诗人对前途的希望，也道出了世间事物消长变化的道理。于是，这两句诗就超越了自然景物描写的范围，而具有某种生活哲理的意义。

毛泽东在为《忆秦娥·娄山关》作注时，把长征以过岷山为界分成前后两个阶段，用"柳暗花明又一村"来形容过岷山后长征进入一个走向胜利的新阶段，是符合实际的。

1965年5月，毛泽东写作《水调歌头·重上井冈山》中"谈笑凯歌还"一语，是化用陆游《出塞四首借用秦少游韵》中"壮士凯歌归"句意。陆游诗全文如下：

> 北伐下辽碣，西征取伊凉。
> 壮士凯歌归，岂复赋《国殇》。
> 连颈浮女真，贷死遣牧羊。
> 犬豕何足雠，汝自承余殃。

陆游《出塞》诗共四首，这是第一首。

这是一首五言律诗。首联直抒收复失地的雄心壮志。辽碣，指今辽宁、河北一带，在南宋之北，故曰"北伐"；伊凉，指今新疆、甘肃一带，在南宋西北，故曰"西征"。其地当时均被金人占领。颔联写其必胜信念。壮士，指意气豪壮而勇敢的人。《战国策·燕策三》："风萧萧兮易水寒，壮士一去兮不复还。"凯歌，唱胜利之歌。《国殇》，屈原《九歌》中的一篇，是追悼为国捐躯的壮士的。二句是说，如果宋军出师北伐、西征，将士们必将唱着胜利之歌回还，哪里还会写追悼为国牺牲的壮士的《国殇》呢？颈联写壮士们不怕牺牲，定能打败金人。尾联写金人不足以与南宋对抗，要自承先辈留下来的灾殃。总之，这首诗抒发了作者杀敌报国、得胜还朝的昂扬斗志和必胜信心。

1927年10月，毛泽东34岁时，率秋收起义部队上井冈山，开辟武装割据道路，以农村包围城市，终于创立了新中国。时隔38年，年逾古稀的毛泽东又"重上井冈山"。1965年5月，毛泽东巡视大江南北后，于5月22日从湖南长沙登车，沿着经韶山、安源、三湾、宁冈而直达茨坪的公路上山。当驱车经过黄洋界哨口时，他下车仔细察看了经修复放哨红军住的营房，还站在哨口举目瞭望。大约下午6时，他才到达茨坪，当晚在井冈山宾馆三所住下，一共住了7晚。

在井冈山居住期间，毛泽东生活很简朴，床是木板床，写字台是一张方桌和一张条桌。每顿一小碗红米饭，主要吃素菜，有时还把素菜分出一小碟留着下顿吃。每日坚持工作到凌晨两三点。他广泛了解井冈山地区的水利、公路建设和人民群众生活情况，分别会见了当年的老红军、烈士家属，以及当地机关干部、群众，同他们座谈。通过视察和交谈，他感触颇多，诗兴大发，一连写了《水调歌头·重上井冈山》和《念奴娇·井冈山》两首词。

《水调歌头·重上井冈山》，写毛泽东1965年5月"重上井冈山"的所见所感。上阕写所见井冈山的新貌："到处莺歌燕舞，更有潺潺流水，高路入云端"，写绿化，写水利，写公路建设，从诸多方面写出井冈山"旧貌变新颜"。而这巨大的变化，只用了短短38年时间，这在历史长河中不过是"弹指一挥间"，怎不让作者感慨万千呢？

下阕写所感，回顾斗争历史。"谈笑凯歌还"，谈笑风生，唱着胜利的凯歌，从容地回来了。这是胜利者独特感受。总结过去，他悟出一个道理："世上无难事，只要肯登攀。"这是概括性、哲理性很强的气魄宏大、力重千斤的佳句。这是实践经验的总结，是向新高度进军的召唤，是永不止步、永攀高峰的誓词。继续发扬井冈山的革命斗争精神，向更崇高的革命目标攀登吧，胜利是属于我们的！毛泽东在这首词中"谈笑凯歌还"一语，化用陆游"壮士凯歌还"，更符合诗人的身份，更写出了其潇洒的风度。

1957 年 9 月，毛泽东写了《七绝·观潮》：

千里波涛滚滚来，雪花飞向钓鱼台。
人山纷赞阵容阔，铁马从容杀敌回。

诗题"观潮"，指观赏浙江省钱塘江口的涌潮。钱塘潮以每年阴历八月十八日在海宁所见最为壮观。毛泽东在 1957 年 9 月 11 日（即阴历八月十八日），曾乘车去海宁七星庙观潮，随后写了这首诗。

诗的前两句紧扣"观潮"，题意，具体描绘钱塘潮涌来时的情形。钓鱼台，即钓台，在钱塘江中段的富春江边，相传为东汉隐士严光隐居垂钓处。后两句写观感：一句写众人，一句写自己。"阵容阔"，阵势阔大，气势恢宏。"铁马从容杀敌回"，铁马，古代配有铁甲的战马，用以指雄师劲旅。毛泽东是伟大的革命家、军事家，他戎马一生，更符合其身份。

"铁马从容杀敌回"的诗句，出自陆游《十一月四日风雨大作》：

僵卧孤村不自哀，尚思为国戍轮台。
夜阑卧听风吹雨，铁马冰河入梦来。

这首诗是南宋光宗绍熙三年（1192），农历十一月初四陆游在故乡山阴所写。诗人时年 68 岁，在乡闲居。但是老病缠身的诗人，在孤寂深夜的风雨之中，不是哀叹自己的境遇，却想着去为国家戍守边疆，杀敌报国的爱国主义精神洋溢在字里行间。

毛泽东"铁马"句从陆游此诗中"夜阑卧听风吹雨，铁马冰河入梦来"化出，不仅赞美了祖国的大好河山，而且也许由观潮而想到自己所从事的革命和建设事业，将像钱塘涌潮那样奔腾向前，不可阻挡。

1961年，毛泽东写的《七绝二首·纪念鲁迅八十寿辰》之二：

> 鉴湖越台名士乡，忧忡为国痛断肠。
> 剑南歌接秋风吟，一例氤氲入诗囊。

鉴湖，在浙江省绍兴市城南两公里，附近有山阴诗人陆游吟诗处的快阁。清末女革命家秋瑾（1875—1907），也是山阴人，自号鉴湖女侠。越台，越王台，春秋时越王勾践在会稽（今绍兴）为招贤士而建。一、二句是说鲁迅的故乡绍兴是古今名人荟萃之地，他们忧心国事痛断肝肠。剑南歌，指陆游的《剑南诗稿》所收诗作。秋风吟，指秋瑾作的《秋风曲》诗和被清政府杀害前书写的唯一供词"秋风秋雨愁煞人"。氤氲，比喻烟或云很盛。三、四句是说，秋瑾与陆游的诗篇，富有诗味和爱国热忱，都一律装到诗稿的袋子里。

毛泽东曾手书过陆游的《夜称宫·记梦寄师伯浑》《诉衷情·当年万里觅封侯》《鹊桥仙·华灯纵博》《示儿》等诗词。

1958年成都会议期间，毛泽东编选《唐宋人写的有关四川的一些诗和词》，选录了陆游的《剑门道中遇微雨》、《归次汉中境上》、《楼上醉书》、《成都书事》、《出塞四首借用秦少游韵》（第一首）、《秋晚登城北门》等六首。

此外，毛泽东还圈阅过下列诗词：《南乡子·归梦寄吴樯》《好事近·湓口放船归》《朝中措·怕歌愁舞懒逢迎》《朝中措·冬冬傩鼓饯流年》《水龙吟·摩诃池上追游路》《采桑子·宝钗楼上梳妆晚》《渔家傲·东望山阴何处是》《极相思·江头疏雨轻烟》《双头莲·华鬓星星》《鹊桥仙·茅檐人静》《感皇恩·小阁倚秋空》《沁园春·纷破梅梢》《沁园春·一别秦楼》《真珠帘·山村水馆参差路》《乌夜啼·纨扇婵娟素月》《谢池春·壮岁从戎》。

岳 飞

——"以身殉志，不亦伟乎？"

清明节，毛泽东给岳王墓献花圈

清明节是中国人民的传统节日。我国政府已规定清明节为法定节日。这是对民族风俗和传统文化的认同和重视。这使我想起毛泽东在清明节给民族英雄岳飞墓献花圈的事。

那是 20 世纪 60 年代的一个春天，在杭州刘庄毛泽东的办公室里，毛泽东按了一下电铃，负责保卫工作的浙江省公安厅厅长王芳走了进来。

"快到清明节了，是吗？"毛泽东若有所思地轻声问。

王芳连忙回答："主席，后天就是清明节了。"

"你知道'以身许国，何事不敢为'是谁的话吗？"毛泽东的声音还是很轻。

"这是宋朝民族英雄岳飞的名言。"王芳说。

毛泽东这时满脸不高兴地问："王芳，你知道西湖边有多少座坟墓吗？"

"具体数字，我说不清楚，反正到处是坟墓。"

"是啊，我们这是与鬼为邻，成天与死人打交道。这些达官贵人们活着时住深宅大院，过着花天酒地、挥金如土的生活，死了，还要在西湖边上占一块宝地，这怎么能行？"

"主席，您说怎么办？"

"除了岳王墓等少数几个有代表性的人物的坟墓外，其他的应该统统迁到别处去。西湖风景区应该成为劳动人民休息和游览的地方，不能让人们看到这里到处是坟堆、墓碑，这些真是大煞风景啊！"

说到这里，王芳猜测，莫非毛泽东想去祭奠岳飞？

"岳飞是中国历史上一个伟大的爱国英雄。公元12世纪，女真族在北方建立了金国。金人不安心偏居于北方，随着国力的增强，他们吞并宋朝的野心日益膨胀起来，并不断肆无忌惮地侵袭和骚扰中原地区。面对国家山河破碎，民不聊生，甚至生灵涂炭的悲惨景象，岳飞再也按捺不住心中的怒火，他主动请缨提旅，率领英勇善战的'岳家军'，驰骋抗金前线，杀得金人弃盔丢甲，闻风丧胆，真是英勇无比啊！"毛泽东郑重其事地说。之后，他舒缓了一口气，又接着讲道：

"1140年，当岳飞正乘胜追击，即将打过黄河，'直捣黄龙府'时，被苟且偷安的南宋小朝廷一纸命令召回临安，就是这个大名鼎鼎的杭州哟！岳飞回来后，就被宋高宗和奸佞秦桧等人以'莫须有'的罪名残害致死。岳飞精忠报国，心昭天日的爱国壮志，千百年来，在民间广为传颂，他，可以说是个家喻户晓、妇孺皆知的大英雄。……当然，他受朝廷差遣去湖南镇压农民起义的行为我们应该批判，他那愚昧的忠君思想，我们应该摒弃，但就其短暂的一生而言，他为国家和民族立的功劳，还是远远大于过错的。他是个值得我们称颂的民族英雄……"

毛泽东讲得深入浅出，通俗易懂。

片刻的沉默之后，王芳开了口："主席，人们用生铁铸成的秦桧夫妇的跪像至今仍跪在岳飞坟前。当年出卖民族利益，认贼作父，残害忠良的奸臣及其走狗，将永远被世人所不齿、所唾骂。"

"'青山有幸埋忠骨，白铁无辜铸佞臣'。这诗写得真是入木三分。"毛泽东毫不掩饰心中的爱和恨。

"王芳，岳飞的《满江红》你会背吗？"

毛泽东1952年在汤阴也曾问过当时的县长。

"背不好。"王芳的山东口音较重，他怕毛泽东听不清楚，想推辞。

"你背背，试试看。"毛泽东热情鼓励王芳。

"怒发冲冠，凭栏处，潇潇雨歇。抬望眼，仰天长啸，壮怀激烈。"王芳尽力用山东腔的普通话背诵着。

"三十功名尘与土，八千里路云和月。莫等闲，白了少年头，空悲切。"毛泽东也情不自禁地随着王芳的声音低吟着。

"靖康耻，犹未雪，臣子恨，何时灭。驾长车，踏破贺兰山缺。壮志饥餐胡虏肉，笑谈渴饮匈奴血，待从头收拾旧山河，朝天阙。"

岳飞的词背完了，但他们两人都还沉浸在《满江红》所创造的意境之中。毛泽东对王芳说：

"快到清明节了，按我们民族的习惯，清明节是祭奠先人的日子，请你替我给岳王坟献个花圈。"

于是，当天下午，在岳王坟前的花圈丛中，又添了一个制作精美但没有标明敬挽人姓名的花圈。①

毛泽东给古人敬献花圈这恐怕是唯一的一次，表明了他对岳飞这位卓越军事家和民族英雄的敬意。

明朝嘉靖年间，重修岳飞墓和祠堂时，墓阙照壁上，嵌有明人洪珠所书"精忠报国"四字，墓前露台下，有铁铸秦桧、王氏、万俟卨（mò qí xiè）和张浚四人像，反背跪地。"青山有幸埋忠骨，白铁无辜铸佞臣"刻于跪像背后印的墓阙上。作者为松江女史徐氏，清代松江（今上海松江）人。

"岳飞是个大好人"

岳飞（1103—1141），字鹏举，北宋相州（今河南安阳）人。自幼家贫，但学习努力，特别爱读《左氏春秋》、吴起的兵法。他生来力气过人，能拉300斤的强弓，弩弓可达1000斤。初向周前学箭，能左右开弓。岳飞年轻时，家乡经常受金人骚扰，后便沦陷。面对国家山河破碎，家乡被占领，民不聊生、生灵涂炭的悲惨景象，岳飞组织岳家军奋起抗敌，保境安民。为了鼓励他抗击金兵，保家卫国，其母曾在他的背上刺了"精忠报

---

① 李约翰等著：《和省委书记们》，中央文献出版社1994年版，第82—86页。

国"四个大字。

少年时代的毛泽东，早在家乡韶山冲读私塾时，就看过根据明人熊大木的岳飞评话改编的《精忠说岳全传》。当时，毛泽东常去附近李家屋场李漱清处求教。李出洋留过学，见多识广。毛泽东曾向他谈过读《说岳全传》的见解：牛皋比岳飞有气魄，岳飞比不上他。岳飞明明知道秦桧要加害他，却偏要跑到风波亭去送死；牛皋的胆子大得多，他敢于提起人马，上太行山落草，造皇帝老子的反……显然，《说岳全传》给少年毛泽东留下了深刻印象。

后来，毛泽东很爱看岳飞题材的戏。据毛泽东的警卫员陈昌奉回忆：1933年，毛泽东在瑞金观看过京剧《岳母刺字》后说："岳飞是个民族英雄，他精忠报国，全心为民，抵抗外军侵略……我们要向他学习。"

抗战时期在延安，毛泽东几次观赏由田汉编剧、延安评剧院巡回演出的全本《岳飞》。

1938年，毛泽东在延安抗日军政大学的一次演讲中说：李逵什么也没有学，仗打得很好；岳飞也不是什么地方毕业。用李逵、岳飞的事迹勉励学员，要自学成才。针对国民党顽固派的消极抗日，毛泽东在延安的一次讲话中指出：中国历来的政治路线和组织路线有两条：一条是正当的；另一条是不正当的。如果朝廷里是贤明皇帝，所谓明君，就会是忠臣当朝，这就是正当的，用人在贤；昏君必有奸臣当朝，是不正当的，用人在亲，狐群狗党，弄得一塌糊涂。宋朝徽、钦二帝，秦桧当朝，害死岳飞，弄得山河破裂。

毛泽东还非常注意用中国历史上投降派和抵抗派的故事对人们进行思想教育。1939年1月17日，他在关于研究中华民族史复陕北公学何干之教授的信中说："如能在你的书中证明民族抵抗与民族投降两条路线谁对谁错，而把南北朝、南宋、明末、清末一些民族投降主义者痛斥一番，把那些民族抵抗主义者赞扬一番，对于抗日战争是有帮助的。"就这个问题，他在延安抗日军政大学的一次演讲中，特别提倡若干历史人物干到底的英雄气节，他说：多少共产党人被杀头，还是威武不能屈。但尚有一部分叛徒起先信仰马克思主义，而且做工作，但一旦威武来了，就屈服，带路杀人，什么都做。一种人被捉了，要杀就杀，这种英雄的人，中国历史上很多，有文天祥、项羽、岳飞，决不投降，他们就有这种骨气。那些叛徒就没有这种骨气，所以平素讲得天花乱坠，是没有用的。

1952年，毛泽东在山东、河南视察黄河，从郑州返京途中，特地在岳飞故里汤阴下车，在月台上仔细观看矗立在那里的《岳武穆故里碑》，并在碑前留影。碑文大致是据《宋史·岳飞传》改写的，字数很多，但他仍颇感兴味，从头到尾耐心地念完，表达对岳飞的敬仰。汤阴县县长王庭文汇报说："据我们所查，岳飞后代没有一个当过汉奸的。"毛泽东听后高兴地说："很好，很好，岳飞是个大好人，岳家没有一个当汉奸的，都保持了岳飞的爱国主义气节。"

1958年，毛泽东在几次中央会议上提到破除迷信时，都讲到岳飞，说：岳飞建立岳家军时只二十几岁。

1960年3月19日，毛泽东在上海请工人代表和市委领导人一起在锦江小礼堂看戏，其中就有折子戏《岳母刺字》。当舞台上岳母在儿子脊背上刺了"精忠报国"四个大字时，毛泽东情不自禁地从大沙发上站起身来，热烈鼓掌。重新入座后，他又侧身问上海联华钢厂厂长孔令熙："这个戏你看过吗？"且深情地说，"中国像这样的母亲有千千万万呢！"

"运用之妙，存乎一心"

女真族政权——金国，于靖康二年（1127）攻破北宋都城东京（今河南开封），掳去徽钦二帝，灭亡北宋之后，继续向新建立的南宋境内进军，中原广大地区成为沦陷区，但抗金战争并没有停止。

徽宗宣和四年（1122），19岁的岳飞投军，在相州带100多骑兵剿灭一股强盗，小试牛刀。他接着到相州大元帅府去见康王（即后来的宋高宗）。康王命令岳飞去招降强盗吉清，结果吉清带着300多人投降，补授岳飞为承信郎。岳飞跟随刘浩解除金人对东京的包围，与金兵在滑台城（今河南滑县东）作战，打得金兵大败，岳飞升为秉义郎，隶属于东京留守宗泽部。

宗泽死后，杜充继任开封府尹兼东京留守，岳飞仍任原职。

高宗建炎二年（1128），岳飞率部战胙城（今河南卫辉），又战黑龙潭，连战皆捷。其间曾去巩县（今河南巩义）保护宋代皇陵和宗庙，大战汜水关（今河南荥阳西北汜水镇），射杀金将，大破金兵。

建炎三年（1129），金大将兀术渡江南进，岳飞移军广德、宜兴。

绍兴元年（1131），与张俊同讨叛将李成。江淮平定后，加神武右军副统制，留镇洪州（今江苏南昌），镇压这一地区的起义军，授亲卫大夫、建州观察使。

绍兴二年（1132）秋，岳飞到京城临安（今浙江杭州）拜见高宗，高宗亲书"精忠岳飞"四字，制成旗赐给他。

绍兴四年（1134），大破金傀儡伪齐军，收复襄阳等六郡，移驻鄂州（今湖北武昌），任清远军节度使，湖北路、荆、襄、潭州制置使。

绍兴五年（1135），从张浚镇压洞庭湖区杨幺起义，诏命岳飞兼蕲、黄制置使，岳飞以眼病请辞军事，朝廷不许，加检校少保。岳飞还军鄂州，授湖南北、襄阳路招讨使。

绍兴六年（1136），太行山忠义社抗金武装梁兴等百余人南来归附岳飞。岳飞自鄂州移军襄阳（今湖北襄阳），进取河南、陕西许多州县，并出兵淮西，再败伪齐军，官拜太尉。

绍兴七年（1137），岳飞奉诏入京，数见高宗，论收复中原的策略。高宗对他说："有大臣如此，我还有何可忧？进退之时机，朕不从中制约。"又把岳飞召到内室说："中兴的事，全都委托给你了。"遂诏令岳飞节制光州（今河南潢川）。

绍兴八年（1138），岳飞还军鄂州。

绍兴九年（1139），岳飞上表，其中包含和议不便的意思，有"唾手可得燕云，复仇报国"的话。授岳飞开府仪同三司，坚辞不受。高宗三次下诏，且婉言奖谕，岳飞才接受。

绍兴十年（1140），金人进攻拱州（今河南睢县）、亳州（今安徽亳州），守将告急，诏令岳飞驰援。岳飞遂派牛皋、王贵、杨再兴等人，分别控制西京、汝、郑、颍昌、陈、曹、光、蔡等地；又派梁兴渡过黄河，联络太行山忠义社抗金武装，攻取河东、河北各州县。又派兵东援刘锜，西援郭浩。他亲自率大军长驱直入，收复中原。诏授少保，委其为河南府路、陕西、河东北路招讨使，不久，改任河南、北诸路招讨使。很快，岳飞派出兵马纷纷报捷。大军在颍昌（今河南许昌）向金军发起攻击，岳飞亲率精锐骑兵到郾城，也发起了十分凌厉的攻势。岳飞率部与金兵激战数十个回合，大破金军"拐子马"。兀术懊丧地说："自从瀚海起兵，都是用拐子马取胜，现在算完了！"岳飞部大将杨再兴也在这次大战中壮烈牺牲。

在郾城连战皆捷的时候，岳飞派长子岳云驰援攻打颍昌的王贵。兀术来攻时，王贵带领"游奕"、岳云带领"背嵬"等岳飞的亲随军，和兀术在颍昌城西大战。岳云率领 800 骑兵冲锋在前，步兵从左右两侧跟进，杀死兀术女婿夏金吾、副统军粘罕索孛堇，兀术落荒而逃。

与此同时，梁兴会合太行忠义军及河北、河东抗金武装，也是连战皆捷，中原为之大震。这时洛阳、郑州、中牟也为岳飞部将占领。岳飞率大军进抵朱仙镇（今河南开封朱仙镇），距离北宋都城东京只有 45 里，与兀术列阵相对，他派猛将带领 500 岳家军奋勇冲杀，兀术逃入东京城内固守。

金兀术兵败之后，岳飞高兴地对部下说："直捣黄龙府（今吉林农安，实指燕京），与诸君痛饮尔！"在岳飞正准备收复东京，北渡黄河，收复失地之时，金人加紧诱降活动，奸相秦桧却要丢掉淮北之地，暗示谏官要前线诸将班师回朝。秦桧请朝廷下令让张俊、杨沂中等人先撤兵，然后又说岳飞孤军深入，不可久留，请高宗下令让他班师。于是，朝廷一天连下了十二道金牌，命岳飞撤军。岳飞义愤填膺，潸然泪下，面向东方（京都所在方位）再拜说："十年之功，毁于一旦。"岳飞班师，百姓拦住马头痛哭。岳飞停留五天，等待百姓南迁。岳飞撤兵后，收复的州县，随即又被金人占领。

从上述岳飞的抗金事迹来看，在残酷的战争实践中，岳飞已经从一个尚武青年，锻炼成了一位卓越的军事家。毛泽东对岳飞的军事才能评价甚高。他在《论持久战》中讲到战争的灵活性时曾说："古人所谓'运用之妙，存乎一心'，这个'妙'，我们叫做灵活性，这是聪明的指挥员的出产品。灵活不是妄动，妄动是应该拒绝的。灵活，是聪明的指挥员，基于客观情况，'审时度势'（这个势，包括敌势、我势、地势等项）而采取及时的和恰当的处置方法的一种才能，即所谓'运用之妙'。"[1]

毛泽东所说的古人就是岳飞。"运用之妙，存乎一心"，是岳飞对宗泽说的一句话，但却概括了他对兵法精髓的把握。当时，岳飞随宗泽在东京东北黄河南岸作战，战开德，攻曹州，屡立战功。宗泽见他作战不拘常法，既佩服又担心，便对他说："尔勇智才艺，古良将不能过，然好野战，非万全策。"说罢，就把阵图交给岳飞看。岳飞看了以后说："阵而后战，兵法之常，运用之妙，存乎一心。"意思是说，先布好阵再出战，这是兵法的常规，但用兵的奥妙，在于以变制变，而这又全靠军事家的运筹谋划。

那么，什么是常规呢？原来按照宋军作战成例，凡将帅出征，皇帝亲授阵图，作战时需要严格遵守，不得变更。岳飞的这一主张，一反宋军作战的惯例，切中当时宋军作战的弊端，说明了战略战术的灵活性和指挥员审时度势、机断处置的作用。这种"运用之妙"，表现在作战计划的制订、战机的捕捉和战略战术的灵活运用等各个方面。其关键在于军事家的运筹谋划。前面所述岳飞收复荆襄六郡和大战郾城、朱仙镇两次大的胜利，都是从战略全局出发，利用天时、地利、人和等条件，及时抓住战机获得的。至于战术的运用，更是因地制宜、因时制宜，千变万化。例如，岳飞大破"拐子马"时，更是别出心裁，令步兵低头弯腰，手持大刀、长斧上阵，专砍"拐子马"的腿。这是因为"拐子马"身有铁甲防护，刀枪不入，为了便于奔跑，只有马腿外露；而且"拐子马"三匹连在一起，冲杀过来，就像现代战争中的坦克一样，很难抵挡。岳飞根据"拐子马"的这

---

① 《毛泽东选集》第二卷，人民出版社1991年版，第494页。

个特点，制定了专砍马腿的策略，果然奏效。因为一马被砍倒，其他两匹便不能奔跑，金兵便乱了阵脚，兀术几十年来制胜宋兵的战术顷刻被破。

作为一个卓越的军事家，岳飞那种视死如归的、大无畏的英雄气概，备受毛泽东称赞。1949年12月至1950年1月，毛泽东率中国党政代表团访问苏联期间，一次在和斯大林会谈时，他回忆起自己过去和国民党军队的战斗中，有一次极其危险，多次冲锋，未能冲破敌人的封锁。于是指挥员号召战士："不畏艰险，视死如归。"苏联翻译费德林不明白"归"的含义，请求予以解释。毛泽东说："中国字'归'，在这里不是通常的'回来'、'再来'的意思。在历史上，'归'的意思是'回到原本状态'。因此，这个成语应当这样理解：'藐视一切困难和痛苦，像看待自己回到原本状态一样看待死亡。'"并且进一步解释说："这是12世纪古代中国的一位著名统帅岳飞使用过的一种说法。岳飞以抗击女真人入侵的远征而出名。"

斯大林耐心地听完毛泽东的解释和费德林的翻译，略加思索后，轻轻说道："看来这是一个天才的统帅……表现出大无畏的精神和雄才大略。"

1963年2月15日，毛泽东会见柬埔寨西哈努克亲王时，陪同的总参谋长罗瑞卿，向他汇报了西藏军区司令员张国华中将介绍说，在中印边界自卫反击作战的主要经验是"一不怕苦，二不怕死"。他听了非常高兴地说："是呀，过去岳飞讲，'文官不要钱，武将不怕死，天下太平矣。'这句话有片面性，因为他缺了一面，好像文官不要钱，但是可以怕死；武官不怕死，却可以要钱。我们解放军，则是文官既不要钱，也不怕死；武官既不怕死，也不要钱。这样岂不更好，天下岂不更太平！岳飞还有两句话：'饿死不抢掠，冻死不拆屋。'就是饿死也不能抢劫，冻死也不能拆房子烤火。看起来，岳飞治军是有他的一套的。所以那时金兀术不怕别的，只怕岳家军。他说过：'撼山易，撼岳家军难。'"说到这里，毛泽东加强了语气说："谁要撼我们解放军，那就更加困难了，撼山易，撼解放军难。"

"以身殉志，不亦伟乎"

　　岳飞奉诏回到临安以后，被解除了兵权。岳飞以收复中原为己任，反对秦桧和金国议和。金兀术给秦桧写信说："你日夜来请和，而岳飞却要收复河北，一定要杀掉他，才可议和。"秦桧也认为，岳飞不死，肯定要阻碍议和，自己也必定招祸，所以千方百计谋害岳飞。

　　秦桧遣使者拘捕岳飞父子。使者至，岳飞笑道："皇天后土，可表此心。"岳飞、岳云父子下大理寺狱。开始，让何铸审讯岳飞，岳飞扯破衣裳背对何铸，有"精忠报国"四个大字，深入肉里。看罢罪状，实在没有证据，知道岳飞是无辜的。

　　秦桧又让和岳飞素有积怨的谏议大夫万俟卨罗织罪名，指使人做伪证，置岳飞父子于死地。审了两个多月，直到年终，案件仍没有完。秦桧手书小纸条递给大理寺狱，随即报称岳飞已死，时年39岁。长子岳云在闹市处斩首，暴尸街头，家产被没收，家人流放岭南。岳飞幕僚于鹏等六人被株连获罪。金人听说岳飞被害，高兴地举酒杯庆贺。

　　岳飞案开始时，名将韩世忠愤愤不平，找秦桧问其实情，秦桧说："岳飞儿子岳云与张宪的书信（让张宪筹划岳飞回军中），其事莫须有（或许有）。"世忠质问道："'莫须有'三字，怎么能服天下？""莫须有"后来便成了凭空诬陷、故意捏造罪名的专用词语。

　　显然，岳飞父子被杀是个天大的冤案。由于秦桧、万俟卨长期执政，很长时间得不到平反。直到孝宗时才下诏恢复岳飞官爵，以礼改葬，后又谥武穆。宁宗嘉定四年（1211），追封鄂王。

　　对于杀害岳飞的元凶和岳飞掉头的价值，毛泽东颇有见地。1957年6月，毛泽东在中南海住所接见著名词学家冒广生（鹤亭）、舒湮父子。当冒广生介绍舒湮抗战初期在上海写了个话剧《精忠报国》，把秦桧影射汪精卫时，毛泽东注视着舒湮说："主和的责任不全在秦桧，幕后是宋高宗。秦桧不过是执行皇帝的旨意。高宗不想打，要先'安内'，不能不投降金人。文徵明有首词，可以一读。……是赵构自己承认：'讲和之策，断自朕意，秦桧但能赞朕而已。'"毛泽东一语中的，中国旧史书历来为尊者讳，皇帝所做坏事，责任却要由臣子来承担。岳飞被冤杀一事，《宋史》有关纪、传，只罪秦桧。毛泽东摒弃传统的史说，指出杀害岳飞的主使者是高宗赵构。

对于岳飞的被冤杀，毛泽东十分愤懑，他曾说过岳飞"以身殉志，不亦伟乎"！这个评价出自他在读《新唐书·徐有功传》时写的一个批语："'命系庖厨'，何足惜哉，此言不当。岳飞、文天祥、曾静、戴名世、瞿秋白、方志敏、邓演达、杨虎城、闻一多诸辈，以身殉志，不亦伟乎！"

徐有功是唐朝武则天执政时期的执法大臣。他秉公执法，不徇私情，屡遭权贵忌恨和诬陷，曾三次被判死刑，而却守法不阿。他在一次被弹劾罢官又被起用时，给武则天写了一封奏折，其中有"命系庖厨"的话，意思是说，生活在山林里的小鹿，很难逃脱被猎杀，成为人们厨房里案板上的肉的命运。徐有功以鹿自喻，说出了作为正直不阿的执法大臣的共同命运。在毛泽东看来，为公正执法而死，以身殉志，是很伟大的。毛泽东从徐有功谈死，联想到许多古今志士仁人，其中他想到的第一个便是岳飞，可见岳飞在他心目中的地位。

1959 年 4 月，毛泽东在中共八届七中全会上说："舍不得砍掉头，就下不了最后的决心。岳飞不是砍了头，比干不是挖了心吗！"又说，"我跟陈伯达讲过，你不尖锐，无非怕丢选票，连封建时代的人物都不如，无非是开除党籍、撤职、记过、老婆离婚。砍头也只是一分钟的痛苦。《风波亭》的戏还要唱，岳飞砍了头，有什么不好？"

毛泽东认为，岳飞被砍头，坏事变好事，能激励后人。大概在此期前后的一天，几位中央领导人闲谈。贺龙说："都说看《三国》掉眼泪，替古人担忧，我就见不得英雄落难，尤其见不得岳飞遭难，一见就担忧，就掉泪。"毛泽东这时颇有感触："我也是看《三国》掉眼泪的人。听见《风波亭》，心里就难受。可是后来我还发现，人这一生经多大难，办多大事。英雄一死就出了名。岳飞被杀，就家喻户晓并且流芳千古了。他流了血，这血就渗透到我们民族体内，世世代代传下来，他要是没流血，就不会有这么大的作用。"

"凭阑静听潇潇雨"

在毛泽东眼中，岳飞还是一位优秀的诗人。他对岳飞流传下来的为数不多的几首诗词，口诵手书，十分喜爱。从他让王芳背诵岳飞名作《满江红·怒发冲冠》，已看出他的熟悉和喜爱。《满江红》是一首洋溢着爱国豪情的战歌。上片抒情，抒写作者艰苦卓绝的战斗历程；下片言志，抒写作者洗刷国耻、重整河山的雄心壮志，表现了一种大无畏的英雄气概。千百年来，激励着中华民族的爱国热情，产生了深远的影响。毛泽东还手书过这首词。而且他1966年6月写的《七律·有所思》诗中"凭阑静听潇潇雨"，显然是由岳飞《满江红·怒发冲冠》词中"凭阑处潇潇雨歇"点化而来。①

毛泽东对岳飞的另一首词《小重山·昨夜寒蛩不住鸣》也非常看重，在阅读时密密地加了圈点。这首词是这样写的：

> 昨夜寒蛩不住鸣，惊回千里梦，已三更。起来独自绕阶行，人悄悄，帘外月胧明。 白首为功名，旧山松竹老，阻归程。欲将心事付瑶琴，知音少，弦断有谁听。

《小重山》和慷慨激昂的《满江红》（怒发冲冠）风格截然不同，上片寓情于景，写作者思念中原、忧心国事的心情，下片直抒胸臆，写收复失地受阻、心事无人理解的苦闷。全词多用比喻和典故，曲折地道出心事，笔调沉郁蕴藉，意象清冷，极尽变幻，抒发了抑郁难申的爱国情怀。当代词学家缪钺教授《灵溪词说》中评岳飞词绝句云："将军佳作世争传，三十功名路八千。一种壮怀能蕴藉，请君细读《小重山》。"可谓一语中的。

岳飞的《池州翠微亭》、《送紫岩张先生北伐》两首表现抗金内容的小诗，毛泽东也十分喜爱，也都手书过。池州，今安徽贵池县。翠微亭，在

---

① 《毛泽东读文史古籍批语集》，中央文献出版社1993年版，第237页。

南齐山顶，唐建。俯视清流，高爽可爱。岳飞北伐时曾至此，因有是作。
全诗是：

> 经年尘土满征衣，特特寻芳上翠微。
> 好山好水看不足，马蹄催趁月明归。

另一首《送紫岩张先生北伐》原文如下：

> 号令风霆迅，天声动北陬。
> 长驱渡河洛，直捣向燕幽。
> 马蹀阏氏血，旗枭可汗头。
> 归来报明主，恢复旧神州。

紫岩，紫色岩石，多指隐者所居。据此，张先生当是一位从军的隐士。诗中借送张先生北伐，抒发收复中原的壮志豪情，可与《满江红》（怒发冲冠）对看。

毛泽东十分推崇岳飞，从他的立身行事，我们可以看到岳飞的影响。岳飞"以身殉志"，为了实现抗金、收复中原的志向，甘愿献出自己的生命，毛泽东一家为革命献出了六位亲人，这种献身祖国的精神是一脉相承的；岳飞"运用之妙，存乎一心"的观点，成了毛泽东军事理论中"灵活性"的注脚；岳飞视死如归的大无畏英雄气概，"文官不要钱，武将不怕死，天下太平矣"的名言，岳家军"撼山易，撼岳家军难"的战斗力，以及"饿死不抢掠，冻死不拆屋"的严明军纪，毛泽东都予以肯定，批判地加以继承和发展；甚至在自己的诗词中化用岳飞诗词中的句意，都是毛泽东受岳飞影响的明证。

当然，对于岳飞，毛泽东也没有求全责备。对于岳飞的缺点和历史局限性，毛泽东也毫不客气地指出，至少有这么几点：第一，岳飞只反对投降派秦桧等人，不反对宋高宗，对投降派的总后台宋高宗认识不清，是一种愚忠思想作怪；第二，作为封建官僚，他率军镇压了江西、湖北两支农民起义军，是镇压农民起义军的刽子手，这是要否定的；第三，他的名言"文官不要钱，武官不怕死"，有片面性，应该是文官、武官都不要钱，又不怕死，才全面。

朱　升

——"高筑墙、广积粮、缓称王"

毛泽东三讲朱升的故事

中共中央 1972 年 12 月 10 日转发国务院关于粮食问题的报告中说："毛主席最近又一次指出，当前国内外形势大好，各级领导同志要谦虚谨慎，不要因为胜利就忘乎所以。毛主席讲了《明史·朱升传》的历史故事。明朝建国以前，朱元璋召见一位叫朱升的知识分子，问他在当时形势下应当怎么办。朱升说：'高筑墙，广积粮，缓称王。'朱元璋采纳了他的意见，取得了胜利。根据我们现在所处的国内外大好形势和我们所坚守的社会主义制度和无产阶级立场，毛主席说：我们要'深挖洞，广积粮，不称霸'。毛主席的这一指示，使'备战、备荒、为人民'的伟大战略方针更加具体化了。"①

中央批语稿曾送毛泽东审阅，毛泽东批示："照办。"1973 年 1 月 1 日《人民日报》、《红旗》杂志、《解放军报》元旦社论《新年献词》中，传达了毛泽东的这个指示。

毛泽东讲朱升的历史故事，这已经不是第一次。其实，他的三条治国方略早已成竹在胸，只是没有对外宣布。

1969 年 8 月 27 日，毛泽东在北京中南海。

---

① 逄先知、金冲及主编：《毛泽东传》(1949—1976)（下），中央文献出版社 2003 年版，第 1623—1624 页。

那几天，毛泽东又重读了《二十四史》，面对当时一触即发的战争形势，他从《明史·朱升传》中受到了启示。他对周恩来说："恩来，你读过《明史》没有？我看朱升是个很有贡献的人。他为明太祖成就帝业立了头功。他有九个字国策定江山：'高筑墙，广积粮，缓称王。'我也有九个字是：'深挖洞，广积粮，不称霸。'"①

可以说，熟知历史的毛泽东，早就注意到朱升的九个字国策。1953年2月24日，毛泽东视察南京紫金山天文台时就讲过。这一天，毛泽东在华东局领导人陈毅、谭震林的陪同下先参观了总统府，游览了莫愁湖、玄武湖，最后驱车紫金山天文台。毛泽东本是要登门拜访著名天文学家竺可桢的，因竺不在天文台，未能会面。

天文台的科技人员热情地接待了毛泽东一行，并向他们作了天文台科学工作的简单汇报，然后陪同他们参观了古天文仪器、天体观察室。

毛泽东一行离开紫金山天文台，步行下山，又顺便游览了位于山脚下的明孝陵。明孝陵是明朝开国皇帝朱元璋的陵墓。

毛泽东一行顺山而下，所见尽是坟头、石碑、祭室。这祭室则是清同治四年（1865）和十二年（1873）两次修建后的三间瓦房。在祭室南墙的中央，工笔重彩画着朱元璋的全身坐像。朱元璋的形象显得十分滑稽可笑：一张长长的瘦脸，像一个倒放的长把葫芦。脸上垂着长长的下巴，厚厚的嘴唇向前突起，两个鼻孔朝前开着。这副尊容，真可以说是三分像人，七分像猪。如果说是个人身猪面孔，那是毫不夸张的。

"这个朱洪武啊，怕有人刺杀他，所以要把画像故意画成这个猪样子的！其实呀，他长得并不这样难看。"

陈毅同志继续说："朱洪武死后，据说呀，南京的四个城门同时出殡，迷惑人们，不知道哪个城门抬出来的棺材里装的是他真朱洪武，怕后人盗他的墓，才想出来这个办法，真可谓用心—良—苦—也！"他把最后三个字，一个字一个字地拖长了音调，大概是表示意味无穷吧。陈毅结束了他

---

① 安徽《文则周刊》2000年3月31日。

的故事，双手将木棍拄在地面双脚之间，面部留着回味的微笑。

毛泽东笑着看了陈毅一眼，又看了一下朱洪武的画像，讲道：

"这些都是传说，朱洪武是放牛娃出身，人倒也不蠢，他有个谋士叫朱升，很有点见识，朱洪武听了朱升的话：'高筑墙，广积粮，缓称王。'最后取得了民心，得到了天下。"①

朱元璋、朱升其人其事

人们不禁要问，朱元璋是一位怎样的皇帝呢？朱升的建议对他起到了什么作用呢？

朱元璋（1328—1398），幼名重八，又名兴宗，字国瑞，濠州钟离（今安徽凤阳）人，明王朝的建立者，史称明太祖。1368—1398 年在位。家境贫寒，只读过几个月私塾，从小给地主放牛、放羊。当时由于元朝的腐败统治，民不聊生，1344 年淮北大旱，又逢蝗虫灾害和瘟疫流行，死者不计其数。朱元璋的父母和大哥相继死去，17 岁的朱元璋便投皇觉寺当了和尚。元朝末年，农民起义风起云涌。元至正十二年（1352）朱元璋参加了郭子兴的红巾军，时年 25 岁。郭死后，朱元璋成了这支起义军的重要头领，隶属于明王韩山童。山童死，他的儿子韩林儿被立为皇帝，号小明王。小明王任命郭子兴的儿子郭天叙和朱元璋分别为右都元帅和左副都元帅。后来郭天叙战死，朱元璋就统有郭子兴的全部人马，成为红巾军的元帅。龙凤二年（1356）攻下集庆（今江苏南京），并改名为应天府，称吴国公，以此作为根据地，向外发展。

如何扩展，便成了摆在朱元璋面前的大问题。当然朱元璋身边已有一批重要谋士，如刘基、宋濂等为他出谋划策，但面对当时局势，尚未有良策。这时他的大将邓愈向朱元璋推荐了朱升。

---

① 王鹤滨：《在伟人身边的日子》，中国青年出版社 2003 年版，第 372 页。

那么，朱升又是怎样一个人呢？

朱升（1298—1369），字允升，休宁（今安徽休宁）人。元朝末年举人，被推荐参加进士考试，曾任池州府（今安徽贵池）学正（地方学校学官），讲授很有方法。蕲州（今湖北蕲春）、黄州（今湖北红安）农民暴动反元，朱升弃官隐居在石门镇（今江西鄱阳北）。他屡次躲避兵荒马乱，逃往异地，却始终没有一天停止学习。

龙凤三年（1357），朱元璋攻下徽州（治所在今安徽歙县），大将邓愈把朱升推荐给他。朱元璋召见朱升问以当世大事，朱升回答说："高筑墙，广积粮，缓称王。"朱元璋认为这个意见很好。吴王（朱元璋）元年（1367）授官侍读学士、知制诰（掌起草诏令文书），同修国史。因为他年纪大，特别免除朝见。

明王朝建立后，洪武元年（1368），朱升任翰林学士，负责制定宗庙祭祀的礼仪。不久又受命修订《女诫》，广采古代贤惠王后贵妃可效法的事编入此书。

朱元璋大封功臣，诏书上的文词，大多由朱升撰写，被认为典雅而确实。一年之后，朱升告老还乡，去世时年72岁。

朱升自幼努力学习，到了老年也不知疲倦。他特别精通经学。他所撰写的《诸经旁注》，文词简洁，旨意精深。学者称为枫林先生。

朱升的儿子朱同官至礼部侍郎，因犯法被处死。《明史》有传。

朱升是一个饱读经史、学富五车的知识分子。在元末的大动乱中，他隐居避乱，置身事外，俗话说，旁观者清。对当时局势，他洞若观火，所以，当朱元璋向他垂问时，他胸有成竹地提出三条建议。

"高筑墙、广积粮、缓称王"

朱升的三条建议是什么意思？它在朱元璋建立明王朝的斗争中，发挥了什么作用呢？

朱升建议中的"高筑墙"，就是要朱元璋把自己控制的地区的城市的城墙筑得高高的，打起仗来，易守难攻，巩固自己的管辖区域，建立巩固的后方，作为向外扩展的依托。我们不能拔高古人，说朱升已有建立根据地的思想。但在冷兵器时代，在刀对刀、枪对枪的格斗中，高大坚固的城墙易守难攻，在战争中的作用是不能低估的。朱元璋接受了朱升的这个建议，不仅把应天的城墙修得很坚固，而且他攻取的城池都如法炮制，所以攻取的地方都能巩固下来，对他夺取全国胜利起了很大作用。

朱升建议中的"广积粮"，就是要朱元璋积极发展农业生产，积存充裕的军粮和民用粮。俗话说，兵马未动，粮草先行。粮草对于军队和战争的重要意义不言而喻。另外，使农民有足够的粮食吃，他们才能拥护战争、支援战争。朱元璋接受朱升这条建议，任命康茂才为营田使，负责屯田和兴修水利，发展农业生产，既解决了军粮的急需，又为日后战胜群雄增强了经济实力。

朱升建议中的"缓称王"，就是要朱元璋务求实效，不图虚名，缩小目标，避免过早地成为众矢之的。如果说朱升的前两条建议都很切合实用，"缓称王"更表现出朱升这位大谋略家的眼光。在我国历史上的动乱时代，群雄割据，谁先称王，就成了众矢之的。例如秦朝末年的农民大起义中，项羽自称西楚霸王，号令天下，最后被他封的汉王刘邦打败。所以凡是高明的政治家都是缓称王，甚至自己不称王，让他的儿孙再称王。东汉末年的曹操为汉献帝丞相，"挟天子以令诸侯"，已有称王称霸的实力，但他就是不称王，取献帝而代之。孙权劝他当皇帝，他说，孙权是"要把他放在炉火上烤"。但曹操一死，他的儿子曹丕便篡汉自立，建立魏国。

所以，朱升"缓称王"的建议，是朱升对历史经验的总结，也是根据朱元璋当时面临的客观形势提出来的。当时东方的张士诚攻克平江（今江苏苏州），建为国都；西方徐寿辉的蕲黄巾军也东山再起，迁都于汉阳，后陈友谅取而代之；北方有刘福通、韩林儿的红巾军。而南方有元朝的军队分守镇江、宁国、扬州、徽州、处州、衢州等地，紧紧地包围着朱元璋的地盘。这几支军队哪一支都比朱元璋势力大。朱元璋却面临着张士诚、陈友谅及元朝军队三面夹攻的局面，形势十分危急。

朱元璋应该怎样面对呢？从战略和策略上看，必须"缓称王"。红巾军农民起义领袖是韩山童，元至正十一年（1351）聚众三千人，在家乡栾城（今属河北）杀白马黑牛为誓，以红巾为号，宣布起义，他被推为明王，点燃了元末农民大起义的烈火。山童牺牲后，至正十五年（1355）春其子韩林儿被刘福通迎至亳州（今安徽亳州），拥立为小明王，国号宋，年号龙凤。不久，移驻安丰（今安徽寿县）。龙凤四年（1358）夏攻取汴梁（今河南开封）为都城。次年秋兵败退还安丰。龙凤九年（1363）春张士诚部将吕珍来攻，韩林儿被朱元璋率军挟至滁州（今安徽滁州）。

当时朱元璋臣属于韩林儿政权，不独树一帜，以免树大招风、四面受敌，就是"缓称王"的一个具体措施。这一策略对朱元璋势力的生存和发展起了很大作用。韩林儿是当时红巾军中力量最大的一支，他在朱元璋的北边，不但挡住了元朝军队的巨大压力，减少元军的打击，可乘机发展生产，积聚力量，以对付东西两边与他为敌的张士诚和陈友谅政权。

在"缓称王"的大前提下，朱元璋冷静地分析了形势，制定了正确的策略。他首先把军事打击的目标指向元军驻守的浙西地区，到至正十九年（1359）江浙省西部的元统治区尽为朱元璋所有，成为朱元璋补充兵员和军需物资的基地。

而与此同时，张士诚则占有浙西富庶之地，不思进取而怠于政事；徐寿辉部则由于陈友谅杀徐寿辉自立及陈的骄横跋扈，内部不和，从而削弱了势力。对于这种情况，朱元璋作了正确的分析："友谅志骄，士诚器小，志骄则好生事，器小则无远图，……向使先攻士诚，浙西负固坚守，友谅必空国而来，吾腹背受敌矣。……故先攻友谅，……陈氏灭，张氏囊中物矣。"

事态的发展果如朱元璋所预料的那样，当朱元璋和陈友谅在鄱阳湖大战时，张士诚却袖手旁观。朱元璋因而能全力对付陈友谅。陈友谅原为徐寿辉部将，至正十九年（1359）迎寿辉迁都江州（今江西九江），自称汉王。二十年夏，杀害寿辉，称帝，建都江州，国号汉，年号大义。陈友谅并没有把朱元璋放在眼里，他恃强自傲，妄图一举消灭朱元璋。朱元璋抓住敌人的弱点，采取正确的战略战术，沉着应战，结果最终打败了陈友谅。陈友谅在九江中箭而死。其子陈理继位，次年即向朱元璋投降。

随后，朱元璋又打败了另一个劲敌张士诚。张士诚是盐贩出身，至正十三年（1353）起兵，攻下高邮等地。次年称诚王，国号周，年号天佑。渡江攻下常熟、湖州、松江、常州等地，十六年定都平江（今江苏苏州），次年降元。后继续扩占土地，割据范围南到浙江绍兴，北到山东济宁，西到安徽北部，东到大海。至正二十三年（1363）攻安丰，杀红巾军领袖刘福通，自称吴王。后屡被朱元璋击败，至正二十七年（1367）平江城被朱元璋军攻破，张士诚被俘至集庆（今江苏南京），自缢而死。

朱元璋在小明王韩林儿称帝时任左副元帅，龙凤二年（1356）攻下集庆，称吴国公，击败陈友谅后改称吴王。龙凤十二年（1366）发布文告，咒骂红巾军为"妖"，并指使廖永忠以迎韩林儿赴应天为名，把韩林儿沉死于瓜洲江中。次年消灭张士诚的割据势力，随后挥师北伐中原，势如破竹。1368 年正月，朱元璋在应天登上皇帝宝座，国号明，年号洪武。同年攻克大都（今北京），推翻了元朝的统治，以后逐步统一了全国。

"我们要'深挖洞，广积粮，不称霸'"

借助历史故事或古人的言论来阐释某个道理和观点，是毛泽东常用的一种方式。在批转国务院关于粮食问题印的报告中讲述朱升的历史故事，发出"我们要'深挖洞，广积粮，不称霸'"的号召，是毛泽东根据新的世界政治格局和中国所处的国际地位和外部环境，明确地提出的当前和今后工作的一个重要指导原则。

20 世纪 70 年代初，我国还处于"文化大革命"动乱中，几年的动乱，生产遭到严重破坏，使国民经济和军事力量遭到严重削弱；盘踞在台湾的蒋介石叫嚣"反攻大陆"，在东南沿海不断派遣特务袭扰；在国际上，美国总统尼克松虽然访华并开始和我国进行外交谈判，但并没有放弃颠覆我国的图谋；中苏意识形态领域的论战进而影响到国家关系，前苏联在中苏边境陈兵百万，摆出随时对我国发动侵略战争的态势；中印边境发生战争，中国被迫自卫反击。中国一时处于四面受敌之势。在这种情况下，毛泽东和中共中央对外敌入侵的严重性和危险性，提出了"备战、备荒"的方针和在这一方针的指导下的"三线建设"任务。

"备战、备荒"的思想和"三线建设"的计划，是1964年5月中旬到6月中旬在北京举行的中共中央工作会议上提出来的。会议期间，毛泽东从存在着新的世界战争严重危险性的估计出发，指出：在原子弹时期，没有后方不行。他把全国划为一、二、三线，下决心搞好三线建设。1965年6月16日，毛泽东在听取编制第三个五年计划和长远规划的问题汇报时指出，第一是老百姓，不要丧失民心；第二是打仗；第三是灾荒。计划要考虑这三个因素。11月中旬，毛泽东在华东视察谈到战备问题时指出，要争取快一点把后方建设起来。打起仗来，不要靠中央，要靠地方自力更生，粮食和棉花都要储备一些，要自己搞点钢，制造武器。要修工事、设防，多挖防空洞。1966年3月12日，毛泽东在给刘少奇的一封信中正式提出"备战、备荒、为人民"的方针。他指出，农业机械化应与备战、备荒、为人民联系起来，第一是备战，第二是备荒，第三是国家积累不可太多。

"文化大革命"开始以后，这些工作实际上便停顿下来了。到1969年3月前苏联军队入侵我黑龙江珍宝岛地区，中苏关系进一步恶化。在这种背景下，毛泽东在中共中央九届一中全会上的讲话中，提出了"要准备打仗"的要求。而后，中共中央发布《中国共产党中央委员会命令》，要求各省、市、自治区各级革命委员会，各族革命人民，中国人民解放军驻防边疆全体指战员，充分做好反侵略战争的准备，防止敌人突然袭击。在当年9月17日，《人民日报》刊登庆祝中华人民共和国成立20周年的口号中，虽然已有"备战、备荒、为人民"和"提高警惕，保卫祖国！随时准备歼灭入侵之敌"的内容，但毛泽东却又亲自加上了一条口号是："全世界人民团结起来，反对帝国主义对社会主义发动的侵略战争，特别是要反对以原子弹为武器的侵略战争！如果这种战争发生，全世界人民就应该以革命战争消灭侵略战争，从现在起就应有所准备！"1970年5月20日，毛泽东在《全世界人民团结起来，打败美国侵略者及其一切走狗！》的声明中指出："新的世界大战的危险依然存在，各国人民必须有所准备。"1972

年 12 月 10 日，中共中央转发国务院《关于粮食问题的报告》时，传达的毛泽东关于"深挖洞，广积粮，不称霸"的指示，不仅使"备战、备荒、为人民"伟大战略方针更加具体化了，而且对我国以后的内外政策有深远影响。

"深挖洞"就是"备战"，特别是准备打核战争，当时全国大中城市挖了很多防空洞，即"人防工程"；"广积粮"，既是"备战"，也是"备荒"，其宗旨都是"为人民"；"不称霸"则是我国对外政策的一种新表述，它至少包含这样两层含义：当时前苏联与美国两个超级大国争夺世界霸权，我们提出"不称霸"，就是反对美苏称霸；再一层意思是，中国在世界上不谋求霸权，不仅当时如此，就是将来强大了也不称霸，中国坚持大小国家一律平等，世界上的事由各国商量着办，而不是由一两个大国决定。这种平等态度，使我国赢得了很多朋友。1971 年 10 月 25 日，第 26 届联大以压倒多数票通过了恢复中华人民共和国在联合国的一切合法权利、驱逐台湾蒋介石集团。从此中国以一个负责任的大国形象出现在世界舞台上。1972 年，面对风云变幻的国际形势，毛泽东和周恩来审时度势、运筹帷幄，作出了一系列重要决策，取得了中美关系正常化和中日建交等举世瞩目的巨大成就，开启了中国外交的新局面。

1974 年 2 月 22 日，毛泽东在和赞比亚总统卡翁达谈话时，又提出关于三个世界的划分问题，说："我看美国、苏联是第一世界。中间派，日本、欧洲、澳大利亚、加拿大，是第二世界。咱们是第三世界。"又说："亚洲除了日本，都是第三世界。整个非洲都是第三世界，拉丁美洲也是第三世界。"[①] 毛泽东关于三个世界的划分，最大限度地孤立了苏美两个超级大国，是他的"不称霸"思想的具体化。

在 20 世纪 80 年代后期，随着东欧社会主义国家的蜕变、苏联的解体，出现了美国独霸世界的局面。邓小平同志提出了"冷静观察，稳住阵脚，

---

① 《关于三个世界的划分》，《毛泽东外交文选》，中央文献出版社、世界知识出版社 1994 年版，第 600—601 页。

朱升——"高筑墙、广积粮、缓称王"

沉着应付，韬光养晦，善于守拙，决不当头，有所作为"的战略方针 ①，其核心要义就是"决不当头"和"有所作为"。其实，"不当头"就是"不称霸"的另一表述方法。以后，随着世界多极化格局的形成，江泽民、胡锦涛同志更进一步提出，在和平共处五项原则的基础上，建立国际政治经济新秩序，进一步加强同发展中国家的团结与合作，努力发展大国间长期稳定的友好合作关系，为建立和谐世界而奋斗。显而易见，这些主张都是毛泽东"不称霸"思想的创造性的新发展。

总之，毛泽东从《明史·朱升传》得到了启示，就是要避开当时的国际矛盾，搞好应对世界大战的准备，提出了"深挖洞，广积粮，不称霸"的主张，可以说是以史为鉴、"古为今用"的一个典范。为了使全党同志对这一策略有深一层理解，他还于 1972 年 12 月下达了注释《明史·朱升传》的任务。因而"深挖洞，广积粮，不称霸"很快成为一种政治口号，影响极大，在当时可以说是家喻户晓。它不仅是推动国内"备战、备荒"运动的一个口号，而且成为指导我国对外政策的长远方针。

---

① 转引自《江泽民论有中国特色社会主义》，中央文献出版社 2002 年版，第 527 页。

曾国藩

——"愚于近人，独服曾文正"

"范曾办事而兼传教之人也"

曾国藩是晚清名臣，是一位很有影响的人物。近代中国人尤其是湖南人，从权贵政要、志士仁人到青年学子，大多佩服曾国藩，佩服其治学为人和带兵做事。从李鸿章、张之洞到袁世凯、蒋介石，无不对之顶礼膜拜，尊为"圣哲"；从梁启超到杨昌济，从陈独秀到毛泽东，也无不表示推崇师法，受过其人的种种影响。

曾国藩（1881—1872），初名子城，字居武，号涤生，湖南湘乡白杨坪人。晚清重臣，湘军创立者和统帅。道光十八年（1838）进士，入翰林院，为军机大臣穆彰阿门下。1852年在湖南办团练，创办湘军，镇压太平天国农民运动。1860年，任两江总督，以钦差大臣，督办江南、皖南军务，制定三路围攻天京（今江苏南京）战略。1864年，攻陷天京。后鼓吹推进洋务运动，在上海与李鸿章合办江南制造总局。1872年3月在南京病死。赠太傅，谥文正，有《曾文正公全集》。

曾国藩是湖南湘乡人，毛泽东的外祖父家也在湘乡唐家坨。毛泽东8岁前一直住在外祖父家。这期间，发生了甲午年（1834）的中日战争和庚子年（1840）的八国联军侵入北京，清政府被迫签订了许多不平等条约，中国逐渐沦为半殖民地国家。后来毛泽东又在湘乡的东山小学堂读过半年书。19世纪五六十年代，曾国藩带领湘军攻克天京，镇压了太平天国运动，名声大噪，死后得到"文正"的谥号。清政府称他"学有本源，器成远大，忠诚体国，节劲凌霜"。因此，声名显赫的曾国藩对青年毛泽东产生了影响。

但曾国藩是个很复杂的人，他招募、训练和统帅湘军，扑灭了太平天国革命，显然是站在历史进步的对立面，立场是反动的；另一方面，他又被认为"道德文章冠冕一代"，是中国封建统治阶级的最后一尊精神偶像。《左传·襄公二十四年》："大（太）上有立德，其次有立功，其次有立言，虽久不废，此之谓不朽。"后谓"立德""立功""立言"为"三不朽"。推崇曾国藩的人认为，这三者他兼而有之。《清史稿》本传《论曰》更称其为"中兴以来，一人而已"。

青年毛泽东推崇曾国藩，固然有他自己的感受和理解，但其前辈老师的影响也有很大关系。他十分推崇的梁启超在《曾文正公嘉言钞序》中说："曾文正者，岂惟近代，盖有史以来不一二睹之大人也已；岂惟我国，抑全世界不一二睹之大人也已。然而文正固非有超群绝伦之天才，在并时诸贤杰中，称最钝拙；其所遭值事会，亦终身在拂抑之中；然乃立德、立言、立功，三不朽，所成就震古烁今而莫与竞者，其一生得力在立志自拔于流俗，而困而知，而勉而行，历百千艰阻而不挫屈，不求近效，铢积寸累，受之以虚，将之以勤，植之以刚，贞之以恒，帅之以诚，勇猛精进，坚苦卓绝，如斯而已，如斯而已。"在毛泽东熟悉的《新民说·论私德》中，梁启超又说："吾以为使曾文正生今日而犹壮年，则中国必由其手而获救矣。"

1913年，毛泽东进入湖南省立第四师范学校（随即并入第一师范）后，对他影响较大的国文教员袁仲谦和奉为楷模的修身课教员杨昌济，都是服膺曾国藩的。杨昌济在《达化斋日记》（1915年4月5日）中，提到毛泽东这个得意门生，以为他出身农家，"而资质俊秀若此，殊为难得。余因以农家多出异材，引曾涤生、梁任公之例以勉之。"①

由于受到这些影响，毛泽东在青年时代狠下些功夫读曾国藩的著作。在湘乡东山学堂读书时，他就批读过《曾文正公全集》，现韶山毛主席纪念馆收藏有清光绪年间传忠书局木刻本《曾文正公全集·家书》的第四、

---

① 《毛泽东早期文稿》，湖南人民出版社1990年版，第636、25、581、583、585、592、593、601页。

六、七、九卷，每卷的扉页上都有毛泽东手书的"咏芝珍藏"。

曾国藩的一些见解观点，我们可以在毛泽东早年读书笔记《讲堂录》中看到。湖南出版社出版的《毛泽东早期文稿》中也记载有许多这方面的内容。

1915年6月25日，毛泽东在致湘生的信中说："尝见曾文正家书有云：吾阅性理书时，又好作文章；作文章时，又参以他务，以致百不一成。此言岂非金玉！"①

1917年4月1日，他在《体育之研究》中，对曾国藩的锻炼方法也很赞赏："曾文正行临睡洗脚、食后千步之法，得益不少。"②

1920年6月23日，毛泽东在《湖南改造促成会复曾毅书》中说："呜乎湖南！鬻熊开国，稍启其封。曾、左（宗棠）吾之先民，黄（兴）、蔡（锷）邦之模范。一蹶不振，至于桂、粤窥其南，滇、黔窥其西，北洋派窥其北，岳阳沦为北派驻防者六年，长沙则屡践汤（乡茗）、傅（良佐）、张（敬尧）之马蹄。谁实为之，可不哀乎！"③

毛泽东在第四师范读书时所做的课堂笔记《讲堂录》中，至少有五处摘录了曾国藩的话（兹处从略，见后）。

青年毛泽东推崇曾国藩，除了受前辈影响外，还在于曾国藩的内圣外王之道（见后）。

总之，在青年毛泽东看来，曾国藩是既有内圣之道，又收外王之效的人物，也就是既传播教义（思想）又办实事的人物，所以在《讲堂录》中，毛泽东1913年11月23日《修身》课，记载了对曾国藩这样的评价：

"有办事之人，有传教之人。前如诸葛武侯范希文，后如孔孟朱陆王阳明等是也。

---

① 《毛泽东早期文稿》，湖南人民出版社1990年版，第636、7、73、490、591、85、24—25、581、583、585、592、593、601页。

② 《毛泽东早期文稿》，湖南人民出版社1990年版，第636、7、73、490、591、85、24—25、581、581、583、585、592、593、601页。

③ 《毛泽东早期文稿》，湖南人民出版社1990年版，第636、7、73、490、591、85、24—25、581、581、583、585、592、593、601页。

"宋韩范并称，清曾左并称。然韩左办事之人也，范曾办事而兼传教之人也。"①

诸葛武侯，即诸葛亮（181—234），字孔明，琅邪阳都（今山东沂南）人，三国蜀汉丞相。范希文，即范仲淹（989—1052），字希文，苏州吴县（今江苏苏州）人，北宋大臣。孔，指孔子，即孔丘（前551—前479），鲁国陬邑（今山东曲阜南）人，春秋末期思想家，儒家学派创始人。孟，指孟子，即孟轲（前390—前305），字子舆，邹（今山东邹县南）人，战国中期儒家的代表人物。朱，指朱熹（1130—1200），一字仲晦，别号紫阳，徽州婺源（今江西婺源）人，南宋理学家。陆，指陆九渊（1139—1193），字子静，自号存斋，抚州金谿（今江西金谿）人，南宋理学家。王阳明，即王守仁（1472—1528），字伯安，浙江余姚（今浙江杭州）人。曾在浙江绍兴的阳明洞读过书，世称阳明先生。明理学家。

韩，指韩琦（1008—1075），字稚川，相州安阳（今河南安阳）人，北宋大臣。韩琦于康定元年（1040）出任陕西安抚使，与任副使的范仲淹共同防御西夏，时人以韩范并称。左，指左宗棠（1812—1885），字季高，湘阴（今湖南湘阴）人，清代大臣。湘军将领之一，与湘军的创办者曾国藩指挥湘军，共同镇压太平天国革命运动，时人以曾左并称。传教之人，传布教义的人。传教，传布教义。语出唐皇甫冉《赠普门上人》："惠力堪传教，禅功久伏魔。"毛泽东这里借指传播思想的人。

在这里，毛泽东把历史上有成就的人分为三类："办事之人""传教之人""办事而兼传教之人"。他认为诸葛亮是办事之人。孔子、孟子、朱熹、陆九渊、王阳明这些哲学家、思想家，都是传教之人。在宋代，"韩范并称"，在清代，"曾左并称"，但韩琦、左宗棠是办事之人，而范仲淹、曾国藩是办事而兼传教之人。这是因为，范仲淹、曾国藩不但建立了事功，而且能立言、立德、著书立说，把他们的思想传给后人。由此可见，毛泽东对曾国藩评价之高。所以，他当时曾说"愚于近人，独服曾文正"。

---

① 《毛泽东早期文稿》，湖南人民出版社1990年版，第636、7、73、490、591、85、24—25、581、583、585、592、593、601页。

当然，毛泽东并没有停留在"独服曾文正"的阶段，而是与时俱进，在五四运动中接受了马列主义，掌握了阶级分析方法，成为一个马克思主义者以后，指出"他（曾国藩）是地主阶级的领袖"。毛泽东甚至到了晚年，还说曾国藩是"地主阶级最厉害的人物"，这是历史唯物主义评价人物的方法。

"愚于近人，独服曾文正"

1917年8月23日，毛泽东在《致黎锦熙信》中说："今之论人者，称袁世凯、孙文、康有为而三。孙、袁吾不论，独康略似有本源矣。然细观之，其本源究不能指其实在何处，徒为华言炫听，并无一干竖直、枝叶扶疏之妙。愚谓所谓本源者，倡学而已矣。惟学如基础，今人无学，故基础不厚，时惧倾圮。愚于近人，独服曾文正，观其收拾洪杨一役，完满无缺。使以今人易其位，其能如彼之完满乎？天下亦大矣，社会之组织极复杂，而又有数千年之历史，民智污塞，开通为难。欲动天下者，当动其天下之心，而不徒在显见之迹。动其心者，当具有大本大源。……夫本源者，宇宙之真理。天下之生民，各为宇宙之一体，即宇宙之真理，各具于人人之心中，虽有偏全之不同，而总有几分之存在。今吾以大本大源为号召，天下之心其有不动者乎？天下之心皆动，天下之事有不能为者乎？天下之事可为，国家有不富强幸福者乎？"[1]

在这封信中，毛泽东从"言天下国家之大计，成全道德，适当于立身处世之道"出发，认为一些改革者不成功的原因，在于"无内省之明，无外视之识"，"其胸中茫然无有，徒欲学古代奸雄意气之为"，而没有本源。所谓本源，就是"宇宙之真理。"

---

[1] 《毛泽东早期文稿》，湖南人民出版社1990年版，第636、7、73、490、591、85、24—25、581、583、585、592、593、601页。

"本源"，本义为源头。语出汉王充《论衡·效力》："江河之水，驰涌滑漏，席地长远，无枯竭之流，本源盛矣。"后借指事物的根本，即事物的最重要方面。南朝梁刘勰《文心雕龙·情采》："经正而后纬成，理定而后辞畅，此立文之本源。"毛泽东认为，本源，"就是宇宙的真理"。

所谓宇宙，古指天地。《淮南子·原道训》："横四维而含阴阳，纮宇宙而章三光。"高诱注："四方上下曰宇，古往今来曰宙，以喻天地。"近代则指包括地球及其他一切天体的无限空间。

"真理"，哲学名词。指客观事物及其规律在人们意识中的正确反映。艾思奇《辩证唯物主义历史唯物主义》第九章："人们的认识，符合于客观规律的就是真理。"毛泽东在《增强党的团结，继承党的传统》："按照辩证唯物论，思想必须反映客观实际，并且在客观实践中得到检验，证明是真理，这才算是真理，不然就不算。"所以，实践是检验真理的唯一标准。

近代，从1840年算起，经过鸦片战争、太平天国革命、第二次鸦片战争、洋务运动、中法战争和中日甲午战争、戊戌维新运动、义和团运动、辛亥革命和北洋军阀时期，涌现出了很多毛泽东所关注的人物，诸如林则徐、龚自珍、洪秀全、石达开、李秀成、曾国藩、李鸿章、左宗棠、康有为、梁启超、孙中山、黄兴、蔡元培、章炳麟、邹容、秋瑾、蔡锷、袁世凯等等。毛泽东从中挑出曾国藩、袁世凯、孙文三个人物，而且对袁世凯、孙文未予置评，而独独对曾国藩给予高度评价，这是为什么呢？

袁世凯（1859—1916），字慰庭，号容庵，河南项城人。早年投靠庆军将领吴长庆，1885年，直隶总督李鸿章保荐他任"驻扎朝鲜总理交涉通商事宜"的全权代表。1892年，授道员，仍驻朝鲜。1894年回国，次年年底被派往天津小站督练新军。1898年戊戌变法期间，伪装拥护维新变法，暗中向清政府告密，出卖维新派，取得慈禧太后宠信。1899年，署理山东巡抚，镇压义和团运动。1900年，又参加英帝国主义策划的"东南互保"。1901年，任直隶总督兼北洋大臣。1903年底，任清政府练兵处会办大员，将在小站练兵的徐世昌、冯国璋、段祺瑞派任要职。1905年，新兵六镇练成，其中除第一镇外，均是他的嫡系。1907年后，因遭满族贵族猜忌，先是明升暗降，后以"足疾"开缺回籍。1911年，武昌起义后，清政府于 11 月再次起用他为内阁总理，掌握军政大权，勾结帝国主义扼杀辛亥革命。1912 年 3 月，窃取了中华民国临时大总统职位。1913 年，镇压孙中山领导的"二次革命"，接着解散国会，篡改约法。1915 年 5 月，接受日本提出的企图灭亡中国的"二十一条"。12 月宣布废弃共和，实行帝制，次年改元"洪宪"，元旦登皇帝位。由于遭到全国反对，1916 年 3 月，被迫撤销帝制，共做了 83 天皇帝。6 月 6 日，在万众唾骂声中忧惧而死。

总之，袁世凯是一个窃取辛亥革命果实，而又妄图开历史倒车复辟帝制的角色，他的称帝不过是一场历史闹剧。

1959 年 9 月 8 日，毛泽东在同阿富汗副首相纳伊姆谈话时说："一九一一年，孙中山成立了民主政府，但只存在三个月。后来袁世凯做皇帝对中国人民很有教育意义，大家都骂他。袁世凯欺骗人民，表面说要搞共和国，结果弄得民不聊生。"[①] 就是说袁世凯只配做一个反面教员，可以说不屑一评。

孙中山（1866—1935），名文，字逸仙，广东香山（今中山）人，近代中国伟大的民主革命家。贫苦农民出身。幼时向往太平天国革命，以"洪秀全第二"自诩。十二岁开始接受西方资本主义教育，1892 年，毕业于香港西医学院。1894 年，上书李鸿章，提出革新政治、经济的主张，被拒绝。不久到檀香山创建资产阶级革命团体兴中会，次年在香港设立总部，并积极组织广州起义。广州起义未遂，逃亡日本，奔波于欧、美及南洋各地，宣传革命，发起组织和考察资本主义社会，先后在日本横滨、越南河内、美国旧金山等地建立兴中会分会。1900 年，发动惠州起义，失败后继续在海外进行革命活动。

1905 年，孙中山在日本东京组织中国同盟会，确定"驱逐鞑虏，恢复中华，建立民国，平均地权"的纲领，被推为总理。创办《民报》，宣传革命，创立三民主义学说，并领导多次武装起义。1911 年辛亥革命后，被推为中华民国临时大总统，次年元旦宣誓就职。后因革命党人对袁世凯妥协，

---

① 《毛泽东著作专题摘编》（下），中央文献出版社 2003 年版，第 2301 页。

同年 2 月 13 日被迫辞去大总统职务。1913 年，领导讨伐袁世凯的"二次革命"。1914 年，在日本建立中华革命党，1915 年，发表讨袁宣言，继续举起讨袁护国的旗帜。1917 年，发动护法战争，在广州组织中华民国军政府，被选为大元帅。1919 年，将中华革命党改组为中国国民党。1921 年，担任中华民国非常大总统。1922 年，因广东军阀陈炯明叛变，被迫回到上海。1924 年 1 月，在广州召开国民党第一次全国代表大会，在共产国际的帮助下，接受中国共产党的主张，改组国民党，确立"联俄、联共、扶助农工"三大政策，把旧三民主义革命发展为新三民主义革命，建立国共两党和各界人民的统一战线，并成立黄埔军校，训练军事骨干。11 月，抱病北上，提出"召开国民会议和废除不平等条约"两大号召，同帝国主义和北洋军阀段祺瑞、张作霖等作斗争。1925 年 3 月 12 日，在北京逝世。

毛泽东写此信时，孙中山还在与篡夺革命果实的袁世凯作斗争，到 1924 年国民党第一次全国代表大会上，选举中央执行委员会，共产党人李大钊等 3 人当选为委员，毛泽东等 7 人当选为候补委员。会议期间，毛泽东被指定为章程审核委员之一，并在会上多次发言。会后，毛泽东被派到上海执行部工作。这是毛泽东与孙中山的唯一一次近距离接触。

1949 年 6 月 30 日，毛泽东在《论人民民主专政》说："自从一八四〇年鸦片战争失败那时起，先进的中国人，经过千辛万苦，向西方国家寻找真理。洪秀全、康有为、严复和孙中山，代表了中国共产党出世以前向西方寻找真理的一派人物。"[1] 而这里没有再提曾国藩，更不会有袁世凯。后来毛泽东称孙中山是"伟大的革命先行者"（《纪念孙中山先生》）。又说："我们只崇拜孙中山，因为他搞辛亥革命有功。"[2]（《同胡志明的谈话》）这都是马克思主义的评价了。

青年毛泽东，对袁世凯、孙中山未予置评，而对曾国藩评价尤高，这是他成为马克思主义者前的看法，由此也可以看出他当时受曾国藩的影响不小，说明毛泽东的思想也有一个发展过程。

---

[1] 《毛泽东选集》第四卷，人民出版社 1911 年版，第 1469 页。
[2] 《毛泽东著作专题摘编》（下），中央文献出版社 2003 年版，第 2301、2300 页。

"创办湘军"

毛泽东之所以给予曾国藩那样高的评价，是因为他是"办事而兼传教之人"。曾国藩办的第一件大事是，为了镇压太平天国革命运动，创办湘军。

道光三十年十二月（1851年1月），洪秀全领导的太平天国农民起义在广西桂平县金田村爆发。经过两年多的奋战，自广西入湖南、进湖北，顺长江而下，经江西、安徽、江苏，于咸丰三年二月（1853年3月）攻下江宁府城（今江苏南京），随即将它定为国都，改名天京。

这时清王朝的八旗兵早已腐败，继起的绿营兵也战斗力不强。清政府先后调集大批军队前往广西、湖南镇压，都被太平天国义军打败。

八旗兵，是清代最早的兵制。所谓八旗，清代满族户口以军籍编制，分正黄、正白、正红、正蓝、镶黄、镶白、镶红、镶蓝八旗，因而得名。努尔哈赤初成兵制，每300人设一佐领，五佐领设一参领，五参领设一都统。每都统设副都统二，领兵7500人，为一旗。在明万历三十四年（1606）只有四旗。四十三年，增至八旗、6万人。皇太极天聪九年（1635），分设蒙古八旗，兵16840人。崇德七年（1642），分设汉军八旗，兵24050人。

清朝统一后，八旗兵分为京营和驻防两类。京营又分郎卫和兵卫。郎卫侍卫王室，由上三旗（正黄、正白、镶黄）中挑选，组成亲军，归领侍卫内大臣统帅。兵卫之制：八旗都统直辖的为骁骑营。不归都统指挥，另置总统或统领率领的有前锋营、护军营、健锐营、火器营、步军营。步军营除八旗兵外，兼辖一部分绿营兵。此外，下五旗的亲军，属于各王公。总计营兵10万余人。驻防兵分驻各省冲要地点，共10万7000余人。总之，八旗兵主要负责保卫任务。

绿营兵，清代军制，汉兵用绿旗，故称绿营兵或绿旗兵。分马兵、步兵，沿江海之地又设水师。在京师者为巡捕营，隶属步军统领。在各省者有督标（由总督统辖）、抚标（由巡抚统辖）、镇标（由总兵统辖）、军标（设于四川、新疆，由将军统辖）、河标（由河道总督统辖）、漕标（由漕运总督统辖）。标下设协，由副将统领；协下设营，由参将、游击、都司、防备分别统领；营下设汛，由千总、把总分别统领。绿营兵额，时有增减，一般在 60 万人左右。绿营兵的主要任务是地方防卫。

由于八旗兵和绿营兵主要执行京师和各地的防卫任务，不是机动作战的部队，所以一时很难抽调大部队来对付太平军，清政府只好求助于地方武装。当太平天国义军进入湖南后，清政府命令两广督抚等地方官员劝谕士绅，举办团练。此时，曾国藩正在原籍为母亲守制。这年十二月十三日（1853 年 1 月 21 日），他接到湖南巡抚张亮基转来军机大臣转达咸丰帝十一月二十九日上谕，要他以在籍侍郎身份协助张亮基"办理本省团练乡民"。曾国藩接旨后四天即前往长沙着手筹办团练武装。

此前，湖南已有新宁举人江忠源兄弟等在本籍自募的楚勇和湘乡儒生罗泽南、王鑫师徒主持的湘勇，在镇压本地农民起义上都取得相当成效。曾国藩便在他们的基础上创办了"湘军"。他的湘军，在兵源上，采取逐级自行招募的办法："帅欲立军，拣统领一人，檄募若干营，营官自拣哨官，以次而下，帅不为制"。这个"帅"就是曾国藩，上一级负责挑选下一级，层层相连，最后归曾国藩总指挥；在将士素质上，要求凡募勇，取技艺娴熟、年轻力壮、朴实而有农家气者；其有市井衙门气者不用；而在将官上则选士绅与儒生，其主要将领大多有同乡、同学、师生、亲友关系，讲求"忠君""卫道"的程朱理学信徒。用曾国藩的话是，"概求吾党质直而晓军事之君子"[1]，并具体要求"带勇之人，第一，要才堪治民；第二，要不怕死；第三，要不急名利；第四，要耐受辛苦"；在训练上，"以忠义激励将士"，"崇纪律，重廉耻"，练队伍，练技艺，巡逻放哨，列队点名等。严禁吸食洋烟（鸦片）、打牌押宝（赌博）、奸淫妇女和结盟拜会。

这样，曾国藩利用封建宗法关系作纽带，使湘军成为归他一人调度指挥的私人武装集团。这是中国近代最早出现的军阀集团。

湘军水陆两支队伍于咸丰四年(1854)正月下旬分别建成。水陆各 5000

---

① 《与璞山》，《曾国藩全集·书札》卷 2，第 32 页。

人，营制每营 500 人，各分为 10 营。水师拥有"快蟹"40 号，"长龙"50 号，舢板 150 号，拖罟 1 号（作为曾国藩的座船），又购民船 120 号改造为战船，另雇民船一百多号，以载辎重。加上夫役水手 7000 余人，水陆共有员弁兵勇 17000 余人，自衡州（今湖南衡阳）出发，会师于湘潭，声势浩大，欲"东征"与太平军决一死战。

对曾国藩的治军，毛泽东极为佩服。他后来领导人民军队时，也从曾国藩的军事组建和训练的经验里吸取有益的东西。诸如曾国藩利用孔孟之道作为指导思想，我人民军队则以马克思主义作为指导思想；曾国藩注意军民关系，强化严格的军风军纪，作了长达 500 字的《爱民歌》，令湘军全体将士传唱，毛泽东也从中借鉴，在井冈山开展游击战争时期，就为红军制定了"三大纪律，八项注意"；曾国藩要求湘军将士要"不怕死"，"要耐受辛苦"，在 20 世纪 70 年代，毛泽东在人民解放军中还提倡"一不怕苦，二不怕死"精神等。

"观其收拾洪杨一役，完美无缺"

镇压太平天国革命运动，是曾国藩办的第二件大事。

曾国藩出师时，发布《讨粤匪檄》，反映了他对农民起义军的仇恨，表明了他维护地主阶级利益的顽固立场。

当曾国藩率领湘军大举"东征"时，太平军水师已据有长江天险，陆上则占有皖、赣、鄂三省的大部分。而这时的安庆、九江早已在太平军手中，武昌也正处在太平军的包围中，太平军显然占有绝对优势。曾国藩的东征，就是要夺取武汉、九江、安庆这长江中游三大据点，然后，进军东南，包围天京。因此，此后七八年间，湘军便与太平军对这三大据点进行了激烈的反复争夺。

咸丰四年三月上、中旬，第一仗在岳州府（今湖南岳阳）周围进行。老湘营王鑫兵败退守岳州，又缒城逃跑，大部分被歼，太平军进占湘潭，威逼长沙。曾国藩以湘军主力争湘潭，并自率水师攻打长沙北的靖港，水勇溃败，战船三分之一被焚或被太平军所获。曾国藩羞愤交加，投水自杀，被随从救起。双方在湘潭激战七日，太平军伤亡惨重，被迫退出。曾国藩休整三个月，六月间重新出动，七月初一夺回岳州府城。

这年八月，曾国藩率湘军水陆师分三路进攻武汉。八月二十三日（10月14日）攻陷武昌、汉阳，太平军停泊在汉水的千余艘船只拟冲击长江，被截毁殆尽，湘军水陆并进，东下江西。十月十三日（12月2日），湘军水师在彭玉麟、杨载福带领下攻断湖北田家镇至半壁山的拦江铁链，焚毁太平军船只4500余艘。

这年十二月，太平天国派翼王石达开率军在江西湖口、九江焚湘军水师船只。十二月二十五日（1855年2月11日），太平军夜袭湘军水师，焚毁战船多艘，获曾国藩座船，得其文卷册牍，曾国藩走投无路，再次投水寻死，被人救起送罗泽南营中。紧接着，咸丰五年（1855）春，太平军第四次攻占汉阳、第三次攻占武昌，曾国藩率部龟缩南昌城内不敢出战。下半年一月，石达开回师江西，在短短三个月里，赣中、赣北尽为太平军所得。

到咸丰六年（1856）上半年，曾国藩率湘军东征，与太平军进行了将近三年的争夺战，双方互有胜负，但总的形势对湘军不利，不仅长江中游三大据点仍在太平军手中，而且太平军还控制了从武昌到镇江之间所有沿岸城镇；安徽、江西、湖北东部以及江苏部分地区也都为太平军占领。

然而，不久"天京事变"爆发。所谓"天京事变"，亦称"杨韦事变"。太平天国领导集团内部的一次严重斗争。1856年，东王杨秀清居功自傲，个人权欲恶性膨胀，逼天王洪秀全封他为万岁。洪秀全为维护自己的地位，密召韦昌辉等回京图杨。9月，韦昌辉从江西带兵3000入京，乘机扩大事态，先后残杀杨秀清及其家属、太平军将士2万多人。翼王石达开赶回天京，责备韦的大屠杀，韦又把石的一家杀害，石逃到安庆后，起兵讨韦。11月，洪秀全与合朝文武诛韦及其同党后，迎石达开回京辅政。洪因被杨、韦弄怕而猜忌石达开，迫使他于1857年6月出走，带领10多万太平军单独行动，大大削弱了太平军的战斗力。

"天京事变"后，形势急转直下。曾国藩带领湘军趁机反攻。咸丰六年十一月二十二日（1856年12月19日），湖北湘军胡林翼、杨载福等攻陷武昌。咸丰七年九月初九（1857年10月26日），湘军攻陷壶口，被阻隔3年之久的湘军水师彭玉麟部与杨载福部在外江会合。

在此期间，自咸丰七年二月至八年六月，曾国藩因父丁忧回乡守制，到咸丰八年元月，由于胡林翼、骆秉章先后奏请他统兵援浙，他才再度出山。

太平天国由于领导集团内讧而实力大为减弱，但从湘军与太平军的较量来看，在咸丰八年至十年的两三年间仍有起伏。咸丰八年四月，湘军李续宾等会同水师杨岳彬（即杨载福）、彭玉麟联合攻下九江，太平军17000余人死难。但同年十月，庐州的三河镇之战，袭破清军江北大营，李续宾所部湘军精锐6000余人被陈玉成、李秀成联军全歼，湘军悍将李续宾以下文武头目400余人全被击毙。太平军乘胜收复舒城、潜山、太湖、桐城，进攻安庆的清军也闻风而逃，天京上游的形势大为改观。这对曾国藩和湘军的打击之大，"不特大局顿坏，而吾邑士气亦为不扬"。（曾国藩：《复刘霞仙》）

咸丰十年（1860），李秀成与陈玉成、李世贤等再破清军江南大营，攻克常州、苏州、嘉兴、松江等地。6月，曾国藩的湘军攻下枞阳，完成了对安庆的合围。从咸丰十一年（1861）4月起，陈玉成倾全力救援安庆。双方阵势犬牙交错，层层包围。湘军深沟高垒，围城打援；太平军被分为二，在城内坚守。经过长期的围困，于咸丰十一年八月初一（1861年9月15日），湘军乘城内太平军绝粮之际，以地雷轰倒北门城墙，越壕入城。饿倒的太平军仍持械拒敌，守将叶芸来、吴定彩等全军16000多人壮烈牺牲，安庆被攻陷。

安庆的失陷，使天京失去了重要的屏障。太平军从此居于守势，湘军与太平军的主要战场也由安徽转到江苏。

曾国藩听从其弟国荃的策略："急捣金陵，则寇必以全力护巢穴，而后苏、杭可图也。"把江宁的事交给曾国荃，浙江的事交给左宗棠，江苏的事交给李鸿章。同治元年（1862），曾国藩授协办大学士，督诸军进讨。于

曾国藩——「愚于近人，独服曾文正」

是曾国荃有直捣金陵之役，李鸿章有征苏州、上海之役，载福、玉麟有肃清长江下游之役；大江以北，多隆阿有取庐州之役，续宜有援颍州之役；大江以南，鲍超有攻宁国之役，运兰有防剿徽州之役，左宗棠有收复浙江之役，十路兵马齐出，都受曾国藩的指挥。

但是，天京城池坚固，深沟高垒，粮草军械充足，不是一时可以攻下的。又加上湘军中疾疫大作，将士死亡山积，军队丧失了战斗力。曾国藩上书请朝廷另派大臣。同治皇帝下诏慰勉乃止。

为解天京之围，这年十月，洪秀全召李秀成从苏州、李世贤从浙江率全部军队来援，号称 60 万，在雨花台围困湘军。曾国荃奋力抵抗 64 日，解围而去。

同治三年（1864）五月，湘军水师攻克九洑洲，完成了对天京的合围。十月，李鸿章攻克苏州。曾国藩因天京久攻不下，请李鸿章来会师合攻。正在这时，曾国荃加紧了攻城。六月初，太平天国天王洪秀全病逝，动摇了军心。六月十六日（7 月 19 日），湘军从地道轰塌城墙二十余丈，冲入城内。守城的太平军连老弱妇幼不足万人，能作战的士兵不过三四千人，他们破釜沉舟，高呼"弗留半片烂布与妖享用"！同敌人展开了激烈的巷战。终因众寡悬殊，天京陷落。英王李秀成在突围中被俘，后被曾国藩杀害于南京。干王洪仁玕从湖州（今浙江湖州）护送幼天王奔江西，在石城被俘，11 月在南昌英勇就义。轰轰烈烈的太平天国革命运动失败了。

曾国荃抢得了镇压太平天国的头功，纵兵对天京大肆掳掠烧杀。清政府论功行赏，曾国藩加太子太保衔，封一等毅勇侯，赏戴双眼花翎。清朝开国以来，文臣封侯曾国藩是第一人。曾国荃赏加太子少保衔，封一等伯爵。其余湘军将领也各有赏赐。

毛泽东成为马克思主义者后，曾一针见血地指出："打倒太平天国最多的是曾国藩，他当时是地主阶级的领袖。曾国藩是团练出身，团练即是地主阶级压迫农民的武力，他们见洪秀全领导一班农民革命，于他们不利，遂出死力来打倒他。"[1]

---

① 《毛泽东文集》第一卷，人民出版社 1993 年版，第 35 页。

毛泽东又说："洪秀全起兵时，反对孔教，提倡天主教，这是不迎合中国人的心理，曾国藩即利用这种手段，扑灭了他。洪秀全的手段错了。"[1]

1953 年 2 月 23 日，毛泽东在南京紫金山天文台南侧天堡城遗址，面对当年太平天国革命军与清军浴血奋战的地方，感叹道："太平军是近百年来中国人民反对外强侵略的先锋，可惜失败了，中国人民求解放的重任，历史地落在了我们共产党人的肩上。我们要吸取太平军的教训，吸取洪秀全进南京城以后的教训，还要吸取李自成进北京的教训，把中国革命的事业进行到底！"

陈毅对毛泽东说："李自成和洪秀全都是农民起义军，还没有产生先进的革命思想，有很大的局限性，所以要失败。"

毛泽东意味深长地说："在西柏坡时，我就要大家看《闯王进京》，看来这出戏今后还要看。太平天国的革命历史也要建一个博物馆，这是极有意义的。"谭震林表示说："我们筹划一下，想办法着手办。"（《历史的真言》）

毛泽东在南京。他们来到一个小山头。陈毅提议说："这里是当年太平军与清军激战的天堡城，主席是不是上去看看？"登上天堡城，俯瞰古老的南京城，眺望远处蜿蜒流淌的长江，毛泽东提起了诸葛亮概括金陵形势时对孙权说的"钟阜龙蟠，石城虎踞"，毛泽东说："天堡城地势险要，是保卫南京的前哨阵地，当年太平军与曾国藩血战，坚守了两年多，真不容易。假如洪秀全不计较一城一地的得失，情况就会好得多了。"[2]

毛泽东、陈毅、罗瑞卿等游览南京东郊风景区时，特意驱车到龙脖子城墙破城外凭吊壮烈牺牲的几千太平军战士。他听了陪行的文史专家朱偰对那次激战的介绍后，连连称赞太平军的战术高明。因为选择从破城处突围，本身就棋高一着，出敌不意；盖此时清军大部队已从这儿杀进城，其余清军则必忙于对各段城墙猛攻、堵截，破城处反成了清军一处薄弱点。[3]

---

① 《广州农民运动讲习所文献资料》，第 100 页。
② 《毛泽东视察全国纪实》，第 37 页。
③ 《广西地方志》1996 年第 3 期。

曾国藩——"愚于近人，独服曾文正"

曾国藩攻破安庆、天京两大决定性的战役，是采用集中优势兵力歼灭敌人和围城打援的方法。例如进攻安庆时，曾国藩采取稳扎稳打、步步为营的战术，实行先取安徽，再及于江、浙的方针，始终坚定不移。即使是咸丰十年春夏之间江南大营再次解围，和春、张国樑兵败身死，苏州、常州告急，咸丰帝一再催促他率湘军东下支援，他都拒不从命。咸丰帝只好赐曾国藩以兵部尚书衔，署理两江总督，并连下谕旨，令他撤安庆之围，驰援苏、常。他还是奏称"自古平江南之贼，必踞上游之势，建瓴而下乃能成功"①。最后清政府不得不同意他的意见，终于攻克安庆。攻天京时，曾国藩指挥十路兵马，全面进攻太平军；而又以三路大军进攻天京，而终于又奏效。这两次大战，都是漂亮的歼灭战，太平天国的兵力基本上被消灭，太平天国革命运动归于失败。

毛泽东提出作战的基本方针是歼灭战。他说："歼灭战，则对任何敌人都立即起了重大的影响。对于人，伤其十指不如断其一指；对于敌，击溃其十个师不如歼灭其一个师。"从中我们可以看出毛泽东的这一军事思想与曾国藩的军事思想的相似之处。

"剿捻无功"

曾国藩在镇压太平天国革命运动上立了大功，但在镇压捻军中因"无功"而招致清廷的不满。这是曾国藩所办的第三件事。

捻军，是太平天国时期北方农民起义军。捻，本义是用手指搓或转动。引申为聚合成股，因称成群的人为捻。捻军的前身是捻党。起源于康熙年间，盛行于安徽、河南、山东、江苏北部一带，是一支"居则为民，出则为捻"的不脱离生产的农民起义队伍。各捻之间互不统率，战斗时由

---

① 《曾文正公全集·奏稿》卷11，第44页。

首领发出号令，把分散的农民召集起来，按事先编好的队列集中。起初只进行抗粮、抗差、打富济贫等零星活动。咸丰二年（1852），张洛行在亳州聚众起义。次年，太平军北伐，捻党纷纷响应。

咸丰四年（1854），捻军将清科尔沁亲王僧格林沁的剿捻主力，吸引至山东菏泽西北高寨楼，利用有利的地形进行伏击，使僧军大部被歼，僧格林沁本人也被击毙。清政府大为震惊，急调曾国藩督师北剿。任命曾国藩为钦差大臣，督办直隶、山东、河南三省军务，所有三省八旗、绿营及地方文武员弁均由他节制。

针对捻军流动作战、行踪不定的特点，曾国藩采用重点设防，坚壁清野，画河圈围的对策。他先驻扎在徐州，作为指挥中心，并在临淮、周口、徐州、济宁（以后加上归德）等地驻防重兵，进行堵截，以后又分别移驻这些据点，重点围攻，另外派遣精锐骑兵对捻军进行跟踪追击，以达到最后聚而歼之的目的。为了割断捻军与群众的联系，他实行查圩政策，进行坚壁清野，严禁群众接济捻军，软硬兼施，威胁利诱，分化瓦解，企图彻底孤立捻军。他以水师炮船封锁黄河，防止捻军北上，又利用运河、淮河、沙河、贾鲁河等河流的自然地势，挖壕筑墙，进行设防，企图限制捻军的流动。但所有这些，都没有能够奏效。

咸丰五年（1855）秋，各地捻军首领于雉河集（今安徽涡阳）举行会议，推张洛行为盟主，以雉河集为中心，建国号"大汉"，称"大汉明命王"，分五色旗统领各军，龚得树领白旗，侯世维领红旗，苏天福领黑旗，韩万领蓝旗，张洛行自领黄旗。咸丰七年（1857），接受太平军领导，转战于豫、皖、苏、鲁各省。同治二年（1863）天京陷落后，捻军与太平军赖文光部合师，推赖文光为首领，整编队伍，屡败清军。

同治四年九月（1865年10月），捻军分为东、西两支。东捻军在赖文光的率领下，转战于湖北、河南、安徽、山东一带，仍然往来穿插，驰骋南北东西，使清军经常处于被动挨打地步。

同治五年八月（1866年9月），赖文光部东捻与张宗禹部西捻在河南开封大会师，一举冲破曾国藩布置的沙河及贾鲁河防线，进入山东水套地区。九月，自山东回师，再破清军河防，重返河南，如入无人之境。这使曾国藩

曾国藩——「愚于近人，独服曾文正」

苦心经营的合围河防"剿捻"计划彻底破产，不得不自认"剿捻无功"。

由于曾国藩劳而无功，清政府决定由李鸿章接替他。曾国藩便于这年十月自请开缺协办大学士、两江总督等职衔，另派钦差大臣接办军务，自己以散员留营效力，并附片暂将封爵注销。清政府只撤销了他的剿捻钦差大臣，命令他南返两江总督原任。

"剿捻"是曾国藩办的第三件大事，却劳而无功，但他执行清政府的旨意是坚决的，也是十分卖力的，这反映了他地主阶级立场是极其顽固的。在他离任二年多之后，同治七年（1868）初，赖文光才在扬州被俘，英勇就义。东捻失败后，西捻军在张宗禹率领下，从河南入陕西，后为救援东捻而进入河北、山东、河南地区活动。直到同治七年八月（1868年9月）在山东茌平南镇徒骇河边被最后扑灭。

举办洋务

举办洋务是曾国藩办的第四件大事。

洋务运动，旧称"同光新政"。从19世纪60年代开始，清政府在"求强""求富"的口号下，大搞洋务运动。洋务运动的主持者是洋务派。洋务派是在镇压太平天国革命的过程中，在外国侵略者扶持下发展起来的清朝统治集团中的一个派别，代表人物在中央有恭亲王奕䜣（1832—1898）、醇亲王奕譞（1840—1890）等，在地方有曾国藩、左宗棠、李鸿章为首的湘系、淮系军阀。中法战争后，又有张之洞为代表的洋务派势力。洋务运动的中心内容，是建立新式武装，包括训练军队，购买外国枪炮船只，举办军事工业和学堂。

兴办洋务的目的，是对付太平天国和捻军等，所以必然从兴办军事工业开始。在咸丰十年（1860）朝廷提出借洋兵"助剿"和委洋商运米粮问题时，曾国藩就表示"目前资夷力以助剿、济运以纾一时之忧，将来师夷智以造炮制船尤可期永远之利"①。第二年，他就在安庆军营里设内军械所，招募科技人员开始制造洋枪洋炮。第三年，"试造洋器，全用汉人，未雇洋匠"，在徐寿、华衡芳等人努力下，造成了第一艘木质轮船"黄鹄"号，并计划"以次放大续造多只"②。为此，同治二年（1863）冬，他派遣早期留美学生容闳到美国购置机器，进行扩充。两年后，机器运回，在上海创建江南制造总局，"始以攻剿方殷，专造枪炮，亦因经费支绌，难兴船工"。

同治六年（1867），曾国藩又奏留海关洋税二成，以其中一成充作造船费用，至第二年造成一艘比"黄鹄"号大五六倍的木壳轮船，取名"恬吉"，时速也较前大大提高③。之后，直到曾国藩去世前，江南制造总局又陆续建造了"操江""测海""威靖"三艘轮船，体积、吃水深度、机器马力和载重量，一艘超过一艘。曾国藩死后，到同治十二年（1873）又制造一艘"海安"轮，马力达 1800 匹，载重达 2800 吨，当时"在外国为二等，在国内为巨擘"④的大轮船，都是曾国藩的功劳。但是曾国藩死后，制造局全由李鸿章管辖，他改变了自制轮船的方针，变为以买船为主，致使江南制造局在培养本国技艺力量和发展技术设备上受到很大影响。

与此同时，曾国藩在江南制造局"另立学馆，以习翻译"，创建了我国最早的翻译机构同文馆。他对于主持编辑翻译的徐寿大加赞许，认为"此举校办制造局为尤要"，强调"翻译一事，系制造之根本"，只有通过翻译，才能"明夫用器与制器之所以然"。他还聘请英、美传教士伟烈亚力、傅兰雅、玛高温等人专事翻译制造的科技书籍多种⑤。此外，他还接受容闳的建议，在江南制造局兵工厂旁建立了一所兵工学校，培养机械制造方面的工程技术人员。

① 《曾文正公全集·奏稿》卷 12，第 58 页。

② 《曾文正公全集·奏稿》卷 27，第 7—10 页。

③ 《曾文正公全集·奏稿》卷 27，第 7 页。

④ 《江南制造局记》，《洋务运动》第 4 期，第 125 页。

⑤ 《曾文正公全集·奏稿》卷 27，第 7—10 页。

曾国藩还接受容闳的建议，与李鸿章联名奏请派遣幼童赴美留学。同治十年七月初三（1871年8月18日），时任两江总督的曾国藩与直隶总督李鸿章联衔会奏，委派陈兰彬、容闳为正副委员，选派聪颖子弟赴美国学习自然科学技术，具体办法是："派员在沪设局，访选沿海各省聪颖幼童，每年以30名为率，四年计120名，分年搭船赴洋，去外国肄习，十五年后，挨次回国。"①

120名青少年，后来虽因封建顽固势力的阻挠破坏，未能按预定的期限学完，而于光绪七年（1881）便全部提前撤回，但通过这6—9年的学习，还是培养出一批中国近代早期的外交、海军、航运、电报、路行、教育等方面的新式人才，其中包括铁路总工程师詹天佑等优秀的科技人员，对以后中国派遣留学生产生了积极影响。

以上就是曾国藩一生所办的四件大事，是其为"办事之人"的佐证。毛泽东还认为曾国藩是一个"传道之人"。

"传道之人"

要知曾国藩所传之道，就要首先知道他受的教育。曾国藩出生在一个中等地主家庭，祖父曾玉屏，为乡村土地主。父亲曾麟书，是个多年不第的老童生，43岁才中秀才。所以，曾国藩也算是书香门第，自幼勤奋读书，熟知封建礼教纲常等一套儒家伦理道德，成为他以后立身处世的基本准则。

道光十年（1830），他从衡阳唐氏家塾毕业，第二年进湘乡涟滨书院。道光十三年（1833），他考中秀才，进长沙岳麓学院。十四年（1834）考中举人。在以后的两三年间，他连续两次前往北京参加会试，结果都名落

---

① 容闳:《西学东渐记》，湖南人民出版社，第91页。

孙山。道光十八年（1838）正月，曾国藩第三次赴京参加会试，中了第36名。四月，殿试三甲42名，赠同进士出身。朝考一等三名，以庶吉士入翰林院庶常馆。道光二十年（1840）散馆，列二等19名，授翰林院检讨，秩从七品。

曾国藩是一个功名心切的人，早在道光十一年（1831）他便改号"涤生"，要求自己"涤其旧染之污"而崭新生①。中进士后，又"更名国藩"，意谓国，家的屏障，比喻国家的重臣。特别是进入翰林院后，更是"毅然有效法前贤，澄清天下之志"②。正在这时，湖南善化学者唐鉴由江宁藩司入官太常寺卿，曾国藩便"从讲求为学之方"。唐鉴，字镜海，善化（今湖南长沙）人。嘉庆进士。由检讨历官江宁布政使，有政绩。入朝为太常寺卿。他学极力反驳王阳明，不为模棱两可之说，是个理学家，"专以义理之学相勖"，在唐的带动影响下，曾国藩开始"肆力于朱（熹）学"。

鸦片战争后，曾国藩更致力于理学，按照理学家的严格要求修身养性。他以倭仁为榜样，"每日自朝至寝，一言一动，坐作饮食，皆有礼记"③，将修身与读书结合起来。他在治学的同时，又治古文辞，追随桐城派学习古文、诗词等。几年以后，又对考据之学感兴趣。于是，他认为的"自西汉至于今识字之儒"的"义理之学、考据之学、词章之学"三途（《曾国藩全集·家书》），都已涉身其中，因而为进一步研究学问打下了坚实的基础。

曾国藩奉为榜样的倭仁，姓乌齐格里氏，字艮斋，蒙古正红旗人。道光进士。累官文华殿大学士。精研义理之学，好宋儒之说。凡身体力行者，推为首选。曾国藩在京城做官，极相友善。

曾国藩所追随的桐城派，是清代散文的一个主要流派。创始人方苞，继承发展者虽众，但影响最大的是刘大櫆和姚鼐。因为方、刘、姚都是安徽桐城人，程晋芳、周永年便戏谓姚鼐说："昔有方侍郎，今有刘先生，

---

① 《曾文正公全集·日记》卷上，第27页下"省克"。
② 黎庶昌：《曾文正公年谱》卷1，第6页。
③ 《曾文正公手书日记》第一册，辛丑（道光二十一年，1841）正月初九日。

天下文章，其出于桐城乎？"（姚鼐《刘海峰先生八十寿序》）从此学者转相传述，号桐城派，时在乾隆末期。

桐城派的文论，以"义法"为中心逐步发展丰富，形成一个体系。"义法"一词，源出于《史记·十二诸侯表序》："（孔子）兴于鲁而次《春秋》，上记隐，下记哀之获麟，约其辞文，去其烦重，以制义法。"方苞取之以论文说："义即《易》之所谓'言有物'也，法即《易》之'言有序'也。义以为经而法纬之，然后为成体之文。"（《又书货殖传后》）所谓言有物，指文章的内容；言有序，指文章的形式。他的义经法纬之说，要求内容与形式的统一。

刘大櫆发展了方苞关于"法"的理论，提出了"因声求气"说。他说："行文之道，神为主，气为辅"。"神气不可见，于音节见之；音节无可准，以字句准之"。（《论文偶记》）

姚鼐提出义理、考据、文章三者合一的说法："鼐尝论学问之事，有三端焉。曰义理也，考证也，文章也。是三者苟善用之，则皆足以相济；苟不善用之，则或至于相害。"（《述庵文抄序》）姚鼐把一般古文家所说的"道"，直接换成"义理"，即程（颐、颢）朱（熹）理学。"文章"，本义为错杂的色彩或花纹，后指文辞。大致来说，义理指文章的思想内容，考据指考证来由依据，文章指文采。

桐城派在清代文坛上影响极大，时间上从康熙时直到清末，地域上也超越桐城，遍及全国。道光咸丰年间，曾国藩提倡中兴桐城派，但又以"桐城诸老，气清体洁""雄奇瑰玮之境尚少"，欲兼以"汉赋之气运之"（吴汝纶《与姚仲实》），承其源而稍异其流，别称"湘乡派"。

毛泽东对曾国藩编的《经史百家杂钞》也非常推崇。他在1915年《致萧子升信》中说：

"昔人有言，欲通一经，早通群经。今欲通国学，亦早通其常识耳。首贵择书，其书必能孕群籍而抱万有。干振则枝披，将麾则卒舞。如是之书，曾氏'杂钞'，其庶几焉。是书上自隆古，下迄清代，尽抢四部精要。……仆观曾文正之为学，四者为之科。曰义理，何一二书为主（谓《论语》《近思录》），何若干书辅之。曰考据亦然；曰辞章曰经济亦然。与黎氏（锦熙）

所云略合。惟黎则一干，此则四宗。黎以一书为主，此所主者，不止一书也。国学者，统道与文也。姚氏'类纂'畸于文，曾书则二者兼之，所以可贵也。其法曰'演绎法'，察其曲以知其全者也，执其微以会其通者也。又曰'中心统辖法'，守其中而得其大者也，施于内而遍于外者也。"①

毛泽东认为曾国藩的治学方法，比黎锦熙、姚鼐的好，曾氏的《经史百家杂钞》，比姚鼐的《古文辞类纂》好，因为它从上古至清代，"尽抢四部精要"，"孕群籍而抱万有"，是一部百科全书式的古书籍选本。曾氏编辑此书采用的"演绎法""中心统辖法"也较好。

在现存的1913年《讲堂录》里，有不少毛泽东就曾国藩的言行和著述写的笔记和批注。

如："涤生日记，言士要转移世风，当重两义：曰厚曰实。厚者勿忌人；实则不说大话，不好虚名，不行架空之事，不谈过高之理。"②

此处引语见《曾文正公手抄日记》庚申（1960）年九月二十四日所记。原文是：

"早饭后清理文件。旋与作梅圈谈当今之世，富贵固无可图，功名亦断难就，惟有自正其心以维风俗，或可辅救于万一。所谓正心者，曰厚，曰实。厚者，仁恕也；'己欲立而立人，己欲达而达人，'己所不欲，勿施于人'。存心之厚，如此可以少正天下浇薄之风。实者，不说大话，不好虚名，不行架空之事，不谈过高之理，如此可以少正天下浮伪之习。因引顾亭林称'匹夫之贱，与有责焉'者以勉之。"

摘抄之后，毛泽东还写下自己的心得体会：

"不行架空之事，福泽渝吉（1834—1901，日本明治维新时代思想家）有庆应大学，以教育为天职，不预款，均利。福氏于学檀众长，有诲人不倦之志。"

---

① 《毛泽东早期文稿》，湖南人民出版社1990年版，第636、7、73、490、591、85、24—25、581.583、585、592、593、601页。

② 《毛泽东早期文稿》，湖南人民出版社1990年版，第636、7、73、490、591、85、24—25、581、583、585、592、593、601页。

"不谈过高之理，心知不能行，谈之不过动听，不如默尔为愈。"①

又如：《国文》课摘录："精神心思，愈用愈灵，用心则小物能辟大理。"②

此段有眉批"曾语"二字。曾，即曾国藩。参见《曾国藩家书》咸丰年（1858）年四月初九《致沅弟》："精神愈用而愈出，不可因身体素弱过于保惜；智慧愈苦而愈明，不可因境遇偶拂遽而沮丧。"又咸丰十年（1860）二月二十四日《谕纪泽》："二十日接二月二日来禀并祭文稿。文尚条畅，惟意义太少。叔祖之德全未称道，亦非体制，词藻亦太寒俭。尔现看《文选》，宜略抄典故藻汇，分类抄记，以为馈贫之粮。《文选》前数本系汉人之赋，极难领会，后半则易矣。余所见友朋中，无能知汉赋之意味者。尔不能记忆，亦由于不知其意味。此刻不必求记，将来若能识得意味，自可渐记一二。余向来记性极坏，近老年反略好些，由于识得意味也。心常用则活，不用则窒；常用则细，不用则粗。"在曾国藩给其四弟曾国荃（字沅甫）及其长子曾纪泽（字劼刚）的信中，有些话与毛泽东在《讲堂录》中所记类似。

又如："朝气，少年须有朝气，否则暮气中之。暮气之来，乘疏懈之隙也，故曰怠惰者，生之坟墓。"③

此段前有眉批"曾语"二字，曾，当指曾国藩。出处待查。朝气、暮气之说，语出《孙子·军争》："是故朝气锐，昼气惰，暮气归。故善用兵者，避其锐气，击其惰归，此治气者也。"杜牧注："阳气生于子……晨朝阳气初盛，其来必锐。"陈皞注："初来之气，气方盛锐，勿与相争也。"朝气，早晨的阳气。比喻军队初来时士气。后用以指精神振作、力求进取的气概。暮气，黄昏时的雾霭。比喻不振作的精神状态和疲沓不求进取的作风。曾国藩和毛泽东都提倡朝气，反对暮气，在这一点上，两人是一致

---

① 《毛泽东早期文稿》，湖南人民出版社1990年版，第636、7、73、490、591、85，24—25、581、583、585、592、593、601页。

② 《毛泽东早期文稿》，湖南人民出版社1990年版，第636、7、73、490、591、85，24—25、581、583、585、592、593、601页。

③ 《毛泽东早期文稿》，湖南人民出版社1990年版，第636、7、73、490、591、85，24—25、581、583、585、592、593、601页。

的。毛泽东在《中国革命战争中的战略问题》一文说:"孙子说的'避其锐气,击其惰归',就是指的使敌疲劳沮丧,以求减杀其优势。"用了孙子关于朝气、暮气的论述。1957 年 11 月 17 日,毛泽东在《在莫斯科大学会见中国留学生时的讲话》中说:"你们青年人朝气蓬勃,正在兴旺时期,好像早晨八九点钟的太阳,希望寄托在你们身上。"

又如 1913 年 11 月 29 日《修身》课笔记记载:

"曾涤生《圣哲画像记》三十二人:文周孔孟,班马左庄,葛陆范马,周程朱张,韩柳欧曾,李杜苏黄,许郑杜马,顾秦姚王。"①

《圣哲画像记》见《曾文正公文集》(四部丛刊左)卷二。本文作于咸丰九年(1859)正月。此文较长,不全录,仅录其首段,以见其写作此文的用意:

"国藩志学不早,中岁侧身朝列,窃窥陈编,稍涉先圣、昔贤、魁儒、长者之绪。驽缓多病,百无一成;军旅驰驱,益以芜废。丧乱未平,而吾年将五十矣。往者吾读班固《艺文志》及马氏《经籍考》,见其所列书目,丛杂猥多,作者姓氏,至于不可胜数,或昭昭日月,或湮没而无闻。及为文渊阁直阁校理,每岁二月,侍从宣宗皇帝入阁,得观《四库全书》,其富于前代所藏远甚,而存目之书,数十万卷,当不在此列。呜呼,何其多也!虽有生知之姿,累世不能竟其业,况其下焉者乎?故书籍之浩浩,著述之众若江河,然非一人之腹所能尽饮也,要在慎择焉而已。余既自度其不逮,乃择古今圣哲三十余人,命儿子纪泽,图其遗像,都为一卷,藏之家塾。后嗣有志读书,取足于此,不必广心博鹜,而斯文之传,莫大乎是矣!……"

这是说其目的是为其后世子弟画一个读书的范围,树立一些学习的榜样。曾国藩在给三位弟弟的信中也谈到写《圣哲画像记》的用意:"吾生平读书百无一成,而于古人为学之津途,实已窥见其大,故以此略示端倪。"

---

① 《毛泽东早期文稿》,湖南人民出版社 1990 年版,第 636、7、73、490、591、85、24—25、581、583、585、592、593、601 页。

圣哲，亦作"圣喆"，指超人的道德才智，亦指具有这种道德才智的人，并用以称帝王。语出《左传·文公六年》："古之王者，知命之不长，是以并建圣哲。"孔颖达疏："圣哲，是人之俊者。"

曾氏把历史上这些圣哲，分成"先圣、昔贤、魁儒、长者"四个类型，共计三十二（三）人。他们是：周文王（姬昌，周代开国天子）、周公姬旦（西周初年政治家）、孔丘（春秋末年思想家、教育家）、孟轲（战国中期思想家、教育家）、班固（东汉史学家、文学家）、司马迁（西汉史学家、文学家）、左丘明（春秋史学家）、庄周（战国道家）、诸葛亮（三国蜀汉政治家、军事家）、陆贽（唐政治家、文学家）、范仲淹（北宋政治家、文学家）、司马光（北宋政治家、史学家）、周敦颐（宋代理学家）、程颢程颐兄弟（宋代理学家）、朱熹（南宋理学家）、张载（宋理学家）、韩愈（唐文学家）、柳宗元（唐文学家）、欧阳修（宋文学家）、曾巩（宋文学家）、李白（唐大诗人）、杜甫（唐大诗人）、苏轼（宋文学家）、黄庭坚（宋文学家）、许慎（汉文字学家）、郑玄（东汉经学家）、杜佑（唐史学家）、马端临（宋元之际史学家）、顾亭林（明清之际思想家、朴学家）、秦蕙田（？）、姚鼐（清文学家、朴学家）、王念孙（清考据家）。因"程"包括程颢程颐兄弟二人，故实为 33 人。

曾国藩是一个封建阶级政治家，也是一位学识渊博的学者。他在政治上的业绩，特别是镇压太平天国革命运动的罪恶，毋庸讳言，但他在学术上也确有成就。这篇文章是他自己治学经验的总结，他提出在中国历史上卓有成就的 33 位"圣哲"，作为弟子学习的楷模，是很有见地的。毛泽东年轻时非常欣赏文中推举的"圣哲"，在《讲堂录》中记下了他们的名字。

同日《修身》课笔记，还记载：

"曾文正八本：读古书以训诂为本，作诗文以声调为本，养生以少恼怒为本，事亲以得欢心为本，居家以不晏起为本，立身以不妄语为本，做官以不要钱为本，行军以不扰民为本。摩西十戒，不伪证。"①

---

① 《毛泽东早期文稿》，湖南人民出版社 1990 年版，第 636、7、73、490、591、85、24—25、581、583、585、592、593、601 页。

"八本"见庚申（1860）四月《日记》；又见咸丰十一年（1861）三月十三日给曾纪泽、曾纪鸿信：

　　"吾教子弟不离八本、三致祥。八者曰：读古书以训诂为本，作诗文以声调为本，养亲以得欢心为本，养生以少恼怒为本，立身以不妄语为本，治家以不晏起为本，居官以不要钱为本，行军以不扰民为本。三者曰：孝致祥，勤致祥，恕致祥。吾父祝亭公之教人，则专重'孝'字。其少壮敬亲，暮年爱亲，出于至诚，故吾纂墓志，仅叙一事。吾祖星冈公之教人，则有八字、三不信。八者曰：考、宝、早、扫、书、蔬、鱼、猪。三者，曰僧巫，曰地仙，曰医药，皆不信也。处兹乱世，银钱愈少，则愈可免祸；用度愈省，则愈可养福。尔兄弟奉母，除'劳'字'俭'字之外，则别无安身之法。吾当军事极危，辄将此二字叮嘱一遍，此外亦别无遗训之语，尔可禀告诸叔及尔母无忘。"

　　这是曾国藩给长子曾纪泽、次子曾纪鸿信的节录。曾纪泽（1839—1890），字劼刚。同治九年（1870）以二品荫生补户部员外郎。光绪四年（1878）出使英、法，六年兼任驻俄公使，七年与俄国签订《中俄伊犁条约》，收回伊犁和特克斯河地区。中法战争期间，力主抵抗，并向法国提出抗议。在英国时定购军舰，帮助李鸿章建立北洋海军。光绪十一年（1885）回国后，历任海军衙门帮办，总理各国事务衙门行走，户、刑、吏部侍郎。有《曾惠敏公全集》。曾纪鸿（1848—1875？），字栗诚。少而好学，精通算术，著有《对数详解》、《圆率考真图解》。英年早逝。

　　"八本"之排列顺序，各本略有不同。"八本"是曾国藩一生立身、行事、治军、治学的经验总结，可谓甘若之言。毛泽东记载在《讲堂录》中，看来比较认同。

　　"八本"后附记之"摩西"，是《圣经》故事中犹太人的古代领袖。《圣经·出埃及记》载，摩西奉上帝之命，带领在埃及为奴的希伯来人出埃及，并向他们传授上帝刻在两块石板上的"十诫"：崇尚唯一上帝而不可拜别神，不可制造和敬拜偶像，不可妄称上帝名字，须安息日为圣日，须孝敬父母，不可杀人，不可奸淫，不可偷盗，不可作假见证诬陷别人，不可贪恋别人妻子、财物。这也是教人如何为善事的训诫。

1913年12月13日《修身》课《讲堂录》还记载了这样一段话：

"夫善，积而成者也。是故万里之程，一步所积；千尺之帛，一丝所积。差一步，不能谓之万里；差一丝，不能谓之千尺。朱子学问，铢积寸累而得之，苟为不蓄，则终身不得矣。"①

这段话参加曾国藩《杂著·笔记二十七则》中《克勤小物》条。原文是："古之成大业者，多自克勤小物而来。百丈之楼，基于平地；千丈之帛，一尺一寸之所积也；万石之钟，一铢一两之所累也。……陶侃综理密微，虽竹头木屑皆储为有用之物。朱子谓学须铢积寸累，为政者亦未有不由铢积寸累而克底于成者也。"

此日笔记还记有这样的话：

"从前种种譬如昨日死，以后种种譬如今日生。不悔之谓也，进步之谓也。"

此段有眉批"曾语"二字。曾，指曾国藩。语见曾国藩同治六年（1867）二月二十九日《致沅弟》："十八之败，杏南表弟阵亡，营官亡者亦多，计亲族邻里中或及于难，弟日内心绪之忧恼万难自解。然事已如此，只好硬心狠肠，付之不问，而壹意料理军务。补救一分，即算一分。弟已立大功于前，即使屡挫，识者犹当恕之。比之兄在岳州、靖港败后栖身高峰寺，胡文忠在夅山败后，舟居六溪口气象，犹当略胜。高峰寺、六溪口尚可再振，而弟今不求再振乎？此时须将劾官相之案、圣眷之隆替、言路之弹劾一概不管。袁了凡所谓从前种种譬如昨日死，从后种种譬如今日生。另起炉灶，重开世界。安知此两番大败，非天之磨炼英雄，使弟大有长进乎？谚云：吃一堑，长一智。吾平生长进全在受挫受辱之时。务须咬牙厉志，蓄其气而长其智，切不可苶（nié）然自馁也。"

同治六年（1867）二月十八日，曾国荃在蕲水（今湖北浠水）被捻军打败，就面临一个怎样对待失败的问题。曾国藩给他写信，并举自己于咸丰四年（1854）三月在岳州（今湖南岳阳）被太平军打败。四月，率水

① 《毛泽东早期文稿》，湖南人民出版社1990年版，第636、7、73、490、591、85、24—25、581、583、585、592、593、601页。

师、陆军 2000 余人，进攻太平军所在地靖港（在今湖南长沙西北 60 里湘江西岸），又全线溃败，愤而投水自杀，被左右救起。之后，移居长沙妙高峰。一度为全省官绅所鄙视。又举胡文忠，即胡林翼（1812—1861），字贶生，号润芝，死后谥文忠。咸丰五年（1855），胡林翼与太平军争夺武昌城，一度败退至厼（zhā）山，兵溃粮绝，后移居舟中。曾国藩以自己和胡林翼由败转胜的事例，勉励他失败了总结失败的教训，以夺取新的胜利。对于这类励志类的言论，青年毛泽东非常感兴趣，所以记了下来。

总之，青年毛泽东对曾国藩印象深刻，以至于他后来在延安时，还向干部提议阅读《曾文正公家书》。但曾国藩镇压太平天国革命运动和捻军运动的行径，为毛泽东坚决否定，予以批判。

综观毛泽东一生，似乎也是一位"办事而兼传教之人"。办事，就是他是中国共产党、中国人民解放军、中华人民共和国的主要缔造者；传教，就是他创立的中国化的马克思主义——毛泽东思想，是教育我党、我军和我国人民的强大思想武器。

后 记

　　本书是集体创作。创作方式采取由本人确定题目后，把撰写初稿的任务分解给每一位合作者。担任撰写初稿和资料打印工作的有：毕晓莹、毕国民、东民、英男、孙瑾、赵庆华、朱东方、许娜、王汇娟、范东东，负责资料、图片、墨迹等有关文物材料的有赵玉玲、刘磊。全部书稿和有关文物材料，均由本人最后审定。

毕桂发

2023 年冬